商 用 統 計 學

劉 一 忠 著

學歷：國立政治大學國際貿易系畢業
　　　密西根大學企業管理學碩士
　　　奧克拉荷瑪大學企業管理學博士
經歷：國立政治大學教授兼企業管理學系主任
　　　加州州立科技大學講學一年
現職：舊金山州立大學教授

三 民 書 局 印 行

國立中央圖書館出版品預行編目資料

商用統計學／劉一忠著. --十一版. --
臺北市：三民，民84
　　面；　　　公分
ISBN 957-14-0528-0（平裝）

1.統計學　I.劉一忠

510/8267

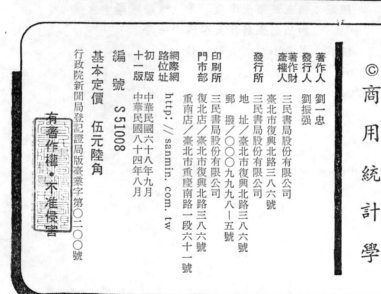

© 商 用 統 計 學

著作人　劉一忠
發行人　劉振強
著作財產權人　三民書局股份有限公司
發行所　三民書局股份有限公司
　　　　地址／臺北市復興北路三八六號
　　　　郵撥／〇〇〇九九九八一五號
印刷所　三民書局股份有限公司
門市部　復北店／臺北市復興北路三八六號
　　　　重南店／臺北市重慶南路一段六十一號
網際網路位址　http://sanmin.com.tw
初版　中華民國六十八年九月
十一版　中華民國八十四年八月
編號　S 51008
基本定價　伍元陸角
行政院新聞局登記證局版臺業字第〇二〇〇號

ISBN 957-14-0528-0（平裝）

序　文

　　近年來統計理論和方法之應用越來越廣泛，而且由傳統的記敍性統計（着重於資料的搜集和顯示），發展為推論性統計（即依據樣本資料的特性以推論全體），並進而從事統計性預測（即根據某事象以往的狀況和現行的變動趨勢，以預測其未來的發展動向）。尤其是現代工商業的經營環境（無論是內在的或外在的）經常發生變化；因此，企業決策不但要能適用於現在，還應該能符合將來的動向。而且各種影響決策的事象牽連廣泛，其因果關係錯綜複雜，所以現代管理階層作決策時，不能單憑經驗、直覺、或臆斷，必須要運用統計資料，並加以分析推理，才能作出合宜的明智決策。

　　為了提供工商界人士現代化的決策知識，本書特別着重於介紹商用資料之收集、整理、分析、顯示、解釋、及應用等各項方法和技術，更進一步探究各種商業情況的相互關係，以及未來可能產生的變動和發展方向，以便管理階層能運用樣本資料從事推論，並根據已往資料的動向以預測未來可能的演變，俾能在不確定情況下作出最完善、最合理的決策。

　　書中的範例雖然着重在介紹如何將統計學的理論和方法應用於處理工商業各種問題，但其基本原理和處理過程與一般統計學並無差別，所以書中所介紹的理論和方法仍然可以應用於任何行業，例如行政、教育、生物、及工程等。因此，本書不但可以作為大專商科之統計敎材，亦可作為工商企業及各界人士實際作業之參考。

　　本書係針對未曾修習統計學之大專學生及社會人士而撰寫，故取材及用詞均力求淺顯易懂，而且所運用的各種符號也盡量要求通俗簡單。但修習統計學不能只靠聽講和閱讀課文，欲求徹底瞭解並能實際應用，必須多作練習，所以介紹過每種方法之後都附有若干例題，並在每章之末編有衆多練習題，以演示該章中所介紹之各項要點和重要概念。

此書之撰寫多謝「舊金山州立大學 (San Francisco State University)」商訊電算系統學系 (Department of Business Information and Computing System) 主任席克保 (Russel Sicklebower) 先生的協助和鼓勵，並在排課時給予許多方便。排印期間作者身在國外，幸賴國立政治大學企管系蕭講師國慶先生和研究生蘇瓜藤同學負責整理及校對，故能減少許多錯誤。

作者才疏學淺，而且又於倉促中脫稿付梓，故疏漏謬誤之處在所難免，尚祈碩學先進不吝賜教為盼。

劉 一 忠　　1979 年 6 月

於舊金山州立大學

商用統計學　目次

第一章　統計學的基本概念

第二章　資料之整理與顯示

第三章　集中趨勢測定數

第四章 離差測定數

第五章 機率理論

第六章　機率分配

第七章　選樣與選樣分配

第八章　估　計

第九章　假設之檢定

第十章　特殊分配之統計推論

第十一章　F 分配和差異數分析

附　錄　表

第 一 章

統計學的基本概念

第一節　統計學的意義

通常所指的統計學 (Statistics)，其範圍包括：統計資料 (Statistical Data)、統計分析 (Statistical Analysis)，和統計推論 (Statistical Inference) 三部份。在現代社會中，無論從事學術研究、從事工商企業、或者擔任政府的行政職務，都須要整理數量資料、運用分析方法、並作合理的決策，並且這些工作項目越來越顯得重要，而該等項目都包括在統計學的範圍內，所以統計學已成為現代的基本知識，越來越受重視。茲將上述統計學的重要內容分別介紹如下：

一、統計資料 (Statistical Data)

所謂統計資料係指一組具體的數字，用以代表事物的數目或量度 (measurement)，此等資料可以經由實驗、選樣調查、全體普查、或者查閱以往記錄等方式而取得。若資料數量很多時，必須經過整理和分析之後才能運用。

二、統計分析 (Statistical Analysis)

統計分析係指對於研究對象的數量資料加以收集(collecting)、組織(organizing)、顯示(presenting)、分析(analyzing)和解釋(interpreting)，以表現事實眞象的一種科學方法，所以統計分析又稱爲統計方法(Statistical Method)。運用此種方法可以歸納出資料的基本特性和重要關係，然後可以根據觀察的結果以確定資料的變動形態或未來趨向；因此，統計分析在任何須要數量資料的研究方法中都可以運用。

三、統計推論 (Statistical Inference)

我們經常須要根據某一部份或樣本(Sample)資料的特性，而對整體或全體 (Population) 作預測或估計；例如，若要瞭解全國各個家庭的平均所得相當困難，普遍調查不但浪費人力、物力、和時間，實際作業也有困難，而且所得的結果也未必完全正確，因此即可由全國各地選取富有代表性的若干家庭加以仔細調查，只要選樣 (sampling)合理，即可根據選樣調查之結果而估計全國各家庭的平均所得，而且估計的結果也相當可靠。此種根據樣本資料以預測或估計全體的作業過程，即稱爲統計推論。

統計技術依其運用目的之不同又可分爲以下兩種情況：即記敍性統計(Descriptive Statistics)和推論性統計(Inferential Statistics)，玆將兩種用法簡單說明如下：

一、記敍性統計 (Descriptive Statistics)

若只對一個特定羣體 (given group) 的某種現象或重要特性之變化形態加以紀錄和顯示，並不對此種現象或其全體之未來發展作進一步推斷或結論者，稱爲記敍性統計。例如，糧食局每年都發表稻穀的產量數字，以及比往年產量增減的數量等；又如衞生局每年對人口出生或死亡的登記數字，以及出生率或死亡率比往年的增減情況等資料。以上各種統計數字，都是些記敍性的統計資料。

二、推論性統計 (Inferential Statistics)

若用樣本以代表全體，根據對樣本資料的分析所作成的結論，而推斷全體亦具有同樣特性(characteristics)，此種根據樣本資料以推論全體的統計技術稱為推論性統計。例如由試行摹擬考試所得到的成績，以推論在眞正參加實際考試時所可能獲得的分數；再如由選擇若干小學試辦供應麵食午餐所獲得兒童發育狀況的資料，卽可推斷午餐吃熱的麵食對學齡兒童發育和健康狀況可能發生之影響。以上所列舉的都是根據樣本資料的特性而對全體的同樣特性作估計的推論性統計。

現代企業管理的主要職責包括：計劃、執行、協調、指揮、及控制，而各項職責是否能運用的很成功，全靠是否能及時提供合宜的、有效的、及正確的情報(information)而定，而所須要的情報大部份來自數量資料(quantitative data) 的收集、整理、分析、和解釋；商用統計學卽在介紹如何運用科學方法取得合宜的數量資料，加以整理和分析，並作合理的解釋，俾憑以作理性的決策(rational decision)。

第二節　統計學的功用

統計資料之收集、分析、和解釋，不僅僅是爲了增加科學智識，主要是爲了提供管理階層作決策之依據。所以統計學的主要功用是幫助決定須要什麼樣的資料？如何去收集此種資料？將獲得之資料怎樣整理、分析、和解釋才能符合實際需要？以便決策階層憑以作成最適宜之決策。

工商企業的各項業務中，無論是人事、財務、生產、營銷、以及研究發展等，如果要想將業務處理的允當合宜，都須要應用統計資料、統計方法、和統計推論，玆分別略述如下：

一、人事方面

人事為企業生存發展的基本關鍵，必須要有健全的人事政策，企業的經營才能欣欣向榮，所以無論是員工的聘用、訓練、升遷、退休、以及各種福利事項，都應該有完善的計劃和制度，而此等計劃和制度之擬訂，即應該有統計資料作依據，並運用統計方法和推論，才能使預訂的各項計劃和制度切實可行。

二、財務方面

企業之營運有賴於靈活的資金調度，所以短期和長期資金的需要量都應該正確的預計並善加籌措，各項資本投資的利潤率都須要有正確的預估，資金市場的可能變化也須要有合理的預測，這樣才能制訂出健全的財務結構，並發展出有利的投資計劃，而此等估計和預測工作都離不開統計資料、統計方法、和統計推論。

三、生產方面

無論是廠房的設計與結構、廠房的大小與區位之選擇、生產日程之編排與控制、機器設備之維護保養、物料和產品之搬運、以及品質管制等，都可以運用統計技術而使決策更完美可行。尤其是品質管制工作，與統計學的關係更是密切，從選樣檢驗，及各種管制圖 (control chart) 之應用，到全面品質管制，都是在應用統計資料、統計方法、和統計推論。

四、營銷方面

工商企業不但要能保持現有的市場和製造現有的產品，而且還要能預測將來的需求趨勢，以估計未來的市場變化和發展新的產品，並且還應該研究推廣銷售途徑 (distribution channels)，以求增加產品的銷路，這些作業也須要運用統計資料、統計方法、和統計推論。

五、研究發展

研究發展工作最重要的是擬訂長期計劃，而長期計劃之擬訂則須要預測各項有關因素的未來發展趨勢，並分析此種趨勢對未來的消費市場可能產生何種影響。而且每項研究計劃的成本、技術、設備、所須之時間、以及可能產生之效益等，都須要有概略的預計，欲求此等預計結果正確可靠，也須要應用統計資料、統計方法、和統計推論。

統計學中的方法和理論不但可以應用於生產事業，對於運輸業、服務業、或販賣業也適用，例如公路和鐵路運輸，卽必須預計車輛每年應汰換的數目，零、配件的購存數量，未來的客、貨運輸需要，以及其發展趨勢等，都須要早作適當的預測和規劃，這些作業也離不開統計資料、統計方法、和統計推論。

事實上，管理階層每天所面臨的需要作決策之問題非常複雜，不但需要數量資料，而且有許多情況是無法確定的，例如生產廠商必須訂購原料以製造產品，但是產品的需求量則可能是不確定的，在此種情況下到底需要訂購多少物料？而且應該在什麼時候訂購？如果沒有統計資料作依據，便很難作成適當的決策。又如機器設備之購置和汰換，由於其耐用年限或失效時間都無法作正確的預測，汰換過早或過遲都不合乎經濟原則，必須要有統計資料作依據，才能決定最適宜的汰換時機。尤其是有些情況下很難獲得完整的實際資料，因此必須運用樣本資料或不完整的資料以從事決策，而統計學則在提供科學的方法，幫助決策階層運用不完整的局部資料，以作最適宜的決策。

由以上的說明可以瞭解，統計學是一組理論和方法，可以用於處理樣本資料的收集、整理、分析、和解釋，以便作出合理的推論或正確的結論。其主要功用是幫助研究人員或決策階層，在不確定的情況下，或者在缺乏完整資料的情況下，作出最明智的決策。

第三節   全體與選樣

一、全體與樣本

從事統計工作,時常須要搜集關於一羣個人或某些事物的某種特性,例如要調查全體大學生的身高、體重、和視力,以便瞭解在學青年的健康情況; 又如要檢驗某燈泡工廠每天所生產的燈泡之耐用期限,以瞭解其產品的品質之優劣等等,若要逐一調查全部事實,往往是不切實際的,尤其是當全體 (population) 的數目很大時,或者檢驗工作有破壞性時,全部檢驗更是不可能,而且有時也沒有必要。因此,通常我們只選擇其中一小部份為樣本 (sample) 加以檢驗,由所得之結果而推論或判斷全體所具有之特性。

由以上的說明可知,研究對象的全部事實之總體稱為全體,由全體中選取富有代表性之一小部份稱為樣本,茲舉例說明如下:

例 1-1   在檢驗外銷的 100,000 箱香蕉時,隨機 (at random) 選取其中 10 箱加以檢驗, 此 100,000 箱香蕉稱為被檢驗之全體, 所選取檢驗之 10 箱即為樣本。

二、有限全體與無限全體

在一般情形下, 我們所謂的全體是指具有某種共同特性的個體之總和, 例如某工廠所製造的全部彩色電視機,或在某醫院接受治療的全部病人等。但是在有些情況下,全體中的每一個體都需要逐一的詳加列舉,例如在指某一城市中的全部有投票權的選民時,或者指某年度大學及學院聯考錄取的全部學生名單時,則全體中的每一個個體都需要清楚的列出。

以上所列舉的各種全體都是有限的 (finite), 因為每一個全體中只包括一些固定的或數目有限的個體，例如若以某一工廠每月或每年所生產的螺絲釘爲全體，其產量也許很多，但仍然是個有限的數目，所以此一全體縱然很大，也是個有限的全體。有時候在統計學中也需要運用某種假設的無限全體 (infinite population)，即全體中所包含的個體數目是無限的，例如上述生產螺絲釘的工廠，若其生產過程繼續不斷的進行下去，其總產量即爲無限的全體；又如投擲一枚骰子，其全部可能出現的點數爲：一、二、三、四、五、和六，六種不同變化，若繼續不斷的永遠投擲下去，則此項變化之全體即爲無限的。有時若有限全體的數量相當大，在統計分析中即視爲無限的全體。

三、選樣調查

爲了瞭解全體的某種特性之本質，如果能夠很容易的而且很經濟的將全體中的每一個體都加以檢查，那是最理想不過，但實際上則可能發生很多困難：有些情形全體中的個體數目太多，不可能逐一檢查；有時檢驗的費用太貴，逐一檢查在時間上或費用上都不經濟；有的時候檢驗是有破壞性的，物品一經試驗其性能即遭破壞，以致全部檢驗是不切實際的。基於以上種種理由，所以爲了爭取時效、節省費用、或者爲了切合實際起見，在大多數情況下都是以選樣查驗的結果來推論全體。只要選樣合理，而且能仔細查驗的話，仍然可以得到正確可靠的結果。

有許多方法可以選取樣本，最常用的有系統選樣 (systematic sampling)和隨機選樣(random sampling)兩種，茲略述如下：

1. 系統選樣 (Systematic Sampling)

所謂系統選樣係依照某種固定的形態而選取樣本，例如由電話號碼簿上選取每個第 100 名爲樣本；或者每天上午開工時，將每部機器製成的第 5 件產品選作檢驗的樣本等。此種依照固定的方式而由全體中選取樣本的方法即爲系統選樣。

2. 隨機選樣 (Random Sampling)

所謂隨機選樣係指全體中每個樣本被選取的機會均等之選樣方法。例如一個有限全體中共有50個不同的個體，每次選取 6 個爲樣本，則50取 6 共計有 15, 890, 700 種不同的組合 (combination)，即

$$_{50}C_6 = \frac{50!}{6! \ 44!} = \frac{50 \cdot 49 \cdot 48 \cdot 47 \cdot 46 \cdot 45}{6 \cdot 5 \cdot 4 \cdot 3 \cdot 2} = 15, 890, 700$$

因此，在隨機選樣的方法下，這 15, 890, 700 個不同組合的可能樣本，每一個被選取的機會均等；用此種隨機選樣方法所選取的樣本，稱爲隨機樣本。

由以上的說明可知，若有限全體的大小爲 N，每次選取的樣本大小爲 n，隨機選樣則表示 $_NC_n$ 種不同組合中的任何一個樣本都有相等的機會被選取。以上所述的隨機選樣，係指選樣的過程，並非指特定樣本出現的結果，所以隨機選樣的重點在選樣時所運用的方法是否有隨機性 (randomness)。最常用的隨機選樣方法是將全體中各個個體都加以編號，然後再用標籤選號的方法，或用隨機數字表 (random number table) 選號的方法，以決定樣本中應包括那些隨機個體。

本書的附錄表 Ⅸ (438頁) 即爲隨機數表，因爲是隨機數，所以表中數字之排列無論是列或行都沒有任何規律；因此，任何一行或一列的數字，都可以視爲是一位數字的隨機數，同樣的，任何兩位或三位數字之結合即可視爲是二位或三位的隨機數，更多數字之結合也是一樣。茲將隨機數表之運用舉例說明如下：

例 1-2 假定某公司的業務經理希望由其 1, 000 個顧客的名單中，隨機選取 6 名爲樣本，以瞭解顧客對某項新產品的反映。試運用附錄表 Ⅸ 中的隨機數以隨機選取 6 名顧客爲樣本。

解　首先將 1,000 名顧客編號，由 000, 001, 002, ……至 999, 然後由附錄表Ⅸ中任何數字起的三位數組合，連續選擇 6 個三位數字即可。假如該經理從左上角選起，他所選的 6 位顧客之編號各自為：059, 444, 618, 428, 779, 及 788, 這 6 位顧客即為他選作代表去徵詢意見的樣本。

選樣的方法還可以區別為：投回 (with replacement) 和不投回 (without replacement) 兩種情況。所謂投回係指先前選取的個體 (或編號) 在繼續選取下一個之前要先放回去，在此種情況之下選樣，如同在無限全體中選樣一樣，每次選取的個體都是各自獨立的，與其他個體之被選取與否無關。所謂不投回則指在繼續選取下一個個體 (或編號) 之前，先前所選取的並不放回去，因此，前面出現的結果與以後可能出現的情況是相關連的，所以在此種情況之下選樣，每次選取的個體是先後相依的 (dependent)。

第四節　總和符號之運用

在統計資料的運算中，無論是計算平均數(average)，或者是計算標準差 (standard deviation)，隨時都需要將大量的數值相加，所以乃運用總和符號(summation notation Σ——希臘大寫字母，讀作 Sigma) 以表示一組數值連續相加之和。

若資料中包括許多個體或項目的某種特性之測定值，例如某些人的年度所得，或某些工廠的平均生產量等，可以用符號或英文字母 (如 x, y, 或 z 等) 來代表所要測度的各種特性。為了區別不同個體或項目的測定值，可以在各個對應的符號或字母的右下角加上一個註角符號 (subscript)，例如變值 (variable) x_1 代表第一個人的所得，x_2 代表第二個人的所得，其餘可依此類推。通常都用 x_i 代表任意值，註角符號 i

爲一變數，可以代表觀察值 (observed value) 的任何項數，只需代以適當的數字卽可用以代表特定的觀察值。

設變數 x 有 4 個變值，分別爲 x_1, x_2, x_3, 及 x_4, 該 4 個數值之和可用總和符號表示如下：

$$\sum_{i=1}^{4} x_i = x_1 + x_2 + x_3 + x_4$$

此式表示將變值 x_i 從 $i=1$ 到 $i=4$ 相加之總和。若將此項概念擴大到 $i=n$，則求 n 項數值相加之總和的公式如下：

$$\sum_{i=1}^{n} x_i = x_1 + x_2 + x_3 + \cdots\cdots + x_n$$

如果要計算 n 個數值的平方和，卽可用下式表示之：

$$\sum_{i=1}^{n} x_i^2 = x_1^2 + x_2^2 + x_3^2 + \cdots\cdots + x_n^2$$

兩個變值 x 和 y 的 n 項乘積之總和應爲：

$$\sum_{i=1}^{n} x_i y_i = x_1 y_1 + x_2 y_2 + \cdots\cdots + x_n y_n$$

在計算變值的總和時，並不一定要從第一項起到第 n 項止；有時我們只須要計算其中一部份或幾個項目的總和，此種部份變值總和的表示方法如下：

$$\sum_{i=4}^{8} y_i^2 = y_4^2 + y_5^2 + y_6^2 + y_7^2 + y_8^2$$

$$\sum_{i=3}^{5} (x_i - y_i) = (x_3 - y_3) + (x_4 - y_4) + (x_5 - y_5)$$

上述第一式中只包括變值 y 的第 4 項到第 8 項之總和；第二式中則爲兩個變值 x 和 y 相對應的差額之總和，各自從第 3 項到第 5 項。

　　許多情況下,由前後相關連的語意中可以很清楚的瞭解變值的項數表示總和時不會發生混淆，即可將總和符號的全距 (range) 省略，而使表示方法簡化，即以 Σx_i 表示全部 x 變值的總和，以 Σy_i^2 表示全部 y 變值平方的總和。

　　在計算變值的各數值之總和時，有三個基本定理可資運用，以便簡化運算過程，茲分別介紹如下:

　　定理一　變值之和或差的總和，等於各該變值的總和之和或差。以符號表示之則爲:

$$\sum_{i=1}^{n} (x_i + y_i - z_i) = \sum_{i=1}^{n} x_i + \sum_{i=1}^{n} y_i - \sum_{i=1}^{n} z_i$$

證　$$\sum_{i=1}^{n} (x_i + y_i - z_i) = (x_1 + y_1 - z_1) + (x_2 + y_2 - z_2) + \cdots\cdots$$

$$+ (x_n + y_n - z_n)$$

$$= (x_1 + x_2 + \cdots\cdots + x_n) + (y_1 + y_2 + \cdots + y_n)$$

$$- (z_1 + z_2 + \cdots\cdots + z_n)$$

$$= \sum_{i=1}^{n} x_i + \sum_{i=1}^{n} y_i - \sum_{i=1}^{n} z_i$$

茲以實際數值舉例演示如下:

　　例 1-3　假定變值 $x, y,$ 和 z 的各項變值如下:

$$x_1 = 2 \qquad y_1 = -1 \qquad z_1 = 5$$
$$x_2 = 1 \qquad y_2 = 7 \qquad z_2 = 3$$
$$x_3 = 8 \qquad y_3 = 4 \qquad z_3 = 6$$

運用以上 9 個數值的演算，以證實定理一是正確的。

　　解　茲將等式兩端分別運算之，以證明其相等。等式之左端應爲:

$$\sum_{i=1}^{3} (x_i + y_i - z_i) = [2 + (-1) - 5] + [1 + 7 - 3] + [8 + 4 - 6]$$

$$= -4 + 5 + 6 = 7$$

等式之右端應爲先將上述 x, y, 和 z 各行的數值分別相加，然後再將 **3** 個和數相加和相減，即得總和，其結果爲：

$$\sum_{i=1}^{3} x_i + \sum_{i=1}^{3} y_i - \sum_{i=1}^{3} z_i = (2 + 1 + 8) + (-1 + 7 + 4) - (5 + 3 + 6)$$

$$= 11 + 10 - 14 = 7$$

因爲等式的兩端都等於 7 ，故可證實定理一能夠成立。

定理二 一個常數 (constant) 與變值的乘積之總和，等於該常數與變值的總和之乘積。以符號表示之則爲：

$$\sum_{i=1}^{n} cx_i = c \sum_{i=1}^{n} x_i$$

式中 c 表示任意常數。

證 $\sum_{i=1}^{n} cx_i = cx_1 + cx_2 + \cdots\cdots + cx_n$

$$= c(x_1 + x_2 + \cdots\cdots + x_n)$$

$$= c \sum_{i=1}^{n} x_i$$

再以實際數值舉例演示如下：

例 1-4 假定常數 $c = 9$，再運用上述例 1-3 中變值 x 的各數值來證實定理二是正確的。

解 玆分別計算等式兩端之結果，以證實其相等。將各值代入等式左端：

$$\sum_{i=1}^{3} cx_i = 9(2) + 9(1) + 9(8) = 18 + 9 + 72 = 99$$

等式之右端應爲:

$$c \sum_{i=1}^{3} x_i = 9(2+1+8) = 9(11) = 99$$

以上的結果顯示等式的兩端都是 99, 所以定理二是正確的。

定理三　一個常數連續相加 n 次所得之總和, 等於此常數之 n 倍。以符號表示之則爲:

$$\sum_{i=1}^{n} c = nc$$

證　因爲 c 是常數, 其數值不受註角 i 的變化之影響, 卽

$$\sum_{i=1}^{n} c = c_1 + c_2 + \cdots\cdots + c_n = nc$$

此項定理也可以用實際數值演示之。

例 1-5　假定常數 $c=7$, 項數 $n=6$, 試證實定理三是正確的。

解　定理三非常簡單, 其左端應爲:

$$\sum_{i=1}^{6} c = \sum_{i=1}^{6} 7 = 7+7+7+7+7+7 = 42$$

等式之右端應爲: $nc = 6 \times 7 = 42$。

兩端所演算之結果完全相等, 所以定理三能夠成立。

　　瞭解了以上各項法則, 對於計算衆多數值相加之總和非常有幫助, 尤其是可以將表示方法加以簡化。根據作者多年的經驗, 發覺有兩項時常用到的總和表示方法, 但是讀者却常常發生混淆, 而運用錯誤, 卽平方數的總和

$$\sum_{i=1}^{n} x_i{}^2 = x_1{}^2 + x_2{}^2 + x_3{}^2 + \cdots\cdots + x_n{}^2$$

與總和的平方

$$\left(\sum_{i=1}^{n} x_i \right)^2 = (x_1 + x_2 + x_3 + \cdots\cdots + x_n)^2$$

前者是先將各數值平方，然後再將各平方數相加以求其總和；後者是先將各數值相加，然後再將所得之總和平方。在本書的第四章中，計算離差測定數（Measures of Dispersion）時，有的公式中會同時用到以上兩項表示總和的方法，但兩者之結果並不相等，玆舉例說明如下：

例 1-6 應用例 1-3 中變值 X 的各數值，分別求各數值平方之總和及各數值和之平方。

解 （1）各數值平方之總和應為：

$$\sum_{i=1}^{3} x_i{}^2 = 2^2 + 1^2 + 8^2 = 4 + 1 + 64 = 69$$

（2）各數值總和之平方應為：

$$\left(\sum_{i=1}^{3} x_i \right)^2 = (2 + 1 + 8)^2 = 11^2 = 121$$

以上的結果很清楚的顯示出，各數值平方之總和並不等於各數值總和之平方。

第五節　資料的圓整及有效數字

一、數字資料的圓整 (Rounding of Numerical Data)

統計資料固然應該力求正確，但是數字資料却不宜太瑣碎，尤其在小數點以後的數值,位數不宜太多,通常多依實際需要求其近似值即可。此種將數字資料化爲近似值的過程,稱爲對統計資料的圓整(rounding)。

數值 59.8,若圓整爲最接近的整數單位應該是 60,因爲 59.8 在 59 與 60 之間, 但是比較接近 60。同理, 59.8421 若圓整爲小數點後兩位數,則應爲 59.84,而將 .0021 捨棄。但是若要將 59.845 圓整爲小數點後兩位數, 到底應該化爲 59.84 呢? 還是 59.85 呢? 因爲 59.845 正好在兩者之中間。在習慣上多採用四捨五入法, 而將其圓整爲 59.85;但是在統計上若有衆多數值須要圓整後相加, 則常採用末位偶數法,即當要消去的數值恰好爲 5 時, 將要保留的數值之末位數化爲偶數,因此,59.845 則圓整爲 59.84, 而 59.835 圓整爲 59.84。但是 59.8453 則仍然要圓整爲 59.85, 因 .0053 大於 .005,所以應該進位。

此種末位偶數法的優點是在很多數值運算時能減少累積數的圓整錯誤。而四捨五入法在很多數值運算時, 即容易產生此種圓整錯誤,兹舉例說明如下:

例 1-7 試分別運用 (1)直接相加; (2)末位偶數法及 (3)四捨五入法, 將下列數值: 53.5,86.5,49.5,94.5,76.5,85.5,97.5 化爲整數,並求各數值之和。

解 (1)直接相加	(2)末位偶數法	(3)四捨五入法
53.5	54	54
86.5	86	87
49.5	50	50
94.5	94	95
76.5	76	77
85.5	86	85
+ 97.5	+ 98	+ 98
543.5	544	546

比較以上的結果可以看出，末位偶數法優於四捨五入法。因為末位偶數法可以避免累積圓整偏高的錯誤，所以其結果與直接相加所得的結果非常接近；若將直接相加所得的結果化為整數，無論採用末位偶數法或四捨五入法，其結果都是 544，與採用末位偶數法化整之後再相加所得的結果完全相同，至於四捨五入法為什麼會產生累積圓整偏高的錯誤呢？原因是四捨五入法中進位的機會為 $\frac{5}{9}$，而捨棄的機會却只有 $\frac{4}{9}$。由以上的解說可知，若有許多統計資料須要圓整後相加，有時採用末位偶數法比較相宜。

二、有效數字 (Significant Figures)

在處理統計資料時，隨時都須要運用數字，但是數字資料經過搜集和整理的過程之後，並不見得每一個位數 (digit) 都是完全準確的，尤其經過圓整後的數值，其末位數經過進位或捨棄之後只能算是近似值；因此，有時須要表明有效數字 (significant figures)，以確定數值的精確位數。所以一個數值的精確位數，即為有效數字。

在許多情況下，數值中的 0 不一定是有效數字，例如在數值中末位數的 0，即可能是經過圓整後的結果；尤其是只用來確定小數點位數的 0（即在小數點之後和有效數字之前）不算有效數字，茲將各種情況分別列述如下：

120 為二位或三位有效數字

1,200 為二位或四位有效數字

0.0012 為二位有效字（小數點後的兩個 0 為非有效數字）

0.001200 為四位有效數字（末尾的兩個 0 為有效數字）

12.0012 為六位有效數字

計數 (enumeration or counting) 得來的數值比度量 (measurement) 得來的數值之準確度要高，所以其有效數字的位數亦較高，例如某公司全體員工共有 1,240 人，其有效數字即為四位。但是若說該廠每月生產塑膠原料 1,200 公噸，則此數值之有效位數可能是兩位，也可能是三位，而恰好是四位之可能性却非常小，因為每月產量可能是 1,197 公噸，也可能是 1,204 公噸，所以 1,200 公噸很可能是一個近似值，若沒有進一步的詳細資料或說明，很難斷定其眞正有效位數。

統計資料經過演算之後，其有效位數每因運算方法之不同，或資料中各數值有效位數之不同而有所差別，玆依演算方式之不同而將有效數字之決定方法介紹如下：

1. 乘、除、或開方後的有效位數

統計資料經過乘法、除法、或開方運算之後，最後結果的有效數字，應圓整為與其中位數最小的有效數字相等。玆舉例分別演示如下：

例 1-8　試分別決定以下各算式中最後結果的有效數字：

(1) 73.24×4.52

(2) $1.648 \div 0.023$

(3) $\sqrt{38.7}$

解　　(1) $73.24 \times 4.52 = 331.0448$

此項乘積之有效數字應為三位，即 331，因為乘數的位數較小，只有三位，所以乘積的有效位數應與其中位數最小的有效數字相等。若式中被乘數和乘數是經過圓整後的數值，則被乘數 73.24 可能是 73.235，也可能是 73.245；乘數 4.52 可能是 4.515，也可能是 4.525，以其未經過圓整之前的數值運算，其乘積之最小值和最大值應分別為：

$$73.235 \times 4.515 = 330.656$$

$$73.245 \times 4.525 = 331.434$$

由以上的運算結果可知，無論 330.656 或 331.434，化整之後都是 331，所以乘積圓整為三位有效數字 331 絕對正確。同樣道理也可以決定除法和開方的結果之有效數字如下：

   (2) $1.648 \div 0.023 = 72$

兩個數值相除之商數為 71.65，因為除數只是二位有效數字，所以商數也應該圓整為二位有效數字，即 72。

   (3) $\sqrt{38.7} = 6.22$

3.87 開方的結果是 6.22093，圓整為三位有效數字應為 6.22。

 2．加、減後的有效位數

  數量資料經過加法或減法運算之後，其最後結果在小數點以後的有效數字，應圓整為與其中小數點以後位數最小的有效數字相等。茲以數字資料舉例說明如下：

  例 1-9 試行確定以下各式演算結果的有效數字：

   (1) $3.16 + 2.7$

   (2) $83.42 - 72$

  解 (1) $3.16 + 2.7 = 5.9$

兩個數值相加之和為 5.86，但是加數在小數點以後只有一位數，相加之後所得的結果也應該圓整為小數點後一位數，5.86 接近於 5.9，所以和數為二位有效數字，即 5.9。

   (2) $83.42 - 72 = 11$

兩個數值相減之差為 11.42，但是減數在小數點之後沒有數值，其有效數字只有兩位；因此，所得之差數也應該圓整為二位有效數字，將小數點後的數字消去，所以其結果應為 11。

  由以上的演示和解說可以瞭解，統計資料之收集固應力求正確，但須避免雜亂，所以有些情況下對於太繁瑣的數值可加以圓整，只須顯示其近似值即可。統計資料之處理務求清楚明瞭，尤其是數量資料經過運算之後，其有效位數更應盡量簡化，可圓整至適當位數。經過運算和圓整後的資料，其有效數值的位數必須加以適當的顯示，一般來說，計數得來的數值之有效位數較高，度量得來的數值之有效位數較低。

習　題

1. 統計學的範圍如何? 列述之。
2. 如何才能獲得所需要的統計資料? 試說明之。
3. 何謂統計分析? 為什麼統計分析又稱為統計方法?
4. 何謂統計推論? 其目的何在? 申述之。
5. 怎樣才算是記敍性統計? 舉例說明之。
6. 為什麼推論性統計越來越受重視? 其理由安在?
7. 統計學有那些重要功用? 列述之。
8. 工商企業的人事業務為什麼需要應用統計知識? 舉例說明之。
9. 工商企業的財務管理為什麼需要應用統計知識? 舉例說明之。
10. 廠商的生產業務為什麼需要運用統計知識? 試舉例說明之。
11. 廠商的營銷業務為什麼需要運用統計知識? 舉例說明之。
12. 工商企業的研究發展作業為什麼需要應用統計知識? 舉例說明之。
13. 統計學的理論和方法是否也可以應用於運輸業和服務業? 試舉例說明之。
14. 為什麼在不確定的情況下或者在資料不充分的情況下需要應用統計學的知識? 申述其原因。
15. 何謂全體? 何謂樣本? 試舉例說明二者之關係。
16. 何謂有限全體? 怎樣才算無限全體? 舉例說明之。
17. 為什麼要運用選樣調查以代替全體普查? 試列述其原因。
18. 何謂系統選樣? 試舉例說明之。
19. 怎樣才算隨機選樣? 試舉例說明之。
20. 選樣時個體之投回與不投回對於選樣之結果會有什麼影響? 舉例說明之。
21. 何謂總和符號? 在統計學中為什麼需要運用總和符號?

22. 計算總和的「定理一」之內容如何? 試舉例證明此一定理之正確性。

23. 計算總和的「定理二」之內容如何? 試舉例證明該定理可以成立。

24. 計算總和的「定理三」之內容如何? 試舉例證明該定理可以成立。

25. 試用總和符號表示以下各式:

(a) $x_1^2 + x_2^2 + \cdots\cdots + x_{99}^2$

(b) $f_1 x_1^2 + f_2 x_2^2 + \cdots\cdots + f_{50} x_{50}^2$

(a) $(x_{10}+2) + (x_{11}+2) + \cdots\cdots + (x_{60}+2)$

(d) $a_4 b_4 + a_5 b_5 + \cdots\cdots + a_{16} b_{16}$

26. 試將下述各總和式所代表的項數展開:

(a) $\sum_{i=1}^{k} f_i x_i$ $\qquad$ (c) $\sum_{i=8}^{14} (x_i+2)^2$

(b) $\sum_{i=4}^{9} (x_i-a)$ $\qquad$ (d) $\sum_{i=3}^{8} 3 x_i^2$

27. 已知: $x_1=2, x_2=4, x_3=1, x_4=3$, 試求以下各總和式之結果:

(a) $\sum(x-2)$ $\qquad$ (c) $\sum(2x+3)$

(b) $\sum(x-2)^2$ $\qquad$ (d) $[\sum(2x+1)]^2$

28. 試證以下各總和式:

(a) $\sum_{i=1}^{n} (ax_i+by_i-cz_i) = a\sum_{i=1}^{n} x_i + b\sum_{i=1}^{n} y_i - c\sum_{i=1}^{n} z_i$

(b) $\sum_{i=1}^{n} (y_i-\bar{y})^2 = \sum y_i^2 - \dfrac{(\sum y_i)^2}{n}$

(c) $\sum_{i=1}^{n} (x_i-\bar{x})(y_i-\bar{y}) = \sum x_i y_i - \dfrac{\sum x_i \sum y_i}{n}$

(d) $\sum_{i=1}^{n} (x_i-k) = \sum_{i=1}^{n} x_i - nk$

29. 數量資料爲什麼需要加以圓整? 資料經過圓整之後會有什麼缺點?

30. 在甚麼情形之下運用末位偶數法來圓整數量資料? 其優點何在?

31. 何謂有效數字? 爲什麼需要顯示有效數字?

32. 那種數字爲非有效數字? 爲什麼? 說明其原因。

33. 數值經過乘、除，或開方等運算之後，最後結果之有效位數怎樣確定？

34. 數值經過加法或減法運算之後，其最後結果之有效位數怎樣確定？試舉例說明之。

第 二 章

資料之整理與顯示

第一節　資料的分類

統計資料可以經由試驗、選樣查驗、全體普查，或者查閱以往記錄等方式而獲得，但所獲得之原始資料(raw data)，或稱初級資料(primary data)，在未經過整理之前看不出資料中的各項特性，故無法作為分析或預測之依據，必須加以整理、重組，或簡化之後，才能夠進一步分析和運用；而統計方法即在研究如何搜集、組織、分析，和解釋統計資料，俾能符合實際的需要，以提供決策之依據。統計資料必須依照其性質和類別之不同，而加以適當的分類和整理，故首先將統計資料的性質和類別分述如下：

一、質的資料和量的資料

統計資料可按照其性質上的特性(qualitative characteristics)或計量方面的特性 (quantitative characteristics) 而運用不同的方式加以整理和分組，茲區分如下：

1. 屬性資料

統計資料常依照其性質之不同而加以劃分，例如人事資料可區分為：

性別、職業、敎育程度、以及婚姻狀況等；再如工商企業資料可依性質
而區分爲：製造業、販賣業、以及服務業等；此等用以區分資料性質的
標準稱爲屬性 (attributes)。依照屬性分類的資料類別較爲單純，通常都
以比例數(ratio)加以比較和顯示。

　　2. 計量資料

　　統計資料大多依照其計量的特性而劃分，例如年齡、價格、重量、
壓力、以及長度等,此等數量資料稱爲變數(variables)。統計資料中變數
的數量通常都很多，因此必須整理成序列(array)或次數分配 (frequency
distribution),然後再求出集中趨勢測定數(measures of central tendency)
和離差測定數 (measures of dispersion)，以便進一步瞭解變數的各項特
性。

　　二、連續資料和不連續資料

　　計量資料還可以劃分爲兩種類別, 即不連續變數(discrete variables)
與連續變數 (continuous variables), 玆分別說明如下:

　　1. 不連續變數

　　若變數的值是可以計數的(countable), 即爲不連續變數, 例如員工
的人數、機器的數目、或產品的個數等，可能是 6 個、7 個、8 個、……,
但不可能是 6.4 個或 7.6 個；所以不連續變數只能代表若干顯明的個別
數值，例如選樣檢驗所獲得的不合格產品數目等。

　　2. 連續變數

　　如果變數的值是由一個連續的尺度 (continuous scale) 用度量
(measurement) 的方式而獲得, 此種變數稱爲連續變數；因此連續資料
在某種範圍內可以是任何數值，例如時間、壓力、重量、及長度等，若
運用非常正確的測度儀器，在理論上可以獲得若干連續的正值。例如一
個人的身高，可能是 1.76公尺、1.758、1.7579、1.762、或者1.7624 公尺,

要看測量工具的準確度而定，所以用於代表時間、壓力、重量、或長度等的數值都是連續變數。

　　由以上的說明可知，統計資料中有的須要依照性質而區分，有的可以按照數量而分組整理。只能用不連續數值表達的資料稱爲不連續資料，例如計數 50 個工廠中每廠的員工人數，所得的即爲不連續資料；須要用連續變數表達的資料稱爲連續資料，例如以準確的尺度來測量 5,000 名工人的身高，所獲得的高度之尺寸將近於連續資料。統計資料在實際運用時，常將連續變值圓整至某一最接近的單位，而視同不連續變值。

　　在本章以下各節中，將分別介紹次數分配(frequency distribution)、比較次數與累積次數 (relative frequency and cumulative frequency)、次數分配圖 (frequency distribution charts)、以及次數曲線 (frequency curves)等各種整理資料和顯示資料的方法。

第二節　　次數分配

　　統計資料在進行分析或運用之前，通常都依照其性質或類別而加以重組和整理，若資料的數量較少，只須排成簡單的序列 (array) 即可瞭解其分佈形態和各項重要特性。如果資料的數量太多，則須進一步分組整理，而編列成次數分配表 (frequency distribution table)。茲將各種整理方法介紹如下：

統計序列

　　所謂統計序列係指一組按照數值大小順序而排列的統計資料，其順序可以由小而大，也可以由大而小。在統計序列中，若有的數值出現一次以上時，每次出現都要各別列出，以便顯示資料的分佈形態和特性，

例如有下述統計資料: 9, 6, 10, 8, 9, 12, 7, 9, 及 11, 其序列應爲:
6, 7, 8, 9, 9, 9, 10, 11, 12。

序列不但可以用簡單的方式顯示統計資料的分佈形態, 而且還可以表達出若干重要特性, 例如全距 (range)、衆數 (mode), 和中位數 (median)等。因此, 當統計資料不多時, 通常都以序列的方式來顯示資料分佈的一般形態和特性。

次數分配

大多數統計資料都有許多數值, 以致統計序列太長而無法表達資料的特性, 所以通常多將全部資料分成若干組 (classes), 列出各組的組距 (class intervals)及各組內觀察值 (observation)的數目, 屬於每一組的資料數目稱爲次數 (frequency), 依照組次順序而列出各組出現的不同次數, 稱爲次數分配 (frequency distribution), 所列成之表即爲次數分配表 (frequency distribution table)。由次數分配表中可以更清楚的看出大量資料的分佈形態及重要特性, 所以次數分配表是整理大量初級資料時最普遍應用的方式。

效以下述表2-1中的數量資料爲例, 說明如何將原始資料分組以構成次數分配表:

表 2-1 106天中工人缺席數目紀錄表

26	21	19	20	25	21	22	11	22	20	24	20	18	19	27	19
21	17	21	12	20	20	21	23	14	26	14	22	13	29	20	23
23	29	16	21	23	23	21	20	18	16	18	22	16	25	23	17
22	26	20	20	20	19	19	24	18	26	33	28	22	13	20	
21	25	28	19	16	21	20	19	38	15	12	28	22	25	25	5
9	23	28	18	29	26	21	22	24	17	33	28	24	18	30	28
18	25	25	22	23	23	28	21	23	21						

以上表 2-1 是某工廠在最近 106 天中紀錄每天工人缺席的數目，由此項原始的紀錄資料中只能找出缺席人數最多和最小的數目，至於缺席人數的分佈形態和其他特性却不易看出，所以此項資料必須加以分組整理之後才能運用。

一、資料分組

　　編製次數分配表之初步工作是首先決定將全部資料分為若干組，組數的多寡應視資料的數量而定，不必分組太多，也不可太小，務求能簡化分析過程，而且還能夠顯示資料的一般特性為宜，以不少於 7 組或不超過15組為原則。此例中資料數量不多，以分成 9 組較為適宜。

二、組距的決定

　　當資料所欲分成的組數決定之後，即該確定每組間隔的幅度 (width of the classes)，或稱組距 (class interval)。所謂組距係指用以區分各組資料所在範圍之符號，例如表 2-2 中之 "8-11" 和 "12-15" 即為各該組的組距。通常多將資料中最大值與最小值之間的差額除以擬分組的數目，若商數為分數時，再加以適當的數值，俾能湊成便於運用的整數為組距，即

$$組距 = \frac{最大值 - 最小值}{組數}$$

　　如果決定將表 2-1 中的資料分成 9 組，表中最大值是 38，最小值是 5，則含蓋此一全距的 9 組之組距應為：

$$組距 = \frac{38 - 5}{9} = \frac{33}{9} = 3.67$$

因為 3.67 作組距運算起來非常不方便，為了便於以後分析和運用起見，可將 3.67 加上 0.33，而以整數 4 作為組距。

　　也可以將表 2-1 中的資料分成 7 組，每組的組距為 5；同樣方法，還可以將上述資料分成12組，每組的組距為 3。但是若只分為 7 組，則

因組數太少而使資料的分佈形態不夠明顯；若分為12組，則嫌組數略多而增加以後運算的麻煩。不同的組數和不同的組距，將使分組後的資料散佈形態略有不同，讀者可試行分為 7 組或12組，而加以觀察比較。

各組的組距並非必須相等，但是如果可能，則應儘量使組距相等，以求簡化以後的運算，並便於深入分析和運用。而且組距之選定，應以能使各組的組中點可以與組內資料的平均數相近為宜，俾能減少進一步分析時因分組所產生之誤差。

三、組限之選擇

組距的兩端數值用來確定每組界限者稱為組限 (class limits)，其中數值較小者稱為下限 (lower limit)，數值較大的一個稱為上限 (upper limit)，例如表 2-2 中之 "8-11" 一組中， 8 和 11 兩數即為組限， 8 為該組之下限，11 為上限。

為了避免整理資料時發生困擾起見，對組限也須要加以選擇。假如選擇第一組的組限為 "4-8" 和第二組的組限為 "8-12"，若有一個數值是 8 ，在整理資料時即會遭遇困難，究竟應該將該數值列入第一組？ 還是列入第二組？ 因此，為了避免類似的困擾，絕不可用同一個數值作兩個組限，也就是不用同一個數值作為相鄰兩組中較低組的上限和較高組的下限。

瞭解了上述各項基本概念之後， 即可開始編製次數分配表，表 2-1 中的初級資料分成 9 組，其第一組的下限從 4 開始，每組的組距（幅度）為 4 ， 即可整理成表 2-2 中的次數分配表如下：

表 2-2　106中工人缺席數目分配表

缺席人數	計算數	出現次數
4—7	|	1
8—11	||	2
12—15	卌 ||	7
16—19	卌 卌 卌 卌 |	21
20—23	卌 卌 卌 卌 卌 卌 卌 卌 |	41
24—27	卌 卌 卌 ||||	19
28—31	卌 卌 ||	12
32—35	||	2
36—39	|	1
		106

　表內中間部份所劃的計算數，只是爲了便於說明和計算，在完整的次數分配表中並不須要標示出來。

　　四、組中點

　　由上表 2-2 中可以看出，原始資料經過分組整理之後，對於各組內出現次數的分佈狀況固然可以獲致清楚的概念，但却因此而失去了個別資料的眞實數值，例如在第一組中組距是 "4-7" 的範圍內，某一數值出現過一次，但這一次所代表的缺席人數究竟是幾位却顯示不出來；因此，爲了便於運算起見，每組都要選出一個數值作爲其各該組數值的代表值。通常都以各組的組中點(midpoint)作爲各組數值的代表值，所謂組中點即各組上、下兩限的平均數，例如上述工人缺席次數分配表中，第一組的組中點應爲 (4+7)/2=5.5，第二組的組中點爲 (8+11)/2=9.5，其餘依此類推。因爲組中點爲各該組的代表值，所以組中點又稱爲組標 (class mark)。表 2-2 中若各組以組標爲代表值，其次數分配表如以下之表 2-3：

表 2-3 以組標為代表值工人缺席數目分配表

組　　限	組　　標	次　　數
4—7	5.5	1
8—11	9.5	2
12—15	13.5	7
16—19	17.5	21
20—23	21.5	41
24—27	25.5	19
28—31	29.5	12
32—35	33.5	2
36—39	37.5	1
		106

此種以組中點為各組數值代表值的方法可能會產生誤差，但是若分組適當，而各組內的數值又分佈均勻或集中於該組之中心，則組中點即等於或接近於組內各數值之平均數，所以在合理分組的情形下，以組中點代表組內各值所產生之誤差將非常輕微，在以下第三及第四兩章中，運用分組資料計算平均數或標準差時，即可充分證明此項誤差並不影響結果之正確性。

五、單限組距

在從事資料分組時，應盡可能使各組的組距相等，因為相等的組距旣容易計算，又便於分析比較，運用非常方便。但是有些時候，在統計資料中可能含有少數的極端數值，其值與其他相鄰數值相差很大，若依照一般的分組方法來容納此等極端數值，則其中可能有若干組的次數為零。在此種情況下，即可運用單限組距 (open-ended class interval) 而加以適當的處理，例如下述表 2-4 中係顯示某種電子零件耐用期間的紀錄資料，由於其中有一個零件的耐用期間特別長，以致次數分配表中有三組的次數為0。

表 2-4　電子零件耐用期間紀錄表

耐用期間（小時）	數　目
0— 50以下	3
50—100以下	7
100—150以下	13
150—200以下	18
200—250以下	22
250—300以下	21
300—350以下	12
350—400以下	8
400—450以下	0
450—500以下	0
500—550以下	0
550—600以下	1
總　　計	105

　　若將上表中最後4組改為單限組距（即不設下限或不設上限）或者不相等的組距，即可減化分組（可減少3組），而且還可以容納少數極端數值，其結果如以下之表2-5。在單限組距中，往往無法確定極端數值的真實數值，為了不影響運算結果之正確性，最好能在次數分配表的下端註明少數極端數值的各別值，或者在組標中註以真實數值。

　　六、連續變值的組限和組中點

　　若注意觀察可以發現，表2-4中的組限與表2-2中的組限之表示方式並不相同，原因是表2-2中所列的工人缺席數目是計數而得的整數，即不連續的變數；而表2-4中所表達的電子零件耐用期間則是時間數值，表示時間的是連續變數，即零件的耐用時間可以是任何的小數值，例如 58.6667 小時（58 小時又 40 分鐘）。因此，在表 2-4 第二組中的 7 個觀察值，其數值可能從 50.0 到 99.9999…… 小時，也就是可以從 50 小時以上一直到 100 小時以下（不包含 100）的任何時間。

在表 2-4 中，第一組的組限是 0 和 49.9999……，若以二者之平均數爲組中點（或組標）則應爲$(0+49.9999\cdots)/2=24.9999\cdots$，第二組的組限是 50 和 99.9999……，其組中點應爲 $(50+99.9999\cdots)/2=74.9999\cdots$，其餘各組的中點可依此類推。但是此等數值太繁雜，爲了運算方便起見，可將其化整爲 25, 75, 125, ……，如表 2-5 中第二欄所列之各值，此項圓整對運算結果之正確性並無影響。

表 2-5 電子零件耐用期間次數分配表

耐用期間（小時）	組　　標	次　　數
0— 50以下	25	3
50—100以下	75	7
100—150以下	125	13
150—200以下	175	18
200—250以下	225	22
250—300以下	275	21
300—350以下	325	12
350—400以下	375	8
400以上	568	1
總　　計		105

表 2-5 中最後一組爲單限，其組中點不能以上、下兩限之平均數表示之，而且由表 2-4 中最後一組得知該一數值非常大，爲求得正確之計算結果，最好能將眞實數值記入（假定確知該數值爲 568）。

　　由以上對各種情況的說明可知，統計資料經過分組整理之後，雖然失去各別的眞實數值，但却能提供清晰的具體概念，並且易於觀察資料的分佈形態和重要特性，更便於進一步分析和運用。

第三節　比較次數與累積次數

　　在整理資料並加以分組時，每組觀察值的數目即爲各該組的次數，爲了便於分析比較起見，常須將各組的次數用比較次數分配 (relative frequency distribution)的方式顯示之。有時候也須要知道觀察值多於或少於某一數值的數目有多少，例如品質管制單位希望知道，各工人在一週內製成的不合格產品在某一數量之上的有多少？在某一數量之下的有多少？又如營銷部門希望知道推銷員於一個月內的銷貨量在某一數額之上或某一數額之下的各有多少。因此，在整理統計資料時又常須計算累積次數分配 (cumulative frequency distribution)。玆將比較次數分配和累積次數分配介紹如下：

一、比較次數分配

　　所謂比較次數分配係以觀察值的總數除各組的次數所得之商數，比較次數的總和必須等於 1。各組的比較次數乘以 100，所得之乘積即爲百分數 (percentage)，次數分配表中各組的百分數即形成百分數分配 (percentage distribution)。例如表 2-3 中的第一組，其次數是 1，其比較次數應爲 1 除以總次數 106，即 1/106＝.009，其百分數應爲 .009×100＝0.9，或 0.9%；同理，該表中第二組的比較次數應爲 2/106＝.019，其百分數應爲 1.9%；其餘各組之比較次數及百分數都可以用同樣方法求出。玆將表 2-3 之次數分配表中各組之比較次數及百分數表示如以下之表 2-6。

表 2-6　106 天中工人缺席數目比較次數表

組　限	組　標	次　數	比較次數	百分數
4— 7	5.5	1	0.009	0.9
8—11	9.5	2	0.019	1.9
12—15	13.5	7	0.067	6.7
16—19	17.5	21	0.198	19.8
20—23	21.5	41	0.387	38.7
24—27	25.5	19	0.179	17.9
28—31	29.5	12	0.113	11.3
32—35	33.5	2	0.019	1.9
36—39	37.5	1	0.009	0.9
總　　計		106	1.000	100.0

比較次數及百分數分配之運用有以下幾項優點：

　　1. 各別次數相互之間或個別次數與總次數之間，都可以在共同基數 (100%) 之下從事比較。

　　2. 在兩個大小不同的樣本之間，只要組限和組距相同，也可以利用比較次數或百分數，將兩者相對應的次數分配加以比較。

　　3. 如果選樣合理，卽可根據樣本資料的比較次數，以推論全體資料中各組次數分配的比例數。

　　4. 比較次數或比例數都可以作為推定某種情況出現的機率 (probability) 之基礎。

　　二、累積次數分配

　　所謂累積次數分配，卽將相鄰較大或較小各組的次數連續相加所得之累積數。我們可以由上面開始向下逐次相加，以求較小 (less than) 累積；也可以由上向下（或由下向上）逐次相減（或逐次相加），以求較

大(more than)累積。茲以表 2-2 中工人缺席次數分配的統計資料爲例，
製成表 2-7 中的累積次數分配。表中第一欄係以各組的下限表示缺席數
目，第二欄爲較小累積(卽小於第一欄中某一相對應的缺席數目)，因爲
缺席數目沒有低於 4 人的，所以第一列與缺席人數爲 4 相對應處是 0；
缺席人數低於 8 的有 1 天，所以在第二列相對應處爲 1；缺席人數低於
12 的 應 爲 1＋2＝3 天；該欄中其他各值都依次將前項次數累積相加卽
可求得。第三欄爲較大累積(卽大於第一欄中某一相對應的缺席數目)，
由於每天缺席人數都在 4 人以上，所以第一列與 4 相對應處的較大累積
數應爲 106 天；因爲缺席人數低於 8 的有 1 天，所以大於 8 的次數只有
106－1＝105 天；而缺席人數大於 12 的天數則應爲 105－2＝103 天；其
他較大累積數係依次將前項累積數減以該組的次數卽可求得。

表 2-7　106 天缺席人數累積次數表

缺席人數	較小累積（小於）	較大累積（大於）
4	0	106
8	1	105
12	3	103
16	10	96
20	31	75
24	72	34
28	91	15
32	103	3
36	105	1
40	106	0

由上表中可以清楚的看出，缺席人數在某一數目以下或在某一數目
以上的天數各有若干；甚至於還可以瞭解缺席人數少於某一數目，但至

少是某一數目的天數，例如缺席人數少於 28 但至少是 20 的天數應爲：
91－31＝60天。各項累積數也可以與總次數相比而以百分數表示之，以
便與其他樣本資料相比較，或對全體資料作推論。此種累積次數還可以
用次數曲線表示之。

第四節　次數分配圖

雖然次數分配表可以很清楚的顯示出一組統計資料的各項特性，而
且是從事深入分析所不可或缺的工具；但是若將同一組統計資料用圖表
(chart) 顯示之， 其各項特性更是一目瞭然， 所以次數分配圖也常用於
整理和顯示統計資料。

繪製次數圖時，在橫軸上標示變值 x，以組中點或組限表示之均可；
在縱軸上顯示次數。縱軸的尺度(scale)一定要從 0 開始，而橫軸則不必
一定從 0 開始，只要能涵蓋 x 值的全距並在兩端各空出一個組距即可。
最常用的次數圖有長條圖 (histogram or bar chart) 和次數多邊圖 (fre-
quency polygon) 兩種， 茲分別介紹如下：

一、長條圖

長條圖係以縱的矩形長條 (bar) 來顯示次數分配，即以各組的組距
爲底邊，沿橫軸劃分組限或組標，再對應縱軸以各組的次數爲高度，將
每一組劃一矩形，相連接的各矩形即組成一個次數長條圖，在此長條圖
中各矩形面積之高低即表示各組次數之多寡。表 2-2 中的工人缺席次數
分配資料，可以繪成下述圖 2-1 中的長條圖：

圖 2-1　工人缺席次數分配長條圖

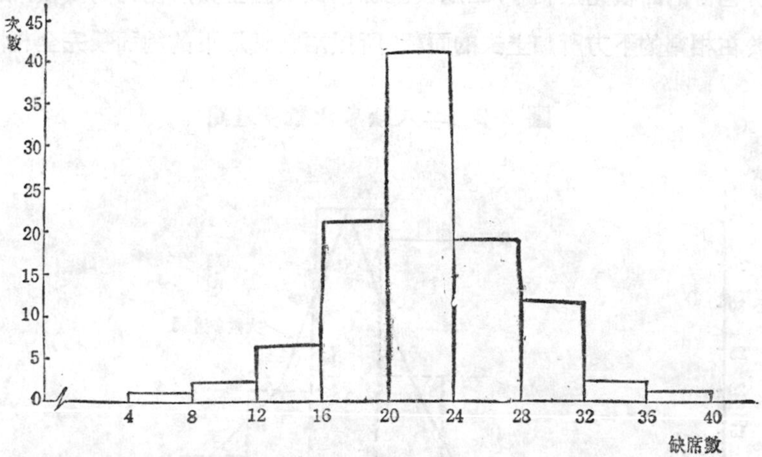

圖 2-1 比表 2-2 更能清楚的顯示出工人缺席人數的次數分配，最高的長條代表次數最多的衆數組 (modal class)，也就是缺席人數最衆多的數目；兩邊長條的高度逐次遞減，顯示離衆數組越遠，缺席人數出現的次數越少。不但上述資料有此種特性，許多統計資料的次數分配都有這種趨向。

二、次數多邊圖

另外一種用圖形表達次數分配的方法是用次數多邊圖 (frequency polygon)，或稱線條圖 (line chart)，係以與組中點相對應之高度表示各該組次數之多寡。在繪製次數多邊圖時，先將各組的中點標示於橫座標上，對應縱座標上的尺度以圓點標示各組的次數之位置，然後將相鄰各點間連以直線，再將第一組與最後一組中點的連線各延長半個組距並與橫軸相交，即得次數多邊圖。

圖 2-2 中所顯示的也是表 2-2 中的工人缺席次數統計資料，爲了便於比較起見，特以較淡的虛線顯示同一資料的長條圖於相同的尺度上。

對照觀察可以很顯明的看出，在圖形上次數多邊圖所包含的面積與長條圖所包含的面積完全相等,因爲被直線從長條圖上方所切掉的面積,恰好等於在相鄰的下方所加上去的面積,所以兩種圖形下的總面積完全相同。

圖 2-2　工人缺席次數多邊圖

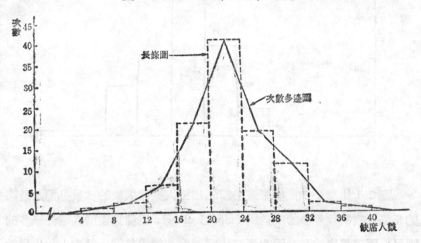

觀察上圖中的次數多邊圖可以看出，如果有一個很大的全體，具有近似於上述的次數分配形態，我們若繼續增加其分組的數目，同時相對的縮短其組距，則次數多邊圖上的線段將趨近於圓滑的曲線 (smoothed curve)，其極限將如圖 2-3 中各曲線圖所顯示者。

長條圖與次數多邊圖之比較

長條圖與次數多邊圖各有優點與缺點，爲了增進瞭解，以便選擇運用起見，茲將各自的重要優點列述如下：

一、長條圖的優點：

　　1. 每一長條的面積恰好代表每一組變值的數目。

　　2. 各組長條劃分清楚，所以比次數多邊圖更顯明。

3．在不連續分配中，各別的長條可以用於強調分配中的間隔 (gap)。

二、次數多邊圖的優點：

1．線段較少，故比長條圖簡單。

2．近似於圓滑的曲線，所以比長條圖更適合於顯示連續分配的資料。

3．數個次數分配圖之間容易比較。

瞭解了兩種圖形各自的優點之後，即可依照實際的需要，而選擇最適當的表達方式加以運用。通常在分組較少時適於選用長條圖顯示之，若分組數目較多，則以選用次數多邊圖較適宜。

第五節　次數曲線

上節曾提到，對於一個具有一般次數分配形態的全體，我們若增加其分組的數目，同時縮小其組距，則其次數多邊圖會趨近於圓滑曲線的形狀；因此，即可運用圓滑的曲線去顯示連續資料的次數分配。此種圓滑的次數曲線是長條圖或次數多邊圖的極限形態 (limiting form)，也就是當樣本的數值趨近無窮大，而組距又趨近無限小時，其次數分配的長條圖或次數多邊圖即趨近圓滑的曲線。由於次數曲線(frequency curve)可以提供變數的任何一個次數值，所以次數曲線可以消除因選樣所產生的誤差，而且適於表達連續變值的次數分配。

圖 2-3 所列示的是幾種常見的次數曲線。圖 A 是常態曲線，其分佈所反映的變異係因機遇而產生，例如因選樣所產生的誤差。常態曲線在統計學中應用最廣，常用於研究樣本測定數 (sample measures) 的可靠性和作有關全體的推論。

圖 *B* 中的兩個曲線也像常態曲線一樣是對稱的 (symmetrical)，但是

圖 2-3 次數曲線類別圖

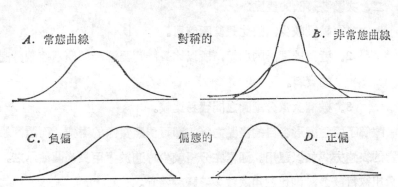

A. 常態曲線　　　　　對稱的　　　　　*B.* 非常態曲線

C. 負偏　　　　　偏態的　　　　　*D.* 正偏

其中一個的峯度太高，並且尾端又太長；而另外一個的峯度却太低濶，並且尾端又太短，所以兩者都不是常態曲線。前者可用以代表猪肉價格的分佈情況，各肉攤的售價大多相同，只有少數店舖售價特高，而在鄉村或市郊的肉攤則可能售價又非常低；後者可用以顯示米價的分佈情況，各地糧食店的米價高低略有不同，相差並不很大，但是並沒有統一的售價。

　　C 圖和 *D* 圖兩條曲線也都各有其集中趨勢 (central tendency)，但是其集中趨勢並不在資料分佈的中點，各自都有一個離中點很遠的尾端，此種次數分配情況稱爲偏態分配 (skewed distribution)。曲線 *C* 有一個較長的尾端在左方，所以爲左偏態 (skewed to the left)，也稱爲負偏態 (negatively skewed)；此種分配曲線係發生於資料之分佈多接近於固定的上限，只有少數散佈在遙遠的下限，例如某項考試的試題很容易，以致許多應試者的得分都接近滿分，但仍然有極少數的得分很低。

　　曲線 *D* 則有一個較長的尾端在右方，所以是右偏態 (skewed to the right)，又稱爲正偏態 (positively skewed)；此種情況係發生於資料之分

佈多接近於固定的下限，　只有少數散佈在遙遠的上限，　例如個人的所得 (income)，大多數都比較偏低，但是却有少數人的所得非常高。

以下第三章和第四章將分別介紹集中趨勢測定數 (measures of central tendency) 和離差測定數 (measures of dispersion)，都是根據上述各種分配曲線來研究討論，因為這幾種曲線都有顯明的集中趨勢，而其他各種不具此種集中趨勢的分配曲線即不予列舉討論。

習　　題

1. 統計資料依照性質可以區分為那幾種類別？列述之。

2. 何謂屬性資料？試舉例說明之。

3. 何謂計量資料？對於象多的計量資料應如何整理？

4. 計量資料中之變數都有那些類別？試列述之。

5. 何謂不連續變數？試舉例說明之。

6. 何謂連續變數？在何種情況下獲得的是連續變數？

7. 統計序列之意義如何？可以表現統計資料中的那些特性？

8. 何謂次數分配？在何種情況下才須要編列次數分配表？

9. 怎樣從事適當的分組？其原則如何？

10. 如何決定組距？試列式說明之。

11. 統計資料分組時，其組距是否必須一定相同？試說明其原因。

12. 何謂組限？應該怎樣作適當的選擇？

13. 怎樣確定組中點？為什麼組中點又稱為組標？

14. 以組中點作為組內各數值之代表值是否會發生誤差？怎樣才能將此種誤差減至最小？

15. 何謂單限組距？在甚麼情況下才須要運用單限組距？

16. 在單限組距中無法確定其組中點時如何處理？

17. 將連續變值分組時，其組限和組中點如何決定？

18. 下述資料係某公司徵聘業務員時，150 名應徵者參加性向測驗 (aptitude test) 的成績：

53	27	70	57	41	80	27	82	49	43	35	59	62	33	55
79	44	48	76	46	45	64	69	65	71	54	89	57	61	70
69	94	61	73	62	54	62	40	54	53	43	60	48	80	39
40	51	55	62	43	52	75	61	31	56	39	51	69	57	58
51	65	60	36	54	71	60	73	56	91	56	71	76	42	69
88	42	25	67	83	53	42	44	51	60	27	53	52	45	51
55	58	47	40	59	82	55	59	75	41	62	58	49	59	85
48	55	78	51	13	69	34	46	44	29	44	26	45	44	46
36	69	61	59	72	60	49	71	66	56	85	77	54	69	55
61	63	54	68	57	35	45	86	53	57	61	68	41	73	67

試將此項測驗成績編成次數分配表，共分 9 組，第一組的組限爲 "10–19"，第二組爲 "20–29"，其餘各組依此類推。

19. 下述資料是某速簡餐廳在最近 120 天中，每天中午所賣出的客飯數目：

48	62	56	63	55	73	60	69	53	66	54	52
53	57	58	66	53	56	64	46	59	49	64	60
50	64	55	51	60	41	71	53	63	64	46	59
66	45	61	57	65	62	58	65	55	61	50	55
58	64	42	47	59	62	56	63	61	68	57	51
61	51	60	59	67	52	52	58	64	43	60	62
56	59	65	60	61	59	63	56	62	56	62	57
57	52	63	48	58	64	59	43	67	52	58	47
60	55	61	59	74	62	49	67	65	55	61	54
63	53	54	67	57	61	65	78	60	66	63	58

試將此項資料分成 8 組，而整理爲次數分配表。

20. 以下的資料是民生牧場試行採用某種新製成的養牛飼料，經試用半年後，72頭牛的重量：

168	172	161	149	77	123	112	109	104	108	184	117
181	193	182	125	184	70	115	114	97	135	115	136
80	128	64	115	132	92	84	100	106	71	56	148
123	75	120	131	118	161	111	128	83	114	112	135
96	152	87	124	102	117	158	133	178	163	158	170
162	109	154	149	98	147	153	142	125	141	127	105

試將此項資料整理爲次數分配表。

21. 何謂比較次數？有什麼重要用途？列述之。

22. 試運用上述18題中資料所編組之次數分配，而作成比較次數表。

23. 何謂累積次數？其功用如何？列述之。

24. 試運用上述19題中資料編製較大和較小累積次數表。

25. 次數分配圖上的縱軸顯示什麼？其橫軸應該如何運用？

26. 試將上述18題所製成之次數分配表，以長條圖顯示之。

27. 試將上述19題所製成之次數分配表，以次數多邊圖顯示之。

28. 長條圖的優點及缺點各如何？列述之。

29. 次數多邊圖的優點及缺點各如何？列述之。

30. 在何種情況下統計資料的次數分配會趨近於圓滑的曲線？申述之。

31. 次數曲線都有那些常見的形態？舉例說明之。

32. 常態曲線是否對稱？對稱曲線是否一定呈常態分配？說明理由。

第 三 章

集中趨勢測定數

第一節　集中趨勢之意義

在處理大量的統計資料及其次數分配時，經常會發現大多數觀察值 (observations)都具有向某種中間值 (central value)集中的趨向，數量資料的此種特性稱爲集中趨勢(central tendency)。由於統計資料具有此種特性，所以我們可以用一個中間值作爲一組數量資料的代表值，即用一個單一數值來表達全部觀察值。

從事統計分析的基本工作首先要確定某種具有代表性的簡單數值，用以表達大量的統計資料；此種作爲一組數量資料代表值的統計數 (Statistics)，即稱爲集中趨勢測定數 (Measures of Central Tendency)。

常用的集中趨勢測定數有算術平均數(Arithmetic Mean)、中位數(Median)，以及衆數 (Mode)等。算術平均數是由運算而計得，即將全部好數值加總後再除以其總項數；中位數則由統計資料的所在位置來決定，即在統計序列或次數分配中的中間位置之數值；而衆數則決定於數量資料的聚集情況，即爲統計資料中出現次數最多的數值。

上述各種集中趨勢測定數都有各自的優點與缺點，因此各自具有其特別的適用情況；而且由於作業上的實際須要也不相同，所以必須有各種不同概念的中間值，以供選擇採用。爲了能夠正確的運用統計資料，並且爲了加強分析結果之可靠性起見，必須對統計資料的集中趨勢加以正確的測定，所以本章以下各節中將對算術平均數、中位數、以及衆數等各種集中趨勢測定數的要義和計算方法分別加以介紹，更進而對其各自的特性和彼此間的關係加以分析和說明，俾能作適當的選擇和運用。

第二節　算術平均數

算術平均數 (Arithmetic Mean) 簡稱平均數，係以各項數值相加的總和除以其總項數所得之商數。因爲算術平均數計算容易，意義顯明，而且富有代表性，所以是一種最常用的集中趨勢測定數，例如平均分數、平均價格、平均銷貨量、以及平均所得等，都是算術平均數。通常多以 $\bar{x}$（讀作 x bar）表示樣本平均數 (sample mean)，以 μ（讀作 mu）表示全體平均數 (population mean)。茲將算術平均數之計算方法依未分組資料和已分組資料而分別舉例演示如下：

一、未分組資料之計算方法

計算未分組資料之算術平均數時，係將各項數值相加，將總和除以總項數所得之商數即爲算術平均數。若一組統計資料中有 n 個數值，$x_1, x_2, x_3, \cdots\cdots, x_n$，其算術平均數應爲：

$$\bar{x} = \frac{x_1 + x_2 + \cdots\cdots + x_n}{n} = \frac{\sum\limits_{i=1}^{n} x_i}{n} \qquad 3\text{-}1$$

式中：Σ 爲總和符號，x_i 爲各別變值，n 爲總項數——即樣本的大小

(sample size)。

例如選樣調查同一行業中五個不同規模公司總經理的月薪，得以下之結果：$32,000, $55,000, $28,000, $35,000, $30,000，其平均月薪應爲 5 個金額相加，再除以 5，即

$$\bar{x} = \frac{\$32,000 + \$55,000 + \$28,000 + \$35,000 + \$30,000}{5}$$

$$= \$36,000$$

又如表 2-1 中某工廠 106 天內員工缺席的總數是 2,289 人，平均每天缺席人數應爲：

$$\bar{x} = \frac{2,289}{106} = 21.6 人$$

觀察以上兩項結果可以發現，平均數的單位仍與資料中原來的單位相同，即金額、人數等。而且雖然原來資料中都是整數，但是平均數可以含有小數或分數，例如平均每天的缺席人數是 21.6 人。

二、已分組資料之計算法

如果統計資料數量很多，即必須先將資料分組，然後再求分組資料的平均數。計算已分組資料的算術平均數時，係將各組的代表值（組中點）乘以其各自出現的次數，各項乘積相加而求得總和之後，再除以總次數，所得之商數即爲欲求之算術平均數，其公式爲：

$$\bar{x} = \frac{f_1 x_1 + f_2 x_2 + \cdots\cdots + f_k x_k}{f_1 + f_2 + \cdots\cdots + f_k} = \frac{\sum_{i=1}^{k} f_i x_i}{\sum_{i=1}^{k} f_i} = \frac{\sum fx}{n} \qquad 3\text{-}2$$

式中：x_i 代表第 i 組的組中點，f_i 爲第 i 組的次數。

在分組資料中，以每組的組中點代表其組距內的全部數值，因此由分組資料所求得之平均數只是近似值，與由原來未分組資料所求得者未必完全相等；如果資料的數量很大，而組距又很小時，則兩者的數值將

非常接近。

　　玆以表 2-3 中工人缺席數目的分組資料爲例，說明如何由分組資料中求平均數，各項運算步驟列述於以下之表 3-1：

表 3-1　由分組資料中計算平均每天缺席人數表

組　限 缺席人數	組中點 x_i	次　數 f_i	乘　積 $f_i x_i$
4— 7	5.5	1	5.5
8—11	9.5	2	19.0
12—15	13.5	7	94.5
16—19	17.5	21	367.5
20—23	21.5	41	881.5
24—27	25.5	19	484.5
28—31	29.5	12	354.0
32—35	33.5	2	67.0
36—40	37.5	1	37.5
總　　數		$\Sigma f_i = 106$	$\Sigma f_i x_i = 2311.0$

將表中各項總計結果代入公式 3-2 即得：

$$\bar{x} = \frac{\Sigma f_i x_i}{\Sigma f_i} = \frac{2311}{106} = 21.8 人$$

此一結果顯示，由分組資料中求得每天平均缺席人數是 21.8 人，而前面由未分組資料中所求得的却是 21.6 人，此項誤差是由於分組後喪失了原始資料的個別數值，而代以各組的組中點所造成的。

　　若將上述的組距縮小爲 2，即將組限改爲 "4-5"，"6-7"，"8-9"，…，而分組數目增加一倍，則分組後的每天平均缺席人數也是 21.6 人，恰與未分組資料所求得之平均數相等；反之，若將組距增大一倍，變成 8，即將組限改爲 "4-11"，"12-19"，"20-27"，……，分組數目減少一半，則分組後的平均數將爲 22.1 人，與未分組資料的平均數相差更大。所以一般而論，分組資料的組距越大，其平均數與未分組的同一資料之平均數相差越遠；反之，則誤差減小。所以資料分組數目不宜過小，以求減少因分組不當所產生的誤差。

三、簡捷法

上述由次數分配表中直接求算術平均數的方法，通常都需要先將許多對數值相乘，然後再將乘積相加，以致運算過程相當繁瑣。如果各組的組距相等，即可運用簡捷法 (short-cut method) 將運算化簡，其計算步驟如下，並以表 3-2 演示之：

1. 列出組限(如果資料已很熟悉，亦可省略)、組中點、及各組的次數，如表 3-2 中 1 至 3 欄。

2. 選擇任何適當的組中點作爲假定平均數(assumed mean-$\bar{x}_a$)，以衆數組 (modal class) 或中間組 (middle class) 的組中點爲宜，在表 3-2 中以 21.5 作假定平均數。

3. 列出每一組中點與假定平均數間之差異數 (deviation-d)，係以組距爲單位，所以在第 4 欄中與 21.5 相對應處寫 0，向下在與較大的組中點相對應處依次寫 1, 2, 3, 及 4；向上在與較小的組中點相對應處依次寫 $-1, -2, -3,$ 及 -4。

4. 將每組的次數乘以其差異數，所得之乘積(fd)列入第 5 欄。

5. 將第 5 欄中的各項乘積相加以求總和(Σfd)。然後將各有關數值代入下式，即可求得算術平均數。

$$\bar{x} = \bar{x}_a + c\left(\frac{\Sigma fd}{n}\right) \qquad 3\text{-}3$$

式中：$\bar{x}_a$ 代表假定平均數，c 爲共同組距 (common class interval)，Σfd 是次數 f 乘以差異數 d 後相加之總和，n 代表總次數。

表 3-2 簡捷法計算平均數表

組　　限	組中點(x_i)	次數(f)	差異數(d)	乘積(fd)
4— 7	5.5	1	-4	-4
8—11	9.5	2	-3	-6
12—15	13.5	7	-2	-14
16—19	17.5	21	-1	-21
20—23	21.5	41	0	0
24—27	25.5	19	1	19
28—31	29.5	12	2	24
32—35	33.5	2	3	6
36—39	37.5	1	4	4
總　　數		106		8

將各值代入上式得:

$$\bar{x}=\bar{x}_a+c\left(\frac{\sum fd}{n}\right)=21.5+4\left(\frac{8}{106}\right)=21.8 人$$

此項結果與前述方法所求得者完全相同,而在運算上却非常簡單。但是若分組資料的組距不相等時,即不能運用此種簡捷法。

四、加權平均數

以上所述各種計算平均數的方法,都是假定資料中全部觀察值的重要性完全相同,所以在計算平均數時每一數值都得到相同的比重。但是在許多實際問題中,須要加以平均的各項數值之重要性可能並不相同,在此種情況下,為了獲得合理的結果,常基於各數值相對的重要性,而乘以權數 (weighted number),再將乘積之總和除以總權數,所得之結果稱為加權平均數 (Weighted Mean)。

設以 $x_1, x_2, x_3, \cdots\cdots, x_n$ 代表一組 n 個數值, 以 $w_1, w_2, w_3, \cdots\cdots, w_n$ 為該等數值各自的權數,則其加權平均數應為各數值乘以其權數, 加總

之後除以各權數之總和，即

$$\bar{x} = \frac{w_1 x_1 + w_2 x_2 + \cdots\cdots + w_n x_n}{w_1 + w_2 + \cdots\cdots + w_n} = \frac{\sum w_i x_i}{\sum w_i} \qquad 3\text{-}4$$

　　每一位在校學生對加權平均數的觀念都不會陌生，因爲其學業成績的平均分數就是一種加權平均數，通常都是將各科所得的分數乘以各該學科的學分數(多以每週上課時數爲基準)，再除以所修學分之總數。假定某生本學期共修成本會計、統計學、企業管理、經濟分析、管理數學、及商用英文等六門課，各科之學分數分別爲：3學分、4學分、2學分、3學分、2學分、及2學分，學期終了，該生各科成績如下：成本會計92分，統計學86分，企業管理83分，經濟分析88分，管理數學94分，商用英文90分，則其各科平均分數應爲：

$$\bar{x} = \frac{92 \times 3 + 86 \times 4 + 83 \times 2 + 88 \times 3 + 94 \times 2 + 90 \times 2}{3 + 4 + 2 + 3 + 2 + 2} = \frac{1418}{16}$$

$$= 88.63$$

　　比較公式 3-2 與公式 3-4，兩者非常近似，尤其在運算上兩者的處理過程完全一樣；但是在意義上却不相同，前者代表乘以各資料出現的次數，而後者則代表乘以各資料的比重。

　　統計資料經過加權以求取平均數的方式，也常應用於在數組資料合併處理的情況下。假定有三組資料，各有 n_1, n_2，及 n_3 個觀察值，各自的平均數分別爲 $\bar{x}_1, \bar{x}_2$，及 $\bar{x}_3$，而三組資料的共同平均數則應爲各別平均數的加權平均數，各自的權數即爲其樣本的大小，n_1, n_2，及 n_3，所以其共同平均數應爲：

$$\bar{x} = \frac{n_1 \bar{x}_1 + n_2 \bar{x}_2 + n_3 \bar{x}_3}{n_1 + n_2 + n_3}$$

　　例如某種化學混合物是由 A 和 B 兩種化學元素合成，A 元素的成本每加侖 (gallon) $ 5，B 元素每加侖 $ 10，若每加侖混合物含有 40% A 元素和60%的 *B* 元素，則每加侖混合物的平均成本應爲：

$$\bar{x} = \frac{.4 \times \$5 + .6 \times \$10}{.4 + .6} = \$8.00$$

由上述幾個不同例子的演示可以瞭解，算術平均數之計算係將各變值彙總後，再除以總項數或總權數，以致每一個變值都會影響最後之結果，尤其是兩極端的數值（特大數值或特小數值）對算術平均數的影響特別大；因此，算術平均數常因受極端數值的影響而減低其代表性。所以在統計資料中，若各變值的差異很大或有極端變值時，應避免使用算術平均數爲該組資料之代表值。

第三節　中　位　數

中位數（Median）比較容易確定，若將統計資料按數值大小順序排列，則中位數多爲該序列（Array）的中間數值，或爲兩個中間數值的算術平均數。兹將中位數在未分組資料中和在分組資料中之不同計算方法分別舉例演示如下：

一、未分組資料之計算方法

在未分組資料中計算中位數時，應先將統計資料依照數值之大小排成序列，若序列的項數爲奇數，其中間位置的一個數值爲中位數；若序列的項數爲偶數，則以中間兩個數值的平均數爲中位數。若資料項數衆多時，常用下式確定中位數的位置，即 $\frac{n}{2} + \frac{1}{2}$，$n$ 爲序列的項數。

例如上節在計算未分組資料的平均數時，調查同一行業中五位不同規模公司總經理的月薪，其結果爲：$\$32,000$，$\$55,000$，$\$28,000$，$\$35,000$，及 $\$30,000$。求中位數時，應先將該項資料排成序列，即

$\$28,000$，$\$30,000$，$\$32,000$，$\$35,000$，$\$55,000$。

該序列共有 5 項，其中位數的位置應爲第 3 項，即 $\frac{5}{2} + \frac{1}{2} = 3$，故五人月薪的中位數 $M_e = \$32,000$。 如果又獲知第 6 位總經理的月薪是 $\$41,000$，則他們 6 位的月薪之中位數應爲兩個中間數值的平均數， 即 $\frac{6}{2} + \frac{1}{2} = 3.5$ 的位置，所以其數值應爲

$$M_e = \frac{\$32,000 + \$35,000}{2} = \$33,500$$

由這個例子可以很顯明的看出，在有些情況下中位數比平均數更具有代表性，因爲中位數不受極端數值的影響。由於有些大公司的總經理其薪金非常高，例如此例中就有一位的月薪是 $\$55,000$，因爲有這樣一個特別大的數值，而使上節所述之平均數($\$36,000$)大於其他任何四人的月薪，所以有時中位數比平均數更可靠,尤其在資料中有極端數值時,中位數優於平均數。

二、已分組資料之計算方法

當統計資料已經過分組並整理成次數分配表時，中位數一定在中位組 (median class)，所謂中位組，即其累積次數首先超過總項數之半數 $\left(\frac{n}{2}\right)$者。在已分組資料中，常用下述公式計算中位數，即

$$M_e = L_m + C\left(\frac{\frac{n}{2} - F}{f_m}\right) \qquad 3\text{-}5$$

式中： L_m ＝中位組的下限

C ＝各組的共同組距

f_m ＝中位組的次數

F ＝低於中位組的各組累積次數

n ＝樣本資料的總次數

茲以下述表 3-3 中工人缺席資料的累積次數分配爲例，說明如何應用公式 3-5 以確定中位數：

表 3-3　106天工人缺席資料累積次數表

組　限	次　數(f)	累積次數(F)
4— 7	1	1
8—11	2	3
12—15	7	10
16—19	21	31
20—23	41	72
24—27	19	91
28—31	12	103
32—35	2	105
36—39	1	106
總　數	106	

由表中可以看出，第 5 組是中位組，因爲其累積次數 72 大於 53 $\left(即\dfrac{106}{2}\right)$，所以中位數必定在第 5 組。該組之下限是 20，其次數是 41，其以下各組之累積次數是 31，各組之共同組距是 4，將各值代入公式 3-5 得

$$M_e = L_m + C\left(\frac{\frac{n}{2}-F}{f_m}\right) = 20 + 4\left(\frac{53-31}{41}\right) = 22.1 人$$

此項結果顯示，每天缺席人數之中間值約爲22人。

由以上各例的演示和說明可知，中位數決定於變值的數目，並不受極端數值的影響，只受極端變值數目的影響，所以在偏態分配的情況下，以中位數作代表值更適合。但是在統計資料不向中間值集中時，或者在資料序列中間有缺口（gap）的情形下，中位數卽失去代表性。

第四節　衆　　數

在一組統計資料中，出現次數最多的數值稱爲衆數（Mode）。衆數應用的場合也非常廣泛，例如我們通常所謂的「大多數人的意見」，或「多數廠商的報價」等，都是指衆數。但是有時在簡單的數字資料中，也許沒有衆數；而在複雜的大量資料中，也許會出現兩個以上的衆數。茲將在未分組資料中和在已分組資料中決定衆數的方法分別介紹如下：

一、未分組資料之決定方法

在未分組的統計資料中尋求衆數時，多將資料依數值大小排成序列，其中出現次數最多的數值即爲衆數。若某一數值在全部資料中佔比例最多時，不必將資料排成序列也可以確定其衆數，例如大學一年級新生的年齡大多數是18歲，所以我們不須整理資料很容易就能確定新生年齡的衆數是18歲。

二、已分組資料之計算方法

在處理大量統計資料時，通常多加以分組整理，在分組資料中，我們經常會發現有的組中其數值出現的次數最多，而其他各組的次數則依次遞減，若將次數分配以修勻的次數曲線表示之，衆數必定是與曲線中最高點相對應的數值，該一次數出現最多的組稱爲衆數組（modal class）。若資料呈對稱分配（symmetrical distribution），衆數組的組中點即爲衆數；若資料的分配呈偏態，則衆數組的中點即不一定是衆數。在偏態情況下，常以下式求衆數：

$$M_0 = L + C\left(\frac{\triangle_1}{\triangle_1 + \triangle_2}\right) \qquad 3\text{-}6$$

式中: L ＝衆數組的下限

C ＝衆數組的組距

$\triangle_1$ ＝衆數組的次數超過相鄰較低組的次數

$\triangle_2$ ＝衆數組的次數超過相鄰較高組的次數

　　茲以表 3-3 中的分組資料爲例，說明如何應用公式 3-6 求衆數。觀察表中資料可以看出，第 5 組的次數最多，故爲衆數組，其下限爲20，組距爲 4，其次數超過相鄰較低組者爲 $41-21=20$，其次數超過相鄰較高組者爲 $41-19=22$，將各值代入公式 3-6 即得：

$$M_0 = L + C\left(\frac{\triangle_1}{\triangle_1 + \triangle_2}\right) = 20 + 4\left(\frac{20}{20 + 22}\right) = 21.9 人$$

此項結果顯示缺席人數次數最多的是 21.9 人，即大多次數是缺席22人。但表中衆數組的中點却是 21.5 人，其差異是由於該項資料並不對稱的原因。

　　由以上的演算和解說可知，衆數旣不受資料中極端變值的影響，也不受兩端變值數目的影響，所以常被用於單限的 (open-ended) 次數分配之代表值。但是若資料中沒有衆數，或有兩個以上的衆數時，即無法應用單一衆數作爲代表值。尤其在分組資料中，所得的衆數只是個近似值、不同的分組方法，即選擇不同的組距或組限，所獲得的衆數很可能不相同，但又很難斷定何者比較適當。所以衆數僅適宜應用在資料中只有一個顯明的集中數值時，而且需要用出現次數最多的數值作決策依據時，才能採用。

第五節　集中趨勢測定數之特性

　　爲了能夠正確運用集中趨勢測定數，必須瞭解其特性，茲先將各測定數間之關係略加說明。在對稱分配的情況下，算術平均數 $\bar{x}$，中位數 M_e，和衆數 M_o 三者的數值一定相等，此項概念可用圖 3-1 顯示如下：

圖 3-1　對稱分配下中間值測定數位置之比較

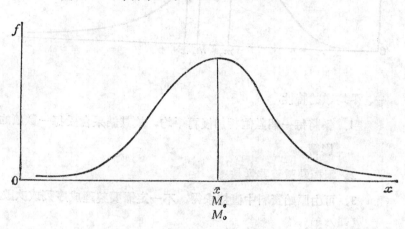

如果次數分配呈偏態,衆數仍然會留在與曲線最高點相對應的位置，算術平均數因受極端數值的影響而移向極端數值的方向，中位數則只受極端數值數目的影響，而不受極端數值的影響，故中位數總是在衆數與平均數之間。當次數分配偏向右方時，中位數小於平均數，因此平均數減以中位數其差額爲正值，所以右偏態分配又稱爲正偏分配 (positively skewed)；反之，左偏態分配時平均數小於中位數，平均數減以中位數之差額爲負值，故稱負偏分配 (negatively skewed)。上述的概念可用圖 3-2 顯示之。

以上所述係集中趨勢測定數的一般特性和其彼此間的關係位置，玆將其個別特性分別列述如下：

圖 3-2 右偏態分配時中間值測定數位置之比較

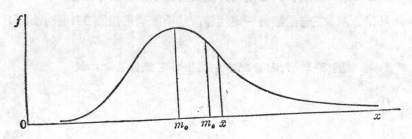

一、平均數的特性

　　1. 係將每一個數值相加後再平均，故其結果會受每一數值的影響。

　　2. 對極端數值非常敏感。

　　3. 可由原始資料中直接求得，不一定需要整理成序列或次數分配。

二、中位數的特性

　　1. 其數值在序列的中間位置，故只受極端數值數目的影響，而不受其數值的影響。

　　2. 在偏態分配中是最可靠的中間值測定數。

　　3. 也可以從單限組距的次數分配中求得。

　　4. 如果資料不向中間值集中，其可靠性較差。

三、衆數的特性

　　1. 既不受極端數值的影響，也不受其數目的影響，故可由單限組距的次數分配中求得。

　　2. 若資料中有數個衆數時，便無法適當運用。

　　3. 會因選擇不同的組距和組限而有不同的衆數值，故缺少固定的標準。

由以上的列述可以瞭解，各項集中趨勢測定數都有其優點和缺點，我們必須加以適當的選擇，以求運用其優點並避免其缺點，在實際選用時還要考慮以下兩項因素：

一、問題中所須要的測定值

如果須要全部數值混合的平均值，最好選用算術平均數；若須要中間數值，可採用中位數；若須要出現次數最多的數值，宜選擇衆數。

二、可供利用的資料之形態

若資料呈嚴重的偏態，應避免採用平均數，中位數或衆數都比較合宜；假如在資料分配的中間有缺口，不可選用中位數；若資料沒有主要的集中點，不適合採用衆數。

習　　題

1. 何謂集中趨勢？統計資料的此種趨勢有什麼意義？

2. 何謂集中趨勢測定數？常用的集中趨勢測定數有那幾種？

3. 算術平均數爲什麼應用較廣？試列舉五種日常應用的算術平均數。

4. 未分組資料的算術平均數怎樣決定？試舉例說明之。

5. 在分組資料中已失去個別數值，如何計算平均數？其結果將如何？

6. 分組資料的組距越大，其平均數與未分組的同一資料之平均數其差異如何？爲什麼？

7. 試運用第二章練習題18中的原始資料計算平均數。

8. 試運用上述練習題18中分組後的次數分配表計算平均數，比較兩者之結果並說明其原因。

9. 試運用簡捷法求上述練習題18中分組資料的算術平均數。

10. 在何種情況下才能用簡捷法求平均數？說明其原因。

11. 下述資料係某電子工廠中，120名女工半月的薪資，該等女工所擔任的工作是按件計酬，所以各人的薪資並不相等。

$1,400	$1,180	$1,200	$1,060	$1,600	$ 640	$ 920	$1,400	$1,200	$1,260
1,520	1,800	1,120	1,600	2,000	1,160	1,400	1,200	1,130	1,220
800	1,200	1,760	1,560	850	1,280	950	1,280	1,200	1,450
1,200	760	1,200	1,500	1,200	1,240	1,480	820	600	800
2,400	1,800	2,800	800	1,900	1,460	1,680	1,600	1,680	2,200
900	1,420	1,440	1,720	1,520	1,650	1,200	2,120	1,440	1,000
2,000	1,200	1,250	2,000	1,400	1,800	2,100	2,300	2,000	1,600
1,410	800	1,400	1,880	1,640	2,250	1,600	1,200	1,610	1,200
2,400	1,200	1,990	1,200	2,380	2,080	1,960	1,290	840	2,840
1,600	2,700	2,400	2,350	1,730	1,800	2,000	1,600	2,000	1,800
720	1,040	800	2,160	1,400	1,550	1,400	1,180	2,440	1,140
2,600	2,180	1,500	1,400	2,450	1,600	1,400	1,620	1,600	600

試運用以上資料計算該等女工之平均薪資。

12. 試將上述11題中之資料分組整理後運用簡捷法求其平均薪資，並與直接計算之結果相比較。

13. 何謂加權平均數？試舉例說明之。

14. 在未分組資料中怎樣決定中位數？分別列述之。

15. 試運用上述第12題中的分組資料確定其薪資的中位數。

16. 試運用第二章練習題18中的分組資料確定其成績的中位數。

17. 在偏態分配中，中位數與平均數會有什麼差別？爲什麼？

18. 何謂衆數？在統計資料中是否一定有一個衆數？

19. 試運用上述第12題中的分組資料確定其薪資的衆數。

20. 試運用第二章練習題18中的分組資料確定其成績的衆數。

21. 在何種情況下衆數最適宜於作爲統計資料的代表值？在何種情況下不能用衆數作爲代表值？

22. 若統計資料呈對稱分配，算術平均數、中位數，和衆數三者之間有什麼關係？

試舉例說明之。

23. 爲什麼左偏態分配又稱爲負偏態分配？試繪圖表示之

24. 平均數有些什麼重要特性？列述之。

25. 中位數有那些重要優點和缺點？列述之。

26. 衆數有些什麼重要特性？列述之。

27. 在選擇運用集中趨勢測定數時，都要考慮那些因素？

28. 爲什麼在運用統計資料時須要瞭解其集中趨勢？申論之。

第 四 章

離差測定數

第一節　測定離差的目的

　　在第三章中曾討論到，當數字資料數量較多時，即有一種向中間值集中的傾向，因此我們可以用集中趨勢測定數作爲一組數字資料的代表值，但是其代表性如何？在不瞭解資料的散佈情況之前，無法肯定中間值是否能確切代表其所屬之一組統計資料。因爲任何一組統計資料中之數值不可能全部相等，或多或少都會有些差異；因此，我們爲了能夠正確運用數字資料的中間數值，即必須瞭解該資料的分散程度，用於顯示數字資料離中間值而散佈的情況之統計數 (Statistics) 稱爲離差測定數 (Measures of Dispersion)。所以運用離差測定數有兩項主要目的，即測度中間值的可靠性和作爲控制變異的基準，茲分別說明如下：

一、測度中間值的可靠性

　　幾組統計資料可能會有相同的或非常接近的平均數、中位數、和衆數，但是各組中個別觀察值之間的差異却未必完全一樣，有的非常集中，有的却很分散；因此，我們在表明一組統計資料的實際情況時，經常需要同時提供其中間值和離差。若離差很少，表示中間值可以適當的代表各別數值，而且可以很可靠的用以估計其母全體的中間值；反之，若離差很大，則表示中間值沒有代表性，而且也不能用於估計其母全體的中間值。

二、作爲控制變異的基準

測度變異的另外一個目的是用於確定變異的性質和原因，以便加以控制或消除。在工業生產過程中，必須有效的控制產品的品質變異，才能保證品質一致並合乎規格。由品質檢驗所獲得的品質變異資料，有助於瞭解變異的性質和產生變異的原因，即可根據其性質而查出造成變異的原因，再針對其原因而加以消除或控制於適當的限度內，所以測度統計資料的離差是控制變異成因的基本工作。

常用的離差測定數有：全距(Range)、四分位差(Quartile Deviation)，平均差 (Mean Deviation)、和標準差 (Standard Deviation) 等，本章以下各節將對其要義和計算方法分別加以介紹，並對各種離差測定數的特性和彼此之間的關係加以分析與說明，更進而對相對離差 (Relative Dispersion)、標準化單位(Standardized Units)、以及偏態(Skewness)等作簡要的解說，以便增進瞭解並作適當的運用。

第二節 全距和四分位差

全距 (Range)

所謂全距係指一組數字資料中最大數值與最小數值之間的差額，若以 R 代表全距，x_n 和 x_1 分別代表最大值和最小值，則全距應爲：

$$R = x_n - x_1$$

4-1

在表 2-1 所列出的 106 天工人缺席資料中，最小的缺席人數是 5 人，最多的是 38 人；因此，缺席人數的全距是：

$$R = 38 - 5 = 33 人$$

此一數值代表全部缺席資料的分散程度，所以全距可用以顯示全部變異分散的範圍。

在統計序列中，全距很容易確定；在分組資料中，如果不知道原始資料的最大值和最小值，即不易確定全距，乃常以最高組與最低組兩個組中點的差額表示之。有時只列出資料的最小值與最大值以顯示全距，例如表 2-1 中的工人缺席資料，即可寫出 "5-38" 作為全距。在日常事務中，應用全距的場合很多，例如股票的報價，只列出最高價與最低價；又如氣象報告，也只報出每天的最高與最低氣溫。

在一組數字資料中，若最大值和最小值與其他數值之間沒有隔離太遠，全距可以作為很好的離差測定值；尤其是當資料數目較少時，應用全距最適宜，例如在品質管制中，即常用全距以測定品質變異的離散程度，因為在選樣檢驗時，通常只取三、五件產品作樣本。但是若資料中的兩端數值與其他數值相離的很遠，以全距作為離差測定數即不可靠，而且容易導致錯誤的結論，因為在此種情形下全距不能顯示中間部份各數值分散的程度。

極端數值對離差測定數之影響可以減小或消除，只需將序列兩端的特定部份去掉，以所餘中間部份的距離來測定離差即可，其中最簡單常用的是以四分位數（quartiles）作基礎以測定離差，即所謂四分位差（quartile deviation）。

四分位差（Quartile Deviation）

四分位數（quartiles）是以三個點將一組統計序列或次數分配分成四

等份，第一四分位數或稱下四分位數 (lower quartile) Q_1，將全部資料中數值較低的四分之一與第二個四分之一分開；第二四分位數 Q_2（即中位數）將第二個四分之一與第三個四分之一劃分開；第三四分位數或稱上四分位數 (upper quartile) Q_3，將第三個四分之一與數值較大的四分之一分開。因此，四分位數全距 (quartile range) $Q_3 - Q_1$ 只包含全部資料的中間一半，而四分位差 (quartile deviation) Q 則只取這中間一半的二分之一，即

$$Q = \frac{Q_3 - Q_1}{2} \hspace{3cm} 4\text{-}2$$

下四分位數與上四分位數之計算方式每因資料是否分組而不同，茲分別介紹如下：

一、未分組資料之計算法

在一個序列中，可以運用確定中位數（即第二個四分位數）的方法求得第一和第三四分位數，其數值的位置是從較低值算起，分別為：

$$Q_1 = \frac{n}{4} + \frac{1}{2}, \quad Q_3 = \frac{3n}{4} + \frac{1}{2}$$

式中 n 代表數值資料的項數。

二、已分組資料之計算法

對於已分組資料求四分位數，也可以運用類似於求中位數的公式而由次數分配表中求得，即：

$$Q_1 = L_1 + C\left(\frac{\frac{n}{4} - F_1}{f_1}\right) \hspace{3cm} 4\text{-}3$$

$$Q_3 = L_3 + C\left(\frac{\frac{3n}{4} - F_3}{f_3}\right) \hspace{3cm} 4\text{-}4$$

式中：L_1 是包含四分位數 Q_1 組的下限。f_1 是該組的次數，F_1 是低於

該組的各組累積次數，C是各組的共同組距，而n則爲總次數。上述公式係假定變值x很均勻的散佈在每一組距中。

　　茲以下述表4-1中調查214位技工每小時的薪資所得爲例，說明如何運用上述公式求四分位差：

表 4-1　214名技工每小時工資分配表

組　限	次　數 f	累積次數 F	四分位數的位置
\$6.25—under \$6.45	2	2	
6.45—under　6.65	23	25	
6.65—under　6.85	49	74	Q_1=第54個數值
6.85—under　7.05	63	137	
7.05—under　7.25	45	182	Q_3=第161個數值
7.25—under　7.45	25	207	
7.45—under　7.65	3	210	
7.65—under　7.85	4	214	
總　計	214		

　　觀察表4-1第三欄中的累積次數分配可以發現，第一四分位數Q_1應爲第54個數值，即$\frac{214}{4}+\frac{1}{2}=54$，此數值在第三組，其有關各數值爲：$L_1=6.65, f_1=49, F_1=25$；第三四分位數$Q_3$應爲第161個數值，即$\frac{3\times214}{4}+\frac{1}{2}=161$，此數值在第五組，其有關各數值爲：$L_3=7.05, f_3=45, F_3=137$，將各值代入公式4-3及4-4即得：

$$Q_1=6.65+.20(53.5-25)\div49$$
$$=6.65+.116=\$6.766/每小時$$
$$Q_3=7.05+.20(160.5-137)\div45$$
$$=7.05+.104=\$7.154/每小時$$

所以四分位差應爲：

$$Q = \frac{Q_3 - Q_1}{2} = \frac{7.154 - 6.766}{2} = \$0.194$$

此項結果顯示該等技工每小時工資的四分位差是 $0.194。

　　由上述的處理過程可知，因爲兩端各消除了四分之一的數值，所以四分位差比較不受極端數值的影響；而其可靠性則視資料集中於四分位數之內的程度而定。假如在接近四分位數處有間隔，則以四分位差測定資料的離散程度卽不可靠。

　　四分位差對全部資料兩端各四分之一的分佈情況不予考慮，所以很難用四分位差表達全部資料的離散程度；爲了彌補此項缺點，而將每一個變值的差異都列入考慮起見，故將於下節介紹平均離差（Mean Deviation）。

第三節　平　均　差

　　所謂平均差（Mean Deviation），係指全部數值與某一中間值（平均數或中位數）之間絕對離差（absolute deviation）的平均數。假如有一組 n 個數值，$x_1, x_2, x_3, \ldots\ldots, x_n$，其平均數是 $\bar{x}$。如果將各變值及平均數 $\bar{x}$ 繪製在圖 4-1 的橫軸上，測度出每一個變值離平均數的距離，這些距離的平均數應該可以作爲變異的測定數。各變值離平均數的距離應爲：$(x_1 - \bar{x})$, $(x_2 - \bar{x})$, $\ldots\ldots$, $(x_n - \bar{x})$，其通式 $x_i - \bar{x}$ 爲第 i 個變值與平均數之間的差額，若 $x_i - \bar{x} = 4$，則 x_i 的值比平均數大 4；反之，若 $x_i - \bar{x} = -6$，則表示 x_i 的值比平均數小 6。因此，各變值與平均數的差異可以是正值，也可以是負值，視變值 x_i 是大於或小於其平均數而定。

圖 4-1 變值離平均數之散佈圖

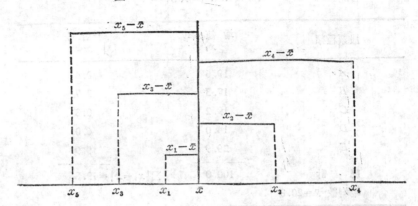

平均差是一種簡單的變異測定數，與全距和四分位差不同處是它將每一個數值都計算在內，而受極端數值的影響又比較小，所以在樣本數目較少時，常採用平均差以測定變異的分散情況。平均差之測定方式亦因資料是否分組而不同，茲分別介紹如下：

一、未分組資料之計算法

在未分組資料中，計算平均差的公式是：

$$MD = \frac{\sum |x_i - \bar{x}|}{n} \qquad \text{4-5}$$

式中MD代表樣本平均差，兩條垂直線││表示不考慮差異的正負號，只取其絕對值 (absolute value)；將各絕對值加總，再除以項數n，即得平均差。茲以表4-2中五種股票的增值率為例，說明如何計算未分組資料的平均差。

表4-2中五種股票增值率的平均數是 20.0，各變值與平均數間差異的絕對值之總和為 19.8，代入公式 4-5 即得平均差

$$MD = \frac{\sum |x_i - \bar{x}|}{n} = \frac{19.8}{5} = 4$$

表 4-2   計算未分組資料之平均差

股票種類	增 值 率 x_i	絕 對 差 $\|x_i - \bar{x}\|$
A	19.6	0.4
B	17.3	2.7
C	19.2	0.8
D	14.0	6.0
E	29.9	9.9
總 計	100.0	$\sum \|x_i - \bar{x}\| = 19.8$

平均數 $\bar{x} = 20.0$

此一平均差顯示，當上述五種股票增值率平均數爲 20.0 時，各增值率相互間的差異很大，因爲各值與其平均數間差異的平均值是 4，該值相當大；因此，以平均增值率 20.0 作爲該等股票增值率的代表值其可靠性很差。

二、已分組資料之計算法

平均差也可以由分組資料中求得，只須將上述公式 4-5 加上表示次數的符號即可，其公式應爲：

$$MD = \frac{\sum f_i |x_i - \bar{x}|}{n} \qquad\qquad 4\text{-}6$$

式中 f_i 代表第 i 組的次數，$|x_i - \bar{x}|$ 爲該組的中點與全部資料平均數的差異之絕對值。平均差在大量資料中很少應用，所以對分組資料求平均差的公式不加舉例說明。

另外平均差還有邏輯上和數學上的缺點，即在決定平均離差時不考慮各別差異之正、負號；因此，在分組的大量統計資料中通常多採用標準差 (standard deviation)，而不採用平均差。

第四節　標　準　差

　　爲了彌補上述平均差不考慮各變值與其平均數間差異的正、負號之缺點，求標準差(Standard Deviation)的步驟如下：

　　　1. 將各變值與其算術平均數間的差異平方；

　　　2. 將各平方數加總後，除以項數減一，即 $n-1$；

　　　3. 再將所得之商數開方即得標準差。

所以標準差係將各變值與其平均數間的差異平方後加總，除以總項數減一 $(n-1)$ 後再開方。

　　由上述的處理步驟可知，若各變值相等，差異平方後的總和必等於 0；若各變值很集中，差異便非常小，差異平方後的總和也很小；但是若各變值分散的範圍很廣泛，則差異平方後的總和即將非常大。因爲標準差是基於資料中全部變值的差異，所以在統計分析中常被視爲離差的標準測定數。計算標準差的公式亦因資料是否分組而有不同的計算方法，玆分述如下：

一、未分組資料之計算方法

　　對未分組資料求標準差之公式，係由上述基本步驟演化而來，即

$$S = \sqrt{\frac{\sum (x_i - \bar{x})^2}{n-1}} \qquad\qquad 4\text{-}7$$

式中 S 代表樣本標準差，$(x_i - \bar{x})$ 表示任何變值 x_i 與樣本平均數 $\bar{x}$ 之差異，$\sum (x_i - \bar{x})^2$ 代表各差異平方後之總和，n 代表樣本中的觀察值數目。

　　標準差的平方數 S^2 稱爲差異數 (Variance)。在以後各章所討論的統計推論中，差異數是一項非常重要的觀念。

　　在現代的統計學中，多用上述公式 4-7 求樣本標準差，因爲所求得

之標準差最接近其母全體的標準差, 卽

$$\sigma = \sqrt{\frac{\sum (X_i - \mu)^2}{N}} \qquad\qquad 4\text{-}3$$

在從前的許多敎科書中都用下式求樣本標準差, 卽

$$S = \sqrt{\frac{\sum (x_i - \bar{x})^2}{n}}$$

經過許多統計學家在若干試驗結果中發現, 此式常低估其母全體之離差, 所以本書中不用此式。

玆以表4-2中計算股票增值率平均差的資料, 求未分組資料的樣本標準差如下:

表 4-3 計算未分組資料之樣本標準差

(1) 股票類別	(2) 增 值 率 x_i	(3) $(x_i - \bar{x})$	(4) $(x_i - \bar{x})^2$	(5) 簡捷法用 x_i^2
A	19.6	−0.4	0.16	384.16
B	17.3	−2.7	7.29	299.29
C	19.2	−0.8	0.64	368.64
D	14.0	−6.0	36.00	196.00
E	29.9	9.9	98.01	894.01
總　　　數	100.0	0.0	142.10	2,142.10

將表中五種股票增值率的各項有關數值代入公式4-7, 卽 求得其標準差:

$$S = \sqrt{\frac{\sum (x_i - \bar{x})^2}{n-1}} = \sqrt{\frac{142.10}{5-1}} = 6.0$$

此項結果顯示標準差相當大, 卽五個數值間的差異很大; 因此, 平均數 20.0的代表性很差, 不適宜用平均數代表該組數值。另外還可以發現,

標準差是 6.0，比上節所求得的平均差 4.0 大出50%。原因是各差異都經過平方，而且分母也將觀察值的數目減一，即 $(n-1)$，所以使標準差對較大的差異非常敏感。

二、未分組資料之簡捷計算法

用上述公式求標準差的運算過程太複雜，首先需要求得全部資料的平均值，然後再求各值與平均數間的差異，各差異平方後再求總和；若能由各變值直接求標準差，即可將上述運算步驟減少許多，而下述的公式 4-9 即可達成此種減化運算的目的，並求得相同的結果，其公式為：

$$S = \sqrt{\frac{\sum x_i^2 - (\sum x_i)^2/n}{n-1}} \qquad\qquad 4\text{-}9$$

此式係由上述公式 4-7 演化而來，其演化過程見本節末之附註一。茲將表 4-3 第(2)和第(5)兩欄中的總數代入此式，即可求得相同結果的標準差：

$$S = \sqrt{\frac{2,142.10 - (100.0)^2/5}{4}} = \sqrt{35.52} = 6.0$$

三、已分組資料之計算法

在已分組的次數分配表中，以每組的組中點代表各該組的全部數值，所以求分組資料的標準差之一般公式應為：

$$S = \sqrt{\frac{\sum f_i (x_i - \bar{x})^2}{n-1}} \qquad\qquad 4\text{-}10$$

式中 f_i 代表各組的次數，$(x_i - \bar{x})^2$ 代表各組中點與平均數間的差異。

茲以表 4-4 所列六家商店中電晶體收音機的售價為例，說明如何應用此式求已分組資料的標準差如下：

收音機售價之平均數為 $26，將表中各數值代入公式 4-10 即得：

$$S = \sqrt{\frac{\sum f (x_i - \bar{x})^2}{n-1}} = \sqrt{\frac{6}{5}} = \$1.10$$

表 4-4   分組資料計算標準差
六家商店中電晶體收音機之售價

售價(組中點) x_i (1)	商 店 數 f (2)	差　異 $(x_i-\bar{x})$ (3)	$(x_i-\bar{x})^2$ (4)	$f(x_i-\bar{x})^2$ (5)
\$ 24	1	-2	4	4
25	0	-1	1	0
26	3	0	0	0
27	2	1	1	2
總　　數	6			6

四、已分組資料之簡捷計算法

已分組資料也可以應用與前述之公式 4-9 相同的計算方法，由原來資料中直接求標準差，不必先求平均數和各數值與平均數間之差異，其公式如下：

$$S = \sqrt{\frac{\sum f_i x_i^2 - (\sum f_i x_i)^2/n}{n-1}} \qquad 4\text{-}11$$

此式與未分組資料之公式不同處是 x_i 代表各組之中點，f_i 代表各組之次數。此式可由讀者應用表 4-4 中的資料自行求標準差，並將所得之結果與上述結果比較，以證實兩者所得之結果相同。

五、最簡捷之計算法

如果分組資料的組距相等，還可以應用更簡單的方法計算標準差，其公式如下：

$$S = c\sqrt{\frac{\sum fd^2 - (\sum fd)^2/n}{n-1}} \qquad 4\text{-}12$$

式中 c 代表共同組距 (common class interval)，f 爲各組的次數，d 係以組距爲單位表示各組中點與假定平均數 (assumed mean) 間之差異，

Σfd^2 是各組中的次數 f 乘 d^2 的總和，　n 為變值的總數。

此種最簡捷方法，可以應用表4-1中調查214名技工每小時工資的次數分配資料為例，以表4-5中的處理步驟求其標準差。表中前四欄的數值與以簡捷法求平均數所用者完全相同，最後一欄中的 fd^2，可以將第(3)欄中 d 值平方後再乘以第(2)欄，或將第(3)欄乘以第(4)欄，都可以得到同樣的結果，然後將第 (2)、(4)、和(5) 欄中各值加總，所得的總和代入公式4-12，即可求得標準差如下：

$$S=c\sqrt{\frac{\Sigma fd^2-(\Sigma fd)^2/n}{n-1}}=.20\sqrt{\frac{395-(19)^2/214}{213}}$$

$$=.20\sqrt{1.85}=\$0.272/每小時$$

表 4-5　最簡捷法求巳分組資料之標準差

214名技工每小時工資分配資料表

(1) 組中點 x_i	(2) 次　數 f	(3) 離　差 d	(4) fd	(5) fd^2
\$6.35	2	−3	−6	18
6.55	23	−2	−46	92
6.75	49	−1	−49	49
6.95	63	0	0	0
7.15	45	1	45	45
7.35	25	2	50	100
7.55	3	3	9	27
7.75	4	4	16	64
總　數	214		19	395

運用前述其他求標準差的公式也可以求得同樣結果，但是在表4-5中第 (3)、(4)、和(5) 各欄的運算卻極為簡單，所以在分組資料中，如果

各組的組距相等，還用最簡捷法的公式求標準差最為省事。若分組資料的組距不相等，即不能應用此項最簡捷法的公式，除非將各組的差異調整為一致的單位(例如最小的組距或最大公因子)。另外若次數分配中有單限組距時，除非可以估計出失去的極端數值，否則無法計算標準差。

特別需要注意的是由分組資料所計得的標準差多少總會有點誤差，不可能與由原來資料所求得的完全相同，因為在分組資料中都以組中點代表組中各數值，而此種處理方式即很容易產生誤差。所以必須瞭解，由分組資料所計得的標準差只是近似值，並不完全正確。

附註一

證明 $\quad S=\sqrt{\dfrac{\sum(x_i-\bar{x})^2}{n-1}}=\sqrt{\dfrac{\sum x_i^2-(\sum x_i)^2/n}{n-1}}$

由代數式中知道 $(a-b)^2=a^2-2ab+b^2$，因此可將上式左端根號下的分子即平方和的部份展開，即得 $\sum(x_i-\bar{x})^2=\sum(x^2_i-2\bar{x}x_i+\bar{x}^2)$，應用總和符號 (summation notation) 的展開法則可將上式寫成

$$\sum(x_i-\bar{x})^2=\sum x_i^2-2\bar{x}\sum x_i+n\bar{x}^2$$

而 $\quad \bar{x}=\dfrac{\sum x_i}{n}, \quad \bar{x}^2=\dfrac{(\sum x_i)^2}{n^2}, \quad$ 將各值代入上式即得：

$$\sum(x_i-\bar{x})^2=\sum x_i^2-2\frac{\sum x_i}{n}(\sum x_i)+n\frac{(\sum x_i)^2}{n^2}$$
$$=\sum x_i^2-2\frac{(\sum x_i)^2}{n}+\frac{(\sum x_i)^2}{n}$$
$$=\sum x_i^2-\frac{(\sum x_i)^2}{n}$$

所以 $\quad S=\sqrt{\dfrac{\sum(x_i-\bar{x})^2}{n-1}}=\sqrt{\dfrac{\sum x_i^2-(\sum x_i)^2/n}{n-1}}$

第五節　離差測定數間之關係

以上各節共介紹了四種離差測定數，即全距、四分位差、平均差、

和標準差，比較列舉的例子中所求得之結果可以瞭解，四分位差最小，平均差大於四分位差，標準差大於平均差，而全距又大於標準差，即

$$Q<MD<S<R$$

如果統計資料呈常態分配，前三者之間有一種固定的關係，即

$$Q \approx \frac{2}{3} \sigma$$

$$MD \approx \frac{4}{5} \sigma$$

式中～符號表示「大致等於」。此種比例關係在統計上非常有用，既可用於估計又可用於核驗。換言之，只要知道三者中的任何一個，即可約略的估計出另外兩個離差測定數；再者，若 σ 與 $\frac{3}{2}Q$ 相差很大，一種可能是計算錯誤，另一種可能是資料的分配並非常態，由此種核驗而能減少錯誤。

在常態分配的情況下，上述的比例關係還可以用於比較在離全體平均數 μ 以上和以下各一個四分位差 Q，一個平均差 MD，或一個標準差 σ 的區間之內，所包含的統計資料之百分比，即

　　　　$\mu \pm Q$　包含總數中的 50%

　　　　$\mu \pm MD$ 包含總數中的 57.51%

　　　　$\mu \pm \sigma$　包含總數中的 68.27%

此種關係可用常態分配曲線圖表示如下述之圖 4-2。

在統計分析上，時常用到離平均數 1 個、2 個、和 3 個標準差內所包含的統計資料之百分數；在常態分配時，統計資料的分佈情況如下：

　　　　$\mu \pm \sigma$　包含 68.27%

　　　　$\mu \pm 2\sigma$ 包含 95.45%

　　　　$\mu \pm 3\sigma$ 包含 99.73%

此等比例關係也顯示在圖 4-2 中。

圖 4-2 常態曲線下常用之離差測定數區間內所包含之面積比例

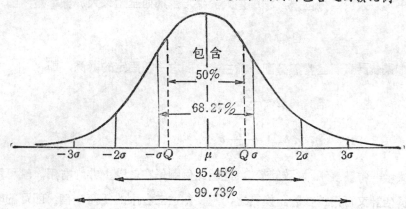

前述 214 名技工薪資所得的例子中， 在離其平均所得 3 個標準差 ($\bar{x} \pm 3S = \$ 6.97 \pm 3 \times \$ 0.272$) 的區間內， 即從 $\$ 6.154$ 到 $\$ 7.786$ 的所得範圍內，應該包括 214 名工人中的 213.4 名 (即 $214 \times 99.73\%$)。由此可見，在一般情況下，只要資料分配接近對稱，或者只有輕微的偏態，在離平均數兩端各三個標準差 ($\mu \pm 3\sigma$) 的情況下，應該是資料分配的實際極限，超出此一範圍的百分比僅有 0.27%。如果大於此一百分比，即顯示資料的分佈有顯著的變異，至於變異顯著的程度，將於第九章介紹假設檢定(hypothesis test)時，詳加探討。

第六節　離差的用途及特性

由以上各節的解說可以知道，在處理統計資料時，除了要求得其中間值之外，還要測定資料的離散程度，以便確定中間值的代表性，所以離差測定數在統計推論和估計中是不可缺少的數量依據，茲將其重要功

用列述如下:

一、表明資料的離散情況

平均數只是一組資料的代表性數值，但是資料未必很集中，也未必是常態；而離差測定數則可用以表明資料離平均數而散佈的情況，若離差很小，平均數的代表性才高；反之，若離差很大，則平均數即無代表性。

二、比較資料的差異程度

在兩組統計資料中，其平均值也許相等或相近，但其全距和分散程度却可能相差很大。如果資料的形態很近似，即可應用離差測定數的絕對單位加以比較，以確定資料差異的分散程度。若各組資料是以不同的單位表示的，或者單位雖然相同但組距或分組數目不同時，還可以應用相對離差(relative dispersion) 加以比較。

三、提供測度的標準

以常態曲線作為標準，即可應用標準差來測度資料中的變異，當變數的特性是以標準差作單位表示之，其變值的分佈情況即可與常態分配加以比較。

四、選樣誤差之測度

在統計分析中，樣本資料的可靠性非常重要，為了要評估由單一樣本所獲得的統計值之可靠性，我們必須進一步瞭解此種統計值在所有可能樣本中的變異，而標準差即常用於從事此種研究之基準。

差異測定數的特性

為了能夠正確運用各項差異測定數，即必須瞭解各測定數的特性，玆擇要述如下:

一、全距的特性

1. 全距是最容易瞭解也最容易顯示的測定數。

2. 因爲只基於兩個極端數值，無法瞭解各中間值的散佈狀況。

二、四分位差的特性

1. 所運用的兩個四分位數只包括全部資料的中間一半。

2. 在單限組距的次數分配中也可以決定四分位差。

3. 在偏態分配中，或其他離差測定數會受極端數值影響時最合用。

4. 若資料在四分位數附近有間隔時，其可靠程度較差。

三、平均差的特性

1. 各數值與平均數（或中位數）間的差異都得到同樣的重視。

2. 是一個敏感的離差測定數，但受極端數值的影響比標準差少。

3. 在運算時不考慮負值，故在邏輯上有缺點。

四、標準差的特性

1. 由於考慮到每一個變值的差異，而且沒有邏輯上的缺點，故在統計分析上應用最廣。

2. 尤其在常態分配下，是最可靠的母數估計值。

3. 若資料呈偏態分配，則受極端數值的影響較大。

離差測定數之選用

像選用中間數值一樣，離差測定數之選擇也視下述三個因素而定：

1. 問題中所需要的離差觀念

若問題中需要兩個極端數值或兩個四分位數值，即採用全距或四分位差；如果要瞭解全部數值與平均數間的離差之平均數，則可採用平均差或標準差。

　2．可供運用的資料之形態

　若資料的數量較少，或含有極端數值時，不宜採用標準差；如果資料呈偏態，避免用平均差；若在四分位數附近有間隔時，不可採用四分位差。

　3．離差測定數本身的特性

　各種離差測定數都有其個別的特性，有優點也有缺點，因此在選用時必須考慮各自的適用情況，盡量避免其缺點，以求發揮最佳的測定效果。

第七節　相對離差、標準化單位、及偏態

相對離差

　以上所討論的離差測定數都是以資料的原來單位表示的，因此，只有在兩組資料的分配是以相同的單位表示時，或者在樣本的大小相同時，才能運用此種絕對值的離差測定數相互比較；如果資料的表示單位不同，或者資料的樣本大小不同，前述之絕對離差即無法從事比較，所以在統計分析中經常需要運用相對離差(Relative Dispersion)。

　所謂相對離差，係指一個絕對離差測定數與一個適當中間數值之比例，常以百分數表示之，此一百分數通常稱為離差係數 (Coefficient of Dispersion)；任何係數，無論是百分數或比例數，都與原來的測量單位無關。常用的離差係數多以標準差與平均數的比值表示之，即 $S/\bar{x}$。

　若以前述之 214 名技工的所得為例，以離差係數表示之應為：

$$S/\bar{x} = \$.272/\$6.97 = 3.9\%$$

此項結果表示，該標準差是平均所得的 3.9%。如果有另外一組工人，其所得之標準差是 $0.324，而每小時平均所得是 $16.2。以絕對離差來比較，$0.324 大於 $0.272，我們可能斷定該組工人的所得比前述

技工的所得之金額差異更大；但是與平均所得相對比較起來，則相對離差為：　＄0.324／＄16.2＝2.0%，而 2.0% 小於 3.9%，即可瞭解該組工人彼此間所得金額之差異比上述技工的所得之差異相形之下要小許多。由此可知，在比較資料的離差時，相對離差是一個非常重要的測定數。

標準差單位

個別變值與平均數之間的差異，也可以除以標準差而成為可比較的單位，此種以標準差為單位的相對數值稱為 Z 單位(Z score)。例如假定前述技工中有一位每小時工資 ＄7.34，即高於平均工資 ＄6.97 的數額 ＄0.37；因此，$Z = \dfrac{x_i - \bar{x}}{S} = \dfrac{7.34 - 6.97}{.272} = \dfrac{.37}{.272} = 1.36$，也就是該工人的工資超過平均工資 1.36 個標準差。此一數值不但可以在工人的所得之間相互比較，還可以用於對其生產能力作比較，如果他的生產能力超過平均數 2.40 個標準差，則相形之下他的所得偏低，因為他的生產量超過平均生產量比他的所得超過平均所得大出很多，所以他的所得應該相對的提高才合理。

又如在一次大學入學聯考中，經核計求得平均分數為 500 分，標準差是 100 分，某一考生得 700 分，若考試成績呈常態分配，即可估計出只有 2.27% 的考生之成績優於該考生。因為 700 分恰好高於平均數 2 個標準差，而 $\mu \pm 2\sigma$ 又包含 95.45% 的分數，分配的兩端還餘下 4.55%，所以只有 2.27% 的分數在 $\mu + 2\sigma$ 以上。

因為在常態分配中 $\mu \pm 3\sigma$ 幾乎包括了全部變值，所以在一般的統計資料中，$Z = \dfrac{x_i - \bar{x}}{S}$ 的變值大約都在 +3 到 -3 的範圍內；因此，在統計分析或品質管制作業中，$\bar{x} \pm 3S$ 成為變異的實際極限，若變異超過此項界限，即顯示有異常的變異因素，必須即刻加以糾正或消除。

偏　　態

　　所謂偏態 (Skewness)，係指次數曲線形態不對稱的情況，偏態測定數是基於算術平均數與中位數之間的分離程度而決定。在對稱分配中，算術平均數與中位數相同；但在偏態分配中，平均數因受極端數值的影響而移向極端數值的方向；衆數却仍然留在與次數分配曲線最高點相對應的位置；中位數只受極端數值數目的影響，而不受其數值的影響，因此，在輕微的偏態情況下，中位數大致總是在從平均數到衆數間三分之一的位置，所以常用下式表示偏態係數，即

$$S_k = \frac{3(\bar{x} - M_e)}{S}$$

式中 $\bar{x}$ 是算術平均數，M_e 是中位數，而 S 則爲標準差。

　　上式的分子用 $3(\bar{x} - M_e)$ 而不用 $(\bar{x} - M_o)$，原因是衆數的位置不容易確定，而且有些統計資料會有兩個以上的衆數，其值更不容易斷定。式中以 S 作分母，係表示該測定數是以標準差爲單位；因此，在測度單位不同，或者樣本大小不同時，不同的分配之間仍然可以從事比較。若平均數大於中位數，兩者之差額爲正值，故爲正偏態；反之，若平均數小於中位數，兩者之差額爲負值，故爲負偏態。由以上的說明可知，偏態係數可用以顯示資料的偏態程度和偏態方向。

　　欲求正確的測度偏態的程度，須要較高深的數學理論；在基本的統計分析中，對於偏態通常只加以述敍即可，所以本書不擬對偏態加以深入的探討或演證。

習　題

1. 何謂離差測定數？爲什麼需要離差測定數？說明其功用。

2. 常用的離差測定數有那幾種？試列述之。

3. 何謂全距？在工商界的業務中甚麼情況下用全距？舉例說明之。

4. 在分組資料中如何確定全距？分別不同情況說明之。

5. 試求表4-2中五種股票增值率之全距，此項結果顯示何種意義？

6. 試求表4-5中214名技工每小時工資分組資料之全距。

7. 在何種情況下適合用全距表達離差？何種情況下不適合？爲什麼？

8. 何謂四分位差？所表達的是資料中的那一部份？

9. 在未分組資料中如何決定四分位差？試列式說明之。

10. 試運用第二章表2-5中的分組資料決定其四分位差。

11. 四分位差的優點及缺點各如何？列述之。

12. 何謂平均差？在何種情況下適於採用平均差？

13. 試求下述資料之平均差：9、6、10、8、9、12、7、9, 及11。

14. 平均差有什麼缺點？列述之。

15. 標準差與平均差在計算過程中有什麼不同？爲什麼標準差在統計分析中應用最廣？

16. 試求上述13題中未分組資料的標準差。比較該組資料之平均差與標準差有什麼不同？說明其產生不同結果之原因。

17. 運用第二章表2-3中的分組資料，以最簡捷之方法計算標準差。

18. 在何種情況下才可以運用公式4-11計算標準差？爲什麼此法能使計算過程簡化？申述其原因。

19. 運用第二章練習題18中的資料，求全距、四分位差、平均差, 及標準差，並比較四者中之關係。

20. 若統計資料呈常態分配，四分位差、平均差, 及標準差之間有什麼關係？此種關係有什麼功用? 列述之。

21. 在常態分配曲線下，離平均數 1 個、 2 個，及 3 個標準差內所包含的統計資料之百分數如何? 以曲線圖顯示之。

22. 離差測定數的重要功用如何? 列述之。

23. 全距有那些重要特性? 列述之。

24. 四分位差的重要特性如何? 列述之。

25. 平均差有些什麼重要特性? 列述之。

26. 標準差有那些重要特性? 列述之。

27. 離差測定數之選用，需要考慮那些因素? 列述之。

28. 何謂相對離差? 何謂離差係數? 其功用如何? 舉例說明之。

29. 何謂標準差單位? 其功用如何? 舉例說明之。

30. 如何測定資料分配的偏態程度和方向? 舉例說明之。

第 五 章

機 率 理 論

第一節　機率的意義與來源

統計學和各種計量方法 (Quantitative Methods) 之所以能夠演進成為獨立的科學，實有賴於機率理論(Probability Theory)之發展，因為各種科學方法所須要運用之統計資料多由取樣 (sampling)得來，而取樣所可能獲得之結果則具有機率性；因此，統計學的基本原理和推算不確定情況下可能出現何種結果之各種計量方法，皆以機率理論為基礎。茲將機率的要義及其來源分別介紹如下：

機率的意義

通常所稱之機率或概率 (Probability)，係指一個比例數。例如事象 (event) E 出現之機率，係指該事象可能出現之次數與該事象所屬之集合 (Set) 中各種可能出現的事象總次數之比例。若以 $P(E)$ 表示事象 E 出現之機率，x 表示事象 E 可能出現之次數，n 表示該事象所屬之集合中各種可能出現的事象之總次數，則上述之定義可用下式表示之：

$$P(E) = \frac{x}{n}$$ 5-1

所以機率就是在不確定情況下某事象可能出現之比例數。

　　例如投擲一粒平勻的骰子，可能出現一、二、三、四、五，及六，6 種不同的點數，所以其各種點數可能出現之總次數爲 6，即 $n=6$；而六點僅爲 6 種不同點數中之一種，即 $x=1$；所以投擲一粒平勻的骰子，六點出現之機率爲：

$$P(六) = \frac{x}{n} = \frac{1}{6}$$

這並不是說將一粒骰子投擲一次，六點將恰好出現 $\frac{1}{6}$ 次，而是在連續投擲許多次的情況下，出現六點的比例將爲 $\frac{1}{6}$。

機率的來源

　　我們通常所運用的機率，大致都由下述三種來源估計而來，即某種事象以往發生的相對次數 (relative frequency of past events)，理論上的次數分配 (theoretical frequency distribution)，以及主觀的判斷 subjective judgement) 等，玆將各種來源分別略述如下：

一、相對的次數

　　在許多情況下，對某種事象所賦予的機率，大多是根據試驗、調查、或查閱以往的記錄所獲得之相對次數分配而推斷出來的，例如本書第二章所介紹的次數分配表中各組的比較次數，即表示相對應各組數值可能出現之機率。再如安裝一套機器生產某種零件，經過長期的調整和試驗，發現該機器所製成的零件中經常有 2％是不合格的，如果將生產過程加以管制，而使產品的品質不再有所變動，如此我們即可估計下一個產出的零件有 2％的機率是不合格的。事實上，該一零件製成後可能合格，也可能不合格,而上項機率則是根據以往的事實以推斷未來的長期趨勢。

二、理論上的分配

有的時候，也可以根據理論上可能發生的情況來決定機率，例如投擲一枚平勻的骰子時，我們可以斷定五點出現的機率是 $\frac{1}{6}$，並不須要實際去投試許多次，因為只要骰子是平勻的，其六面中每面出現的機會將完全相等。甚至於複雜事象的機率也可以根據理論上的假定而加以推斷，例如將一枚平勻的硬幣連續投擲四次，即可以根據每次出現正面的機率是 $\frac{1}{2}$，而推定出現正面的次數從 0 到 4 次各自的機率是：$\frac{1}{16}$、$\frac{4}{16}$、$\frac{6}{16}$、$\frac{4}{16}$、及 $\frac{1}{16}$。

三、主觀的判斷

以上兩種確定機率的方法是比較客觀的，但是並不足以適用於所有的情況，如果既沒有以往的相對次數資料，也沒有理論上的次數分配可以參考，決策者即須根據其知識和經驗以判斷各種情況可能出現的機率，例如汽車式樣設計師或服裝設計師等，都是根據自己的主觀意識，參酌時尚的趨勢，而判斷在未來期間顧客可能喜愛各種式樣或款式的機率，然後推出最有可能被顧客接受的式樣或款式。此種由決策者根據自己的主觀意識而賦予之機率稱為主觀機率(subjective probability)，所以主觀機率就是決策者對各種不確定事象之評估或判斷。主觀機率將因人而異，縱然是同一事象，不同的決策者將因所獲得之情報(information)不同，或評估的方法不同，而賦予不同的主觀機率。

從事學術研究和作實際決策時，經常須要運用由觀察或調查所取得之統計資料，此等資料必須經過分析、研究、及綜合整理等程序，才能求得解答問題之適宜數據；由此可知，統計資料之可靠程度每每影響決策數據及研究結論之正確性，而機率理論則有助於取樣之合理性，以增

加統計資料之可靠程度。所以機率理論爲從事研究工作或搜集決策資料
者必須具備的基本知識。

第二節 機率之特性

由上節的解說可以瞭解，機率係表示某種事象出現的可能性，而機
率之發生尚有以下幾項重要特性，必須深切明瞭才能作適當的演算和運
用，玆簡單介紹如下：

1. 若事象 E 一定出現，則其出現之機率爲 1 ，卽

$$P(E) = \frac{x}{n} = \frac{n}{n} = 1 \qquad 式中 x = n$$

假設物料架上有 8 支檢驗合格的燈管，隨機取出一支，其爲合格燈
管的機率應爲：

$$P(E) = \frac{x}{n} = \frac{8}{8} = 1$$

因爲 8 支燈管每次取一支共有 8 種取法，卽 $n = 8$；但 8 支燈管全部檢驗
合格，故合格燈管被取出的次數 $x = n = 8$。

2. 若事象 E 一定不能出現時，其出現之機率爲 0 ，卽

$$P(E) = \frac{x}{n} = \frac{0}{n} = 0 \qquad 式中 x = 0$$

例如前述之物料架上根本沒有不合格的燈管．所以任意取出一支其
爲不合格燈管之機率爲：

$$P(E) = \frac{x}{n} = \frac{0}{8} = 0$$

3. 由上述兩項特性可以瞭解，機率是一項比例數（或分數），其分
子可以是 0 ，但是分母一定要大於 0 ；由此可知機率不得大於 1 ，而且

無負值，故其所在範圍係大於或等於 0 ，小於或等於 1 ，即

$$0 \leq P(E) \leq 1$$

　　4.事象 E 出現之機率與非事象 E 出現之機率其和為 1 ，即

$$P(E) + P(\tilde{E}) = \frac{x}{n} + \frac{n-x}{n} = \frac{n}{n} = 1$$

式中 $\tilde{E}$ 為事象 E 之餘事象 (complementary event)，所以 $P(\tilde{E})$ 表示非事象 E 出現之機率。

　　例如投擲一粒平勻的骰子，六點出現為成功，其機率為：

$$P(E) = \frac{1}{6}$$

非六點出現為失敗，其機率為：

$$P(\tilde{E}) = \frac{5}{6}$$

由於 $P(E)$ 與 $P(\tilde{E})$ 為互斥事象，而且包括該集合中的全部可能事象，

$$\therefore \quad P(E) + P(\tilde{E}) = \frac{1}{6} + \frac{5}{6} = 1$$

　　由於機率具有此項特性，故 $P(E)$ 或 $P(\tilde{E})$ 二者之中任知其一，將可求出另一部份發生的機率，即 $P(E) = 1 - P(\tilde{E})$，或 $P(\tilde{E}) = 1 - P(E)$。

　　瞭解了機率問題的上述各項特性，即可對機率事項作適當的演算和運用，而且還可以基於此種概念而作進一步的分析和研究。

第三節　事象與機率

　　機率之演算和運用，必須視事象本身性質之不同而應用不同的處理方式，故在應用各項機率運算法則之前，宜先對事象的不同性質與機率

之關係加以瞭解，然後才能正確的運用。依事象性質之不同可以分爲非
互斥事象 (not mutually exclusive events)、互斥事象 (mutually exclusive
events) 、 獨立事象 (independent events) 、 以及相依事象 (dependent
events)等四種，茲分別說明如下：

一、非互斥事象

若有許多不同事象，其中某事象出現時，該所屬集合中之其他事象
也可以同時出現，則此類事象即爲非互斥事象。

設 E_1 or E_2 表示 E_1 或 E_2 或兩者皆出現之事象，若 E_1 與 E_2 爲非
互斥事象，則在同一次試驗中，出現 E_1 或 E_2 之機率爲該兩種事象 E_1
與 E_2 分別出現的機率之和，再減去該兩種事象同時出現之機率，即

$$P(E_1 \text{ or } E_2) = P(E_1) + P(E_2) - P(E_1 E_2) \qquad 5\text{-}2$$

式中 $P(E_1 E_2)$ 代表 E_1 及 E_2 兩種事象重複發生之機率， 茲將公式 5-2
之演化所代表的意義以圖解說明如下：

圖 5-1 非互斥事象出現機率之圖解

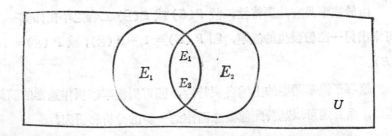

上圖中顯示 $P(E_1)$ 相當於 E_1 圓之面積， $P(E_2)$ 相當於 E_2 圓之面
積， $P(E_1 E_2)$ 相當於 $E_1 E_2$ 重合部份之面積。 $P(E_1 \text{ or } E_2)$ 係求 E_1 及
E_2 之總面積， 但 $P(E_1 E_2)$ 在 $P(E_1)$ 及 $P(E_2)$ 中重複計算一次， 所以
$P(E_1 \text{ or } E_2)$ 之面積應爲 $P(E_1)$ 及 $P(E_2)$ 兩個面積之和， 再減去一個
重複計算的 $P(E_1 E_2)$ 之面積。 茲再以實例說明此項觀念如下：

例 5-1　從一副洗勻的完整橋牌中任取一張，求此張橋牌是 9 或者是方塊之機率如何？

解　因爲橋牌中的 9 可能會是方塊 9，故兩者爲非互斥事象，設 E_1 代表抽得一張 9，E_2 代表抽得一張方塊，則抽得一張 9 或抽得一張方塊之機率應爲：

$$P(E_1 \text{ or } E_2) = P(E_1) + P(E_2) - P(E_1 E_2)$$

$$= \frac{4}{52} + \frac{13}{52} - \frac{1}{52} = \frac{16}{52} = \frac{4}{13}$$

二、互斥事象

兩種或兩種以上不同的事象，若其中任何一個出現，該事象所屬集合中之其他事象即不能出現，此種不能同時出現的事象稱爲互斥事象。例如投擲一枚硬幣，出現正面即不能出現反面，所以硬幣正、反兩面之出現爲互斥事象。

設 E_1 or E_2 表示 E_1 或 E_2 或兩者皆出現之事象，若 E_1 與 E_2 爲互斥事象，則兩者不能同時出現，即 $P(E_1 E_2) = 0$；因此，在一次試驗中出現 E_1 或出現 E_2 之機率，爲該兩種事象分別出現的機率之和，即

$$P(E_1 \text{ or } E_2) = P(E_1) + P(E_2) \qquad 5\text{-}3$$

效將公式 5-3 所代表的意義以圖解顯示如下：

圖 5-2　互斥事象出現機率之圖解

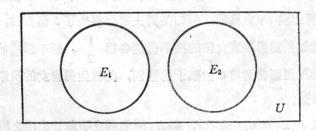

圖中顯示 $P(E_1)$ 相當於 E_1 圓之面積，$P(E_2)$ 相當於 E_2 圓之面積。$P(E_1 \text{ or } E_2)$ 係求 E_1 和 E_2 二圓之總面積，因爲 E_1 和 E_2 不相交，卽 $P(E_1 E_2)=0$，所以 $P(E_1 \text{ or } E_2)$ 之面積爲 $P(E_1)$ 和 $P(E_2)$ 兩者之和。

將公式 5-3 推廣，若有 n 個互斥事象 $E_1, E_2, \cdots\cdots, E_n$，各自出現的機率爲 $P(E_1), P(E_2), \cdots\cdots, P(E_n)$；則 E_1 或 $E_2 \cdots\cdots$ 或 E_n 出現的機率爲：

$$P(E_1 \text{ or } E_2 \text{ or } \cdots\cdots \text{ or } E_n)$$
$$= P(E_1) + P(E_2) + \cdots\cdots + P(E_n) \qquad 5\text{-}4$$

茲以下述實例說明此式之應用。

例 5-2　從一副洗勻的完整橋牌中任取一張，求其是王或后或者爲么的機率。

解　因爲王、后、和么三者不可能在一次中同時被抽到，故爲互斥事象。設以 E_1 代表抽得一張王，E_2 代表抽得一張后，E_3 代表抽得一張么，則抽取一次得一張王、或一張后、或者一張么的機率應爲：

$$P(E_1 \text{ or } E_2 \text{ or } E_3) = P(E_1) + P(E_2) + P(E_3)$$
$$= \frac{4}{52} + \frac{4}{52} + \frac{4}{52} = \frac{3}{13}$$

三、獨立事象

若事象 E_1 之出現與不出現並不影響事象 E_2 出現之機率，卽 $P(E_2/E_1) = P(E_2)$，則 E_1 與 E_2 爲獨立事象，式中 $P(E_2/E_1)$ 表立已知出現 E_1 之後再出現 E_2 之機率。例如某對夫婦已經生了 5 個女孩，其第 6 個孩子出生以前爲男孩或女孩的機率仍然各爲 $\frac{1}{2}$，絕不因爲前面已經生了 5 個女孩而影響到第 6 個孩子的性別，此種生男育女的現象卽爲典型的獨立事象。

若以 $P(E_1 \& E_2)$ 表示 E_1 和 E_2 兩個獨立事象皆出現之機率，則此

機率應爲各獨立事象分別出現的機率之乘積，即

$$P(E_1 \text{ \& } E_2) = P(E_1) \cdot P(E_2) \qquad 5\text{-}5$$

此式也可以推廣爲許多獨立事象。若有 n 個獨立事象 $E_1, E_2, \cdots\cdots E_n$, 各自出現的機率爲 $P(E_1), P(E_2), \cdots\cdots P(E_n)$, 則 E_1 和 $E_2 \cdots\cdots E_n$ 皆出現之機率爲：

$$P(E_1 \text{ \& } E_2 \text{ \& } \cdots\cdots E_n) = P(E_1) \cdot P(E_2) \cdots\cdots P(E_n) \qquad 5\text{-}6$$

玆以實例說明公式 5-6 之應用如下：

例 5-3　假定盒裏有 3 個紅球、4 個黃球、及 5 個藍球，若由盒裏任意取出三球，每取一個記錄其顏色後再放回盒內，求所抽取之 3 個球出現的順序爲紅、黃、及藍色之機率。

解　每次取出之球旣然再放回盒內，則先前出現之顏色卽不影響下次出現之顏色，故各種顏色之出現爲獨立事象。

$$\therefore \quad P(\text{紅 \& 黃 \& 藍}) = P(\text{紅}) \cdot P(\text{黃}) \cdot P(\text{藍})$$

$$= \frac{3}{12} \cdot \frac{4}{12} \cdot \frac{5}{12} = \frac{5}{144}$$

四、相依事象

設有 E_1 及 E_2 兩種事象，若 E_2 之出現 與否須視 E_1 之出現與否而定，卽 E_1 之出現會影響 E_2 出現之機率，則事象 E_1 和 E_2 稱爲相依事象。

若以 $P(E_1 \text{ \& } E_2)$ 表示 E_1 和 E_2 兩個相依事象 皆出現之機率，則此項機率應爲出現事象 E_1 的機率與出現 E_1 後再出現 E_2 的機率之乘積，卽

$$P(E_1 \text{ \& } E_2) = P(E_1) \cdot P(E_2 / E_1) \qquad 5\text{-}7$$

此式也可加以推廣，用以表達許多個相依事象皆出現之機率，玆以下述事例說明此項概念。

例 5-4 上述例 5-3 中先前取出之球若不再放回盒內，則先前取出之結果即將影響下次取出之顏色，故各種顏色球之出現爲相依事象，則三球出現的順序是紅、黃、藍之機率爲：

$$P(紅\&黃\&藍) = P(紅) \cdot P(黃／紅) \cdot P(藍／紅\&黃)$$

$$= \frac{3}{12} \cdot \frac{4}{11} \cdot \frac{5}{10} = \frac{1}{22}$$

茲再舉例說明獨立事象與相依事象之區別，並以同一事例比較兩種結果之差異，俾增進瞭解。

例 5-5 物料箱中有某項零件20個，其中混有 5 個破損的，茲由箱中隨機 (at random) 選取兩個零件，求以下各機率：

    a. 所取出的兩個零件均完整無損。

    b. 所取出的兩個零件均破損。

    c. 所取出的兩個零件爲一好一壞。

解 此種問題須視第一次取出之零件是否放回箱內而有兩種不同的性質，茲分別求解如下：

1. 若第一次取出的零件在抽取第二個之前又放回箱內，則各零件之被抽取爲獨立事象。設 G 代表抽取完整之零件，D 代表抽取破損之零件，則各種情況之機率如下：

    a. $P(G \ \& \ G) = P(G) \cdot P(G)$

$$= \frac{15}{20} \cdot \frac{15}{20} = \frac{9}{16}$$

    b. $P(D \ \& \ D) = P(D) \cdot P(D) = \frac{5}{20} \cdot \frac{5}{20} = \frac{1}{16}$

    c. $P(G \& D) + P(D \& G) = P(G) \cdot P(D) + P(D) \cdot P(G)$

$$= \frac{3}{4} \cdot \frac{1}{4} + \frac{1}{4} \cdot \frac{3}{4} = \frac{3}{16} + \frac{3}{16} = \frac{3}{8}$$

或者
$$P(G \& D) + P(D \& G) = 1 - [P(G \& G) + P(D \& D)]$$
$$= 1 - \left(\frac{9}{16} + \frac{1}{16}\right) = \frac{6}{16} = \frac{3}{8}$$

2. 若第一次取出的零件不放回箱內，各零件之被抽取卽爲相依事象，則各種情況出現之機率如下：

a. $P(G \& G) = P(G) \cdot P(G/G) = \frac{15}{20} \cdot \frac{14}{19} = \frac{21}{38}$

b. $P(D \& D) = P(D) \cdot P(D/D) = \frac{5}{20} \cdot \frac{4}{19} = \frac{1}{19}$

c. $P(G \& D) + P(D \& G) = P(G) \cdot P(D/G) + P(D) \cdot P(G/D)$
$$= \frac{3}{4} \cdot \frac{5}{19} + \frac{1}{4} \cdot \frac{15}{19} = \frac{15}{76} + \frac{15}{76} = \frac{15}{38}$$

或者
$$P(G \& D) + P(D \& G) = 1 - [P(G \& G) + P(D \& D)]$$
$$= 1 - \left(\frac{21}{38} + \frac{1}{19}\right) = \frac{15}{38}$$

由以上的演示可以看出，在相依事象中，後項情況出現的機率因受其前項情況出現（或不出現）之影響，而導致其母數(parameter)發生變化，所以在同一問題中，相依事象出現之機率與獨立事象出現之機率並不相同。

第四節　機率之運算法則

機率之運算常因事象之性質不同，以及所要求的目標之不同，而須運用不同的演算方法，最常用的是加法和乘法，茲依事象性質之不同而將機率之加法和乘法分別介紹如下：

一、機率之加法

計算簡單事象（一個個體試驗一次）出現之機率時，常用加法，所用之公式每因互斥事象與非互斥事象而不同：

1. 互斥事象——若兩個（或兩個以上）事象 E_1 與 E_2 爲互斥事象，於一次試驗中出現 E_1 或 E_2 之機率爲該兩個事象分別出現的機率之和。即

$$P(E_1 \text{ or } E_2) = P(E_1) + P(E_2)$$

式中 $P(E_1 \text{ or } E_2)$ 代表出現事象 E_1 或 E_2 之機率。

例 5-6 投擲一粒平勻的骰子，求出現偶數之機率。

解 設 E_1、E_2、及 E_3 各代表二點、四點、及六點，則所求之機率應爲：

$$P(E_1 \text{ or } E_2 \text{ or } E_3) = P(E_1) + P(E_2) + P(E_3)$$

$$= \frac{1}{6} + \frac{1}{6} + \frac{1}{6} = \frac{3}{6} = \frac{1}{2}$$

2. 非互斥事象——若兩個（或兩個以上）事象 E_1 與 E_2 爲非互斥事象，於一次試驗中出現 E_1 或 E_2 之機率爲該兩事象分別出現的機率之和，減去該兩事象同時出現之機率，即

$$P(E_1 \text{ or } E_2) = P(E_1) + P(E_2) - P(E_1 E_2)$$

式中 $P(E_1 E_2)$ 代表 E_1 及 E_2 兩事象同時出現之機率。

例 5-7 從一副橋牌中任取一張，求其爲紅桃或爲么之機率。

解 設出現紅桃爲 E_1，出現么爲 E_2，但么可能爲紅桃么，故所求之機率應爲：

$$P(E_1 \text{ or } E_2) = P(E_1) + P(E_2) - P(E_1 E_2)$$

$$= \frac{13}{52} + \frac{4}{52} - \frac{1}{52} = \frac{16}{52} = \frac{4}{13}$$

二、機率之乘法

計算複雜事象（一個個體試驗數次或數個個體試驗一次）出現之機

率時，常用乘法，所用之公式每因獨立事象與相依事象而不同：

1. 獨立事象──若兩個（或兩個以上）事象 E_1 及 E_2 爲獨立事象，在兩次（或兩次以上）試驗中，E_1 與 E_2 同時出現之機率爲 E_1 出現之機率與 E_2 出現之機率的乘積，即

$$P(E_1 \ \& \ E_2) = P(E_1) \cdot P(E_2)$$

例 5-8　將一枚平勻的硬幣連續投擲兩次，求兩次皆出現正面之機率。

解　因投硬幣時第一次出現正面與否不影響第二次之出現正面或反面，故正面和反面之出現爲獨立事象。設第一次出現正面爲 E_1，第二次出現正面爲 E_2，則所求之機率應爲：

$$P(E_1 \ \& \ E_2) = P(E_1) \cdot P(E_2)$$
$$= \frac{1}{2} \cdot \frac{1}{2} = \frac{1}{4}$$

即投擲兩次之可能變化爲：正正、正反、反正、反反，共有四種情況；而兩次都出現正面者只有一種情況，故爲 $\frac{1}{4}$。

2. 相依事象──若兩個（或兩個以上）事象 E_1 與 E_2 爲相依事象，在兩次（或兩次以上）試驗中，E_1 與 E_2 都出現之機率爲出現 E_1 之機率與出現 E_1 後再出現 E_2 之機率的乘積，或爲出現 E_2 之機率與出現 E_2 後再出現 E_1 之機率的乘積，即

$$P(E_1 \ \& \ E_2) = P(E_1) \cdot P(E_2/E_1)$$

或者　　　　　$$P(E_1 \ \& \ E_2) = P(E_2) \cdot P(E_1/E_2)$$

式中 $P(E_2/E_1)$ 爲已知出現事象 E_1 之後再出現事象 E_2 之機率，$P(E_1/E_2)$ 爲已知出現事象 E_2 之後再出現事象 E_1 之機率。

例 5-9　設某班有學生 50 名，其中包括 30 名男生及 20 名女生，該班將選舉班長及副班長各一名，假定該班任何人都有被選舉的資格，

試問班長和副班長皆為女生之機率如何？

解 若以 G_1 代表女班長，以 G_2 代表女副班長，則兩者皆出現之機率應為：

$$P(G_1 \ \& \ G_2) = P(G_1) \cdot P(G_2/G_1)$$

$$= \frac{20}{50} \cdot \frac{19}{49} = \frac{38}{245}$$

由以上的實例及解說可以對機率之運算提供一項有系統的概念，為便於瞭解起見，再將一般機率之運算方法歸納如下：

1. 欲求某事象出現之機率，應先瞭解該問題究竟是簡單事象還是複雜事象，若為簡單事象，則運用加法；若為複雜事象，則運用乘法。

2. 運用加法計算簡單事象出現之機率時，尚須進一步考慮該簡單事象究竟是互斥事象還是非互斥事象；非互斥事象運用公式 5-2，互斥事象運用公式 5-3 或 5-4。

3. 運用乘法計算複雜事象出現之機率時，則須進一步研究該複雜事象究竟是獨立事象還是相依事象；獨立事象運用公式 5-5 或 5-6，相依事象運用公式 5-7。

第五節 機率的類別

機率由於其本身的性質不同，或客觀的條件不同，而有許多不同的種類，有的情況非常單純，稱為簡單機率 (simple probability)；有的具有兩種以上特性的，稱為結合機率 (joint probability)；有的是數種機率之總和，稱為邊緣機率 (marginal probability)；有的出現在某種限制條件之下，則稱為條件機率 (conditional probability)，茲運用下述事例將各種機率分別加以簡略的說明。假定我們為了研究顧客對某種產品的購

買行為，而隨機選取 1,000 位進入某一百貨公司的顧客，觀察的結果整
理之後得以下之表 5-1：

表 5-1　1,000 名男女顧客的購買行為分類表

百分數 性別 類別	男仕 (M)	女仕 (M̃)	總　　計
選 購 者 (B)	3%	17%	20%
非選購者 (B̃)	27	53	80
總　　計	30%	70%	100%

如果我們從上述顧客中隨機選取一人，可用不同的限制情況說明各
種機率的類別如下：

一、簡單機率

只具有單一特性而且不附帶任何條件的機率，稱為簡單機率(simplo
probability)，例如抽取一個男性的機率應為：$P(M)=.30$。

我們通常都用 $P(E)$ 表示事象 E 出現的機率，則 $P(\tilde{E})$ 即代表非事
象 $\tilde{E}$ 出現的機率，若兩者為互斥而且為全部可能事象，則 $P(\tilde{E})=1-P$
(E)；所以抽取一位女性的機率，即為 $P(\tilde{M})=1-P(M)=1-.30=.70$。

二、結合機率

所謂結合機率(joint probability)，係指具有兩種或兩種以上指定特
性(characteristics)的事象出現之機率。例如抽取一人是男性而且是選購
者的機率為：$P(M \& B)=.03$；又如抽取的一位是女性非選購者的機率
即為：$P(\tilde{M} \& \tilde{B})=.53$。

三、邊緣機率

所謂邊緣機率(marginal probability)，係指結合機率的總和，由於

總計的數值都是顯示在表的邊緣（右端或下方）上，故稱邊緣機率。例如抽取一位男性的機率，是由抽取一位男性選購者的機率加抽取一位男性非選購者的機率之總和，卽

$$P(M) = P(M \& B) + P(M \& \tilde{B}) = .03 + .27 = .30$$

四、條件機率

條件機率 (conditional probability) 係指在特定的已知條件之下，某種事象出現的機率。例如已知所抽取的一位是男性，在此種已知條件下，此男仕是一位選購者的機率如何？其條件機率應為：$P(B|M)$，此式表在已知所抽取者為男性的條件下，此人為選購者之機率。因為顧客中有30%是男性和 3% 是選購者，所以

$$P(B|M) = \frac{.03}{.30} = .10$$

此項已知其為男性卻又是選購者的條件機率之運算公式為：

$$P(B|M) = \frac{P(B \& M)}{P(M)} = \frac{B和M的結合機率}{M的邊緣機率} \qquad 5\text{-}8$$

將已知各值代入此式，所得之結果與以上所計得者完全相同，卽

$$P(B|M) = \frac{P(B \& M)}{P(M)} = \frac{.03}{.30} = .10$$

運用此式同樣可以求出已知所抽取的顧客是女性，其為選購者的機率，卽

$$P(B|\tilde{M}) = \frac{P(B \& \tilde{M})}{P(\tilde{M})} = \frac{.17}{.70} = .243$$

如果已知此人為一選購者，其為男性的機率則為：

$$P(M|B) = \frac{P(M \& B)}{P(B)} = \frac{.03}{.20} = .15$$

此項結果顯示，由於限制條件不同，所以 $P(M|B)$ 並不等於 $P(B|M)$。

　　我們通常所運用的機率，不外乎以上幾種類型，只要能善加變化運用，即可預知所欲尋求的事象在各種不確定情況下出現之機率，而預先籌劃適當的因應對策。

第六節　機率樹之應用

　　在有些複雜情況下，機率之運算非常困難，因爲對各種事象間相互關係之演變不容易分析和把握，若能將此種演變關係以樹狀圖解 (tree diagram) 顯示之，則非常有助於對機率的分析和運算，故對初學者或在計算複雜機率問題時均常採用之，此種顯示機率變化情況的樹狀圖解稱爲機率樹 (Probability Tree)。茲運用下述兩個例子說明如何以樹狀圖解來幫助計算機率。

一、分發就業問題

　　假設某君師範學院畢業後被分發到北部地區國民中學教書，而北部只有臺北和宜蘭兩縣有國中敎員缺額，臺北縣需要10名，宜蘭縣只要5名。臺北縣有 7 名要派去山地鄉，3 名去平地；宜蘭縣有 3 名要派去山地，2 名去平地。爲了公平起見，負責分發單位決定以抽籤方式來確定每人的服務地點。問此君被分發到山地國中的機率如何？

　　此君被分發到臺北縣的機率有 $\dfrac{2}{3}$，分發到宜蘭縣的機率爲 $\dfrac{1}{3}$，分到臺北再去山地的機率是 $\dfrac{7}{10}$，分到宜蘭後再去山地的機率是 $\dfrac{3}{5}$，各種情況之發展順序可用圖解的方式很清楚的顯示如下述之圖 5-3。

　　各種可能情況之關連及順序在圖解上可以清楚的表達出來，樹枝末端所顯示的是各種情況的結合機率，例如 $\dfrac{7}{15}$ 即是抽籤分發到臺北，而後又抽到臺北的山地國中的結合機率，應用乘法定理將 $\dfrac{2}{3} \times \dfrac{7}{10}$ 而求

圖 5-3 分發就業問題機率樹

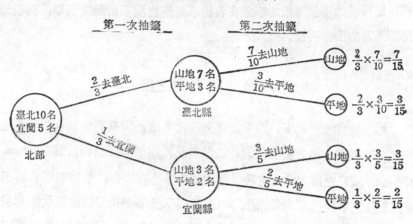

第一次抽籤　　　　　　第二次抽籤

得。

　　所要求解的問題是此君被分發到山地國中的機率，而此問題中的山地國中包括臺北縣的山地國中和宜蘭縣的山地國中，所以其機率應為第一項與第三項之和，即運用加法定理將 $\frac{7}{15}$ 與 $\frac{3}{15}$ 相加，而 $\frac{7}{15} + \frac{3}{15}$ $= \frac{2}{3}$，此項結果表示某君被分發到山地國中任教的機率為 $\frac{2}{3}$。

二、市場佔有率問題

　　設甲磁磚公司時下佔有北部磁磚市場的 30%，其主要競爭者乙磁磚公司擁有其餘的 70% 市場。甲公司的廠長報告，最近該廠在磁磚品質的研究發展方面非常有成就，有 80% 的可能性將發展出一種品質更好的磁磚。如果此項新產品製造成功，上市之後，約有 60% 的機會乙公司也能發展出一種類似品質的產品；在此種情況下，甲公司約有20% 的可能性會佔有 80% 的市場，約有 30% 的機會可能佔有 60% 的市場，約有 50% 的機會可能佔有 50% 的市場。若乙公司不能推出類似優良品質的新產品，則甲公司將有 70% 的機會能佔有 80% 的市場，和 30% 的機會能佔有50％的市場。倘若甲公司改良品質的新產品不能成功，仍然可以保持現有的30％市場佔有率。假定甲公司爲了考慮增加投資以擴充設備，俾能大量生產以供應市場的需求起見，希望能瞭解在上述各種可能情況下，該公司將佔有60％或更多市場的機率如何？

此一問題的情況比較複雜，用一般的分析方法來計算比較困難，若用樹狀圖解來表達即可清晰顯示各種情況之演變，玆以機率樹將各種可能情況之演變按照順序顯示如下：

圖 5-4　市場佔有率問題之機率樹

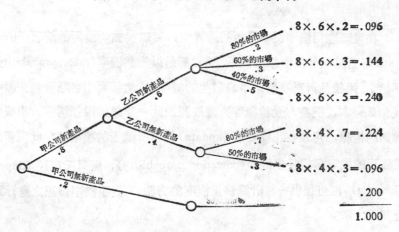

由圖解中可以清楚的看出各種情況下的市場佔有率 (market share)。此問題中所欲瞭解的是至少會有60％以上的市場佔有率之機率，該項機率應爲機率樹末端第一、第二、及第四個分枝上的結合機率之和，即

$$P(60\%或更多市場佔有率)=.096+.144+.224=.464$$

此一結果表示，在各種預期的可能演變情況下，該公司獲得60％以上的市場佔有率之機率只有 0.464，該項機率是非常有價值的決策資料，決策階層可參酌其他資料，以決定在此種不確定的情況下廠房和設備應該擴

充的適當能量 (capacity)，以求減少營運之風險。

　　機率樹可以顯示各種各樣的機率計算問題，下節介紹貝氏機率原理 (Bayes' Probability Theorem)之應用時，將再運用機率樹顯示機率之演變，故本節不再舉例說明。通常都是對於一些難以分析的複雜問題，以樹狀圖解將各種事象相互間之關係顯示之，即可很容易的確定所要求之結果。

第七節　貝氏定理之應用

　　在需要應用機率從事分析的問題中，可以根據新獲得的情報(information)而將條件機率加以修正。通常都是以先前機率(prior probability)開始，用於估計某項特定事象發生的機率，然後再由各種資料來源中（例如樣本、調查，及檢驗等）獲取關於此一事象的附加情報，根據此種新的情報，可以修正或更新 (update) 先前所賦予的機率值；此項新的或修正的機率稱為後序機率(posterior probability)，而貝氏定理 (Bayes' Theorem) 則可提供一種計算修正機率的方法。從事機率修正之進行過程如下：

圖 5-5　應用貝氏定理從事機率修正之過程

　　茲以下述裕民合會儲蓄公司對於申請貸款的新客戶之徵信處理過程為例，說明貝氏定理之應用。經該公司核准之貸款可能發生兩種情況：

一種是按期付清本金及利息，另外一種是違約而不能償還本息。而徵信的目的則在分析並確定每位貸款申請人的信用，以求減低貸款的風險；因此，在每筆貸款核准之前，必須先估計其能按期清償的機率。

徵信工作的第一步，是收到申請表格後先由公司的徵信業務員與申請人約時晤談，以瞭解申請人所填各項基本資料（例如年齡、籍貫、教育程度、職業、收入、家庭狀況、以及經濟基礎等）之正確性，而對申請人的信用予以初步的評估，根據此項評估而對該申請人能按期付清貸款的可能性賦予一項主觀的機率。然後再對申請人的信用資料加以查證，依照調查的結果再對業務員先前估計的付清貸款之機率加以修正。

假定對某筆貸款之申請人，徵信業務員初步評估其能按期付清貸款之機率為 0.50，也就是說此人違約的機率也有 0.50，設以

$\qquad$ A_1 代表付清貸款

$\qquad$ A_2 代表違約

依照業務員初步的評估，其先前機率應為：

$$P(A_1) = .50$$

$$P(A_2) = .50$$

在此例中兩種事象是互斥的，所以

$$P(A_1 A_2) = 0$$

而且兩種事象已包括全部可能性，所以

$$P(A_1) + P(A_2) = 1$$

在應用貝氏定理時，所討論的各事象必須是互斥的，而且還要包括周延 (collectively exhaustive)。

根據以往的記錄顯示，最近付清的貸款中，其中有40％是大學畢業生；而貸款中違約者，只有10％是大學畢業生。若以 B 代表申請人是大學畢業生，則以上的情報可以提供估計條件機率之基礎，即

$$P(B|A_1) = .40$$

$$P(B|A_2) = .10$$

現在我們希望知道，已知該申請人為大學畢業生的情報如何用於修正徵信業務員的先前機率；也就是說我們希望瞭解，若已知該申請人為大學畢業生，此項條件使後序機率 $P(A_1|B)$ 和 $P(A_2|B)$ 各為若干？該等後序機率對於確定申請人的貸款風險非常有幫助。

現在來計算，已知該申請人是大學畢業生，其能按期付清貸款的機率如何？此項機率 $P(A_1|B)$ 是條件機率，可用條件機率公式表示之，即

$$P(A_1|B) = \frac{P(A_1 \& B)}{P(B)} \qquad 5\text{-}9$$

$$\because \quad P(B|A_1) = \frac{P(A_1 \& B)}{P(A_1)}$$

$$\therefore \quad P(A_1 \& B) = P(A_1) \cdot P(B|A_1)$$

將此項結果代入公式 5-9，則得

$$P(A_1|B) = \frac{P(A_1) \cdot P(B|A_1)}{P(B)} \qquad 5\text{-}10$$

此式為一種表示貝氏定理的方式。

在裕民合會儲蓄公司的問題中，已知

$$P(A_1) = .50 \qquad\qquad P(A_2) = .50$$

$$P(B|A_1) = .40 \qquad\qquad P(B|A_2) = .10$$

所以申請人是大學畢業生的機率 $P(B)$ 必須先決定，以便進一步計算後序機率。下述圖 5-6 中的樹狀圖解，可以用於幫助計算 $P(B)$。

圖 5-6 的樹狀圖解中顯示，申請人為大學畢業生者計有兩種不同的結果：申請人付清貸款而且是大學畢業生，即 $(A_1 \& B)$；申請人違約而且是大學畢業生，即 $(A_2 \& B)$。因為此兩種事象是互斥的，所以事

圖 5-6　貝氏原理計算方法之機率樹

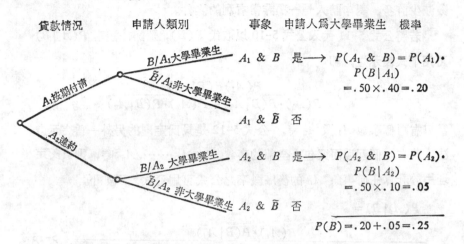

象 B 的機率應爲:

$$P(B) = P(A_1 \& B) + P(A_2 \& B)$$

而且由前述機率乘法法則及條件機率公式中得知

$$P(A_1 \& B) = P(A_1) \cdot P(B|A_1)$$

和　　　　$$P(A_2 \& B) = P(A_2) \cdot P(B|A_2)$$

因此　　　$$P(B) = P(A_1) \cdot P(B|A_1) + P(A_2) \cdot P(B|A_2) \qquad \textbf{5-11}$$

將已知各值代入上式, 即得

$$P(B) = .50 \times .40 + .50 \times .10 = .25$$

此項結果表示, 在收到申請表尚未從事徵信調查之前, 已知申請人爲大學畢業生時, 即可對此事象賦予 0.25 的機率。

現在將各值代入公式 5-10, 即可求得後序機率如下:

$$P(A_1|B) = \frac{P(A_1) \cdot P(B|A_1)}{P(B)} = \frac{.50 \times .40}{.25} = .80$$

此項結果顯示, 基於已知申請人是大學畢業生的情報, 此申請人將按期付清貸款的機率可由 0.50 修正為 0.80。此一附加的情報可將貸款的風險減少許多，對申請人是一項非常有利的條件。

若將公式 5-11 代入公式 5-10 以取代 $P(B)$，則條件機率 $P(A_1|B)$ 可用下式表示之，即

$$P(A_1|B) = \frac{P(A_1)P(B|A_1)}{P(A_1) \cdot P(B|A_1) + P(A_2) \cdot P(B|A_2)} \qquad 5\text{-}12$$

當只有兩個事象 A_1 及 A_2 時，公式 5-12 是貝氏定理的另外一種表示方法。若有 n 個互斥而又包含全部的事象 $A_1, A_2, \cdots, A_n$ 時，則貝氏定理用於計算任何事象 A_i 的後序機率之公式可用通式表示如下：

$$P(A_i|B) =$$

$$\frac{P(A_i) \cdot P(B|A_i)}{P(A_1) \cdot P(B|A_1) + P(A_2) \cdot P(B|A_2) + \cdots + P(A_n) \cdot P(B|A_n)} \qquad 5\text{-}13$$

式中：$P(A_i)$＝事象 A_i 的先前機率

$P(B|A_i)$＝已知 A_i 時，事象 B 的條件機率

$P(A_i|B)$＝已知 B 時，事象 A_i 的後序機率

在裕民合會儲蓄公司的例子中，我們已經算出，若已知申請人是大學畢業生，其能按期付清貸款的機率為 0.80。由此項機率可以推知，若已知申請人是大學畢業生，其違約的機率將為 $P(A_2|B) = 1 - .80 = .20$。直接應用公式 5-13，也可以計得相同的結果，即

$$P(A_2|B) = \frac{P(A_2) \cdot P(B|A_2)}{P(A_1) \cdot P(B|A_1) + P(A_2) \cdot P(B|A_2)}$$

$$= \frac{.50 \times .10}{.50 \times .40 + .50 \times .10} = \frac{.05}{.25} = .20$$

上述貝氏定理的一般公式 5-13 看起來比較繁雜，所以在許多情況下都運用以下的表解方式 (tabular approach) 來計算修正的或後序的機率。

表 解 法

　　應用表解法計算修正機率時，通常都依照以下的步驟進行：

　　1. 編製機率計算表，包括下述三欄：

　　　第一欄　列出欲求其機率的各項互斥且包括全部的事象；

　　　第二欄　列出先前機率；

　　　第三欄　列出已知新情報的每一事象之條件機率。

　　玆以上述裕民合會儲蓄公司的問題爲例，依此一步驟列表如下：

事　象 A_i	先前機率 $P(A_i)$	條件機率 $P(B\|A_i)$
A_1	.50	.40
A_2	.50	.10

　　2. 運用乘法法則計算每一 (A_i & B) 的機率，即

$$P(A_i \text{ & } B) = P(A_i) \cdot P(B|A_i)$$

此式所計得的機率是每一事象 A_i 和新的情報 B 的結合機率，　運用上表中的資料所計算的結果彙列於下：

結　合　機　率 $P(A_i \text{ & } B)$
$P(A_1 \text{ & } B) = P(A_1) \cdot P(B\|A_1) = .50 \times .40 = .20$
$P(A_2 \text{ & } B) = P(A_2) \cdot P(B\|A_2) = .50 \times .10 = .05$

　　3. 將以上的結合機率相加，以求得新情報 $P(B)$ 的機率，即

$$P(B) = P(A_1 \text{ & } B) + P(A_2 \text{ & } B) = .20 + .05 = .25$$

　　4. 應用前述之條件機率基本關係式 5-9，可以算出欲求之後序機率，即

$$P(A_i|B) = \frac{P(A_i \& B)}{P(B)}$$

其計算結果如下:

後 序 機 率	$P(A_i|B)$
$P(A_1/B) = .20/.25$	$= 0.80$
$P(A_2/B) = .05/.25$	$= 0.20$
總　　　計	1.00

玆將上述步驟所計算的各項結果彙總列表如以下之表 5-2:

表 5-2　貝氏定理計算裕民公司各項後序機率表

事　　象 A_i	先前機率 $P(A_i)$	條件機率 $P(B|A_i)$	結合機率 $P(A_i \& B)$	後序機率 $P(A_i|B)$
A_1	.50	.40	.20	$.20/.25 = .80$
A_2	.50	.10	.05	$.05/.25 = .20$
	1.00		$P(B) = .25$	1.00

　　比較以上的結果可以發現，用表解法所獲得的後序機率，與應用公式 5-13 所計得者完全相同，　而且表解法可以使計算更簡化、更清楚。有了此等計量資料，對決策階層非常有幫助，可以在不確定的情況下，或者在資料不完整的情況下，從事理性的決策。

習　　題

1. 何謂機率? 試舉例說明之。

2. 為什麼統計學中一定要討論機率理論? 申述之。

3. 我們通常所運用的機率其來源如何? 列述之。

4. 相對次數如何作為機率? 試舉例說明之。

5. 理論上的次數分配如何作為機率? 試舉例說明之。

6. 在何種情形下需要以主觀的判斷作為機率? 此種機率是否有適當的標準?

7. 機率有那些重要特性? 逐一舉例說明之。

8. 機率的所在範圍如何? 列式說明之。

9. 何謂餘事象? 此項概念對機率之計算有何用途?

10. 何謂非互斥事象? 舉例說明之。

11. 何謂互斥事象? 舉例說明之。

12. 何謂獨立事象? 舉例說明之。

13. 何謂相依事象? 舉例說明之。

14. 選樣之投回與不投回，對事象之出現有何影響? 分別舉例說明之。

15. 計算機率時，在何種情況下運用加法? 計算加法之公式有何不同?

16. 在何種情況下運用機率乘法? 計算乘法之公式有何不同?

17. 常用的機率有那些類別? 列述之。

18. 何謂簡單機率? 試舉例說明之。

19. 何謂結合機率? 試舉例說明之。

20. 邊緣機率與簡單機率有什麼異同? 為什麼?

21. 何謂條件機率? 試舉例說明之。

22. 甚麼是機率樹? 在何種情況下才需要運用機率樹?

23. 貝氏定理有什麼用途? 在何種情況下才應用貝氏定理?

24. 甲盒內裝有 2 個紅球和 4 個黃球，乙盒內裝有 5 個紅球和 3 個黃球；若分別由兩盒中各取出一球，試求下述各機率：

(1) 兩個都是紅球。

(2) 兩個都是黃球。

(3) 一個紅球和一個黃球。

25. 盒裏有 4 個紅球和 5 個黃球，隨意摸取一球，記錄顏色後放回盒中，連續摸取二次，試求：

(1) 兩次都是紅球之機率。

(2) 第一次出現紅球，第二次出現黃球之機率。

26. 若上題中第一次摸取之球不放回盒內，則其兩項問題之機率各如何？

27. 將一粒平勻的骰子連續投擲兩次，求至少出現一次六點之機率。

28. 甲、乙二人各自投擲平勻的骰子一粒，求出現相同點數之機率如何？

29. 設某製瓶廠有 A 和 B 兩部製瓶機，A 機器的產量佔 60%，其中無缺點者佔 90%；B 機器的產量佔 40%，其中無缺點者佔 80%。茲隨意選取一瓶，試計算：

(1) 該瓶無缺點之機率若干？

(2) 該瓶有缺點之機率若干？

(3) 該無缺點之瓶係由 A 機器製造之機率若干？

30. 某工廠有 A、B，及 C 三部機器，各機器之產量分別佔總產量的 25%、30%，及 45%；又各機器產生之不良產品分別為其本身產量的 4%、3%，及 5%。今隨意選取一件產品，發現為不良產品，試求此不良產品為 A 機器所製成者之機率如何？試以機率樹分析之。

31. 設已知某部機器製造之產品有 5% 不合格，茲隨機選取 4 件產品，試求有兩件不合格之機率。

32. 設有10個是非題，試求至少答對 6 題之機率。

第 六 章

機 率 分 配

第一節　機率分配之概念

　　某一隨機變數(random variable)的機率分配係顯示其每一變值所可能出現的機率，而各項機率皆與其變值相對應的位置列示之，成一比較

圖 **6-1**　四枚硬幣出現正面的機率函數圖

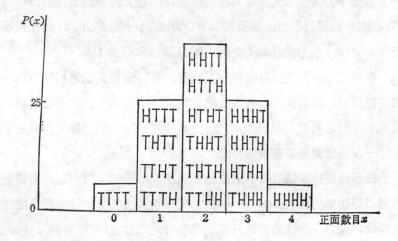

次數分配(relative frequency distribution)形態，其機率之總和等於 1 。
茲以下述例子說明此項概念，例如投擲四枚平勻的硬幣，出現正面 x 各
種不同數目及其相對應的機率可用圖 6-1 及表 6-1 表示之。

表 6-1　投擲四枚硬幣出現正面的機率函數表

正面數目 x_i	機　率 $P(x_i)$
0	1/16
1	4/16
2	6/16
3	4/16
4	1/16
總　　計	$16/16 = 1$

　　表 6-1 中所表示的是變數 x_i 的值與另外一組 $P(x_i)$ 值 之 間的函數
關係，$P(x_i)$ 是與各別變值 x_i 相對應的機率，而各項機率之和又恰好爲
1，所以此種函數關係稱爲機率分配。變數 x 稱爲隨機變數，因爲在任何
一次投擲中都無法預先決定其確定數值，只能知道各變值可能出現的機
率。在表中也可以看出，每項機率 $P(x_i)$ 都與一個已知的 x_i 值相對應，
而每一 $P(x_i)$ 值都在 0 與 1 之間，並且其總和等於 1 。

　　在第二章中討論統計資料的類別時，曾將變數分爲連續變數和不連
續變數兩類；同樣情形，機率分配也有連續的和不連續的兩種類別，茲
將機率分配之類別、顯示方式、以及其應用等基本概念分別介紹如下：

　　一、連續的和不連續的分配

　　機率分配是連續的或不連續的要視隨機變數的性質而定，若隨機變
數可以是任意的實數(real number)，則與各實數相對應的機率分配卽是
連續的；反之，若隨機變數只能是幾個特定的數值(常是整數)，則與此

等特定數值相對應的機率分配卽是不連續的。上述例子中的機率分配卽是不連續的,因爲隨機變數 x 只能是幾個特定的整數,出現正面的數目絕不能是1.25 或 3.47。而軸承(ball bearings)直徑的機率分配則可能是連續的,因爲若測量儀器非常精密,其隨機變數可以是某一範圍內的任何值。

在表 6-1 中的機率分配, 隨機變數和機率函數之間的關係是用表來加以限定; 另外也有些機率分配可用數學公式來限定,例如下述函數式:

$$P(x) = .25x - .05x^2$$

卽可限定一個不連續的機率分配, 在此式中隨機變數 x 可以取整數值 1、2、3、及 4 。同樣情形, 連續函數式

$$P(x) = .06x - .006x^2$$

卽可限定一個連續的機率分配, 在此式中隨機變數 x 可以是大於 0 小於 10 (卽 0<x<10) 之間的任何值。上述兩種機率函數式都可以用圖解表示之, 見圖 6-2 及圖 6-3。

二、機率分配之圖解

機率分配也可以用圖解的方式加以顯示, 例如圖 6-1 所顯示的不連續機率分配; 在機率分配圖中, 將變值 x 標示在橫軸上, 以縱軸來表達相對應的機率。此種線條圖與第二章所討論的次數分配線條圖在形式上相同, 但縱軸上所表示的却是機率而非次數。茲再將上述方程式所限定的不連續機率分配以圖解顯示如下述之圖 6-2。

連續的機率分配可以用圓滑的曲線來表示, 但圖中 P(x) 的值係代表在任一 x 點上曲線的高度。在連續分配中, 隨機變數的任何確定值之機率都是無限小的,我們只能說某一隨機變數的機率是在某一特定範圍, 例如在圖 6-3 中, x 在 6 和 8 之間 (6<x<8) 的機率是以一塊陰影的面積來表示。曲線下的總面積 (卽全部 x 值的機率) 等於 1 ; 因此, 乃以與曲線下面積相關連的機率來顯示連續分配, 茲以圖 6-3 來表達方程式

$P(x) = .06x - .006x^2$ 所限定的連續機率分配如下:

圖 6-2　方程式 $P(x) = .25x - .05x^2$ 所限定之不連續
機率分配, 式中 $x = 1, 2, 3, 4$

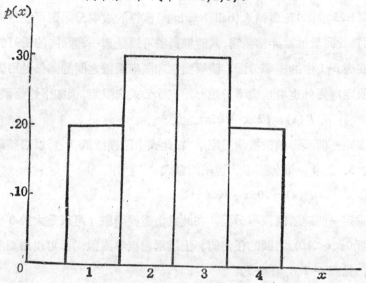

圖 6-3　公式 $P(x) = .06x - .006x^2$ 所限定之連續機
率分配, 式中 $0 < x < 10$

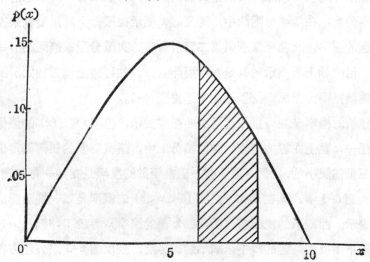

三、機率分配之應用

機率分配的觀念經常會被應用於處理實際業務上所遭遇的問題，例如建築工程或者研究發展計劃都需要協調大量的工作項目，並且要安排其各自的工作進度,通常總希望在排定的日程內將工程或研究計劃完成。如果其中有些工作項目的完工時間不能確定，即將影響整個工程或計劃的完工時間之確定，而事實上又必須有一個確定的完工時間，俾能憑以估計人工、物料的需要量，和其他各項成本，以及銜接其他作業等，由此可知決定完工日程之重要，所以在實際業務上即經常應用機率理論來推算在各種時日完工的機率，取其可能性最大者，作為估計之依據，茲以下述最簡單的例子說明機率分配之計算與運用。

例 6-1 假定某一工程包括 A、B、和 C 三項工作，必須將 B 工作完成之後，C 工作才能開始，但 A、B 或 A、C 兩項工作可以同時進行，一定要等 A 和 C 兩項工作都完成之後，整個工程才算完成。茲以箭線代表工作項目，將各項工作之間的關係以線圖表示如下:

圖 6-4 工作關連及順序圖

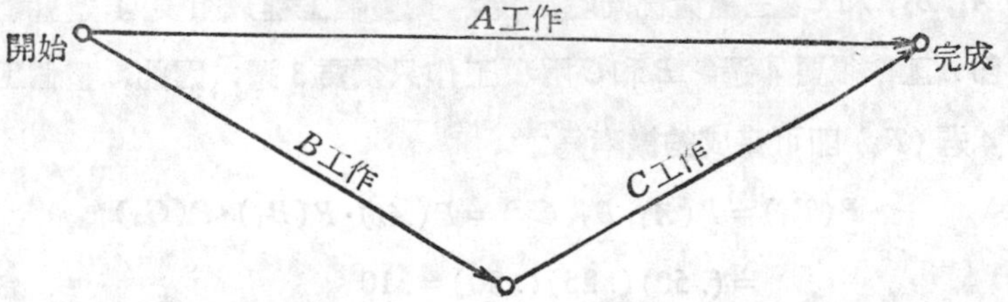

由於氣候或其他若干不可預知的因素，以致完成各項工作所需要的時間都無法完全確定，但是為了作業的需要卻必須預計完工時間，茲依據以往的經驗或根據主觀的判斷，而估計出完成各項工作需要不同時間之機率如表 6-2:

表 6-2 完成各項工作需要不同時間之機率表

工作項目	完工時間（週）	機 率
A	4	.50
	6	.50
		1.00
B	1	.25
	3	.75
		1.00
C	2	.80
	4	.20
		1.00

試依照表中之機率分配，以決定完成整個工程最可能之適當時間

解 若以 A_4 表示 *A* 工作須要 4 週才能完成，同樣情形，即可用 A_6，B_1 等分別代表完成各該項工作所須要的時間。假定各項工作的完工時間是彼此獨立的，即 *B* 工作所須要的時間並不影響 *C* 工作所須要的時間。如果 A_4，B_1，和 C_2 三種情況同時出現，則整個工程只須要 4 週就能完成，即 *A* 工作須要 4 週，*B* 和 *C* 兩項工作只須要 3 週；因此，整個工程須要 4 週（T_4）即可完成的機率為：

$$P(T_4) = P(A_4, B_1, C_2) = P(A_4) \cdot P(B_1) \cdot P(C_2)$$
$$= (.50)(.25)(.80) = .10$$

上式係應用機率乘法求各獨立事象之結合機率。

此項工程也可以 5 週完成，即 A_4，B_1，C_4 三種情況同時出現，或者 A_4，B_3，C_2 三種情況同時出現，而上述兩種事象又為互斥的（mutually exclusive），故其機率應為：

$$P(T_5) = P(A_4, B_1, C_4) = (.50)(.25)(.20) = .025$$
$$+ P(A_4, B_3, C_2) = (.50)(.75)(.80) = .300$$
$$= .325$$

同樣方法可以求得完工期限為 6 週 (T_6) 或 7 週 (T_7) 的機率, 各機率皆列於表 6-3:

表 6-3　完成整個工程的時間與機率

完工時間 (週)	機　率
4	.10
5	.325
6	.425
7	.15
總　計	1.00

表 6-3 中所顯示的是完成整個工程需要不同時間之機率, 此等結果即為一項機率分配。由此可知, 只要我們能約計出完成各別工作的機率, 即可計算出在各種不同情況下完成整個工程的機率分配, 根據所得之機率分配, 又可再進一步估計完成整個工程的較正確時間。例如由上表中的機率分配可以看出, 在第 6 週完成此工程的可能性最大, 因為其累積機率為 0.85, 即 .10 + .325 + .425 = 0.85; 因此, 我們可以說有 85% 的把握能於 6 週內完成此一工程。

第二節　機率分配的期望值

若某人可望獲得金錢 S 元之機率為 p, 則此人獲得該款項之期望值 (Expected Value-$E.V.$) 應為兩者之乘積, 即

$$E.V. = Sp \hspace{5cm} 6\text{-}1$$

例如某甲將獲得 1,000 元獎金之機率爲 $\frac{1}{10}$ ，則某甲獲得此項獎金之期望值應爲:

$$E.V. = 1,000元 \times \frac{1}{10} = 100元$$

期望值的此項意義還可以再加推廣，即不連續隨機變數 X 的各變值之出現若爲獨立事象， 則 其期望值應爲各變值 x_i 與其各自出現之機率 $P(x_i)$ 相乘積之和。此項結果亦爲機率分配的理論上之平均數。

若以 X 表示不連續的隨機變數，其變值可以是 $x_1, x_2, \ldots\ldots, x_n$ ，各自出現的機率分別爲 $p_1, p_2, \ldots\ldots, p_n$ ，而 $p_1 + p_2 + \ldots\ldots + p_n = 1$ ，則 X 的期望值 $E(X)$ 應爲:

$$E(X) = x_1 p_1 + x_2 p_2 + \ldots\ldots + x_n p_n$$

$$= \sum_{i=1}^{n} x_i p_i \hspace{4cm} 6\text{-}2$$

茲以下述數例說明如何應用公式 6-2 以求得期望值，並例示如何應用期望值的概念於實際決策問題。

例 6-2 據估計某一礦坑若開採成功能獲利 \$1,000,000， 其 成功的機率約爲 0.60；若開採失敗將損失 \$500,000 的成本，其失敗的機率約爲 0.40，試求在開採之前此一礦坑的期望值如何?

解 $E(X) = \$1,000,000 \times 0.6 + (-\$500,000) \times 0.4$

$= \$600,000 - \$200,000$

$= \$400,000$

此項結果表示該礦坑在未開採之前的期望值是 \$400,000。實際上，該礦坑也許能開採成功而獲致 \$1,000,000 的利潤，也許會開採失敗而損失全部投資 \$500,000；但是在開採之前，如果成功和失敗的機率估計正確，在預期的情況下，其價值應爲 \$ 400,000。

例 6-3　設袋內裝有 2 個紅球和 3 個黃球，甲、乙、丙、丁四人依照順序各自從袋內取出一個球，並不放回去，第一名取得紅球者得獎金 \$ 1,000，試求各人得獎的期望值若干？

解　若以 $P(甲)$ 表示甲取得紅球的機率，$P(\overline{甲}乙)$ 表示甲未取得而乙取得紅球的機率，其餘依次類推，如此則

$$P(甲) = \frac{2}{5}$$

甲得獎的期望值$E(X) = \$ 1,000 \times \frac{2}{5} = \$ 40\Omega$

$$P(\overline{甲}乙) = P(\overline{甲}) \cdot P(乙/\overline{甲})$$

$$= \frac{3}{5} \cdot \frac{2}{4} = \frac{3}{10}$$

$$\therefore \quad 乙的E(X) = \$ 1,000 \times \frac{3}{10} = \$ 300$$

$$P(\overline{甲乙}丙) = P(\overline{甲}) \cdot P(\overline{乙}/\overline{甲}) \cdot P(丙/\overline{甲乙})$$

$$= \frac{3}{5} \cdot \frac{2}{4} \cdot \frac{2}{3} = \frac{1}{5}$$

$$\therefore \quad 丙的E(X) = \$ 1,000 \times \frac{1}{5} = \$ 200$$

$$P(\overline{甲乙丙}丁) = P(\overline{甲}) \cdot P(\overline{乙}/\overline{甲}) \cdot P(\overline{丙}/\overline{甲乙}) \cdot$$

$$P(丁/\overline{甲乙丙})$$

$$= \frac{3}{5} \cdot \frac{2}{4} \cdot \frac{1}{3} \cdot \frac{2}{2} = \frac{1}{10}$$

$$\therefore \quad 丁的E(X) = \$ 1,000 \times \frac{1}{10} = \$ 100$$

校驗：各項機率之和爲 $\frac{2}{5} + \frac{3}{10} + \frac{1}{5} + \frac{1}{10} = 1$，合乎機率分配

法則，故各項期望值之和為 $400 + $300 + $200 + $100

= $1,000

由以上的結果可以看出，各人可能得獎的期望值依次遞減，即先抽者得獎的機會比較大，故其期望值較高；反之，最後抽者得獎的機會較小，故其期望值較低。此例也可以說明，許多社會現象都需要爭取優先的機會。

例 6-4 運用表 6-1 中的機率分配資料，也可以求出投擲 4 枚平勻的硬幣出現正面數目的期望值，其運算過程如下：

表 6-4 投擲四枚硬幣出現正面的期望值計算表

正面數目 x_i	機 率 $P(x_i)$	乘 積 $x_i \cdot P(x_i)$
0	1/16	0
1	4/16	4/16
2	6/16	12/16
3	4/16	12/16
4	1/16	4/16
總　計	1.00	2.00

即 $E(X) = \sum[x_i \cdot P(x_i)] = 2.00$

計算的結果顯示期望值是出現兩次正面。此項期望值與理論上應出現的次數完全一致。換言之，如果硬幣是平勻的，投擲 4 枚（或 1 枚投擲 4 次）在理論上應該有 2 枚（或 2 次）出現正面。

例 6-5 假定某種獎券每張售價 $10，預計銷售 5,000 張，特獎是 $10,000。如果我們花 $10 購買一張，試問此一獎券在開獎之前其期望值若干？

解 如果我們中獎，將獲得 $9,990，即一萬元減去所花的十元成

本，但中獎的機率只有 $\dfrac{1}{5,000}$；我們也可能損失掉所花的 $ 10，其機率

為 $\dfrac{4,999}{5,000}$，所以此一獎券在開獎之前的期望值應為：

$$E(X) = \$ 9,990\left(\frac{1}{5,000}\right) + (-\$ 10)\left(\frac{4,999}{5,000}\right)$$

$$= \$ 1.998 - \$ 9.998 = -\$ 8.00$$

此項結果顯示期望值是 $-\$ 8.00，也就是說我們花 $ 10 所購得的此一獎
券，在開獎之前預計要損失 $ 8。在實際開獎之後，也許會中獎 $ 10,000，
若不中獎則所花的 $ 10 將一文不值，但在長期趨勢下，此種獎券平均每
張只值 $ 2。事實上，如果我們花 $ 50,000 將 5,000 張獎券全部買下，
固然將中獎 $ 10,000，但兌除卻將損失 $ 40,000，所以平均每張損失 $ 8。
由此可知，購買獎券以圖僥倖中獎發財，實在是不智之舉，因為中獎的
機會太渺茫了！

　　例 6-6　上節所述計算工程的完工日程問題，也可以運用表 6-3 中
的機率分配資料，而求得完工日期的期望值，其計算過程如下：

表 6-5　完工日期之期望值計算表

完工時間（週）x_i	機　率$P(x_i)$	乘　積$x_i \cdot P(x_i)$
4	.10	0.40
5	.352	1.625
6	.425	2.55
7	.15	1.05
總　　計	1.00	5.625

即　　　　$E(X) = \sum [x_i \cdot P(x_i)] = 5.6$ 週

此項結果顯示該工程可望於 5.6 週內完成，此一期望值與前述由累積機

率分配所估計之結果（約於 6 週完工）非常接近。有了此項預期完工時間，即可估計所需之人工、物料、及其他各項費用，而預先加以計劃、購買、或調配，所以期望值的概念經常應用於實際作業的決策問題上。

第三節　機率分配的差異數

　　用於衡量機率分配離差的測定數主要是差異數 (Variance)，常以希臘字母 σ^2 表示之。限定不連續機率分配差異數的公式如下：

$$\text{Variance } (\sigma^2) = \sum \{ [x_i - E(X)]^2 \cdot P(x_i) \} \qquad 6\text{-}3$$

即先求隨機變數各變值與期望值之間的差異，平方之後乘以相對應變值出現的機率，再將各項乘積相加，所得之總和即為差異數。茲以下述例子說明如何為不連續隨機變數的機率分配求差異數，並解釋其應用。

　　假定某汽車經銷商代銷某一汽車製造廠出品的新車，此項營業並不穩定，有時一天可以銷售五、六輛，但有時却一連幾天也賣不出一輛，以致存貨和訂貨數量都很難控制，常因此而造成營業上的困擾。根據上年度的營業記錄統計出每天的業績變動情況如以下表 6-6 中的第一、二兩欄，第二欄中的比較次數即可用於估計在未來期間每天不同銷售量出現的機率，根據此種機率分配即可算出每天銷售新車數量的期望值及其差異數，俾作決策之參考。

　　表中第三欄的結果顯示每天銷售數量的期望值是 2 輛。當然實際上並不是每天銷出 2 輛，有時多有時會少，但是在較長的期間內，平均每天可預期銷售 2 輛；根據此一預期銷售量來計劃訂貨或控制存貨數量，將可使缺貨次數控制於最少，並可使積壓資金的數額控制於最低。

　　上述期望值既然不是確定的銷售數量，為了便於調度作業及控制費用，應該進一步瞭解營業量變動的幅度，由差異數的大小可以測定期望

表 6-6　銷車數量機率分配之期望值和差異數

銷售量 x_i	比較次數 $P(x_i)$	$x_i \cdot P(x_i)$	$x_i - E(X)$	$[x_i - E(X)]^2$	$[x_i - E(X)]^2 \cdot P(x_i)$
0	.20	0	−2	4	.80
1	.25	.25	−1	1	.25
2	.25	.50	0	0	0
3	.10	.30	1	1	.10
4	.10	.40	2	4	.40
5	.05	.25	3	9	.45
6	.05	.30	4	16	.80
總計	1.00	2.00			2.80

值的可靠程度，若差異數很小，表示期望值的可靠性高；反之，若差異數很大，即表示實際營業量變化很大，與期望值的差異很懸殊。由表 6-6 中最後一欄得知差異數為：

差異數　$\sigma^2 = \sum\{[x_i - E(X)]^2 \cdot P(x_i)\} = 2.8$

標準差　$\sigma = \sqrt{2.8} = 1.67$輛車

此項結果顯示差異數相當大(大於期望值)，即此一問題的期望值並不十分可靠；因此，根據此項期望值作決策時必須特別注意，以免造成錯誤的結果。

上節例 6-4 中，投擲 4 枚平勻的硬幣，計算出現正面數目之期望值的問題，也可以求出其差異數，以確定期望值之可靠程度，其計算步驟如下述之表 6-7。

由表中最後一欄可以求得：

差異數　$\sigma^2 = \sum\{[x_i - E(X)]^2 \cdot P(x_i)\} = 1.00$

標準差　$\sigma = \sqrt{1} = 1$

表 6-7 投擲四枚硬幣出現正面的期望值及差異數

正面數目 x_i	機 率 $P(x_i)$	$x_i \cdot P(x_i)$	$x_i - E(X)$	$[x_i - E(X)]^2$	$[x_i - E(X)]^2 \cdot P(x_i)$
0	1/16	0	-2	4	4/16
1	4/16	4/16	-1	1	4/16
2	6/16	12/16	0	0	0
3	4/16	12/16	1	1	4/16
4	1/16	4/16	2	4	4/16
總 計	1.00	2.00			1.00

此項結果顯示差異數很小，也就是說期望值的可靠性很高。事實上也是如此，如果硬幣是平勻的，將 4 枚硬幣投擲許多次，應該平均出現 2 個正面，所以期望值是兩個正面非常可靠。

　　以上所介紹的計算期望值和差異數的公式只限於不連續的機率分配，至於連續機率分配的期望值和差異數之計算則需要應用微分 (calculus) 的方法，不過上述各式的基本概念與連續機率分配中所應用者完全相同，所以不再單獨介紹。

　　期望值是機率分配的一級動差 (first moment)，差異數則是平均數的二級動差 (second moment)，偏態測定數 (measure of skewness) 是平均數的三級動差 (third moment)，峰度測定數 (measure of kurtosis) 是四級動差 (fourth moment)。由於偏態測定數和峰度測定數等，只應用於高深的統計分析上，在通常的統計決策問題中都用不到，所以本書將不予討論。

　　本章以下各節將介紹四種機率分配，即二項分配 (binomial distribution)、波生分配 (Poisson distribution)、常態分配 (normal distribution)，及指數分配 (exponential distribution)。在工商界中各種作業的變化過程

都離不開這幾種形態，所以在以下幾章將以這四種分配作基準來權衡樣本資料的可靠性。

在第二章中，我們將統計資料分成兩大類別，即屬性(attributes)與變數(variables)，前者是定性的資料(qualitative data)，通常多分為少數幾個不連續的項目，例如男性、女性，或優良、粗劣等；後者是計量資料(quantitative data)，對此種大量資料可沿某種尺度(scale)而加以詳細區分。二項分配和波生分配係用於解說屬性的不連續變化形態，而常態分配和指數分配則用以解說變數的連續變化形態。

第四節　二項分配

在日常事務中，我們經常會遇到一些只有兩種可能現象的問題，例如：是或否，合格或不合格，接受或拒絕，以及成功或失敗等，如果能估計出某種現象出現的可能性，即可運用二項分配(binomial distribution)法則，計算出該現象在各種不同情況下發生的機率，茲舉例說明如下：

假定有枚硬幣略微偏彎，以致有60%的次數出現正面，試問投擲5次出現5次正面的機率如何？

出現正面與否是獨立事象，故可運用機率乘法求得此項結合機率，即

$$P(5 次正面) = .6 \times .6 \times .6 \times .6 \times .6 = .6^5 = 0.078$$

此項結果顯示連續投擲5次中都出現正面的機率只有0.078。

如果我們希望知道在連續投擲5次中，出現3次正面的機率如何？若限定出現正面的次序為：正正正反反，也可以用同樣的乘法求得，即

$$P(3 次正面，依次為正正正反反) = .6 \times .6 \times .6 \times .4 \times .4$$

$$= .6^3 \times .4^2 = .034$$

若以 p 表示出現正面，q 表示出現反面，n 表示投擲次數，x 為出現正面的次數，則上述以乘積求機率的乘式可用下式表示之，即

$$P(x) = p^x q^{(n-x)}$$

如果我們要知道，在 5 次投擲中該枚微偏硬幣出現 3 次正面，其順序為反反正正正的機率，也可以用下式求得同樣的結果，即

$$P(\,3 \text{ 次正面，依次為反反正正正}) = .4 \times .4 \times .6 \times .6 \times .6$$
$$= .4^2 \times .6^3 = .034$$

此項結果顯示出現正面的順序並不影響其機率，因此我們須要知道在 5 次投擲中，出現 3 次正面共有多少種不同的組合方式，這是 5 取 3 的組合 (combination) 問題。在 n 次試驗中成功 x 次的組合數可用下式求得，即

$$_n C_x = \frac{n!}{x!\,(n-x)!}$$

式中 n 的階乘 (n factorial) 為 $n! = n \times (n-1) \times (n-2) \times \cdots\cdots \times 3 \times 2 \times 1$，而且依照定義 $0! = 1$。

因此，在上述投擲 5 次硬幣的問題中，出現 3 次正面的不同組合數應為：

$$_5 C_3 = \frac{5!}{3! \times 2!} = \frac{5 \times 4 \times 3 \times 2 \times 1}{3 \times 2 \times 1 \times 2 \times 1} = 10$$

即有 10 種不同的組合。現在可以回答原來的問題，即將一枚略偏的硬幣連續投擲 5 次，出現 3 次正面的機率應為：5 次投擲中出現 3 次正面的不同組合乘以 5 次投擲中依某種特定順序出現 3 次正面的機率，其結果如下：

$$P(\,5 \text{ 次投擲中出現 } 3 \text{ 次正面}) = {}_5 C_3 \times .6^3 \times .4^2$$
$$= 10 \times .034 = 0.34$$

二項機率分配之公式

由以上的演算可以歸納出二項分配的計算公式如下，若以 P 代表某一事象在一次試驗中將發生的機率，或稱爲成功的機率，則 $q = 1 - p$ 爲此一事象在一次試驗中不發生的機率，亦稱爲失敗的機率；在 n 次試驗中，此一事象正好出現 x 次的機率應爲：

$$P(x) = {}_nC_x p^x q^{n-x} = \frac{n!}{x!(n-x)!} p^x q^{n-x} \qquad 6\text{-}4$$

式中：$P(x)$ 爲某事象出現 x 次的機率，$x = 0, 1, 2, \cdots\cdots, n$；$n$ 爲樣本的大小。

在上述微偏的硬幣例子中，投擲 5 次，出現 3 次正面 2 次反面的機率問題，其各變值如下：

$$n = 5 次投擲$$
$$x = 3 次正面$$
$$p = .6 （每次出現正面的機率）$$
$$q = 1 - p = .4 （每次出現反面的機率）$$

將各值代入公式 6-4 則得

$$P(3 次正面) = {}_5C_3 p^3 q^2 = \frac{5!}{3!\,2!}(.6)^3(.4)^2 = 10 \times .034 = 0.34$$

如果我們運用此式，繼續求在 5 次投擲中出現 5 次、4 次、3 次、2 次、1 次，及 0 次正面的機率之總和，其機率分配應爲：

$${}_5C_5(.6)^5 \cdot (.4)^0 + {}_5C_4 \cdot (.6)^4(.4)^1 + {}_5C_3(.6)^3(.4)^2 +$$
$${}_5C_2(.6)^2(.4)^3 + {}_5C_1(.6)^1(.4)^4 + {}_5C_0(.6)^0(.4)^5$$

此一機率分配正好與二項展開式中的各項相對應，即

$$(p+q)^5 = {}_5C_5 p^5 q^0 + {}_5C_4 p^4 q^1 + {}_5C_3 p^3 q^2 + {}_5C_2 p^2 q^3 +$$
$${}_5C_1 p^1 q^4 + {}_5C_0 p^0 q^5$$

式中: $_nC_n, _nC_{n-1}, _nC_{n-2}, \ldots, _nC_0$ 為二項展開式各項之係數。

上述微偏的硬幣,在 5 次投擲中出現正面不同次數之機率各自如下:

出現 5 次正面之機率$= P(5) = .08$

出現 4 次正面之機率$= P(4) = .26$

出現 3 次正面之機率$= P(3) = .34$

出現 2 次正面之機率$= P(2) = .23$

出現 1 次正面之機率$= P(1) = .08$

出現 0 次正面之機率$= P(0) = .01$

總　　和　　　　　　1.00

此項結果也可以用機率函數圖表示之,以橫軸標示隨機變數 x ,以縱軸標示機率,其機率函數圖如下:

圖 6-5　二項機率分配圖$(n=5, p=.6)$

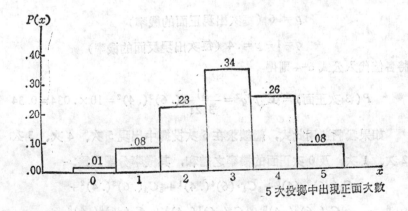

5 次投擲中出現正面次數

上述的結果顯示機率之總和恰好等於 1 ,故為一機率分配,而兩種不同事象(正面與反面)中各變值出現之機率又恰好能從二項式 $(p+q)^n$ 之展開式中演化出來,則此種機率分配稱為二項機率分配(binomial probability distribution)。由以上的說明可知，在一些只有兩種可能現象出現的問題中，我們都可以運用同樣的分析方法，從二項展開式中計算出某種現象在不同情況下發生的機率，俾憑以作理性的決策。

例 6-7　將一粒平勻的骰子投擲 4 次，求 6 點出現：(*a*) 4 次，(*b*) 3 次，(*c*) 2 次，(*d*) 1 次，及 (*e*) 0 次的機率。

解　一次投擲中 6 點出現的機率 $p=\dfrac{1}{6}$

一次投擲中 6 點不出現的機率 $q=1-p=\dfrac{5}{6}$

(*a*)　$P(\,6\text{ 出現 }4\text{ 次})={}_4C_4\left(\dfrac{1}{6}\right)^4\left(\dfrac{5}{6}\right)^0=\left(\dfrac{1}{6}\right)^4=\dfrac{1}{1296}$

(*b*)　$P(\,6\text{ 出現 }3\text{ 次})={}_4C_3\left(\dfrac{1}{6}\right)^3\left(\dfrac{5}{6}\right)^1=4\left(\dfrac{1}{6}\right)^3\left(\dfrac{5}{6}\right)=\dfrac{5}{324}$

(*c*)　$P(\,6\text{ 出現 }2\text{ 次})={}_4C_2\left(\dfrac{1}{6}\right)^2\left(\dfrac{5}{6}\right)^2=6\left(\dfrac{1}{6}\right)^2\left(\dfrac{5}{6}\right)^2=\dfrac{25}{216}$

(*d*)　$P(\,6\text{ 出現 }1\text{ 次})={}_4C_1\left(\dfrac{1}{6}\right)^1\left(\dfrac{5}{6}\right)^3=4\left(\dfrac{1}{6}\right)\left(\dfrac{5}{6}\right)^3=\dfrac{125}{324}$

(*e*)　$P(\,6\text{ 出現 }0\text{ 次})={}_4C_0\left(\dfrac{1}{6}\right)^0\left(\dfrac{5}{6}\right)^4=\left(\dfrac{5}{6}\right)^4=\dfrac{625}{1296}$

以上的不連續機率分配，恰好代表一個 $p=\dfrac{1}{6}$ 和 $q=\dfrac{5}{6}$ 的 4 次 (*n*=4) 二項式展開之各項，即

$$\left(\dfrac{1}{6}+\dfrac{5}{6}\right)^4={}_4C_4\left(\dfrac{1}{6}\right)^4\left(\dfrac{5}{6}\right)^0+{}_4C_3\left(\dfrac{1}{6}\right)^3\left(\dfrac{5}{6}\right)^1+{}_4C_2$$
$$\left(\dfrac{1}{6}\right)^2\left(\dfrac{5}{6}\right)^2+{}_4C_1\left(\dfrac{1}{6}\right)^1\left(\dfrac{5}{6}\right)^3+{}_4C_0\left(\dfrac{1}{6}\right)^0\left(\dfrac{5}{6}\right)^4$$

觀察上述求機率 $P(x)$ 的公式可以看出，該式限定了變數 x 的一組分配，其中每一個分配都是變值 n 和 p 的一種組合；變值 n 和 p 稱為二項分配的母數(para-meters)，因為該二數值決定全部 x 值的機率。在本

章中將用 $P(x|n, p)$ 的符號來表示已知 n 和 p 而 x 次成功之機率。

在二項分配中,成功次數的期望值或平均值 $E(X)$ 是 n 和 p 的乘積,即

$$E(X) = np \qquad\qquad 6\text{-}5$$

而差異數 (Variance) 則是 n, p, 和 q 三者的乘積, 即

$$\sigma^2 = npq \qquad\qquad 6\text{-}6$$

因此, 在前述投擲微偏的硬幣 5 次, 出現正面機率爲 0. 6 的例子中, $n = 5, p = .6$, 則出現正面的期望值、差異數、及標準差應分別爲:

$$E(X) = np = 5 \times .6 = 3 \text{ 次正面}$$

$$S^2 = npq = 5 \times .6 \times .4 = 1.2$$

$$S = \sqrt{npq} = \sqrt{1.2} = 1.1 \text{ 次正面}$$

二項分配應符合之條件

應用二項分配式計算事象發生之機率時, 其問題必須符合下述各項條件:

1. 只有兩種互斥的結果

在每次試驗中, 隨機變數只能出現兩種互相排斥的結果中之一種, 通常以「成功或失敗」表示之, 出現所要求之事象爲成功, 否即爲失敗。

2. 各次試驗都是獨立的

前面試驗所產生的結果, 對以後的試驗可能產生之結果不發生任何影響, 也就是各種事象之出現必須是獨立的。

3. 事象出現之機率要保持不變

若以 p 表示成功的機率,則在各次試驗中 p 的值必須保持穩定不變。

若實際問題的演變過程符合以上各項假定的條件, 我們才可以應用二項式中的機率運算, 去估計實際問題可能產生之機率。茲以下述幾個

例子說明如何應用二項分配以計算實際問題發生的機率。

例 6-8　在一大批製成的某種零件中,已知含有 5 ％不合格的零件,如果由該批零件中隨機抽出 3 個, 試問 3 個中沒有不合格零件的機率如何?

解　首先要瞭解此一問題是否符合二項分配的各項假定條件。第一個假定條件是只有兩種互斥的結果,而每一零件只可能是合格或不合格,故符合此一條件; 第二個條件是各次試驗都是獨立的, 如果每次抽取的零件在抽取下一個之前都放回去, 則正好符合此項假定, 好在樣本非常小, 在一大批中抽取 3 個不會造成嚴重的誤差; 第 3 個假定是 p 的值不變, 因為我們是從固定的一批零件中選樣, 其不合格的機率不會變動,故恰好能滿足此一條件。既然能符合二項分配的假定條件, 即可運用二項分配公式求得所要求的機率。在此一問題中, $n=3$, $p=.05$, $x=0$,所以抽取 0 個不合格零件的機率為:

$$P(x=0 \mid n=3, \, p=.05) = {_3C_0}(.05)^0(.95)^3$$

$$= \frac{3!}{0!3!} \times 1 \times .857 = 0.857$$

例 6-9　假定從上例的零件中抽取 10 個加以檢驗, 若發現有 2 個或 2 個以上不合格, 即拒絕接受。試問該批零件被接受的機率如何? 被拒絕的機率如何?

解　若以 x 代表發現的不合格件數, $n=10, p=.05$, 則被接受的機率應為沒有不合格的和只有一個不合格的機率之和, 即

$$P(\text{接受}) = P(x \leq 1 \mid n=10, \, p=.05)$$

$$= P(0) + P(1) = {_{10}C_0}(.05)^0(.95)^{10} +$$

$$ {_{10}C_1}(.05)^1(.95)^9$$

$$= .599 + .315 = 0.914$$

已知被接受的機率爲 0.914，則被拒絕的機率應爲 1 減去被接受的機率，
即

$$P(拒絕)=1-P(接受)$$
$$=1-.914=.086$$

例 6-10 假定根據以往檢驗的結果,某部機器製成的產品中有 5 %
是有瑕疵的, 現在由該部機器製成的產品中隨機選取15個爲樣本, 試以
二項分配求解下列機率: (*a*)恰好取得 2 個有瑕疵的機率如何? (*b*) 2 個
或 2 個以上有瑕疵的機率如何?(*c*) 2 個或 2 個以下有瑕疵的機率如何?

解 在二項機率分配問題中, 只有 *n* （樣本大小）和 *p* （成功的比
例）兩個母數 (parameter), 因此可依照不同的 *n* 和 *p* 與 *x*（成功的次數）
相對應而製成機率分配函數表 (見 414 頁附錄表 Ⅱ), 許多二項分配的
機率問題可以很容易的從表中查出, 而不必從事繁複的運算, 茲運用查
表的方法爲以上各問題求解如下:

(*a*) 恰好 2 個有瑕疵的機率應爲
$$P(x=2|n=15, p=.05)={}_{15}C_2 p^2 q^{13}$$

$$=\frac{15!}{13! \times 2!}(.05)^2(.95)^{13}=0.1348$$

也可以由累積機率分配表 (見 420 頁附錄表Ⅲ) 中查得 2 個或 2 個以下
之機率與 1 個或 1 個以下之機率, 兩者之差額即爲恰好 2 個有瑕疵的機
率, 其結果完全相等, 即

$$P(x=2)=P(x\leq2)-P(x\leq1)=.9638-.8290=0.1348$$

(*b*) 2 個或 2 個以上有瑕疵的機率應爲
$$P(x\geq2|n=15, p=.05)=1-[P(x=0)+P(x=1)]$$

$$=1-[{}_{15}C_0(.05)^0(.95)^{15}+{}_{15}C_1(.05)^1(.95)^{14}]$$

$$=1-(.4633+.3658)=1-.829=.171$$

或者　　　　$P(x \geq 2 | n = 15, p = .05) = 1 - P(x \leq 1 | n = 15, p = .05)$

$$= 1 - .829 = .171$$

(c)　2 個或 2 個以下有瑕疵的機率應爲

$$P(x \leq 2 | n = 15, p = .05) = .9638$$

或者　　$P(x \leq 2 | n = 15, p = .05) = P(x = 0) + P(x = 1) + P(x = 2)$

$$= .4633 + .3658 + .1348 = .9639$$

由以上許多例子中可以觀察出，二項機率分配之形態當視 p 與 q 的值而定，若 $p = q = 0.5$，則不論樣本 n 之大小如何，其分配必定是對稱的；如果 $p \neq q$，而樣本 n 又很小時，其分配爲非對稱；但是當 n 逐漸增大時，只要 p 與 q 相差不太懸殊，其分配也將趨近於對稱的形態。

第五節　　波生分配

波生分配 (Poisson Distribution) 也是一種很重要的不連續分配，係用於爲某一特定的空間或時間（相當於二項分配中的樣本大小 n）內計算成功數目的機率分配。當一個單位的空間或時間可以分成許多小部份（即 n 很大），而在一次試驗中成功的機率又很小（p 很小），此種情況即近似於波生分配，此項概念可用下述的例子加以說明。如果我們檢查冰箱門上的噴漆，在每一平方英呎的面積上，可能會發現沒有污點，也可能發現有一、兩個，或更多的污點，在此種情況下即不能應用二項分配，因爲不知道全部的污點數目，也就是不知道 n 的數值。由此可知，二項分配係應用於只能有兩種結果 (outcomes) 的屬性 (attributes)，例如有污點或者沒有污點；而波生分配則應用於某種測量單位，在此單位內可能有 0, 1, 2, 3, 或更多的結果，例如在一平方英呎的噴漆上可能有 0, 1, 2, ……, 個污點。所以在統計性品質管制中，波生分配應用於估計每測量單位內的缺點數，而二項分配則應用於估計缺點單位(x)的數目。

波生分配的公式和假定條件

應用波生分配計算機率的函數式如下：

$$P(x) = \frac{np^x \cdot e^{-np}}{x!} \text{ or} \frac{\lambda^x \cdot e^{-\lambda}}{x!} \quad x = 0, 1, 2, \cdots\cdots$$

式中 x 爲隨機變數，即每測量單位內可能發生的數目；np 或 λ 是波生分配的唯一母數，用於表示在每測量單位內 x 發生次數的平均數；e 是一個常數 (constant)，即自然對數(natural logarithms)的底，其值爲 2.7183。爲了便於讀者應用起見，已將波生分配的機率函數值由 $\lambda = 0.1$ 到 $\lambda = 10$ 每次增加 0.1，都計算好並編製成附錄表 Ⅳ（見 425 頁）。

如上述檢驗冰箱噴漆上的污點問題中，變數 x 是每一平方英呎上的污點數，x 只能是整數，即 $0, 1, 2, \cdots\cdots$，因爲污點不能是小數 1.65 或分數 $\frac{2}{3}$ 等。而 λ 的值不一定要是整數，因爲污點的平均數可以是任何數值。以上曾說明 λ 是波生分配中唯一的母數，因爲只要能知道在某一測量單位內污點的平均數，即可求得任何特定的污點數將發生之機率。

波生分配的差異數也等於其期望值或平均數，即

$$差異數 = np = \lambda$$

所以 $\qquad\qquad$ 標準差 $= \sqrt{\lambda}$

應用波生分配所須符合的條件與二項分配中所應具備的條件非常相似，玆分述如下：

1. 可能產生兩種或兩種以上互斥的結果

在任何一個測量單位之內，某一事象可能發生許多不同的結果，但是任何一種結果發生的機率都很小，而且隨機變數 x 必須是整數。

2. 各單位內發生的數目是獨立的

　　在一個測量單位內可以出現任何可能發生的數目，但是此種結果不影響其他測量單位內可能發生的數目。

　　3.母數要分佈均勻

　　母數 λ 的值必須保持穩定，也就是在每一測量單位之內都要大致相同，即 λ 應為常數。

　　能夠符合上述各項假定條件的問題，即可應用波生分配估計其某一特殊變數可能出現的機率。

　　玆以下述幾個例子說明如何應用波生分配計算某一特定變值出現之機率:

　　例 6-11　上述冰箱噴漆問題中，假定已知每平方英吋平均有一個污點，試求在一平方英吋中:　(a)沒有污點，(b)有 1 個污點，(c)有 2 個污點的機率各若干。

　　解　此一問題大致符合上述三項假定，即稀少性、獨立性、及穩定性，故可應用波生分配求解如下:

　　(a) 沒有污點的機率

$$P(x=0|\lambda=1)=\frac{\lambda^x\,e^{-\lambda}}{x!}=\frac{1^0\,e^{-1}}{0!}=e^{-1}=.3679$$

　　(b) 有 1 個污點的機率

$$P(x=1|\lambda=1)=\frac{1^1\,e^{-1}}{1!}=e^{-1}=.3679$$

　　(c) 有 2 個污點的機率

$$P(x=2|\lambda=1)=\frac{1^2\,e^{-1}}{2!}=\frac{e^{-1}}{2}=.1839$$

以上的結果顯示出現較多污點的機率越來越小,因為平均值 λ 已經固定,作為分母的變值 x 越大，所得之商數即越小。

例 6-12　假定某部機器所製成的特殊規格螺絲釘中，已知平均有 2％是無法使用的，玆有客戶要裝設一套生產線，需要 98 個此種螺絲釘，現在送去一盒 100 個，試問合用的螺絲釘不夠裝設生產線所需要的數目之機率如何？

解　只要不合格的數目在 2 個或 2 個以下，該批 (100個) 螺絲釘即足夠裝設生產線所需要的數目，因爲已知 $\lambda = np = 100(.02) = 2$, 由附錄表 IV 中卽可查出不合格的數目爲 0, 1, 及 2 的機率如下：

x	$P(x \mid \lambda=2)$
0	$\dfrac{\lambda^x e^{-\lambda}}{x!} = \dfrac{2^0 e^{-2}}{0!} = .1353$
1	$\dfrac{2^1 e^{-2}}{1!} = .2707$
2	$\dfrac{2^2 e^{-2}}{2!} = .2707$
總　計	$P(x \leq 2 \mid \lambda=2) = 0.6767$

不合格螺絲釘數目大於 2 的機率應爲：

$$P(x>2 \mid \lambda=2) = 1 - P(x \leq 2 \mid \lambda=2) = 1 - 0.6767 = 0.3233$$

此項結果顯示，所運送的 100 個螺絲釘，因其中可能含有 2％的瑕疵產品而不能使用，以致合用者不足裝設生產線所需要的 98 個，發生此種情形的機率爲 0.3233。

估計二項分配

波生分配的另外一項重要用途是可以用於估計二項分配的機率，但必須要 n 很大，而 p 却很小時才適用，根據經驗法則，兩者之相對關係如下：

$$n \geq 30 \text{ 時,} \quad p \leq .02$$

或者　　　　　　　$n \geq 50 \text{ 時,} \quad p \leq .05$

或者　　　　　　　$n \geq 100 \text{ 時,} \quad p \leq .08$

若能符合以上的相對條件，估計的結果便相當正確。欲求估計的結果非常正確，卽需進一步增大樣本數目，茲舉例說明如下：

例 6-13　假定根據以往檢驗的結果顯示，某一條生產線上所製成的產品中平均有 0.2% 不合格，現在從該生產線所製成的大量產品中隨機選出 1,000 件爲樣本，試求該樣本中：(a)沒有不合格產品的機率，(b)有 1 件不合格產品的機率各如何？

解　檢驗產品的合格與否，只能出現兩種互相排斥的不同結果，卽合格或不合格，所以此一問題應爲二項分配的機率問題，但是由於樣本大小 n 太大，而機率 p 又太小，不但無表可查，計算起來也非常困難，好在此種機率問題可以用波生分配加以估計，而且其結果還相當正確，茲用波生分配求解如下：

已知 $n = 1,000$, $p = .002$, 所以 $np = \lambda = 2$

(a) 1,000 個樣品中沒有不合格的機率

$$P(x=0 \mid \lambda = 2) = \frac{\lambda^x e^{-\lambda}}{x!} = \frac{2^0 e^{-2}}{0!} = 0.1353$$

(b) 1,000 個樣品中有 1 個不合格的機率

$$P(x=1 \mid \lambda = 2) = \frac{2^1 e^{-2}}{1!} = 0.2707$$

波生分配在工業上（特別是在品質管制方面）應用的很廣泛，尤其是多應用於產品沒有自然單位時，例如製成的布匹上並沒有顯明的分割單位，只能用尺或碼等單位加以測量；也應用於單位不易清楚劃分的情況下，而且瑕疵分佈又很均勻，以致每測度單位內都可能出現瑕疵，而波生分配卽可用於估計各種瑕疵數目可能出現之機率。

估計稀少事象及等候現象

波生分配也常用於預測稀少事象發生的機率，像是意外事件、火災，以及機器停頓等，若能預知其可能發生的機率，卽可籌劃適當的對策，或預作準備。茲舉例說明如下：

例 6-14 假定某保險公司從事醫藥保險業務，目前共有 1,860 個投保人，根據以往的經驗和同業間的業務資料顯示，平均每一個投保人在一年內請求醫藥補償的機率爲 $\frac{1}{600}$，試求現有的 1,860 個投保人在一年內會請求醫藥補償的有 $0, 1, 2, 3, \dots\dots$ 等不同人數的機率各如何？

解 已知 $n = 1,860, p = \frac{1}{600}$，因此，$\lambda = np = 1,860 \times \frac{1}{600} = 3.1$

將各值代入波生分配機率式卽可求得：

(a) 無人請求醫藥補償的機率

$$P(x=0|\lambda=3.1) = \frac{\lambda^x e^{-\lambda}}{x!} = \frac{(3.1)^0 \cdot e^{3.1}}{0!} = 0.045$$

(b) 1 人請求醫藥補償的機率

$$P(x=1|\lambda=3.1) = \frac{(3.1)^1 \cdot e^{3.1}}{1!} = 0.1397$$

(c) 2 人請求醫藥補償的機率

$$P(x=2|\lambda=3.1) = \frac{(3.1)^2 \cdot e^{3.1}}{2!} = 0.2165$$

(d) 3 人請求醫藥補償的機率

$$P(x=3|\lambda=3.1) = \frac{(3.1)^3 \cdot e^{3.1}}{3!} = 0.2237$$

因爲已知 $\lambda = 3.1$，所以可由附錄表Ⅳ中查出請求醫藥補償人數的各項機率分配值如下：

表 6-8　投保人請求醫藥補償機率表

人 數 x_i	機 率 $P(x_i)$
0	0.0450
1	0.1397
2	0.2165
3	0.2237
4	0.1734
5	0.1075
6	0.0555
7	0.0246
8	0.0095
9	0.0033
10	0.0010

此表只計列到 $x=10$ 爲止，因爲 $x=11$ 及 $x=12$ 以上，其機率化整到小數點以下四位數時都很微小，所以不再列入。有了此種請求補償人數機率表，保險公司卽可預先估計其可能需要的補償費用和各種開銷，而加以籌劃準備。

　　另外波生分配也常應用於等候線（waiting line）問題，用來預測顧客（或其他需要接受服務的事象）列隊等候的人數或需要等候的時間，以便預作適當的調派，茲舉例說明如下：

　　例 6-15　某百貨公司的家庭電器用具部門,經過長期的觀察而統計出顧客進入該部門的資料，平均每分鐘到達一個顧客的機率爲 0.033。試求每半小時內有 2 位顧客到達的機率如何？

　　解　已知 $n=30$ 分鐘，$p=.033$，所以 $\lambda=np=30\times.033=1$，將以上各值代入波生分配機率公式可得半小時內有 2 位顧客到達的機率爲：

$$P(x=2|\lambda=1)=\frac{\lambda^2 e^{-1}}{2!}=0.1839$$

運用已知資料和上式可以求得在任何期間內不同顧客人數到達的機率，有了此等資料，決策單位即可據以提供適當的服務人員或服務設施，既可避免服務人員或設施過多所造成的閒置浪費，也能防止因等候人數太多或等候時間太久所造成的損失。

第六節　常態分配

在統計學的領域內，最重要的也最常用的機率分配就是常態分配 (Normal Distribution)，第二章中曾將此種連續分配以對稱的鐘狀曲線 (bell-shaped curve) 表示之。 所謂連續的機率分配，係指由連續的隨機變數所構成之分配形態；在此種機率分配中，樣本空間 (sample space) 中的樣本點是密接的，因此，某特定事象出現之機率為某一線段或某一區間內所有密接變值之集合，所以表示常態分配的函數式稱為機率密度函數 (probability density function)，其公式如下：

$$f(x) = \frac{1}{\sqrt{2\pi\sigma}} e^{-\frac{1}{2}(\frac{x-\mu}{\sigma})^2} \qquad\qquad 6\text{-}7$$

式中：x 為連續隨機變數，μ 和 σ 為其母數 (即母全體的平均數和標準差)，常數 $\pi = 3.1416$，$e = 2.7183$。

在第二章中討論長條圖 (histogram) 時，曾指出與各別組次相對應的次數(frequencies)和百分數 (percentages)係以圖形中長方塊的面積來代表；同樣情形，某種事象出現之機率，也可以用長條圖中長方塊的面積來表示，例如圖 6-6 中長方塊的面積是代表投擲一枚平勻的硬幣 10 次，可能出現 0, 1, 2, ……，及 10 次正面的不連續機率分配。

圖 6-7 是由圖 6-6 中的一部份加以放大的結果，很顯明的可以看出，在圖 6-7 中長方塊 *ABCD* 的面積差不多與連續曲線下劃暗影的面積相

圖 6-6　投擲硬幣10次出現正面數目長條圖

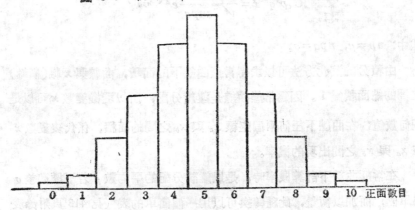

圖 6-7　將圖 6-6 中局部加以放大

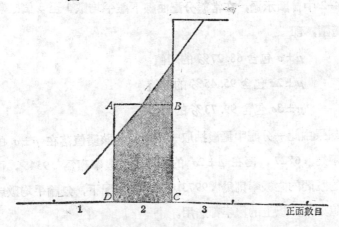

等，所以我們也可以用曲線圖來約計長條圖。因爲長方塊 *ABCD* 的面積等於出現 2 次正面的機率，所以也可以用連續曲線下劃暗影的面積來代表此一機率。由以上的說明可以看出，常態分配係由二項分配之極限式所演化而來，當事象發生之機率 p 及不發生之機率 q 皆非微小數值，而且當樣本大小 n 趨近於無限大時之極限式，即

$$\lim_{\substack{n\to\infty \\ np\to\infty \\ nq\to\infty}} {}_nC_x p^x q^{n-x} = \frac{1}{\sqrt{2\pi npq}} e^{\frac{1}{2}\left(\frac{x-np}{npq}\right)^2}$$

式中: $np = \mu$, $npq = \sigma$。

　　由積分的演化方法可以求得常態曲線下的面積,曲線與 x 軸(橫軸)之間的總面積爲 1 。因爲常態曲線是連續分配,所以隨機變數 x 可以是任何數值;在曲線下任何兩個座標 x_a 與 x_b 之間的面積,係代表變數 x 在 x_a 與 x_b 之間出現的機率。

　　在常態曲線下計算機率時,是以離該分配的平均數 μ 若干標準差 σ 爲單位,而加以衡量,此種轉換可以用一個簡單的表 (見 413 頁附錄表 I) 來顯示在曲線下不同面積所代表的機率。

　　圖 4-2 中曾顯示過,在常態分配曲線下離平均數 1 至 3 個標準差所包括的範圍,卽

$\mu \pm \sigma$ 包含 68.27% 的變值

$\mu \pm 2\sigma$ 包含 95.45% 的變值

$\mu \pm 3\sigma$ 包含 99.73% 的變值

因此,如果由此一分配中隨機抽取一個變值,該變值落在 $\mu \pm \sigma$ 的區間內之機率爲 .6827,落在 $\mu \pm 2\sigma$ 的區間內之機率應爲 .9545,而落在 $\mu \pm 3\sigma$ 的區間內之機率則爲 .9973。在常態分配下,無論平均數或標準差的數值如何,以上的機率都適用。

常態分配之特性

　　由以上的說明可以瞭解,常態分配有許多特性,爲了便於讀者獲得清楚的概念起見,玆將各項特性擇要歸納如下:

1. 常態分配爲單峰的對稱分配。

2. 常態分配之算術平均數 μ、中位數 M_e,及衆數 M_0 三者合而爲

一，即 $\mu = M_e = M_0$。

3. 常態分配為隨機變數 x 的連續函數，其各變值之所在範圍係由 $-\infty$ 至 $+\infty$。

4. 常態曲線與橫座標之間所包括的面積等於 1。

5. 常態分配之平均數為 μ，標準差為 σ，在常態曲線下 $\mu \pm \sigma$ 之範圍內包含全部分配之 68.27%，$\mu \pm 2\sigma$ 之範圍內包含 95.45%，$\mu \pm 3\sigma$ 之範圍內包括 99.73%（詳細劃分見附錄表 I），如下圖所示：

圖 6-8　常態分配面積圖

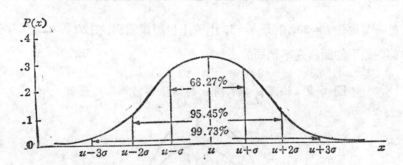

為了便於應用或作詳細的分析，茲將常態曲線下各常用部份面積所佔之百分比，列表顯示如表 6-9。

上述的常態分配圖，其鐘形曲線可以向兩端無限的延長，越向外延長越接近橫軸，但是無論延伸至多長，都不與橫軸相交。事實上，常態曲線的兩個尾端也沒有必要延長很遠，因為在離平均數 4 個或 5 個標準差以外，曲線下的面積已經沒有什麼意義。

由上述公式 6-7 中可以看出，常態分配曲線須視 μ 和 σ 的值而定，不同的 μ 和 σ 將產生不同的常態曲線；因此，不同曲線下的面積也不相同，例如下述圖 6-9 是兩個假想的常態分配，其中一個的 $\mu = 20$，$\sigma = 2$；

表 6-9　常態曲線下常用面積百分表

界　限　值	在界限範圍內之變值佔總數之百分比	在界限範圍外之變值佔總數之百分比
$\mu \pm 1.000\,\sigma$	68.27%	31.73%
$\mu \pm 1.645\,\sigma$	90.00%	10.00%
$\mu \pm 1.960\,\sigma$	95.00%	5.00%
$\mu \pm 2.000\,\sigma$	95.45%	4.55%
$\mu \pm 2.576\,\sigma$	99.00%	1.00%
$\mu \pm 3.000\,\sigma$	99.73%	0.27%
$\mu \pm 3.291\,\sigma$	99.90%	0.10%
$\mu \pm 4.000\,\sigma$	99.99%	0.01%

另外一個也是 $\mu=20$, 但是 $\sigma=4$, 由圖上也可以看出, 在 20 與 22 之間, 兩條曲線下的面積是不相同的。

圖 6-9　相同 μ 和不同 σ 的兩條常態曲線比較圖

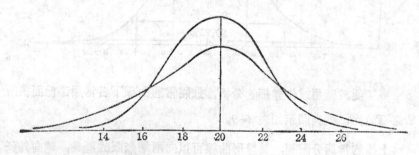

事實上不可能爲每一對 μ 和 σ 的不同分配來編製一個常態曲線面積表, 所以我們只能製作一種標準化的常態分配面積表。所謂標準化, 即將常態曲線下與 x 軸之間的面積以其標準差 σ 爲單位, 而轉換爲 $\mu=0$ 和 $\sigma=1$ 的 Z 標準化單位, 其公式如下:

$$Z=\frac{x-\mu}{\sigma}$$

茲以下述圖 6-10 來說明兩種不同尺度 (scale) 之表示方法：

圖 6-10　常態曲線下尺度變換比較圖

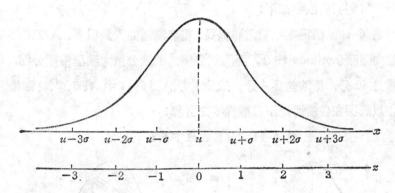

常態曲線下之面積表

　　所謂常態曲線，係以平均數爲中心而兩面對稱，因此即可將常態曲線下的面積表加以簡化，只列出在平均數 μ 右面與特定的 Z 標準單位之間的面積，某已知變數 x_1 與平均數之間的離差爲 $(x_1-\mu)$，以其標準差爲單位來表示此一距離，則得標準化的 Z 單位，即

$$Z = \frac{x_1 - \mu}{\sigma}$$

此一 Z 尺度即表示隨機變數 x_1 在平均數之上或以下的標準差單位數。

　　由於常態曲線可以顯示出曲線下與橫軸間的機率分配，故可用常態曲線下的面積來計算機率，而此種機率分配已根據標準化單位編製成常態分配機率表，例如附錄表 I，在表的左端及上端列示標準化單位 Z 的值從 0 到 3.99，表中的數值則爲平均數與橫軸上其他任何變值 x_1 之間所佔面積的比例，所以可由表中查出由 $Z=0$ 到 Z_x 等於任何座標間的面積。因爲常態曲線爲對稱分配，而曲線下的總面積又等於 1，由 $Z=0$ 的

中點將全部面積分爲兩等分，左右兩半各等於 0.5，所以表中數值可用
於平均數兩端的任何點。茲舉例說明如何運用常態機率分配表中的數值
以計算所需要的機率如下：

例 6-16 假定某機構徵聘職員，報名應徵的人員很多，人事部門舉
辦性向測驗(aptitude test)，評閱試卷後的測驗分數大致呈常態分配，平
均數爲 80 分，標準差爲 4 分。茲分別考慮圖 6-11 中 A、B、C、D 四種情
況，以說明在各種情況下常態機率之計算：

圖 6-11 常態曲線下面積之計算

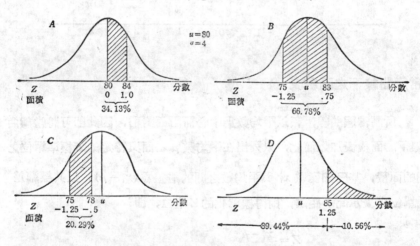

A. 試求應試者得分在 80 與 84 之間所佔的比例如何？

解 因爲84分與平均數80分之間的差異是 4，其標準差異單位應爲：

$$Z = \frac{x_i - \mu}{\sigma} = \frac{84 - 80}{4} = 1.00$$

在表中可以查到與 $Z = 1.00$ 相對應處，該部份所佔總面積之比例爲. 3413
或 34. 13%。圖 A 中所顯示的是相對的面積，而表中所顯示的則是機率；
由於曲線下任何部份的面積都與機率分配成比例，所以二者完全相等。

因此，應試者得分在 80 與 84 之間的機率爲：

$$P(80 \leq x \leq 84) = P\left(\frac{80-80}{4} \leq Z \leq \frac{84-80}{4}\right)$$

$$= P(0 \leq Z \leq 1.00) = .3413$$

實際上，許多區間並不正好在平均數處終止，在此種情況下，可以將區間劃分，使其恰好在平均數處終止；因此，附錄表Ⅰ可以應用於任何區間，其處理方式如下：

B．試求應試者得分在 75 與 83 之間所佔的比例如何？

解　因爲這些分數分散在平均數的兩邊，所以應該先分別求在平均數兩邊各自所佔的面積，然後再將兩個分數與平均數之間的面積相加，以求總面積。83 分的標準單位爲：

$$Z = \frac{83-80}{4} = .75,$$

由附錄Ⅰ左端 Z 行 0.7 與上端 .05 處相對應的面積是 .2734。同樣方法可以求得　75分的標準單位，$Z = \frac{75-80}{4} = -1.25$，由表中查得其面積爲 .3944。所以總面積所佔之比例應爲：.2734 + .3944 = .6678 或 66.78%。也就是應試者得分在 75 與 83 之間的機率爲：

$$P(75 \leq x \leq 83) = P\left(\frac{75-80}{4} \leq Z \leq \frac{83-80}{4}\right)$$

$$= P(-1.25 \leq Z \leq .75)$$

$$= .3944 + .2734 = .6678$$

C．試求應試者得分在 75 與 78 之間所佔的比例如何？

解　因爲兩個點都在平均數的左邊，所以每一個點與平均數之間的各別面積相減所得之差，即爲兩點之間的面積。由上面的計算已知75分與平均數之間的面積爲 .3944；而 78 分的標準單位 $Z = \frac{78-80}{4} = -.5$，由附錄表Ⅰ中查得該點與平均數之間的面積爲 .1915，所以分 75 與 78

分之間的面積應爲 .3944－.1915＝.2029，即總面積的 20.29%。也就是應試者得分在 75 與 78 之間的機率爲：

$$P(75 \leq x \leq 78) = P\left(\frac{75-80}{4} \leq Z \leq \frac{78-80}{4}\right)$$

$$= P(-1.25 \leq Z \leq -.5)$$

$$= .3944 - .1915 = .2029$$

D. 試求應試者得分在 85 分以上所佔之比例如何？

解 因爲在 80 分以上的佔 50%，而 85 分至 80 分的標準單位 $Z=$ 1.25，其面積爲 .3944，所以得分在 85 以上所佔的比例應爲 .5－.3944＝ .1056，或 10.56%。也就是應試者得分在 85 以上的機率爲：

$$P(x > 85) = P\left(Z > \frac{85-80}{4}\right)$$

$$= P(Z > 1.25)$$

$$= .5000 - .3944 = .1056$$

由以上各例的演示可以瞭解，常態曲線下的面積表，可以用於顯示曲線下任何部份出現的機率。

常態分配用於估計二項分配

在上一節中曾演示過，當樣本 n 很大，而成功的機率 p 很小時，可以應用波生分配去估計二項分配；另外，若 n 很大，而 p 既不接近於 0 又不接近於 1 時，則可應用常態分配去估計二項分配。

樣本大小 n 和成功的機率 p 值對二項分配形狀的影響，可由圖6-12 中顯示出，該圖係代表成功次數 x 在 n 和 p 值的不同組合下之分配。多邊圖 (polygon) 顯示出 x 的分配是不連續的，也可以看出其偏態是視樣本大小 n 和比例數 p 的值而定。

經過統計學家許多次的試驗，證實 n 應該很大，或者 p 不能太接近於 0 或 1 ， x 值的分配才趨近常態，其估計結果才比較可靠。而 n 和 p 的值到底應該多大？並不是絕對的，而是要看二者相對的大小來決定，根據經驗，只要 np 和 nq 的乘積能等於或大於 5 ，卽 $np \geq 5$ 和 $nq \geq 5$，所估計的結果卽相當可靠。因此，若 $n = 20$，則 p 卽須是 0.25 以上，才能使 $np \geq 5$，反之，若 $p = .1$，則 n 卽應當大於 50， x 的分配才趨近常態，估計的結果才比較正確。茲將應用常態分配以估計二項分配的步驟列述如下：

1. 設 $np = \mu, \sqrt{npq} = \sigma$

2. 由於二項分配是不連續的，爲了使估計正確起見必須加以連續性校正 (continuity correction)，卽視情況而對變數 x 加或減 0.5。例如若求 r 次或小於 r 次成功的機率，在計算標準化常態離差 Z 時，將變值 x 加以 0.5；反之，若求 r 次或大於 r 次成功的機率，在決定標準化單位 Z 時，從變數 x 減以 0.5。

3. 確定標準化單位 Z 之後，卽可由常態面積表中查得機率。

茲以下述數例說明如何根據此等步驟，以常態分配估計二項分配中某事象出現之機率。

例 6-17　假定根據以往檢驗的結果,某種產品中約有 20% 不合格，現在由一大批該種產品中隨機選出 400 個爲樣本，試求： (a) 其中有 90 或 90 以上不合格的機率， (b) 其中恰好有 90 個不合格的機率。

解　已知 $n = 400, p = .20$

所以　　　$\mu = np = 400 \times .20 = 80$

$$\sigma = \sqrt{npq} = \sqrt{400 \times .2 \times .8} = 8$$

(a) 求 90 或 90 以上不合格的機率

將 90 或 90 以上與其餘的分配劃分開的分割點應爲 89.5，即在連續常態分配中，大於 89.5 的機率近似於在不連續的二項分配中 90 或 90 以上的機率。而在常態分配中 80 至 89.5 的標準化單位應爲

$$Z = \frac{89.5 - 80}{8} = 1.19$$

其面積爲 .3830。因爲 80 以上佔總分配的50%，所以大於 89.5 的機率應爲

$$P(x \geq 90) = P(Z \geq 1.19) = .5000 - .3830 = .1170$$

(*b*) 求恰好 90 個不合格的機率

加減連續校正數 0.5 以後，在連續分配中 89.5 至 90.5 個不合格數才相當於二項分配中的 90 個不合格。由上述 (*a*) 中已知 89.5 的 Z 值爲 1.19；而 90.5 的 Z 值則應爲 1.31，由 80 至 90.5 之間的面積爲 .4049，所以恰好 90 個不合格的機率應爲

$$P(90) = P(1.19 < Z < 1.31) = .4049 - .3830 = 0.0219$$

此項機率可由圖 6-12 中的暗影部份看出。

圖 6-12 常態分配估計二項分配機率圖

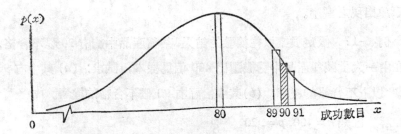

例 **6-18** 假定某公司的員工中有40%反對公司擬推動的某項計劃，如果隨機選取20位員工組成一個委員會，必須有三分之二或更多的委員贊成，此項計劃才能通過而付諸實施，試求此項計劃被否決的機率如何？

解　委員們對此一計劃的意見可能是贊成，也可能反對，所以這是二項分配的問題，只要委員中有 7 人或 7 人以上反對，此項議案即被否決，其機率應為：

$$P(x \geq 7 | n = 20, p = .4) = 1 - P(x \leq 6 | n = 20, p = .4)$$
$$= 1 - .2500 = .7500$$

此項結果是二項分配的正確結果。

若用常態分配來估計二項分配，應先確定其平均數及標準差，即

$$\mu = np = 20 \times .4 = 8 \quad (np > 5)$$

$$\sigma = \sqrt{npq} = \sqrt{20 \times .4 \times .6} = \sqrt{4.8} = 2.19$$

與 7 相對應的連續分配其面積之下限應為 6.5，所以不連續變數 7 應減以連續校正數 0.5；6.5 以上的面積包括兩部份，平均數 8 以上的面積為 .5000，6.5 與 8 之間的標準化單位為 $Z = \dfrac{6.5 - 8}{2.19} = -0.68$，其面積為 .2518，所以 6.5 以上的總面積應為 $0.5000 + .2518 = 0.7518$，也就是該 20 人的委員會中有 7 人或 7 人以上反對此項計劃的機率為 0.7518。此種由常態分配估計的結果與二項分配計算的結果非常接近，如果樣本再大些，估計的結果將更正確。

例 6-19　假定由以往檢驗的結果顯示,某一生產線所製成的產品有 25% 是不合格的，茲由成品中隨機選取 20 個作樣本，試問其中有 5 個是不合格的機率如何？

解　產品的合格與不合格只有兩個互相排斥的不同結果，故為二項分配問題，茲以二項式求解有 5 個不合格之機率如下：

$$P(x = 5 | n = 20, p = .25) = {_{20}C_5}(.25)^5 \cdot (.75)^{15} = .2023$$

或者　　　　　　　　　　　$= P(x \leq 5) - P(x \leq 4)$
$$= .6172 - .4148 = .2024$$

由於此問題中 $np=20\times.25=5$，其機率也可以由常態分配加以估計，已知 $n=20, p=.25$，所以

$$\mu=np=20\times.25=5$$

$$\sigma=\sqrt{npq}=\sqrt{20\times.25\times.75}=1.9365$$

在不連續分配中，5 的下限為 4.5，上限為 5.5，各值的標準化變數應為：

$$Z_1=\frac{4.5-5}{1.9365}=-.258$$

$$Z_2=\frac{5.5-5}{1.9365}=.258$$

所以　　　　　$P(x=5)=P(Z_1\leq Z\leq Z_2)=.1018+.1018=.2036$

此種用常態分配估計的結果與二項分配所計得之結果，差異非常微小，只有 .0013；如果將樣本增大，其差異將更小，也就是估計的結果將更正確。

　　以上兩個例子只是為了證實可以用常態分配估計二項式分配，故例中所選用的樣本較小；當樣本 n 的數目很大時，即無表可查，求解二項分配問題之計算便相當麻煩，若運用常態分配來求解，却非常簡單，而且求得之估計值又非常接近實際數值，所以在樣本 n 很大時，多用常態分配為二項分配的問題求解。

　　在統計學上和在許多研究工作中，常態分配是最重要而且也是應用最廣的一種分配，因為許多事象和許多社會現象都呈常態分配，例如智商（IQ）的分配、身高的分配、所得的分配，以及許多生物上或物理上的現象都可以用常態分配來表達。更重要的是常態分配曲線可以用來描述大樣本的全部可能平均數之次數分配，無論母全體的形態如何，其樣本的選樣分配都呈常態或接近於常態；因此，即可用常態分配估計選樣的誤差，此項理論將於下章中詳加介紹。

第七節　指數分配

　　指數分配 (Exponential Distribution) 也是一種很重要的連續分配，在指數機率分配中，空間（里程、距離）和時間的數量是視爲連續的隨機變數，此等變數可以是 0 到正的無限大(＋∞)之間的任何數值，而成功的數目之總和等於 1 。例如技師們可能很關心所製成的塑膠布上污點之間距離的機率分配，若每碼塑膠布平均有 λ 個污點，則此種分配常呈指數分配，其函數式爲：

$$f(x) = \lambda e^{-\lambda x} \qquad 0 < x < \infty$$

式中 x 爲代表空間數量的隨機變數，例如相繼有兩部汽車到達加油站其中所間隔的時間；λ 爲平均到達速率或每單位空間之內的平均成功數，而其倒數 $\frac{1}{\lambda}$ 則爲空間的平均長度，例如兩個相繼到達者之間的平均時間；e＝2.7183，爲自然對數之底。λ 是上式中唯一的母數，其數值決定整個分配的形態；λ 和 x 兩者皆爲正值。指數分配的平均數是 $\frac{1}{\lambda}$，其差異數爲 $\frac{1}{\lambda^2}$。

　　指數分配是反 J 字形 (reverse J-shape) 而且向右偏斜，如下述圖 6-13 所顯示者。此圖係表達當平均數等於 $\frac{1}{\lambda}$ 時，隨機變數 x 的值大於某一數值時之機率，曲線下總面積等於 1 。

　　指數分配的累積機率可以應用下述的關係式加以評估，即

$$P(X > x) = e^{-\lambda x}$$

式中 x 是其母數 X 的任意已知值。在附錄表 V （見 430 頁）中，列出 e^{-x} （即 $e^{-\lambda x}$）的機率函數分配值，其指數由 x 值等於 0 到 10.0。茲以下述數例說明指數分配的應用：

圖 6-13 $\lambda = 1$ 時的指數分配

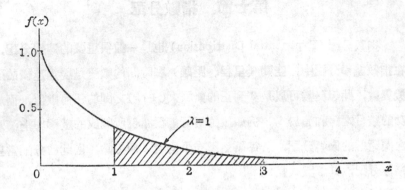

例 6-20   假定已知某種電子零件的耐用時間呈指數分配,其平均壽命為一星期,試求某一零件的耐用時間: (a)超過三週的機率如何? (b)在一至三週之內的機率如何?

解   已知耐用時間的平均長度為 $\frac{1}{\lambda} = 1$ 週, 所以 $\lambda = 1$, 而 $x = 3$,

(a) 耐用時間超過三週的機率

$$P(X > 3) = e^{-\lambda x} = e^{-1(3)} = .05$$

此項結果顯示於圖 6-13 中, 曲線下 $x = 3$ 以右未劃暗影的面積。

(b) 耐用時間在一至三週之內的機率

已知 $P(X > 3) = .05$

而 $P(X > 1) = e^{-1(1)} = .368$

所以 $P(1 < X < 3) = P(X > 1) - P(X > 3)$

$$= .368 - .050 = .318$$

此項結果顯示於圖 6-13 中曲線下劃暗影的部份。

例 6-21   假定某大公司的詢問處顧客到達的時間呈指數分配,其平均時間為 0.25 分鐘, 試求在兩位顧客到達時間之中的間隔在 12 秒($x =$

～20 分鐘) 以內的機率如何？

　　解　已知平均到達時間$\frac{1}{\lambda}=.25$，則平均到達率應爲 $\lambda=4$，則到達時間的間隔在 20 秒以下之機率應爲：

$$P(x<.20)=1-P(x>.20)$$
$$=1-e^{-4(.2)}=1-e^{-.8}$$
$$=1-.449=.551$$

指數的特性

　　指數分配具有一項很重要的特性，即無記憶(no memory)特性，例如，若燈泡的耐用時間呈指數分配，一個燈泡已經用過 100 小時，將與一個未曾用過的燈泡一樣，具有相等的機率可以再用 200 小時。此種無記憶特性，係指燈泡以往使用的時間對將來的耐用期間沒有影響。玆舉例說明此種無記憶特性之運用如下：

　　例 6-22　在上述例 6-20 中，假定已知該零件已經用過一星期，試求能再繼續使用兩星期的機率如何？

　　解　已經使用過一星期，再用兩星期則整個耐用期間爲三星期，所以其機率應爲

$$P(X>3|X>1)=\frac{P(X>3)}{P(X>1)}=\frac{.050}{.368}=.135$$

此項結果與耐用期間爲兩週以上完全相同，即

$$P(X>Z)=e^{-1(2)}=.135$$

由此例也可以看出指數分配的無記憶特性。

　　另外，指數分配與波生分配之間也有些特殊關係，波生分配係用以描述每測量單位內發生的數目，例如每分鐘內打電話的次數；而指數分配則描述測度每次發生的數值，例如在兩次電話之間的時間。因此，兩

種分配可以用於描述同一的現象，波生描述每單位時間內發生的數目，而指數則描述兩個事象發生之間的時間分配。

指數分配可用於代表許多現象，尤其是工業設備的作業期限，例如電子零件的失效時間和電子零件的耐用年限等都呈指數分配。由於指數分配與波生分配之間有上述的關係，以致應用波生分配的情況也常應用指數分配，所以指數分配也廣泛的應用於等候線理論（Waiting Line Theory），去描述在某項服務設施之前，顧客到達之間的時間和對顧客提供服務所需要的時間。

為了便於瞭解起見，茲將本章所介紹的四種主要分配用於代表母數（parameter）、平均數、差異數，以及標準差的各種符號列表歸納於下，以便比較運用。

表 6-10　各種常用分配之符號表

分　配	母　數	平均數	差異數	標準差
二項分配	n, p	np	npq	$\sqrt{npq}$
波生分配	λ	λ	λ	$\sqrt{\lambda}$
常態分配	μ, σ	μ	σ^2	σ
指數分配	λ	$\dfrac{1}{\lambda}$	$\dfrac{1}{\lambda}$	$\dfrac{1}{\lambda}$

習　　題

1. 何謂機率分配? 試舉例說明之。

2. 何謂連續的機率分配? 舉例說明之。

3. 何謂不連續的機率分配? 舉例說明之。

4. 在不連續機率分配的線條圖上，其縱軸與次數分配線條圖所標示者有何不同?

5. 若將連續機率分配以線圖顯示之，其線圖呈何種形狀? 說明其原因。

6. 機率分配之概念對工商企業的決策問題有什麼功用? 列述之。

7. 何謂期望值? 試舉例說明之。

8. 期望值與算術平均數有什麼異同? 分別列述之。

9. 期望值的概念對企業的決策問題有什麼功用? 列述之。

10. 將一對平勻的骰子投擲 600 次，試問其點數和大於 10 的出現次數之期望值爲若干次?

11. 設某甲擬從事一項投資，據估計經營成功獲利 $500,000 的機率約爲 0.7; 經營失敗而虧本 $40,000 的機率約爲 0.3。試求此項投資計劃之期望值如何?

12. 賣雨傘的小販在下雨天每天可以賺取 $150，在晴天則每天要損失 $20; 根據以往的統計，該地區每年下雨的日子約有 146 天，試求該小販賣傘營業的期望值。

13. 某工廠有兩項訂單可以爭取，但其目前的生產能量則只能承接一個訂單，若取得 A 訂單可望獲利 $400,000，得到的機會只有 0.50，爲爭取此一訂單必須開支交際費 $20,000; 如果得到 B 訂單可望獲利 $700,000，其成功之機率約 0.40，爲爭取此項訂單必須支付活動費 $80,000。試決定爭取那個訂單比較有利?

14. 據估計上題之工廠若花費 $140,000 再裝設一條生產線，即有能力承接 A 和 B 兩項訂單，假定你是該公司企劃部經理，試考慮各種因素後提出書面建議，以便總經理據以向董事長報告。

15. 機率分配的差異數之功用如何？試列述之。

16. 何謂二項分配？其功用如何？

17. 設有 10 個是非題，試求至少答對 6 題之機率。

18. 根據以往檢驗的結果，某部機器所製成之產品約有 5 ％不合格，茲由此等產品中隨機選取 4 件為樣本，試求其中有 2 件不合格之機率。

19. 某大企業的員工人數很多，其中有40％是女性，茲隨機選取12位員工組成福利委員會，試求女性福利委員佔 4 人以上之機率如何？

20. 某工廠有 *A*、*B*、及 *C* 三部機器，各機器之產量分別佔總產量的 25％、30％、及 45％；又各機器產生不良產品的數目分別為其本身產量的 4 ％、3 ％、及 5 ％。今隨機選取 1 件產品，發現為不良產品，試求此不良產品為 *A* 機器所製造者之機率如何？

21. 上年度終了填報營利事業所得稅時，只有60％的民營企業填報有盈餘，茲隨機選取 10 家民營企業為樣本，試求其中有 4 家以上全年沒有盈餘的機率如何？

22. 某一公營事業機構以往的缺席記錄顯示，不上班的人數中有80％是請病假，茲隨機選取20名缺席者為樣本，其中有10名是請病假的機率如何？

23. 二項分配應具備那些基本假設條件？列述之。

24. 何謂波生分配？波生分配與二項分配有什麼差異？列述之。

25. 波生分配所須符合之條件如何？列述之。

26. 某瓷器工廠所製成的瓷器中約10％有瑕疵，在待運的 400 件中，有瑕疵的瓷器之平均數及標準差各如何？

27. 假定某外銷廠商根據以往的經驗，產品在運輸途中約耗損 1 ％，但顧客收到完整的產品數至少要與訂單上的數目相符才能滿意，茲有顧客訂購 592 個某種零件，該廠運出 600 個，試求客戶能收到 592 個完整零件之機率如何？

28. 假定某種精密電子零件由國外運到裝配廠之後，約有 0.4 ％是失靈的，一批運來 2,000 個此種零件，試求有 10 個零件失靈之機率如何？

29. 某地區因飲水中含鋅量太高，以致有些人患烏腳病，此病之患者約呈波生分配，其 $\lambda=3$，試求明年將在該地區發現烏腳病患者 1 名、2 名、及 3 名之機率各若干？

30. 何謂常態分配？常態分配函數式與機率有什麼關係？列述之。

31. 常態分配與二項分配之間有什麼關係？申述之。

32. 在常態分配曲線下計算機率時，以什麼為單位來確定機率值？舉例說明之。

33. 常態分配有那些重要特性？列述之。

34. 隨意選取某大學女生 100 名，其平均身高為 160 公分，標準差為 5 公分，身高合乎常態分配，試求：

　(1) 多少人身高在 156 公分到 168 公分之間？

　(2) 多少人身高在 172 公分以上？

35. 統計學期中考試之平均分數為72分，標準差為 8 分，參加考試的學生中有10%獲得甲等，試求甲等中最低分數為幾分？

36. 假定某種性向測驗的分數呈常態分配，其平均數為 500 分，標準差為 50 分，試求某應試者得分在 600-650 之間的機率如何？

37. 一大批某種產品中，已知有 5% 是不合格的，茲隨機選取80件為樣本，試求其中有10件不合格之機率。

38. 假定已知某部機器所製成的產品中有 1% 是不合格的，該批共計製造600個，試求其中有 4 個以上不合格之機率。

39. 設某種品牌汽車輪胎的耐用里程為常態分配，其平均耐用里程為 38,000 英哩，標準差為 3,000 英哩，某客運公司購買此種輪胎 500 個，試求該批輪胎：

　(1) 耐用里程在 40,000-45,000 英哩的機率如何？

　(2) 耐用里程在 35,500 英哩以下之機率如何？

40. 同時投擲平勻的硬幣 8 枚，試分別用二項分配和常態分配計算其出現 5 次正面之機率，並比較兩種方法所得結果之差異。

41. 設投擲一枚平勻的硬幣 400 次，求正面出現之次數與 200 次相差：

　(1) 不超過 10 次之機率；

(2) 不超過 30 次之機率。

42. 在何種情況下可以用常態分配估計二項分配？列述之。

43. 何謂指數分配？其數值之變動範圍如何？列述之。

44. 指數分配的形態如何？在何種情況下須要應用指數分配？

45. 指數分配有什麼重要特性？舉例說明之。

46. 指數分配與波生分配之間有什麼關係？列述之。

47. 某種品牌乾電池的使用壽命呈指數分配，已知其平均壽命爲 150 小時，茲由該品牌產品中隨意選取一個，試求：

(1) 其壽命在 100 小時以下之機率如何？

(2) 其壽命在 300-400 小時之機率如何？

48. 在某證券交易所中，客戶等候證券交割的時間呈指數分配，平均需時 30 分鐘，試求某位客戶必須等候 20-40 分鐘以等候完成交割時間之機率。

第 七 章

選樣與選樣分配

第一節　隨機選樣與選樣的原因

隨 機 選 樣

在統計學或研究工作中，時常需要抽選樣本加以研究調查，常用的選樣方法有許多種，而且各種方法還可以配合運用，以求適合實際情況，而取得最有代表性的樣本。有時需要從整個全體中選樣，有時也可以從全體中的某一部份選樣，但無論用那一種方法或用什麼樣的方式，最好所選取的樣本是隨機的 (at random)，也就是要運用隨機選樣 (random sampling) 的方法以取得隨機樣本 (random sample)，才具有代表性。

所謂隨機選樣，係指能使全體中全部 n 個單位樣品的所有不同組合之樣本，都有同等機會被選取之選樣方法；運用此種方法所選取之樣本稱為隨機樣本。為求能適當運用統計的估計方法或統計的決策方法，所選取的樣本必須要依照某種已知的機率而作合理的選樣，目前最廣泛採用的即為隨機選樣。

此法又稱為無限制的隨機選樣 (unrestricted random sampling)，因為在全體中每一個單位被選取的機會均等，並不受任何限制；而其他的選樣方法則對獲選的樣品大多有所限制。例如分層 (stratification) 選樣或分組選樣等，都在選樣之前先將全體依照樣品的特性而分成不同的層次或不同的組別，再由每層或每組中選取若干樣品，此種設計可能是為了節省費用，也可能是為了適合某種需要，但却對各樣品被選取的機會產生若干限制。

在隨機選樣時，某一個個體是否能被選中全視客觀的機遇，為了使選樣客觀而且科學起見，常用隨機數表(random number table)。隨機數表之編製，須用能產生隨機數的器具或機械，使從 0 到 9 的10個數字都能各自獨立的出現，而沒有任何規律，在統計學或其他數量方法的書籍中，通常都附有此種預先製好的隨機數表可供使用，見本書末之附錄表 IX (438 頁)。

選樣的原因

欲求瞭解事象的真實特性，最好能將全體中每一個單位或每一件產品都加以調查或檢驗，以便獲得正確可靠的結果；但事實上却很少能這樣做，通常都是由全體中選取少數的樣品（或單位）為樣本，加以調查或檢驗，以所獲得之結果而推論全體。玆將以樣本代替全體的重要原因分述如下：

1. 節省費用

對全體中每一個單位都加以調查或檢驗，固然可以獲得正確的結果，但其費用可能太大，而不勝負擔；縱然負擔得起，但是由正確的結果所獲致的收益與因此而增加的費用相比，可能會得不償失，所以在節省開支的情況下，往往實施選樣以代表全體。

　2. 縮短時間

　　全體調查或檢驗不但浪費人力和物力，在時間上也不經濟，往往要拖延很久才能處理完畢，而選樣調查則可以很快的處理，並將所獲得的結果及時提供決策單位作依據，在時間即是金錢的工商業社會中，爭取時效尤其重要。

　3. 避免誤差

　　在選樣調查或檢驗時，由於涉及的人員或事物之數量較少，對工作之進行比較容易控制，在仔細的監督和周密的訓練之下，可以減少在處理或分析上的錯誤，所以只要選樣合理，由選樣調查或檢驗往往可以獲得更正確的結果。

　4. 減少損失

　　有些物品經過檢驗或研究之後即遭到破壞，尤其在工業上此種情況更是顯明，例如要試驗產品的拉力、硬度、或壽命等，產品一經試驗即完全破壞，如果要將產品逐一試驗，則可能永遠沒有完整的產品，或者其損失太大，所以只能選樣檢驗，以求減少損失。

　5. 全體太大

　　有些情況下也可能因為全體的數目太多，或範圍太大，而無法或不可能全部研究調查，為了要瞭解該全體所具有的某種特性，即只能加以選樣調查，以所獲得之結果而加以估計或推斷。

　　由以上所列舉的各項理由可以瞭解，在許多情況下沒有必要對全體加以逐一調查，或者根本不可能對全體實施調查；因此，若干研究工作經常須要運用樣本資料以推論全體。經過研究證實，只要選樣合理，處理的方法得當，所獲致之結果即相當可靠。而統計學的目的，即在研究怎樣選取有代表性的合理樣本，並瞭解由樣本所獲得的統計資料之可靠程度。

第二節 樣本平均數之分配

大多數的統計性決策都是基於樣本資料,而在全部樣本統計數中,樣本平均數是最重要的一個;為了要檢定關於真實平均數的假設,或者要決定真實平均數存在的區間 (interval) 在某一特定的可信水準 (confidence level) 內是正確的, 我們必須瞭解隨機樣本平均數的動態。 下述的方法直接應用到隨機樣本的平均數,但此種觀念在以後幾章也應用到比例數 (proportions) 和其他的樣本統計數。

在統計學中, 全體的特徵數(characteristics)稱為母數(parameters),用來估計母數的樣本數值稱為統計數 (statistics)。 茲以下述各符號來區別全體的母數和樣本統計數:

	樣本統計數	全體的母數
算術平均數	$\bar{x}$	μ
標 準 差	S	σ
平均數的標準誤差	S_2	σ_2
個 體 數 目	n	N

通常都是根據一個樣本的統計數來推論全體中相對應的母數, 而此一樣本可能是全體中可以選取的許多樣本中之一個, 藉着研究全部樣本的平均數之變異, 即可推論出樣本平均數可能出現的範圍。由某一已知全體所選取的全部樣本, 其各別平均數可以分組整理而成為次數分配,此種次數分配稱為平均數的選樣分配,此種分配的平均數和標準差即可用於表示樣本平均數的動態。

通常有兩種方法可以用於研究選樣分配, 其中一種稱為理論選樣分配, 係基於適宜的數學理論以研究樣本統計數的分配狀況; 另外一種稱為實驗選樣分配,即基於由同一全體中反複多次選樣所獲得的實際資料,以研究樣本統計數的分配狀態。茲將兩者的運用分別舉例說明如下:

一、理論選樣分配

在理論上,選樣分配的平均數 $\mu_{\bar{x}}$ 等於全體的平均數 μ, 即

$$\mu_{\bar{x}} = \mu \qquad\qquad 7-1$$

而平均數的標準誤差 $\sigma_{\bar{x}}$ 則小於全體的標準差 σ, 對於有限的全體(finite population) 其比例關係為:

$$\sigma_{\bar{x}} = \frac{\sigma}{\sqrt{n}} \cdot \sqrt{\frac{N-n}{N-1}} \qquad\qquad 7-2$$

茲以一個簡化的例子說明上述各項關係如下:

假定有一個很小的有限全體,其數量資料只有五項(即$N=5$),各數值為: 2, 4, 6, 8, 10。現在由全體中每次隨機抽取兩個數值為樣本(即$n=2$),由樣本平均數的分配狀況可以說明幾項重要的統計定理(theorems)。

應用第三章求平均數的公式 3-1, 可以求得全體的平均數為:

$$\mu = \frac{2+4+6+8+10}{5} = 6$$

再用第四章中求標準差的公式 4-8, 可以求得此一全體資料的標準差為:

$$\sigma = \sqrt{\frac{(2-6)^2 + (4-6)^2 + (6-6)^2 + (8-6)^2 + (10-6)^2}{5}} = \sqrt{8}$$

為了使問題簡化起見, 假定由全體中每次抽取 2 個數值而不投回去 (without replacement), 則 5 取 2 的組合 ($_5C_2 = 10$) 可以抽得 10 個不同的樣本, 所能抽得的 10 組不同樣本中的數值組合及其各自的平均數, 列述於表 7-1。

由於假定是隨機樣本, 即每一樣本出現的機率相等, 則 10 個樣本中每個出現的機率各為 $\frac{1}{10}$。根據表 7-1 中的樣本組合即可整理成以下

表 **7-1** 由全體 $\{2, 4, 6, 8, 10\}$ 中任取二數為樣本之組合表

樣本組數	x_1	x_2	樣本平均數 $\bar{x}$
1	2	4	3
2	2	6	4
3	2	8	5
4	2	10	6
5	4	6	5
6	4	8	6
7	4	10	7
8	6	8	7
9	6	10	8
10	8	10	9

表 7-2 中的理論性平均數選樣分配：

表 **7-2** 樣本平均數的次數分配表

樣本平均數 $\bar{x}$	比較次數	機 率 $p(\bar{x})$
3	1	.1
4	1	.1
5	2	.2
6	2	.2
7	2	.2
8	1	.1
9	1	.1
總 計	10	1.0

應用此等資料可以繪製成選樣分配的長條圖如以下之圖 7-1：

圖 7-1　理論性的平均數選樣分配圖

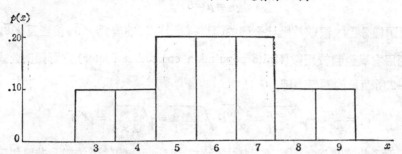

圖中橫軸顯示各樣本平均數的變值，縱軸則表示各平均數出現的比較次數或機率。

　　對照表 7-2 及圖 7-1 中樣本平均數的分佈狀況，可以獲得有關樣本平均數變動情況的若干概念，例如觀察表中或圖中可以瞭解，有 0.6 的機率樣本平均數 $\bar{x}$ 與全體平均數 $\mu=6$ 相差不會超過 1 ，有 0.8 的機率樣本平均數與全體平均數相差不會超過 2 ；前者是指樣本平均數 $\bar{x}=5, 6$，或 7 ，而後者則指 $\bar{x}=4, 5, 6, 7$ 或 8 。

　　現在可以進一步計算樣本平均數的平均數$(\mu_{\bar{x}})$和平均數的標準誤差$(\sigma_{\bar{x}})$，即可證明前述公式 7-1, $\mu_{\bar{x}}=\mu$,和公式 7-2, $\sigma_{\bar{x}}=\dfrac{\sigma}{\sqrt{n}}\cdot\sqrt{\dfrac{N-n}{N-1}}$ 等關係，以及許多重要概念。上述 $\mu_{\bar{x}}$ 係以註標（subscript）表明是由隨機樣本的平均數所計得的平均數，以便與全體的平均數 μ 有所區別。應用計算平均數與標準差的公式可以求得：

$$\mu_{\bar{x}}=\frac{3+4+5+6+5+6+7+7+8+9}{10}=6$$

和

$$\sigma_{\bar{x}}=\sqrt{\frac{(3-6)^2+(4-6)^2+(5-6)^2+(6-6)^2+(5-6)^2}{10}}$$
$$\overline{+(6-6)^2+(7-6)^2+(7-6)^2+(8-6)^2+(9-6)^2}=\sqrt{3}$$

由以上的結果可以看出，選樣分配的平均數恰好等於全體的平均數，即

$$\mu_{\bar{x}} = \mu = 6$$

而選樣分配的標準差則比全體的標準差小許多，前者為 $\sqrt{3}$，後者為 $\sqrt{8}$。應用有限全體校正數(finite population correction factor)亦可證明公式7-2 所顯示的關係，即

$$\sigma_{\bar{x}} = \frac{\sigma}{\sqrt{n}} \cdot \sqrt{\frac{N-n}{N-1}} = \frac{\sqrt{8}}{\sqrt{2}} \cdot \sqrt{\frac{5-2}{5-1}} = \sqrt{\frac{8 \times 3}{2 \times 4}} = \sqrt{3}$$

瞭解了此等關係，即可運用樣本平均數以估計全體的平均數，若已知母數的標準差，也可用於估計樣本分配的標準差，這些重要關係將在以下幾節詳加討論。

　　由以上的例子可以明顯的看出，每個樣本所計得的統計數多數都不一樣，因為每個樣本只是全體中不同的一小部份，此種變異性質在統計上非常重要。

　　二、實驗選樣分配

　　以上係以理論上的選樣分配，用來說明樣本平均數與全體平均數之間的關係，現在再用一個實際的試驗來說明平均數的選樣分配。茲有某一機械設備製造商，收到由鋼鐵廠運來的一批軸承(ball bearings)，將用於裝置在機器的輪軸上。此種軸承的規格是直徑為四分之一英吋，變異不得超過規定的允差 (tolerance)。因為不可能對每一粒軸承都依照規格測量其直徑，乃不得不藉助於選樣檢驗，以免接受了不合格的貨品。

　　該機械廠的檢驗部主任計劃以這批貨品為例，用於說明選樣理論，以訓練其新進的檢驗員。於是就以這批 565 粒軸承為全體，用自動彎脚規(calipers)逐一測量，所量得的結果列於表 7-3 中的第 1 和第 2 兩欄。由表中可以看出， 565 粒軸承中只有 1 粒是低於規格 (0.250英吋) 千分之六英吋，有 4 粒低於規格千分之五英吋，有15粒低於規格千分之四英吋，其餘的差異也可以由表中看出，不過全部軸承的平均直徑却與所定

的規格完全相符,所以表中第2欄最末尾一列的差異數值爲0。

表 7-3　565 粒軸承直徑之選樣分配表

直 徑* (1)	全 體 (2)	1號樣本 (3)	2號樣本 (4)	3號樣本 (5)	4號樣本 (6)	5號樣本 (7)	五個樣本總數 (8)
—6	1	…	…	1	…	1	2
—5	4	…	…	1	…	2	3
—4	15	…	2	1	1	…	4
—3	38	2	1	1	4	3	11
—2	70	8	7	5	3	10	33
—1	97	9	7	12	7	11	46
0	115	12	11	11	10	6	50
1	97	9	11	10	8	7	45
2	70	5	4	6	9	4	28
3	38	1	5	1	4	4	15
4	15	4	2	…	3	2	11
5	4	…	…	…	1	…	1
6	1	…	…	1	…	…	1
軸承數目	565	50	50	50	50	50	250
平均直徑*	0	+.14	+.26	—.18	+.50	—.42	+.05

*與制定的規格(.250英吋)之差異,以$\frac{1}{1000}$英吋爲單位。

　　另外再每次由該批軸承(全體)中隨機選出50粒爲樣本,逐一測量其直徑並加以記錄,每選定一個樣本之後再放回去,並且加以徹底的攪勻混合,以便下一個樣本也能像前一個一樣的隨機選取,如此繼續的選了 100 個樣本, 每個樣本都是 50 粒。 這 100 個樣本中, 前面 5 個所測量的結果顯示在表 7-3 中的第 3 欄至第 7 欄。仔細觀察可以看出, 每一個樣本的結果都不相同，而且也沒有一個與全體的分佈狀態完全相同，每一個樣本的平均直徑與所定規恪(.250英吋)之間的差異列在每欄的最末一列，其數值是以$\frac{1}{1000}$英吋為單位。

三種分配之比較

圖 7-2 估計軸承直徑平均數的三種分配圖

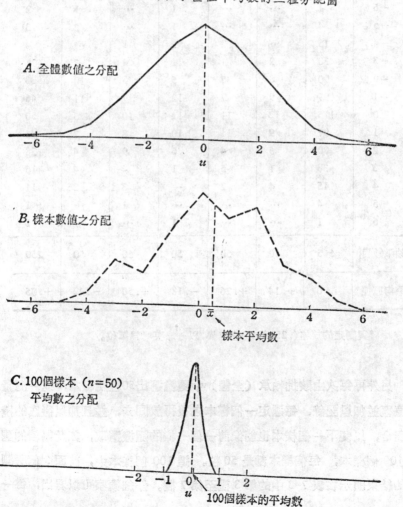

A. 全體數值之分配

B. 樣本數值之分配

樣本平均數

C. 100個樣本（n＝50）
平均數之分配

100個樣本的平均數

　　為了便於瞭解起見，可以用三種不同的分配形態來解說表 7-3 中所列出的實驗結果，茲以曲線圖顯示如圖 7-2。

　　圖中曲線 A 是代表全體軸承的直徑之分配形態，數值是取自表 7-3 中第 1 及第 2 兩欄。縱軸上的次數是以佔總數的百分比而繪製的，以便與曲線 B 相比較。此一全體呈常態分配，各直徑與所定規格 (0.250英吋) 之差異其平均數恰好等於 0；但此項結果並不表示其他全體的直徑都呈常態分配，有的也許呈偏態，甚至有的會呈不規則分配。

　　曲線 B 所顯示的是由全體中所抽取的一個樣本（即第 4 個樣本），其直徑的分配情形。我們可以看出，該樣本資料的分配與全體的分配形態大致相同，只是比較不規則，而且其平均數也與全體中的眞實平均數不同，這是由於選樣所發生的誤差。不過由表 7-3 第 8 欄中可以看出，當樣本大小增大之後，樣本資料的分配形態即趨近於全體的分配形態，而且樣本的平均數和標準差也趨近於全體的母數，無論全體是常態分配或偏態分配都不受影響。

　　曲線 C 是 100 個樣本 (n=50) 的平均數之選樣分配，該等樣本係選自同一全體。此一曲線比 A 和 B 兩條曲線所佔的面積要小，否則該一曲線就會相對的顯得太高。在表 7-3 末列所顯示的 5 個樣本平均數，都落在曲線 C 的範圍之內。此一分配的平均數與全體的平均數非常接近，而且其離差或標準差則比曲線 A 或曲線 B 的要小許多。如果由該一全體中抽取所有可能的樣本 (n=50)，則曲線 C 所顯示的必定是趨近常態的圓滑曲線。

　　當樣本大小繼續增大時，樣本平均數的分散範圍將更小，而且其形態也更趨近於常態分配。圖 7-3 所顯示的是由一個常態全體中所抽選的許多樣本，樣本 n 越大，樣本平均數越集中於全體平均數。

圖 7-3　樣本 $n=4$ 和 $n=25$ 的樣本平均數之選樣分配，
與常態全體的分配之比較

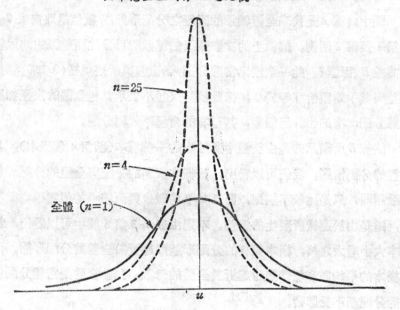

圖中三條曲線下的面積相等，而且都是常態的，但是三者的離差却顯然
不同；樣本越大，其離差越小。

第三節　選樣分配的特性

由上節所介紹的理論選樣分配和實驗選樣分配，我們可以看出選樣
分配有許多重要特性，這些特性在統計理論中佔有非常重要的地位，為
了便於瞭解和運用起見，兹擇要歸納如下：

　1. 樣本平均數接近於全體平均數

只要選樣合理，每一個樣本的平均數都與其母全體的平均數非常接
近，雖然並不一定完全相等。

　　2. 樣本平均數的標準差較小

　　由於樣本平均數非常接近於全體的平均數，所以樣本平均數選樣分配的標準差，比全體資料的標準差要小很多。

　　3. 樣本越大其平均數越接近全體平均數

　　因爲選樣的誤差之正負值能相互抵銷，所以樣本越增大，其平均數 $\bar{x}$ 越接近於全體的平均數 μ，則樣本估計值越正確。

　　4. 樣本平均數的平均數等於全體的平均數

　　如果由全體中選取同樣大小的全部樣本，這些樣本的平均數之平均數 $\mu_{\bar{x}}$ 必定等於全體的平均數 μ。

　　5. 樣本平均數呈常態分配

　　如果全體中的數量資料不是呈嚴重的偏態，而且樣本又相當大，則由全體中隨機選取許多樣本，這些樣本的平均數必定呈常態分配。

　　6. 樣本平均數的分配其偏態較全體爲小

　　如果全體是偏態的，其樣本平均數的分配之偏態程度比較輕微，係與樣本大小成反比例；若樣本大小 $n=50$，則樣本平均數的分配之偏態程度僅爲全體偏態程度的 $\dfrac{1}{50}$。因爲若樣本大小 $n=1$，則樣本的差異數 $\sigma_{\bar{x}}^2$ 將與全體的差異數 σ^2 完全相同；若 $n=2$，則 $\sigma_{\bar{x}}^2$ 將爲 σ^2 的 $\dfrac{1}{2}$；若 $n=$ 100，則 $\sigma_{\bar{x}}^2=\dfrac{1}{100}\sigma^2$；若 n 趨近於無限大，則 $\sigma_{\bar{x}}^2$ 趨近於 0，即樣本平均數將恰好等於全體平均數。

　　由以上所列述樣本的選樣分配之各項特性可知，樣本的大小 n 值越大，樣本平均數 $\bar{x}$ 越趨近於全體平均數 μ；因此，我們可以選擇 n 的適當大小，以決定樣本平均數 $\bar{x}$ 與全體平均數 μ 之間的差異程度。

第四節 平均數的標準誤差

樣本平均數的選樣分配之標準差稱爲平均數的標準誤差 (standard error of the mean)，用以測度樣本估計值 (sample estimate) 的準確性，即測定樣本統計數與全體的母數之接近程度；標準誤差越小，準確程度越高。在此用標準誤差(standard error)而不用標準差(standard deviation)，是爲了強調樣本平均數間的差異 (variation) 是由於選樣所產生的誤差 (sampling error)。

標準誤差之決定可以分兩種情況，一種是在全體的標準差已知的情況下，一種是在全體的標準差未知的情況下，茲將兩種不同的決定方法分述於下：

一、全體標準差已知

當全體很大(或爲無限全體)，而樣本又比較小，並且全體的標準差已知，或者可以求出的情況下，求平均數的標準誤差之公式爲：

$$\sigma_{\bar{x}} = \frac{\sigma}{\sqrt{n}} \qquad\qquad 7\text{-}3$$

式中：σ 爲全體中變數 x 的標準差，n 爲樣本的大小。

在第二節所舉的軸承例子中，全體的標準差可由表 7-3 第二欄中的資料求得（單位爲 0.001 英吋），即

$$\sigma = \sqrt{\frac{\sum f(x_i - \bar{x})^2}{N}} = \sqrt{\frac{2,190}{565}} = 1.969$$

因此，在樣本 $n = 50$ 時，其平均數的標準誤差應爲：

$$\sigma_{\bar{x}} = \frac{\sigma}{\sqrt{n}} = \frac{1.969}{\sqrt{50}} = 0.278$$

而樣本 $n = 250$ 時，則平均數的標準誤差即減少爲：

$$\sigma_{\bar{x}} = \frac{1.969}{\sqrt{250}} = 0.124$$

　　觀察以上的結果可以發現，樣本平均數的標準誤差每因全體標準差的大小而作增減變動，而且與根號 n ($\sqrt{n}$) 下的樣本大小作相反的變動。因此，可以藉着增大樣本，而將樣本平均數的標準誤差減小至所希望的水準；但是二者的增減並不成比例，欲求將標準誤差減小二分之一，則樣本即須增大 4 倍之多。

二、全體標準差未知

　　事實上，除非全體的資料很少，否則大多無法計得全體的標準差 σ；因此，在實際應用時，通常多以較大樣本的標準差 S 來代替全體的標準差。則此項估計的標準誤差之公式為：

$$S_{\bar{x}} = \frac{S}{\sqrt{n}} \qquad\qquad 7\text{-}4$$

式中：S 為樣本標準差，$S_{\bar{x}}$ 則為以樣本標準差代替全體標準差所估計之樣本平均數的標準誤差，n 為樣本大小。

　　茲仍以上述軸承的例子來說明如何估計樣本平均數的標準誤差。表 7-3 中第 1 號樣本的標準差應為：

$$S = \sqrt{\frac{\sum f(x_i - \bar{x})^2}{n-1}} = \sqrt{\frac{161}{49}} = 1.81$$

則平均數的標準誤差即為：

$$S_{\bar{x}} = \frac{S}{\sqrt{n}} = \frac{1.81}{\sqrt{50}} = .256$$

此項平均數的標準誤差估計值，與以上根據已知的全體標準差所計得之標準誤差 .278 相比較，兩者的差異只有 8％。

　　現在再以 5 個樣本的結合數值($n=250$)為例，計算其標準誤差估計值，並與已知全體標準差時所計得之平均數標準誤差加以比較：

其樣本標準差爲:

$$S = \sqrt{\frac{1017}{249}} = 2.021$$

則樣本平均數標準誤差應爲:

$$S_{\bar{x}} = \frac{2.021}{\sqrt{250}} = .127$$

由此項結果可以看出，樣本增大以後，估計的樣本標準誤差與以前所計得的眞實數值 $\sigma_{\bar{x}} = .124$ 相比較，兩者的差異只有 2 %。

由以上的例子可以瞭解，在全體的標準差未知或無法求得的情況下，可以應用較大樣本的標準差來代替，所計得的樣本標準誤差估計值與眞實數值相當接近，樣本越大其估計值越可靠。

第五節 全體大小對標準誤差之影響

上述求樣本平均數標準誤差之公式，只有在全體非常大、或者在有限全體中選樣後再投回去(with replacement)，或者樣本在全體中所佔之比例很少(少於 5 %)的情況下，所計得的結果才正確可靠。如果在有限全體中樣本所佔的比例很大，而且選樣之後又不投回去 (without replacement)，則原來的公式 $\frac{\sigma}{\sqrt{n}}$ 必須乘以有限全體校正數 (finite population correction factor) $\sqrt{\frac{N-n}{N-1}}$ 或 $\sqrt{1-\frac{n}{N}}$，才能求得正確的結果，即公式 7-2

$$\sigma_{\bar{x}} = \frac{\sigma}{\sqrt{n}} \sqrt{\frac{N-n}{N-1}}$$

式中: N 爲全體的大小，n 爲樣本的大小。

標準誤差經過校正之後，其數值將稍微減小，但將會更接近眞實數值，茲以上述的軸承例子說明如下：

由有限全體 565 個軸承中每次選取 50 粒 為樣本， 樣本大小佔全體的 9 %，相對的顯得全體太小；而且在選樣時並不是每選取一粒隨即投回去，因此其樣本平均數的標準誤差應該加以校正，以求切合實際，故應爲：

$$\sigma_{\bar{x}} = \frac{1.969}{\sqrt{50}} \cdot \sqrt{\frac{565-50}{565-1}} = .278 \times .956 = .266$$

此項結果顯示， 樣本平均數的標準誤差爲 0.266, 比 0.278 略小。 若每次選取一粒軸承， 測量直徑之後立即投回去，則全體可視爲無限， 平均數的標準誤差即應爲 0.278。

現在還可以用第二節中所述之理論選樣分配的簡單例子，以說明有限全體校正數之應用。因爲全體中只有 5 個數值，2、4、6、8, 及 10,所以 $N=5$；每次隨機選取 2 個數值爲樣本，則 $n=2$；經計算求得全體的標準差爲$\sqrt{8}$。將各值代入公式 7-2，可求得

$$\sigma_{\bar{x}} = \frac{\sigma}{\sqrt{n}} \cdot \sqrt{\frac{N-n}{N-1}} = \frac{\sqrt{8}}{\sqrt{2}} \cdot \sqrt{\frac{5-2}{5-1}} = \sqrt{\frac{8 \times 3}{2 \times 4}} = \sqrt{3}$$

此項經過校正後所得的估計值，與原來例題中所計算出來的結果完全相等。由此可知，在全體數目較小，而樣本所佔之比例又相當大時，應用有限全體校正數可以使計算之結果更正確。

由上述的例子可以瞭解， 樣本估計值的準確性可以用標準誤差來測定，而樣本估計值的準確性不但決定於樣本的絕對大小(absolute size)，並且也決定於樣本在全體中所佔的比例(proportion)；因此，一個佔全體中 10%的樣本，比一個只佔全體中 5 %的樣本更爲可靠。

觀察公式 7-2 可以看出，若全體 N 很大，或者樣本 n 在全體中所佔的比例很小，則校正數$\sqrt{\frac{N-n}{N-1}}$將趨近於 1，對標準誤差估計值的影響

即很小，所以在全體數目較大(不一定要無限大)，或者樣本所佔的比例較小，或者在選樣後再投回去的情形下，此項校正數即可略而不用，直接應用公式 7-3 或 7-4 來求樣本平均數的標準誤差估計值。

第六節 標準誤差之應用

由以上各節的解說可以明瞭樣本平均數的標準誤差之意義及其運算方法，本節則將進一步介紹如何將此項概念應用於處理實際決策問題，茲繼續以上述的軸承問題為例說明如下：

在上節中已經計算出，樣本大小為 50 時，軸承樣本平均數的標準誤差是一英吋的千分之 0.266 $\left(即 \dfrac{0.266}{1000} 英吋\right)$。因為 0.266 是 $n=50$ 時全部可能樣本平均數的標準差，而且樣本平均數的分配是常態的，因此即可以確定，樣本平均數中的若干比例是在離真實全體平均數的某一區間 (interval) 之內。在此例中，真實的全體平均數已經算出 ($u=0$)，於是可以斷定約有 68.27% 的樣本平均數是在離真實平均數一個標準誤差 ($\sigma_{\bar{x}}$) 之內，其區間為 $-\dfrac{0.266}{1000}$ 英吋 $\leq \mu \leq +\dfrac{0.266}{1000}$ 英吋，也就是說有 68.27% 的機率，一個隨機樣本的平均數會落在 $u\pm\sigma_{\bar{x}}$ 或 $0\pm.266$ 的區間之內。同樣道理，也可以推斷出樣本平均數落在其他任何區間的機率。

在平均數的選樣分配中，任何其他的機率或區間所對應的結果，都可以在附錄 I 的常態機率函數表中查出，同上一章計算常態分配面積表一樣；例如在軸承的例子中，包含95%樣本平均數的區間如何？因為 0.95 的比例是在全體平均數的兩邊，其中一邊只包含半數(即0.475)，在附錄表 I 中可以查出其標準化變數 Z 的值為 1.96(即 $Z=1.96$)，所以其區間為 $\pm 1.96\sigma_{\bar{x}} = \pm 1.96\times.266$，即其區間為 $-\dfrac{0.521}{1000}$ 英吋 $\leq \mu \leq +\dfrac{0.521}{1000}$ 英吋。

在習慣上，通常多將機率表示爲圓整的數值，例如 95%、98%，或 99%等；因此，在常態分配的情況下，以下各項關係是最常應用的，即

$$\mu \pm 1.96\sigma \text{ 包含 } 95\% \text{ 的面積}$$
$$\mu \pm 2.33\sigma \text{ 包含 } 98\% \text{ 的面積}$$
$$\mu \pm 2.58\sigma \text{ 包含 } 99\% \text{ 的面積}$$

所以在實際應用時，很少用到 $\mu \pm 2\sigma$ 包含 95.45% 的面積或 $\mu \pm 3\sigma$ 包含 99.73% 的面積等表示方法。

以下將列舉幾個例子，加以說明如何將平均數的標準誤差用於工商業的實際決策問題。

例 7-1　假定某一製造商宣稱他的產品每件平均重量爲 600 磅。經隨機選取其產品中的 100 件加以秤量，計得平均數 $\bar{x} = 597$ 磅，標準差 $S = 10$ 磅，試決定此項樣本資料是否支持製造商所宣稱的結果。

解　根據以上各節的說明可知，個別樣本的結果很少能與全體的眞實母數完全相等，但是若選樣合理而且樣本較大的情況下，樣本平均數與全體平均數不會相差太遠，在此例中 $n = 100$，已知 $S = 10$，則樣本平均數的標準誤差應爲：

$$S_{\bar{x}} = \frac{S}{\sqrt{n}} = \frac{10}{\sqrt{100}} = 1.0$$

由此可知，當 $n = 100$ 時，樣本平均數的分配離假設的眞實平均數 600 之標準差應爲 1.0。因此，樣本平均數和假設的 μ 值之間的差異，若用標準化單位表示之應爲：

$$Z = \frac{\bar{x} - \mu}{S_{\bar{x}}} = \frac{597 - 600}{1.0} = \frac{-3}{1.0} = -3.0$$

此項結果顯示，樣本平均數低於製造商所宣稱的眞實平均數之下約有 3 個標準誤差，離眞實平均數相差太遠，所以樣本資料難以支持廠商所宣

稱的結果。

例 7-2 假定某工廠購買一種鋼鐵產品,其硬度必須在 400 磅左右才能使用,因此所制定的規格為 400 ± 10 磅,即硬度必須在 390 至 410 磅之間。該廠的驗收規則是: 每批貨品選 100 件為樣本,若樣本平均數低於 395 磅或高於 405 磅,即拒絕接受該批貨品。如果有批貨品的平均硬度為 393 磅,其標準差為 5 磅,若依照以上的驗收規則,試求該批產品被接受的機率如何?

解 若該批產品的真實平均硬度為 393 磅,而且標準差為 5 磅,則 $n = 100$ 的樣本之分配將以 393 為中心而形成一個常態曲線(見以下之圖 7-4),該常態曲線之標準誤差為(假定該批產品數量很大,不必用校正數):

$$S_{\bar{x}} = \frac{S}{\sqrt{n}} = \frac{5}{\sqrt{100}} = 0.5$$

規格中允差(tolerance)的下限是 395,與平均數 393 之間的離差之標準化單位為:

$$Z = \frac{395 - 393}{.5} = 4.0$$

由此可知,曲線下的面積在接受區之內者為 0(見圖 7-4),此項結果表示接受該批產品的機率幾乎等於 0。

圖 7-4 產品驗收規則接受範圍圖

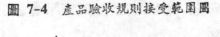
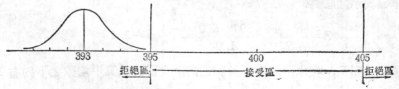

　　由以上兩個例題可以看出，在工商界的實際作業中，許多決策問題都須要應用統計方法中平均數的標準誤差，尤其在統計推論中從事估計和假設檢定時，更需要以此種標準誤差作爲權衡差異是否顯著之標準。標準誤差如何應用於估計和假設之檢定，將於以下各章中詳加介紹。

習　　題

1. 何謂隨機選樣？此種選樣方法之優點如何？

2. 何謂隨機數表？試舉例說明其運用方法。

3. 爲什麼要用選樣以代替全體調查？試列述其原因。

4. 何謂樣本平均數的分配？研究此種分配之目的如何？

5. 研究選樣分配有那些常用的方法，列述之。

6. 何謂理論選樣分配？由此種選樣分配中可以顯示那些定理？

7. 樣本平均數的平均數 $\mu_{\bar{x}}$ 與母全體的平均數 μ 之間有什麼關係？舉例證明之。

8. 平均數的標準誤差 $\sigma_{\bar{x}}$ 與母全體的標準差 σ 之間有什麼關係？舉例證明之。

9. 何謂實驗選樣分配？由此種選樣分配中可以顯示統計資料的那些特性？

10. 個別樣本平均數是否恰好等於母全體的平均數？說明其原因。

11. 當樣本越大時，樣本平均數與全體平均數之間的關係如何？以次數分配曲線顯示之，並加以說明。

12. 選樣分配具有那些重要特性？列述之。

13. 若母全體呈輕微的偏態，其平均數的分配形態如何？其偏態之程度與樣本之大小有何關係？

14. 何謂平均數的標準誤差？其功用如何？

15. 當全體的標準差已知，或者可以求得的情形下，如何求平均數的標準誤差？試舉例說明之。

16. 已知某種產品的耐用期限之平均數爲 720 天，其標準差爲 30 天，茲隨機選取 100 件此種產品為樣本，試求其樣本平均數之標準誤差。

17. 設已知某種產品的平均重量為 40 磅，其標準差為 2 磅，茲隨機選取 81 件為樣本，試求樣本平均數選樣分配之標準誤差。

18. 平均數的標準誤差與樣本大小有什麼關係? 如果將樣本增大一倍，其標準誤差將有什麼變化?

19. 若將上述第 16 題中的樣本增大為 400 件產品，其平均數之標準誤差將有什麼變化?

20. 當全體的標準差未知，或者無法求得的情形下，如何求平均數的標準誤差? 試舉例說明之。

21. 設隨機選取某種產品 64 件，檢驗得知其樣本標準差為 4 磅，試求其平均數之標準誤差。

22. 若上述第 21 題中，欲求其平均數之標準誤差為 0.20 磅，試求其樣本應該為多大?

23. 若用樣本標準差代替全體標準差，以計算平均數的標準誤差，此項估計值之可靠性如何? 如何才能增加其估計值之正確性?

24. 在計算平均數的標準誤差時，於何種情況下才須要乘以有限全體的校正數? 對所得之結果有什麼影響?

25. 若母全體很大，或者樣本佔全體之比例很小時，校正數之趨勢如何? 申述之。

26. 假定上述第 16 題中產品的耐用期限呈常態分配，試求 95% 的樣本平均數將落在全體平均數 720 天左右的範圍如何?

27. 假定上述第 17 題中產品的重量係呈常態分配，試求 98% 的樣本平均重量將落在全體平均重量 40 磅上下的範圍如何?

28. 若將上述第 16 題中的樣本大小增大為 400 件產品，在耐用期限呈常態分配的情況下，試求 95% 的樣本平均數將落在全體平均數左右之範圍如何?

29. 某尼龍繩製造廠的製造規格訂定 A 6 號尼龍繩的拉力為 200 磅，茲隨機選取 49 段此種尼龍繩加以試驗，平均拉力為 195 磅，標準差為 7 磅，試決定此項產品是否符合規格?

30. 某工廠購買鐵皮一批，長度之規格爲 3 公尺40公分，允差爲 ± 2 公分。該廠之驗收規則是：每批貨品選取36件爲樣本加以檢驗，若樣本平均數低於 339 公分或大於341公分，卽拒絕接受該批貨品。現在有批貨品的平均長度爲338.8 公分，標準差爲 1.8 公分，試依上述驗收規則計算該批貨品被拒絕之機率如何？

第 八 章

估　計

第一節　估計數與估計值

　　在習慣上，通常多將統計推論區分為估計 (Estimation) 與假設之檢定(Tests of Hypotheses) 兩部份加以討論，前者是根據樣本資料以估計全體的母數，後者則決定對某項假設或論斷之接受與拒絕。本章的重點在討論估計，將於九、十兩章再介紹假設之檢定。

　　對事物之估計到處都會發生，而且隨時都有需要，無論是在商業上、在科學上、或者在日常生活中都經常需要應用估計。在商業上，例如一個連鎖商店一定希望知道，在某一擬議中的分店店址附近一公里內，每一住戶的平均所得是多少？以便估計其購買力。生產部門總希望知道，新的生產方法或新裝設的生產線上所製成的產品，其中不合格產品的百分比是多少？以便估計其能量及效益。又如在日常生活中，我們可能希望知道等候公共汽車時，等候時間的差異有多久？以便估計提前多少時間到站等車。

　　在以上各例中都是希望能決定各個數量的真實數值，而事實上這些真實數值是難以得到的，所以必須應用統計方法加以估計。仔細觀察以上三個例子可以發現三者的性質並不相同，第一例是對平均數的推論，第二例是關於比例數或百分數的推論，第三例則是對差異的測定，本章只討論前兩類，關於差異之測定將於第十一章中再加介紹。

全體資料的特徵數(characteristics)稱爲母數，通常需要估計的母數有平均數 μ、差異數 σ^2，和比例數 (proportion) p 等。樣本平均數 $\bar{x}$ 是全體平均數 μ 的估計數 (estimator)，樣本差異數 S^2 是全體差異數 σ^2 的估計數，而樣本比例數 $\hat{p}$ 則爲全體的比例數 p (或在個別試驗中成功的機率) 之估計數。

所謂估計數係指一個函數 (function) 式，或者是一項求解法則，例如算術平均數就是一個函數式：

$$\bar{x} = \frac{x_1 + x_2 + \cdots\cdots + x_n}{n}$$

將一組特定的樣本觀察值 (observation)代入此式後，所計得的確定數值稱爲估計值 (estimate)，例如當 $x_1 = 2, x_2 = 4$，和 $x_3 = 6$ 時，樣本平均數應爲：

$$\bar{x} = \frac{x_1 + x_2 + x_3}{3} = \frac{2 + 4 + 6}{3} = 4$$

此一樣本平均數的具體數值 4，若用於估計全體平均數，即爲估計值。由以上的說明可以瞭解，估計數所指的是一個函數式或者是一個求估計值的法則，而估計值所指的則是由樣本資料中所計得的具體數值。

如果一個估計數具有某些優良特性時，該估計數稱爲優良估計數，通常所謂的優良估計數應該具有下述四種特性，即不偏性(unbiasedness)、有效性 (efficiency)、適合性 (consistency)、和充分性 (sufficiency)，玆分別說明如下：

1. 不偏性 (unbiasedness)

　　當某一樣本統計數的期望值(expected value)等於其全體的母數時，該估計數即為不偏估計數 (unbiased estimator)，例如樣本算術平均數即為全體平均數的不偏估計數，因為樣本算術平均數的期望值等於全體平均數，即

$$E(\bar{x}) = E\left(\frac{x_1 + x_2 + \cdots\cdots + x_n}{n}\right) = \mu$$

同樣的，一個樣本比例數$\frac{x}{n}$（式中 x 是在 n 次試驗中成功的數目）是一個二項全體 (binomial population) 的比例數 p 之不偏估計數，因為

$$E\left(\frac{x}{n}\right) = \frac{1}{n} \cdot E(x) = \frac{1}{n} \cdot np = p$$

　　但是樣本差異數 S^2 却不是不偏估計數，因為 S^2 的期望值並不等於全體的差異數，即

$$E(S^2) = E\left[\frac{1}{n}\sum(x - \bar{x})^2\right] = \frac{n-1}{n}\sigma^2$$

2. 有效性 (efficiency)

　　當我們必須在幾個不偏估計數中選擇一個時，通常都以相對的有效性 (relative efficiency) 為標準。例如，若全體呈常態分配，其樣本算術平均數和樣本中位數都是全體平均數的不偏估計數，但是在兩者之中算術平均數的差異數較小，所以樣本平均數比樣本中位數更有效。茲將平均數和中位數的差異比較如下：

$$v_{ar.}(\bar{x}) = \sigma^2/n$$
$$v_{ar.}(M_e) = \pi\sigma^2/2n$$

因此　　$$\frac{v_{ar.}(\bar{x})}{v_{ar.}(M_e)} = \frac{\sigma^2/n}{\pi\sigma^2/2n} = 2/\pi = 0.64$$

由以上的演示可知，平均數的差異數比中位數的差異數要小，即由同一全體所選取的許多樣本，各自的平均數之間的差異比各自的中位數之間

的差異小，也就是說樣本平均數比樣本中位數更趨近全體平均數。

3. 適合性 (consistency)

若某一估計數聚集或趨近於其全體的母數，此一估計數即為適合估計數(consistent estimator)；因此，一個適合估計數可以保證，在樣本相當大時樣本估計值將非常接近於所估計的全體特徵數。由上一章選樣分配理論中所述可知，若將樣本大小繼續增大，樣本平均數與全體平均數之間的差異將越來越小，也就是說樣本平均數越來越集中於全體平均數，由此可知，樣本平均數、樣本標準差、以及樣本比例數都是適合的估計數。

4. 充分性 (sufficiency)

一個充分的估計數 (sufficient estimator) 可以由樣本中獲得有關母數的充分資料，如果在同一樣本中，沒有其他估計數可以對所估計的母數增加其正確性或增添任何有效資料，則此一估計數即為充分估計數。例如在估計全體平均數時，樣本平均數是由每一個樣本數值計算得來，故具有充分的代表性；而樣本中位數則只考慮在序列中間位置的數值，而忽略其他樣本資料的數值，故未能具有充分的代表性，所以樣本平均數是全體平均數的充分估計數，而樣本中位數卻不是。

由以上的說明可以瞭解，在運用估計數時應儘量選擇具有上述各項特性的優良估計數，俾使估計的結果能夠正確可靠。

第二節　點估計值與區間估計值

通常所運用的估計值可分為有點估計值(point es.imate)和區間估計值(interval estimate)兩種，茲分別介紹如下：

一、點估計值 (Point Estimate)

所謂點估計值，係指用單一的數值以估計真實母數的數值者，例如還用上述的樣本平均數 4 來估計其母全體的平均數，此一數值 4 即爲單一估計值，或稱爲點估計值。又如以某一地區國民學校女敎員佔全體敎員的比例數 0.76，以估計全國各地國民學校女敎員所佔的比例數，此項估計值也是點估計值。

但是由上一章所討論的平均數選樣分配理論可以發現，在同一全體中所選取的許多不同樣本，其平均數或標準差很少完全相等，而且也很少會恰好等於其全體中的母數；因此，若根據一個樣本平均數卽視爲全體平均數的估計值，則未免過於樂觀，爲了彌補此項缺點，故有時須要應用區間估計值。

二、區間估計值 (interval estimate)

由於不可能希望一個樣本估計值恰好等於全體的母數，所以常用區間估計值以代替點估計值。一個區間估計值是由樣本資料中所計算出來的兩個數值所形成的一個區間，在某一可信程度內預期此一區間應包含全體的母數，例如要決定全體的平均數之區間估計值，卽須依照以下的步驟進行：

1. 首先從一個較大的隨機樣本中求得樣本平均數 $\bar{x}$ 和樣本的標準誤差 $S_{\bar{x}}$，作爲全體母數的點估計值。

2. 用 $\bar{x}$ 和 $S_{\bar{x}}$ 來限定一個區間，表示在某一可信限度內全體平均數在該區之內，卽

$$\bar{x} - ZS_{\bar{x}} \leq \mu \leq \bar{x} + ZS_{\bar{x}}$$

此一區間稱爲可信區間 (confidence interval)，爲一區間估計數。兩端的數值稱爲可信界限 (confidence limits)，$\bar{x} - ZS_{\bar{x}}$ 爲下限，$\bar{x} + ZS_{\bar{x}}$ 爲上限。

3. 決定該區間將包括所估計的全體平均數之機率，例如

$$P(\bar{x} - 1.96S_{\bar{x}} \leq \mu \leq \bar{x} + 1.96S_{\bar{x}}) = .95$$

此一機率稱爲可信水準 (confidence level) 或稱爲可信係數 (confidence coefficient)。機率越大，區間越寬,例如機率爲 .99 時; 可信區間的上、下限則爲 $\bar{x} \pm 2.58 S_{\bar{x}}$，其他任何的可信係數都可由附錄表 I 的常態機率函數表中查出。

玆舉例說明區間估計值之運用如下:

例 8-1 假定上一章第二節所列舉的軸承例子中，不知道其全體軸承 (565粒) 的平均直徑，玆以表 7-3 第 3 欄中的樣本資料，設定95%的可信區間估計之(以千分之一英吋爲單位)。已知

$$\bar{x} = .14$$

而樣本標準誤差爲

$$S_{\bar{x}} = \frac{S}{\sqrt{n}}\sqrt{\frac{N-n}{N-1}} = \frac{1.81}{\sqrt{50}}\sqrt{\frac{565-50}{565-1}} = .256 \times .956 = .245$$

則估計值的 95% 可信區間爲

$$P(\bar{x} - 1.96S_{\bar{x}} \le \mu \le \bar{x} + 1.96S_{\bar{x}}) = .95$$

將各值代入此式即得

$$.14 - 1.96(.245) \le \mu \le .14 + 1.96(.245)$$

$$.14 - .48 \le \mu \le .14 + .48$$

所以

$$-.34 \le \mu \le .62$$

因此 我們可以說有 .95 的機率， 全體軸承的平均直徑與制定的規格 .250英吋之差異在 $-\frac{.34}{1000}$ 英吋到 $+\frac{.62}{1000}$ 英吋之間。

由以上的說明可以瞭解，全體平均數的點估計值是樣本平均數 .14，但是此一估計值可能會發生誤差，在95%的可信水準之下，其可信區間的界限爲 $-.34$ 和 $+.62$。也就是說，若由全體中選取許多樣本，每個樣本都算出其可信區間，將有95%的此種區間內含有全體的平均數。下述圖 8-1 中所顯示的是此一樣本和其他幾個樣本的平均數及其可信界限。

圖 8-1　以樣本($n=50$)估計全體軸承直徑平均數的95%可信區間

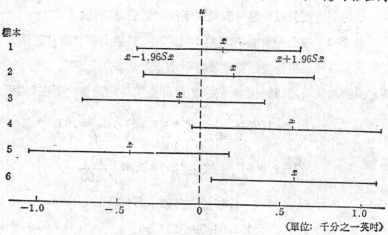

（單位：千分之一英吋）

　　由圖中可以看出，各個樣本的平均數 $\bar{x}$ 及其可信區間都不一樣，但是前面 5 個樣本的 95% 可信區間中都包含了全體平均數 μ（虛線所顯示者），只有第 6 個樣本（表 7-3 中未列出）的可信區間沒有包括全體平均數。此項結果說明，如果選樣合理，將有95%的可信區間會包含全體平均數；也就是說，我們有95%的信心根據樣本資料所估計的結果是正確的。

　　如果將可信水準增大為 99%，由附錄表 I 中可以查出其可信區間為 $\bar{x} \pm 2.58S_{\bar{x}}$，則上述軸承問題，運用第 1 號樣本所計得之 99% 可信區間應為：

$$P(\bar{x} - 2.58S_{\bar{x}} \leq \mu \leq \bar{x} + 2.58S_{\bar{x}}) = .99$$

即　　　　$$.14 - 2.58(.245) \leq \mu \leq .14 + 2.58(.245)$$

$$.14 - .63 \leq \mu \leq .14 + .63$$

$$-.49 \leq \mu \leq .77$$

此項結果顯示，大約有99%的可能性，全體平均數應該在可信界限 $-.49$

到 +.77 之間。

　　茲再引用實例以便進一步說明區間估計值之應用：

　　例 8-2　在上一章例 7-1(第 183頁)中，該製造商宣稱其產品的平均重量爲 600磅。但是經選樣檢驗得平均重量爲 597磅，標準差爲 10磅，根據此項樣本資料，以95％的可信水準估計全體平均重量之所在範圍應爲：

$$P\left(\bar{x}-1.96\frac{S}{\sqrt{n}}\leq\mu\leq\bar{x}+1.96\frac{S}{\sqrt{n}}\right)=.95$$

即　　　　　$$597-1.96\frac{10}{\sqrt{100}}\leq\mu\leq597+1.96\frac{10}{\sqrt{100}}$$

$$597-1.96\leq\mu\leq597+1.96$$

$$595.04\leq\mu\leq598.96$$

此項區間估計值顯示，根據 95％的可信水準，該項產品的平均重量應在595.04 磅到 598.96 磅之間；也就是說，若樣本合理，我們有 95％的信心，該產品的眞實平均重量是在 595.04 磅到 598.96 磅的範圍之內。

　　根據以上所計得的結果作推斷，我們不能說有 100％ 的把握，因爲此一樣本也有可能由於選樣發生誤差而脫離眞實平均數很遠；但是此種可能性太小；　在95％ 的可信水準下，　發生此種情況的機率只有 5％。爲了可靠起見，　我們還可以再將可信水準增大爲 98％，　其可信區間亦將擴大爲：

$$P\left(597-2.33\times\frac{10}{\sqrt{100}}\leq\mu\leq597+2.33\times\frac{10}{\sqrt{100}}\right)=.98$$

$$597-2.33\leq\mu\leq597+2.33$$

$$594.67\leq\mu\leq599.33$$

此項區間仍然不能包含製造商所宣稱的平均重量 600 磅。如果樣本合理而且具有代表性，我們可以有 98％的把握，全體產品的眞實平均重量是在 594.67 磅到 599.33 磅之間，所以由此可以斷定樣本資料不支持該製造商所宣稱的結果。

第三節　　可信水準之選擇

由上節所介紹的兩個例子中可以很顯明的看出來，將可信水準增大之後，可信區間也隨之擴大，這樣雖然能增加我們的信心來認定全體的母數是包含在此一估計區間之內；但却相對的使估計值的準確程度減低，因為可信區間擴大之後所包括的範圍較廣，故使估計值的準確性降低。所以在決定選用可信水準時，我們必須瞭解的是，可信水準越小，可信區間越窄，而估計值則越準確。

可信區間的主要用途是讓運用此項資料的人瞭解，根據樣本資料以測度全體平均數（或其他母數）可能存在的範圍，俾能據以從事推論或作決策。在社會科學中，常選用95%的可信水準；而在自然科學中，則多選用 98% 或 99% 的可信水準。但在實際選擇運用時，最重要的是要考慮正確估計值的價值，以及失去眞實母數時可能產生的損失等因素，加以權衡決定，務使費用與收益能保持均衡為原則。

由以上的歸納可以瞭解，較小的可信水準可以使可信區間縮小，因此而使估計值比較準確；其實，在樣本大小已知或已定的情況下，縮小可信區間的結果反而會使估計值的可靠性減少 。 反之 ， 若增大可信水準而將可信區間擴大，則此種可信區間的運用價值却相對的減低，一個99.9999% 的可信水準固然增加母數在此估計區間的可能性， 但是由於估計區間太大却減小使用價值。因此在運用區間估計值時，大多事前限定其可信水準，常用的可信水準有 90%, 95%, 98%, 及 99% 等，參考實際的需要而斟酌採用。

第四節　　比例數的估計

以上所討論的統計推論，只應用到對平均數的估計，其實各種常用的統計數如中位數 (median)、標準差、以及比例數 (proportion) 等，都可以根據樣本資料加以估計。在統計方法中,應用比例數的機會非常多,但對全體資料的比例數却不易取得, 常須運用樣本資料予以估計, 故本節將對比例數的估計方法及運用加以介紹。

比例數所代表的是全體的某種屬性 (attribute), 而不是變數的平均值, 例如失業人數佔勞工總數的比例、女性員工佔全體員工人數之比例, 以及不合格產品佔產品總數之比例等, 都是以比例數來顯示全體中的某種屬性。

樣本比例數是全體比例數的不偏估計值 (unbiased estimate), 因為若在全體中抽取一定大小的全部樣本, 則各樣本比例數的平均數或者其期望值將恰好等於全體的比例數。在本節中我們將用 p 代表全體中具有某種特徵的比例數, 以 $\hat{p}$ 代表樣本中具有該種特徵的比例數; 因此, q 和 $\hat{q}$ 即分別代表全體和樣本中不具此種特性的比例數。

用於估計真實比例數的資料大多是比較次數 (relative frequency), 如果某事象在 n 次試驗中出現 x 次, 該事象出現的比較次數為 $\dfrac{x}{n}$, 此一樣本比例數即可用以估計全體的真實比例數。例如在 150 位患有高血壓的病人中, 注射某種新發明的治療高血壓藥劑之後, 有 108 人表示立刻會感到病情減輕, 此一樣本比例數為:

$$\hat{p} = \frac{x}{n} = \frac{108}{150} = 0.72$$

即可運用此一比例數, 估計該項新藥品能減輕高血壓患者病情的真實比例數。

比例數也可以解釋為在長期情況下可能出現的機率, 因此, 我們也可以估計該項新藥品能減輕某一高血壓患者病情的機率為 0.72。再者, 百分數為比例數乘以 100, 所以我們也可以說, 此種新藥品對 72% 的高血壓患者能立刻降低其血壓。由此可知, 估計真實的百分數或真實的機率與估計眞實的比例數的意義和方法相同。

在本節所討論的比例數問題,須要符合二項分配所假定的各項情況,即樣本中所獲得的資料為在已知的 n 次獨立試驗中之成功次數,而且也只有成功與失敗兩種情況,尤其在每次試驗中成功的機率要保持穩定。因此,計算比例數的選樣分配所運用的方法都是基於二項分配,其平均數和標準差的公式為:

$$\mu = np \qquad \sigma = \sqrt{npq}$$

所以若從一個二項全體(其全部因素分成二組,各組比例為 $\hat{p}$ 和 $\hat{q}$)中選取大小為 n 的許多樣本,選樣後再投回去,則樣本統計數 $\hat{p} = \dfrac{x}{n}$ 將形成一個二項分配,其平均數為 p,而標準差則為 $\sqrt{\dfrac{\hat{p}\hat{q}}{n}}$。此一標準差通常稱為樣本比例數的標準誤差 (standard error of sample proportion),常以 $\sigma_{\hat{p}}$ 表示之,即 $\sigma_{\hat{p}} = \sqrt{\dfrac{\hat{p}\hat{q}}{n}}$。

茲將上述比例數的平均數及標準誤差之公式演證如下:

設 x 為在 n 次獨立試驗中成功的次數,則比例數 p 的估計數應為

$$\hat{p} = \frac{x}{n}$$

式中 x 和 $\hat{p}$ 為隨機變數,其可能變值為:

$$x = 0, 1, 2, \cdots\cdots, n$$

所以

$$\frac{x}{n} = \frac{0}{n}, \frac{1}{n}, \frac{2}{n}, \cdots\cdots, \frac{n}{n}$$

因此,隨機變數 $\hat{p}$ 的期望值則為:

$$E(\hat{p}) = E\left(\frac{x}{n}\right) = \frac{np}{n} = p$$

而 $\hat{p}$ 的差異數則為:

$$\sigma_{\hat{p}}^2 = v_{ar}(p) = v_{ar}\left(\frac{x}{n}\right) = \frac{n \cdot p \cdot q}{n^2} = \frac{pq}{n}$$

如果樣本 n 很大，而 p 又接近 $\frac{1}{2}$，則 $\hat{p}$ 的選樣分配將會趨近於常態分配。

茲舉例說明樣本比例數選樣分配的標準誤差之運算如下：

例 8-3 假定由某全體中隨機選取 100 個單位產品為樣本，其中不合格者佔 0.10，試求樣本比例數的標準誤差。

解 已知 $n = 100, \hat{p} = .10$

則
$$S_{\hat{p}} = \sqrt{\frac{\hat{p} \times \hat{q}}{n}} = \sqrt{\frac{.1 \times .9}{100}} = \frac{.30}{10} = .03 \text{ 或 } 3\%$$

如果例中的全體為一數量較少的有限全體；或者樣本的數量較大，佔全體中數量的 5% 以上；或者所選取之樣本又不再投回去，則以上所求得之標準誤差還須要乘以有限全體校正數，如果有限全體為 1000，則標準誤差應為

$$S_{\hat{p}} = \sqrt{\frac{.1 \times .9}{100}} \times \sqrt{\frac{N-n}{N-1}} = .03\sqrt{\frac{1000-100}{1000-1}} = .03 \times .9487 = .028$$

由以上的結果可以看出，經過校正後的樣本比例數之標準誤差較小（即 .03＞.028），這是因為樣本佔全體中數量的比例很大，正好為 10%（即 $\frac{100}{1000}$），由於樣本相對的很大，所以其選樣的誤差即會相對的減小。

第五節　比例數的可信區間

樣本比例數 $\hat{p}$ 的選樣分配，也像平均數的選樣分配一樣，大致呈常態分配，其平均數為 p，標準誤差為 $\sigma_{\hat{p}} = \sqrt{\frac{pq}{n}}$；若全體的比例數 p 為未知數時，可用樣本比例數估計其標準誤差，即 $S_{\hat{p}} = \sqrt{\frac{\hat{p}\hat{q}}{n}}$。計算全體比

例數 p 的區間估計值之公式，與計算全體平均數 μ 的區間估計值之公式
類似，即

$$\hat{p} - ZS_{\hat{p}} \leq p \leq \hat{p} + ZS_{\hat{p}}$$

茲以下述三個例子說明比例數的可信區間之計算與運用如下：

例 8-4　假設由某一地區的全部選民中隨機選取 100 位為樣本，其
中有 58 位選民表示擁護候選人某甲，試求全部選民擁護該候選人的比
例數之 90% 可信區間。

解　已知　$n = 100, \hat{p} = \dfrac{58}{100} = .58$，則 $S_{\hat{p}} = \sqrt{\dfrac{.58 \times .42}{100}} = 0.049$

而且　　　　$np = 100 \times .58 = 58 > 5$

所以可依照常態分配而求全體比例數 p 的90%可信區間，即

$$.58 - 1.645(0.049) \leq p \leq .58 + 1.645(0.049)$$

$$.58 - 0.08 \leq p \leq .58 + 0.08$$

$$.50 \leq p \leq .66$$

此項結果顯示，如果選樣的結果可靠，我們有90%的信心，全體選民擁
護該候選人的比例應在 .50 到 .66 之間。

例 8-5　假定某連鎖超級市場的業務部經理很想瞭解顧客中比較喜
歡將蔬菜預先分類、包裝、並標價後陳列的人數之比例。經研究發展部
門隨機選取 400 名顧客為樣本，其中有 208 名表示喜歡購買此種分類包
裝的蔬菜，試求全部顧客中喜歡此種銷售方式的人數比例之95%可信區
間。

解　已知　$n = 400, \hat{p} = \dfrac{208}{400} = .52$，

則　　　$S_{\hat{p}} = \sqrt{\dfrac{.52 \times .48}{400}} = .025$，而且 $np = 208 > 5$，

所以可運用常態分配，而求得全體顧客喜歡將蔬菜分類包裝並且標價的

人數比例，其95%的可信區間爲：

$$.52-1.96(.025)\leq p\leq.52+1.96(.025)$$

$$.52-.05\leq p\leq.52+.05$$

$$.47\leq p\leq.57$$

此項結果顯示，我們可以有95%的信心，全體顧客中喜歡將蔬菜預先包裝並標價的銷售方式之人數，大約在 0.47 到 0.57 之間。

　　由上述例題的演證可以看出，許多二項分配的問題（例如不合格數目的問題）都可以基於樣本比例數而求解，茲以下述的簡單例子說明兩種求解方法之間的關係，以及所求得之相同結果。

　　例 8-6　假定已知某部機器所製造的零件中有10%爲不合格產品，茲由該機器所製成的大批零件中，隨機選取 400 件爲樣本，試問該樣本中包含 52 個或更多不合格產品之機率如何？或者依照比例數表示方法，其中包含 $\frac{52}{400}=.13$ 或更多不合格產品之機率如何？

　　解　已知　$n=400$，$p=0.1$

則二項分配和比例數的樣本標準誤差應分別爲：

數目：$S=\sqrt{npq}$　　　　　　　　比例數：$S_p=\sqrt{\dfrac{pq}{n}}$

$$=\sqrt{400\times.1\times.9}\qquad\qquad=\sqrt{\dfrac{.1\times.9}{400}}$$

$$=6\qquad\qquad\qquad\qquad\qquad=.015$$

下述的圖 8-2 係用於分別顯示以上所計得的標準誤差，即以數目表示的標準誤差和以比例數表示的標準誤差。橫軸的尺度(scale)是相同的，上面一列所表示的是在樣本爲 400 時可能出現的不合格數目，第二列則爲可能出現不合格產品的比例數，例如上面一列的 40 相當於下面一列的 0.10。

圖 8-2　決定不合格數目或比例數的兩種方法之比較

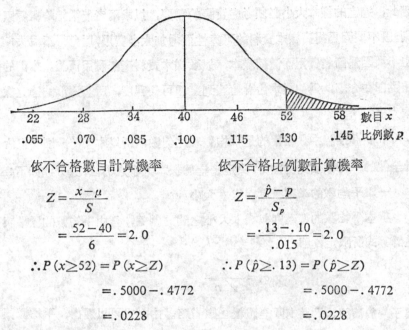

依不合格數目計算機率	依不合格比例數計算機率
$Z = \dfrac{x - \mu}{S}$	$Z = \dfrac{\hat{p} - p}{S_p}$
$= \dfrac{52 - 40}{6} = 2.0$	$= \dfrac{.13 - .10}{.015} = 2.0$
$\therefore P(x \geq 52) = P(x \geq Z)$	$\therefore P(\hat{p} \geq .13) = P(\hat{p} \geq Z)$
$= .5000 - .4772$	$= .5000 - .4772$
$= .0228$	$= .0228$

由以上的結果可以看出，兩種方法所求得的機率完全相同；由此可知，許多二項分配的問題也可以用樣本比例數求解。

第六節　適宜的樣本大小

在研究工作中或在從事統計選樣時，常常遭遇的困難問題是「究竟應該選取多大的樣本」？若選取較大的樣本，所獲得的資料固然比較可靠，但是選樣的費用卻可能太多；相反的，如果希望減低費用而將樣本縮小，則又相對的減低了樣本資料的可靠性，所以樣本的大小決定於兩項因素，卽

1. 樣本資料的經濟價值。

2. 選樣的費用負擔。

因此，適宜的樣本大小必須考慮實際的需要，以求兩者能維持均衡為原則。既不要因為提高樣本資料的可靠性而增加太多費用，以免得不償失；也不要因為節省費用而減縮樣本，以致樣本資料毫無利用價值。本節的重點即在介紹，為使樣本估計值達到某種可信程度，所應選取的適宜樣本大小。

在統計推論中最常用的是平均數和比例數，所以本節將分別介紹估計全體的平均數或比例數時，決定適宜的樣本大小之方法，茲分述如下：

一、平均數的準確程度與樣本大小

樣本平均數的準確度與樣本大小之間的關係，全由平均數的標準誤差計算式所限定，即

$$\sigma_{\bar{x}} = \frac{\sigma}{\sqrt{n}}$$

為了便於演證，乃將有限全體校正數省略。由上式可以看出，平均數標準誤差之大小與樣本 n 的大小呈相反的變動，但不成比例；欲求將標準誤差減小，即須將樣本相對的增大，至於究竟應該增大多少，可依下述步驟決定之。

1. 決定標準誤差的準確度

首先依照實際的情況或需要的準確程度，以決定平均數的標準誤差應該小至何種限度。

2. 試求樣本標準差

選取一個試驗性的樣本，任何方便的大小都可以，由此樣本計算標準差 S，作為全體標準差 σ 的估計值。

3. 代入已知各值求解 n

將所希望的標準誤差 $\sigma_{\bar{x}}$ 值和所求得的標準差估計值 S 代入上述標準誤差計算式，移項演化後所解得之 n 值，即為最適宜的樣本大小。

如果全體的數量很少，而所選取的試驗性樣本所佔的比例較大（若大於 5 ％），而選樣又不投回去，則上式即應乘以有限全體校正數。為了便於說明上述方法之運用，茲舉例演示（省略校正數）如下：

例 8-7　假定希望估計上一章第二節中所述軸承直軸的全體平均數，在 95％ 的可信區間之內與設定之規格 0.250 英吋之差異為千分之點 4 英吋（即 $1.96 S_{\bar{x}} = .4$ thousandths of an inch），茲以第 1 號樣本為試驗樣本，試求最適宜的樣本應該為多大？

解　已知　　　　　$S = 1.81$

而且　　　　　　　$1.96 S_{\bar{x}} = .4$

則標準誤差應為　　　$S_{\bar{x}} = \dfrac{.4}{1.96} = .204$

將各值代入上述求標準誤差的公式　$S_{\bar{x}} = \dfrac{S}{\sqrt{n}}$ 即得

$$.204 = \frac{1.81}{\sqrt{n}}$$

移項求解則　　　　$\sqrt{n} = \dfrac{1.81}{.204} = 8.87$

所以　　　　　　　$n = 79$

此項結果顯示,欲求獲得全體直徑平均數的估計值在95％的可信區間內,與設定的規格間之差異為千分之0.4英吋,其適當的樣本大小應為79粒軸承;原來的試驗樣本中已經有 50 粒,所以還需要增加 29 粒,才能使樣本資料達到要求的準確程度。在此例中將有限全體校正數省略。

二、比例數的準確程度與樣本大小

減少樣本比例數的標準誤差至希望的水準,究竟需要將樣本增大多少,也可以運用上述計算平均數的準確程度與樣本大小的同樣方法加以計算,茲舉例演示如下：

例 8-8　在上節所述超級市場的例子中,顧客喜歡將蔬菜分類包裝並標價的銷售方式，其比例數的樣本標準誤差爲 0.025，如果我們希望將此項誤差由 0.025 減少爲 0.02，試求樣本應該爲多少名顧客最適宜？

解 由例 8-5 的試驗樣本中得知 $\hat{p}=.52$ ，將各值代入求比例數標準誤差的公式 $S_{\hat{p}}=\sqrt{\dfrac{\hat{p}\hat{q}}{n}}$ 中，得

$$.02=\sqrt{\frac{.52\times.48}{n}}$$

移項得 $\qquad \sqrt{n}=\dfrac{\sqrt{.52\times.48}}{.02}=\dfrac{.4996}{.02}=24.98$

所以 $\qquad\qquad n=624$ 人

此項結果顯示，爲了使樣本比例數的標準誤差減少至 0.02 的準確程度，樣本必須增大至 624 位顧客，除了原樣本中的 400 位之外，還須要再增加 224 位，才能符合要求。由此可知，樣本增大之後樣本資料的可靠性固然增加，但是選樣的費用也將增加。

從以上兩個例子可以看出，比較計算的結果可以知道須要將樣本增大多少，因而可以估計出將增加多少費用，同時也可以估計出提高樣本資料的準確程度所增加的價值是多少，兩者權衡比較即可決定是否值得因此而增加選樣費用。如果樣本增大許多，但樣本資料的價值卻增加很少，得不償失即不必多此一舉；反之，若樣本增大很少，但樣本資料的準確度提高後，其價值卻增加許多，即應決定將樣本增大，以求將標準誤差減少至所希望的準確程度。

習　　題

1. 何謂估計? 爲什麼在工商界的業務中須要應用估計?

2. 在工商界的業務中, 都有那些事項須要應用估計? 舉例說明之。

3. 估計數與估計值兩者之間有什麼區別? 試舉例解釋之。

4. 優良估計數應該具有那些重要特性? 列述之。

5. 何謂不偏估計數? 舉例說明其原因。

6. 何謂有效估計數? 如何決定其有效性? 舉例說明之。

7. 何謂適合估計數? 舉例說明之。

8. 何謂充分估計數? 怎樣確定其充分性? 舉例說明之。

9. 常用的估計值有那幾種? 列述之。

10. 點估計值有那些優點或缺點? 申述之。

11. 何謂區間估計值? 形成區間估計值之步驟如何? 列述之。

12. 隨機選取某種品牌的輪胎 36 個, 經試驗得知其平均耐用里程爲 38,000 英哩, 標準差爲 240 英哩, 試依 95% 的可信水準, 估計該品牌輪胎的平均耐用里程。

13. 如果將上述第 12 題中的可信水準增加至 99%, 對耐用里程的可信區間有何影響? 將計得之結果比較說明之。

14. 將可信水準加大之後, 可信區間也隨之加寬, 對估計結果之正確性和可靠性各有什麼不同影響? 申論之。

15. 某工廠由生產線上隨機選取 64 件產品爲樣本, 秤量得平均重量爲 72 磅, 標準差 2 磅; 分別依 90% 及 98% 的可信水準, 計算全部產品平均重量的可信區間。

16. 可信水準之選擇應考慮那些因素? 舉例說明之。

17. 工商界的實際業務中都有那些情況須要估計比例數? 舉例說明之。

18. 比例數與百分數或機率有什麼關連? 在意義上和估計方法上有什麼異同?

19. 比例數的可信區間與平均數的可信區間之形成有什麼異同？比較說明之。

20. 在何種情況下可以運用比例數來計算二項分配問題？試舉例說明之。

21. 某傢俱工廠新發展的轉椅比市面上原有的產品美觀又適用，雖然售價稍高，但頗得用戶的喜愛，經隨機選得 200 位用戶訪問的結果，其中有 120 位用戶表示喜歡此種轉椅，試依95%的可信水準，估計社會大衆喜愛此種產品之比例數。

22. 上述第 21 題中，若依 98% 的可信水準估計社會大衆可能喜愛此種產品之比例數，其區間估計值的下限和上限各如何？

23. 假定有某種新發展的止痛藥品，經隨機選取 600 位患者作臨床試驗，結果有 360 位感覺有顯著的止痛效果，試分別用90%及99%的可信水準，估計其對患者產生止痛效果的眞實比例數。

24. 設某種新品牌的燈管，在正常情況下可以保證使用二年，經隨機選取 36 枝燈管加以試驗，其平均耐用期限爲 2.5 年，標準差爲 0.2 年，已知燈管的耐用年限呈常態分配，試求:

    (1) 耐用期限低於保證年限的比例數。

    (2) 耐用期限超過二年之比例數。

25. 根據以往的經驗，某一生產線所製成的產品中約有 2% 爲不合格產品，茲由其製成之大批產品中隨機選取 100 件加以檢驗，試用常態分配估計其中含有 5 個或更多不合格之機率；再用比例數表示法求其中包含 0.05 或更多不合格產品之機率，比較並說明所計得之結果。

26. 怎樣決定適宜的樣本大小？都應該考慮那些因素？

27. 平均數的標準誤差計算式中顯示樣本平均數的準確度與樣本大小之間有什麼關係？論述之。

28. 在確定適宜的樣本大小時，通常都依照那些步驟進行？列述之。

29. 假定例 8-7 中希望估計軸承直徑的全體平均數，在90%的可信水準內，與設定的規格間之差異爲千分之點 3 英吋(卽 $1.645S_{\bar{x}} = .3$)，以同樣的試驗樣本，試求最適宜的樣本大小。

30. 如果上述第 29 題中的可信水準增大為 98%，對樣本的大小有何影響？

31. 如果上述第 29 題中的差異準確度改為千分之 2 英吋時，對樣本的大小有何影響？

32. 如果例 8-8 中比例數的樣本標準誤差可以允許大至 0.03 時，其樣本大小應該為多少才最適宜。

第 九 章

假設之檢定

第一節　假設檢定之意義

　　從事統計推論有兩種不同的方法，一種是運用統計方法對全體的母數加以估計 (estimate)，另一種方法就是對設定之假設 (hypothesis) 加以檢定 (test)。兩種方法的主要區別是：從事估計時在選樣之前並不對全體的母數作任何假定，只是在估計某一母數之數值（點估計值）或該數值之所在範圍（區間估計值）；而從事假設檢定時，却在搜集樣本資料之前卽已設定了所擬檢定的某一母數之數值（通常多爲制定之規格或欲達成之標準），然後再根據由樣本中所獲得的資料來決定是接受還是拒絕所設定的數值。上一章所討論的是估計理論和方法，假設檢定之理論和技術將於本章以下各節中加以介紹。

　　許多統計性的研究工作都依照下述的步驟進行，卽形成假設、確定準則、搜集資料、從事檢定、然後再採取決策。所以在從事假設檢定時，首先要設定一個有關眞實母數的某項特性之假設；再依照實際的須要而確立一項決策準則 (decision criteria)，卽決定接受或拒絕所設定的假設

之標準，此項標準稱爲顯著水準 (level of significance)；然後運用選樣
方法或其他方法而搜集有關的資料，加以分析和整理，俾用作檢定之依
據。由上述顯著水準所決定之接受範圍稱爲接受區 (acceptance region)，
所決定之拒絕範圍稱爲拒絕區 (rejection region)，如果由樣本資料所計
得的檢定統計數 (test statistic) 接近於假定的數值 (hypothetical value)，
而落在接受區，即可接受該假設；反之，若檢定統計數與假定的數值相
差太大，而落在拒絕區，此種顯明的差異不可能是由於機遇所造成，即
可拒絕所設定之假設。此項科學的決策過程即稱爲假設之檢定。

　　若每項決策都是基於完整的資料，而且對全體的情況也瞭解的很清
楚，即可很容易的決定接受正確的假設；並拒絕錯誤的假設；但是事實
上工商企業的決策問題很少能獲得完整的資料，甚至於有些情況還是不
確定的，在此種情形下作決策即不能單憑經驗或直覺，而必須運用科學
方法，並且要有合理的依據，所以工商界的許多複雜決策問題，也可以
運用假設檢定的決策方法，此種邏輯的決策程序可以變直覺的臆斷爲理
性的判斷 (rational judgement)，在不確定的情況下或者根據不完整的
資料，對疑難的問題從事合理的檢定，以求避免錯誤和減少風險。

　　假設檢定的方法常用於檢定有關全體的平均數和全體的比例數，所
以本章以下各節將順次介紹全體平均數之檢定、錯誤決定之類別、兩端
檢定和一端檢定、兩個平均數之間差異的檢定、以及對兩個比例數之間
各種假設之檢定等。

第二節　全體平均數之檢定

　　全體平均數是一個非常重要的決策母數，我們常常希望知道全體的
平均數是否已改變？還是仍然保持未變？有時我們也希望能知道全體的

平均數是否顯著的大於或小於某一設定的數值? 爲了能夠確切的解釋以上各項疑問，最有效的方法就是加以檢定，玆舉一個實例說明如何從事假設之檢定。

　　製造安全刮臉刀片的作業，對刀片的寬度非常重視，必須恰好符合制定的規格，否則太寬或太窄都可能傷到使用者的面皮，所以必須嚴加管制，以求合乎標準。但是在製造過程中有許多因素都會影響到刀片寬度的變動，以致刀片的寬度不可能與制定的規格百分之百完全相符，但却不允許有太大的差異，所以必須時常選樣檢驗，以便及時調整。假定某種品牌的刀片所制定的寬度爲 0.700 英吋，在生產線上的切割機和磨双機都按照規格裝置的，經過一段時間以後，品管部門經理很想知道現在製成的刀片其平均寬度是否仍是 0.700 英吋?

　　爲了能夠確定所製造的刀片之平均寬度，我們固然可以將所製成的刀片全部加以測量，但是檢驗費用太高，而且也太花費時間；通常採用的變通方法即選樣檢驗，根據樣本資料而對全體刀片的平均寬度加以推斷。因爲機器設備是設置在平均寬度爲 0.700 英吋，所 以 統計性假設 (statistical hypothesis) 應爲全體刀片的眞實寬度是 0.700 英吋；但是由於生產過程可能發生變異，所以管理階層應隨時注意檢驗以便控制。

一、接受所檢定之假設

　　以上曾述及刀片的平均寬度制定爲 0.700 英吋，所以應設定其平均數爲:

$$\mu_h = .700$$

　　式中 μ_h 爲設定的平均數 (hypothesized mean)；此項設定應該算是很合理，因爲機器都依照此項規格而調整生產。假定從生產線上隨機選取 100 個刀片爲樣本，加以仔細的測量，測得平均寬度爲 .7005 英吋，樣本標準差爲 .010 英吋，即

$$n = 100$$
$$\bar{x} = .7005 \text{ 英吋}$$
$$S = .010 \text{ 英吋}$$

現在的問題是：如果全體產品的平均寬度仍然是 0.700 英吋，則 100 個刀片的隨機樣本，其平均寬度爲 .7005 英吋或者差異更大的可能性如何？也就是說，由於機遇 (by chance) 而使樣本平均數與全體平均數之間的差異爲 0.0005 英吋或者更大，其機率如何？ 如果發生此種情況的機率很大，我們可以接受上述的假設，認爲眞實的平均寬度仍然是 0.700 英吋；如果發生此種情況的機率非常小，而竟然出現，則上述假設的眞實性即有疑問。

爲了求證此項疑問，即須決定產生此種可能性的機率；玆先求樣本資料平均數的標準誤差如下：

$$S_{\bar{x}} = \frac{S}{\sqrt{n}} = \frac{.010}{\sqrt{100}} = .001 \text{英吋}$$

因爲所獲得的樣本平均數與設定的樣本平均數之間的差異是 .0005英吋，而平均數的標準誤差又是 .001 英吋，則此項差異應爲 0.5 個標準誤差，即

$$Z = \frac{\bar{x} - \mu_h}{S_{\bar{x}}} = \frac{.7005 - .7000}{.001} = 0.5$$

由附錄表 I 中可以查出，在常態曲線下之平均數兩端，此一區間的面積應爲 .1915×2 = 38.3%，所以常態曲線下總面積在此一區間之外的應爲 1.0000 − 0.3830 = 61.7%，見圖 9-1 常態曲線下虛線所分隔的面積。

由圖中可以看出， 如果製成的刀片之平均寬度仍然是 .700 英吋，我們可以預期，由於機遇而使全部樣本平均數中的 62%，可能離全體平均數 (.700) 爲 0.5$S_{\bar{x}}$ 或更遠；也就是說，某一隨機樣本平均數離全體平

圖 9-1　刀片寬度樣本平均數的選樣分配之誤差圖

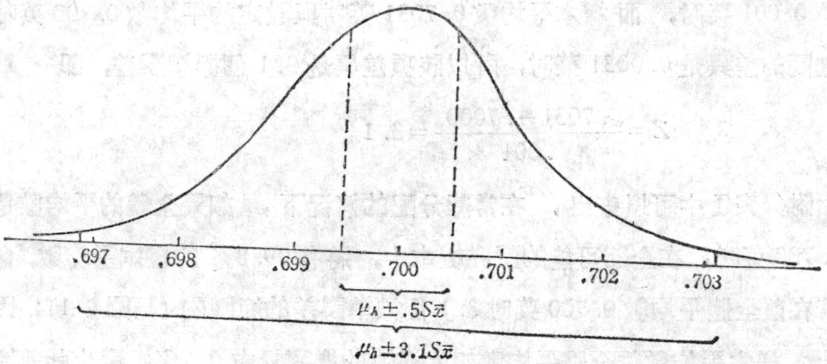

均數 0.5 個標準誤差或更遠的機率爲 0.62。此一機率相當大，所以我們可以接受設定之假設，$\mu_h = .700$ 英吋，即製成的刀片其平均寬度沒有顯著的改變，仍然是設定的 .700 英吋。所獲得之樣本平均寬度 0.7005 英吋，是由於機遇所產生的選樣誤差。因此，生產線上的機器設備不必糾正或調整，可以繼續生產。

二、拒絕所檢定之假設

經過一段時間以後，必須再選樣檢驗，以確定所製成的刀片之平均寬度是否仍然是 0.700 英吋。這次還是隨機選取 100 個刀片爲樣本，標準差 S 仍然是 0.010 英吋，但是樣本的平均寬度却是 0.7031 英吋，即

$$n = 100$$

$$\bar{x} = .7031 \text{ 英吋}$$

$$S = .010 \text{ 英吋}$$

爲了要檢定全體平均數仍然是 0.700 英吋之假設，其處理過程與上述的一樣。如果眞實的全體平均數仍然是 0.700 英吋，一個隨機樣本 ($n = 100$) 的平均數是 0.7031 英吋的可能性如何？ 也就是說，產生這樣大差異的機率如何？以下的運算可以回答此一問題。

因為樣本標準差還是 0.010 英吋，所以樣本平均數的標準誤差仍然是 0.001 英吋，而樣本平均數 0.7031 英吋與設定的平均數 0.700 英吋之間的差異是 0.0031 英吋，所以該項差異是 3.1 個標準誤差，即

$$Z = \frac{.7031 - .7000}{.001} = 3.1$$

由附錄表 I 中可以查出，在常態分配的情況下，如果全體的平均數是 0.700 英吋，在全部可能的隨機樣本中，將有 99.8% 的樣本平均數，會落在離全體平均數 0.700 英吋 3.1 個標準誤差的範圍內（見圖 9-1）；因此，樣本平均數離全體平均數如此遙遠的機率只有 0.2%。發生此種情況的機率是如此的微小，而竟然發生，所以我們可以斷定，時下生產線所製成的刀片之平均寬度已經不是 0.700 英吋，故應拒絕設定之假設，立刻尋求發生變異的原因，而對機器設備加以調整，以免繼續製造不合格的產品，根據樣本資料所從事的此項決定，可能會由於選樣的誤差而發生錯誤，但發生此種錯誤的機率非常微小，只有 0.002。

三、對假設的接受與拒絕之選擇

在上述的例子中，對於是否允許生產過程繼續進行，或者命令生產線停工以便對設備加以調整，除了根據由樣本所獲得的資料之外，還需要考慮其他的因素，例如：繼續製造不合格產品可能造成的損失，錯誤停工並調整生產設備所需要的費用，以及製造過程以往的情況（是否經常發生誤差）等，都必須加以考慮，在權衡比較之後，務求將損失減至最低限度。

以上對假設檢定之分析，為了簡單起見，只根據對樣本資料之評估，即作成決定。在樣本資料與假設之情況很相近時，即接受設定之假設；反之，在樣本資料與假設之情況相差太大時，即決定拒絕設定之假設。在上述第一種情況，樣本平均數與設定的平均數之間的差異只有 0.0005

英吋，發生此種情況的機率非常大，在62%以上，則此種差異可以歸咎於機遇，所以接受設定之假設。至於第二種情況則大不相同，樣本平均數為 0.7031 英吋，與設定的平均數之間的差異大至 0.0031 英吋，發生此種情況的機率非常小，只有 .2%，如此顯明的差異難以歸咎於機遇，所以拒絕 $\mu_h = .700$ 英吋之假設。

事實上，當我們接受某一設定之假設時，並不表示所接受之假設一定眞實，可能眞實的母數已經有了變異，但是根據樣本資料（或者由於選樣的誤差）而沒能測出此種差異，乃接受沒有變異之假設。相反的，當我們拒絕某一設定之假設時，也不能肯定所拒絕之假設一定是錯誤的，可能眞實的母數並沒有顯明的變異，但是由於選樣的誤差，而使樣本平均數與設定的平均數之間發生顯明的差異,以致拒絕了沒有變異之假設。發生上述兩種情況之機率如何? 將於下節詳加討論。

第三節　第一類錯誤與第二類錯誤

在從事假設檢定時，若根據樣本資料而作決定，可能出現下述的四種情形:

1. 拒絕了一個眞實的假設
2. 接受了一個錯誤的假設
3. 接受了一個眞實的假設
4. 拒絕了一個錯誤的假設。

前面 3 和 4 兩種情形是正確的決定，所以沒有錯誤。而前面 1 和 2 兩種情況都是錯誤的決定，若拒絕了一個眞實的假設，所造成的錯誤稱為第一類錯誤 (Type I Error or Error of the First Kind); 若接受了一個錯誤的假設，所造成的錯誤則稱為第二類錯誤 (Type II Error or Error of the Second Kind)。

在從事假設檢定之前，通常都需要選擇一個決定性數值（critical value）作爲決定之標準，若樣本差異發生的機率大於此值，接受所設定之假設；反之，若樣本差異發生的機率小於此值，即拒絕所設定之假設。此值稱爲顯著水準（level of significance），又稱爲決定機率（critical probability），即允許犯第一類錯誤之機率，通常多以 α 表示之。而犯第二類錯誤之機率則以 β 表示之，故二者之關係爲：

$$\alpha = P(第一類錯誤) = P(拒絕 H_0 | H_0 是眞實的)$$

$$\beta = P(第二類錯誤) = P(接受 H_0 | H_0 是錯誤的)$$

式中 H_0 代表虛假設（null hypothesis）。

爲了便於瞭解起見，再將從事假設檢定時可能發生的各種情況，以及不同結論可能造成錯誤之機率列表歸納如下：

表 9-1 假設檢定錯誤類別及機率表

結論 / 錯誤類別 / 實際情況	H_0 眞實	H_0 錯誤
H_0 眞實	無錯誤 機率 $= 1 - \alpha$	第一類錯誤 機率 $= \alpha$
H_0 錯誤	第二類錯誤 機率 $= \beta$	無錯誤 機率 $= 1 - \beta$

由上表可以清楚的看出，實際情況與根據樣本資料所作成的結論配合時，可能產生的不同結果；而從事假設檢定工作之重要目標則在避免錯誤，俾能作出正確的決定，所以必須將第一類錯誤和第二類錯誤控制於最低，茲將二者之關係進一步分析於下：

一、第一類錯誤

在對假設加以檢定時，如果假設是眞實的（其實並不知道該假設是否眞實，若知道其爲眞實，就不需要檢定了），接受了此一假設便沒有錯誤；若拒絕了此一假設，便犯了第一類錯誤 (Type I Error)。假定選擇 5 ％作爲決定機率（即顯著水準），當獲得樣本差異的機率大於 5 ％時，接受所設定之假設；當獲得樣本差異的機率小於 5 ％時，即拒絕所設定之假設。此項決定方式與下述的決策法則完全相同，即當樣本平均數與設定的平均數之間的差異在 ±1.96 個標準誤差的範圍之內時，接受該假設；反之，當樣本平均數與設定的平均數之間的差異超過 ±1.96 個標準誤差時，即應拒絕該假設。

若以 5 ％的顯著水準作爲決定接受或拒絕假設之依據，在常態分配的情況下，預期發生第一類錯誤的機率應爲 5 ％，因爲縱然假設是眞實的，在全部樣本平均數中，也可能有 5 ％會遠離眞實平均數而在 ±1.96 個標準誤差之外。所以在假設是眞實的情況下，若偶然選取了這樣一個差異顯著的樣本，並根據此一樣本資料而拒絕了所設定之假設，即犯了第一類錯誤。

我們也可以選 1 ％的顯著水準作爲檢定之標準，此一水準將允許樣本平均數與設定的平均數之間的差異可以達到 2.58 個標準誤差；因此，當事實上假設是正確的，全部樣本平均數中只有 1 ％會超出 2.58 個標準誤差，如果恰巧就選中這一個作爲隨機樣本，根據此一樣本資料而決定拒絕所設定之假設，即會犯第一類錯誤。所以在顯著水準是 1 ％的情況下，犯第一類錯誤的機率只有 1 ％。

由以上的說明可以瞭解，我們可以運用降低顯著水準的方法，而將第一類錯誤（即拒絕一個正確的假設）減至所希望的程度。因爲在常態分配的情況下，只要選樣合理，犯第一類錯誤的百分比將等於顯著水準

(即決定機率); 所以顯著水準越小, 拒絕正確假設之可能性即越小。常用的顯著水準有 10%、5%、2%、1%、以及 .1% 等, 當視實際的需要而選擇採用。

二、第二類錯誤

所謂第二類錯誤(Type II Error), 即接受錯誤的假設所造成之錯誤。以上曾提到, 可以將顯著水準降低以減小拒絕正確假設的可能性, 俾能減小第一類錯誤; 但是減低了拒絕正確假設之機率, 却相對的增大了接受錯誤假設之機率, 也就是說, 若欲減小第一類錯誤, 即將相對的增大犯第二類錯誤之可能性。

由第三章所述的集中趨勢特性和第六章的選樣分配理論可以瞭解, 樣本平均數有向其母全體的眞實平均數集中之傾向, 所以若設定的平均數離眞實的平均數很遠時, 所選取的樣本之平均數與假設一致的可能性便非常小; 若設定的平均數是錯誤的, 但是離眞實平均數並不遠時, 即可能產生第二類錯誤。由此可知, 犯第二類錯誤的機率如何, 要視全體的眞實平均數 μ 與設定的平均數 μ_h 之間的距離而定, 此項關係可用作業特性曲線 (Operating Characteristic Curve) 表示之。

三、作業特性曲線

作業特性曲線 (Operating Characteristic Curve) 簡稱 OC 曲線, 係依照全體的眞實平均數 μ 與設定的平均數 μ_h 之間的距離以測定可能犯第二類錯誤之機率, 玆將如何以作業特性曲線測定產生第二類錯誤之機率, 以及其與第一類錯誤之間的關係, 以圖 9-2 顯示之。

圖中的縱軸所顯示的是犯第二類錯誤的機率, 即接受錯誤假設之機率。橫軸則顯示全體眞實平均數 μ 與設定的平均數 μ_h 之間可能發生差異的各種不同距離, 如果眞實平均數小於設定的平均數 μ_h 一個標準差, 此項差異即在橫軸上負一個標準誤差 $(-\sigma_{\bar{x}})$ 的位置。因此, 如果眞實平

圖 9-2　在各種可能平均數下接受設定假設之機率

第二類錯誤之機率: β
接受設定之假設

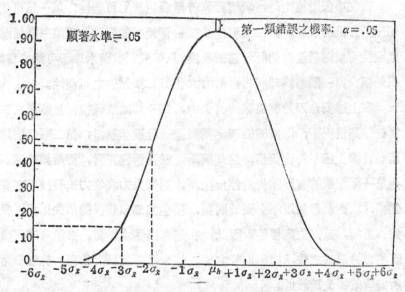

顯著水準＝.05　　　　　第一類錯誤之機率: $\alpha = .05$

真實平均數 μ 與設定的平均數 μ_h 之間可能的差異距離

均數低於設定的平均數三個標準誤差($-3\sigma_x$)，犯第二類錯誤的機率應為
0.15, 即與 OC 曲線相對應的虛線在縱軸上所顯示的位置。 同樣情形,
若真實平均數低於設定的平均數二個標準誤差($-2\sigma_x$)，則產生第二類錯
誤的機率即為 0.48。

　　當真實平均數恰好與設定的平均數相符合 (即 $\mu = \mu_h$) 時, 接受此項
假設則沒有任何錯誤, 所以此種情形下的第二類錯誤之機率為 0。OC 曲
線頂端到縱軸上 1.00 之間的距離, 代表第一類錯誤的機率; 因此, 當
$\mu = \mu_h$ 時, 接受此項假設的機率為 0.95, 在此時拒絕該假設的機率 (即
犯第一類錯誤的機率) 應為 0.05。除了恰好在此點之外, 第二類錯誤的
機率由小於 0.95 開始逐漸減少, μ 與 μ_h 之間的距離越大, 產生第二類

錯誤的機率越少。

四、兩類錯誤間之均衡

在從事假設檢定時，我們面臨着兩種犯錯的可能性：其一為可能拒絕一個正確的假設，其二為可能接受一個錯誤的假設。犯第一類錯誤的危險性可以降低至我們所希望的程度，只要減低顯著水準即可達成目標；但是減少第一類錯誤却將相對的增大犯第二類錯誤之可能性。

在上述安全刀片製造廠的例子中，第一類錯誤係指當生產過程在正常的作業情況下，而錯誤的判定為製造過程發生誤差；第二類錯誤則指產品實際上已不符合規格，但却誤斷為製造過程正常，而繼續生產。發生第一類錯誤的有形損失為停止生產，花費人力和物力去尋找不存在的錯誤，或對機器加以不必要的調整；發生第二類錯誤的損失則為遭受退貨、重製，或喪失商譽等。因此，在選擇顯著水準時，必須考慮每種錯誤將會造成的損失，權衡比較之後，以求兩類錯誤之均衡，俾控制兩者所造成的損失於最低。

五、樣本大小對發生錯誤的機率之影響

在從事假設檢定時，若樣本的大小一定，欲求減少產生第一類錯誤的機率，即會相對的增大犯第二類錯誤的風險；只有在增大樣本的情形下，才能減少接受錯誤假設的可能性，但並不增加拒絕正確假設之風險，以致使犯第一類或第二類錯誤的機率之總和減少。

因為在選取的樣本增大之後，樣本平均數 $\bar{x}$ 將更趨近於真實的平均數 μ，以致樣本的標準誤差因而減少。因此在選取較大樣本時，若採用同樣的顯著水準，拒絕正確假設之機率可以保持不變；但是犯第二類錯誤（接受錯誤假設）之機率却可以減少，所以犯錯誤的機率之總和將因此而減少。

第四節　兩端檢定與一端檢定

通常在從事假設檢定時，都依照以下的步驟進行:

1. 確立假設

首先要運用統計術語形成所要檢定之假設，即虛假設(Null Hypothesis) 與變更假設 (Alternative Hypothesis)；前者多表示沒有變異，後者則表示所關切之變異方向，由此種方向即顯示出所關切的是兩端或一端檢定。

2. 決定顯著水準

顯著水準即預定可以接受的發生第一類錯誤之機率，常用的顯著水準有 10%, 5%, 2%, 1%, 及 0.1% 等，可視實際的需要而選擇採用；但必須同時考慮此項選擇對產生第二類錯誤的機率之影響，以求兩者之均衡。

3. 限定接受範圍

顯著水準決定之後，即可根據兩端檢定或一端檢定而查出相對應的標準化單位 Z 的決定值(critical value of Z)，運用此一決定值即可決定接受範圍(acceptance region)。若為兩端檢定,其接受範圍為 $\pm Z_{\frac{\alpha}{2}} S_{\bar{x}}$；若為一端檢定，其接受範圍則為 $+Z_\alpha S_{\bar{x}}$ 或 $-Z_\alpha S_{\bar{x}}$ (視右端或左端而定)。

4. 計算檢定統計數

首先運用樣本標準差 S 來估計平均數的標準誤差 $S_{\bar{x}}$，再根據樣本平均數與設定的平均數之間的差異，來計算檢定統計數 Z'，即 $Z' = \dfrac{\bar{x} - \mu_h}{S_{\bar{x}}}$。

5. 對檢定之結果作決定

若由計算得來的檢定統計數 Z' 落在接受範圍之內，　即可據以接受虛假設（常以 H_0 表示虛假設）；否則，拒絕虛假設。凡拒絕虛假設，即同時接受變更假設（通常多以 H_a 表示變更假設）。

在實際從事假設檢定時，並不一定要完全根據以上的步驟進行，也不是說每次都要依照此等步驟進行，而是對初學者作概念性的提示，至於完全瞭解以後，即可合併數項步驟同時進行。再者，若關心變異之兩端變化，即該採用兩端檢定 (two-tailed test)；若只關心某一端之變化時，則可採用一端檢定 (one-tailed test)。茲將兩種檢定方式的要點分別舉例說明如下：

一、兩端檢定

許多檢定工作都需要注意受檢定對象之兩端變化，尤其是在工業上檢驗產品的品質時，既不允許品質低劣，以免遭受退貨或喪失商譽；也不希望品質太高，以免增加製造成本。而且有些情況下產品低於規格或超出規格都算不合格，例如前述安全刀片的例子，刀片太寬或太窄都不合乎使用的要求，所以在此種情形下，對品質之檢驗即須實施兩端檢定。

其實，所要檢定之假設都是在選樣之前即已確定，所以在事前根本就不知道樣本平均數 $\bar{x}$ 與設定的平均數 μ_h 之間的差異是正或是負；因此，對於可能產生的正、負差異都需要加以檢定。茲以下述例子說明如何從事兩端檢定：

例 9-1 假定某大百貨公司正在試驗一項廣告計劃，由以往的銷貨記錄中可以算出，平均每位顧客的採購額約為 $200。此一廣告計劃經試行一個月後，隨機選取 100 位顧客作為樣本，以便根據此項樣本銷貨結果，來決定該廣告計劃是否值得長期採用。茲依照前述之步驟從事以下之檢定：

1. 確定虛假設與變更假設

虛假設應為平均銷貨額沒有增減，平均每位顧客仍為 $200；變更假...

設應為平均銷貨額已發生變化，即不等於 $200，所以須要檢定之假設應為：

$$H_0: \mu = 200$$

$$H_a: \mu \neq 200$$

2. 決定欲採用之顯著水準

若決定採用 5 % 的顯著水準（$\alpha = .05$），即當虛假設是正確的時候，可能有 5 % 的機率會根據樣本資料作成錯誤的決定而加以拒絕。

3. 限定接受範圍

已經決定顯著水準為 0.05，而且變更假設中所用的是不等號 ($\neq$)，即為兩端檢定；因此，標準化單位 $Z_{\frac{\alpha}{2}}$ 的決定值應為正、負 1.96，即 $Z_{.025} = \pm 1.96$，此項兩端檢定的接受範圍如下圖所示：

圖 9-3　5 % 顯著水準下兩端檢定之接受範圍

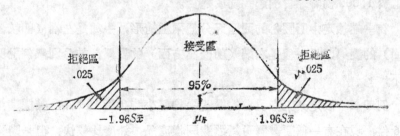

4. 計算檢定統計數

假定樣本中求得平均銷貨額每位顧客為 $204，即 $\bar{x} = 204$；樣本標準差為 $16，即 $S = 16$；已知 $n = 100$，因此

$$S_{\bar{x}} = \frac{S}{\sqrt{n}} = \frac{16}{\sqrt{100}} = 1.6$$

所以檢定統計數

$$Z'_{i} = \frac{\bar{x} - \mu_h}{S_{\bar{x}}} = \frac{204 - 200}{1.6} = 2.50$$

5. 作決定

由以上的結果可以看出，$Z'=2.50>Z=1.96$，即樣本資料的統計數超出接受範圍，而落於拒絕區。此項結果顯示，依照 5％的顯著水準來判斷，樣本平均數與設定的平均數之間有顯著的差異，所以應該拒絕虛假設，而接受變更假設，也就是說此一廣告計劃值得繼續採用，因為它已使平均銷貨額有了顯著的增加。

二、一端檢定

有些情形下我們只關心變異的一端，例如在檢驗鋼絲的拉力時，我們只擔心鋼絲的拉力是否太弱，不會擔心拉力是否太強，因為拉力越強越好。如果為了安全的原因而將某種鋼絲的平均拉力設計為 1,000 磅，則採購者將只關心真正的平均拉力是否低於 1,000 磅；若樣本的平均拉力為 1,000 磅或 1,000 磅以上，將被認為符合規格；只有在樣本平均拉力低於 1,000 磅時才會引起關切或退貨。

在一端檢定中所關心的問題又分為兩種情形，一種是左端（即較低方面）的變異，另一種是右端（即較高方面）的變異，茲分別舉例說明如下：

例 9-2 假定某工廠現有的機器平均每小時生產 100 件，其標準差為 6 件，現在有一種新機器可以製造同樣產品，速度比較快，但是購置成本很高，依照技師的估計，新機器若每小時能生產 150 件以上，即可購置新機器以汰換舊機器。為了慎重起見，該廠先購置了 36 部新機器加以試驗，根據試用期間的生產效果，再決定是否全部換新。茲依照下述步驟從事假設之檢定以作決策：

1. 確立虛假設與變更假設

根據新機器製造商的推薦，新機器的平均產量每小時超過 150 件，而且也只有在產量超過 150 件以上才值得購置，但為了避免錯誤的決定和加強檢定的效果起見，虛假設和變更假設應確立如下：

$$H_0:\ \mu \leq 150$$

$$H_a:\ \mu > 150$$

2. 決定適當的顯著水準

此項決定關係到事業未來的成敗，所以必須愼重，以免購置錯誤而造成嚴重的損失；因此，最好將顯著水準降低爲 0.01，以減少拒絕虛假設（當其爲正確時）的機率。

3. 設定決策準則

在顯著水準爲 1 %（即 $\alpha = .01$）時，右端 (upper-tail) 的一端檢定之決定值應爲 $Z_{.01} = 2.33$。因爲是右端檢定，所以 Z 應爲 $+2.33$。因此，決策準則應爲：若由樣本資料計得的統計檢定數 $Z' < 2.33$，接受虛假設；否則，接受變更假設。茲將接受範圍以圖解顯示如下：

圖 9-4　1 %顯著水準下右端檢定之接受範圍

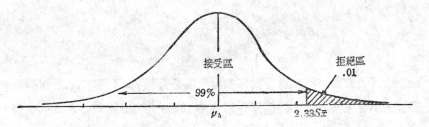

接受區　　　拒絕區　.01

99%

μ_h　　2.33$S\bar{x}$

4. 計算檢定統計數

假定試驗的 36 部新機器能代表隨機樣本，而試驗的結果平均每小時生產 154 件，即 $\bar{x} = 154$；樣本標準差也是 6 件，即 $S = 6$，則平均數的標準誤差爲

$$S_{\bar{x}} = \frac{S}{\sqrt{n}} = \frac{6}{\sqrt{36}} = 1.00$$

所以檢定統計數

$$Z' = \frac{154 - 150}{1.00} = 4.00$$

5. 作決定

因為 Z' 大於 2.33，即檢定統計數落在拒絕區，所以依照 1 % 的顯著水準可以拒絕虛假設，而接受變更假設。此項決定表示新機器的生產能力平均每小時在 150 件以上，購置新機器以汰換舊機器比較有利。

例 9-3　假定某汽車製造商宣稱：其新發展的汽車平均每加侖汽油可行駛 24 英哩，隨機選取 64 輛新車在特定的路線上試驗的結果，平均每加侖行駛 23 英哩，標準差為 4 英哩，試依 5 % 的顯著水準($\alpha = .05$)，檢定汽車製造商所宣稱的新車行駛里程是否真實。

解　為了簡化求解過程可將上述各項步驟合併進行之。此項檢定工作所關心的問題是：新車的行駛里程每加侖汽油是否低於 24 英哩？至於超過 24 英哩則可認為與製造商宣稱的結果相符合，所以須要檢定之假設應為：

$$H_0: \ \mu = 24$$
$$H_a: \ \mu < 24$$

由於所關切的新車行駛里程為每加侖汽油是否低於 24 英哩，所以變更假設的不等式指向左方，即為左端檢定 (lower-tailed test)。在 5 % 顯著水準之下，左端檢定之決定值應為 $Z_{.05} = -1.645$。若由樣本資料所計得的檢定統計數 Z' 大於 -1.645，即接受虛假設；否則，接受變更假設，其接受範圍如下圖所示：

已知 $n = 64, S = 4$，則樣本標準誤差應為

$$S_{\bar{x}} = \sqrt{\frac{4}{64}} = 0.50$$

圖 9-5　5 %顯著水準下左端檢定之接受範圍

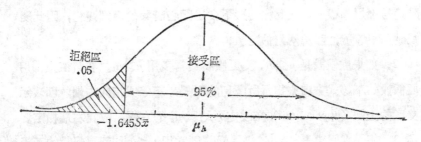

檢定統計數應爲

$$Z' = \frac{23 - 24}{0.50} = -2.00$$

由於 $Z' = -2.00 < Z = -1.645$，即樣本平均數落在拒絕區；因此，應該拒絕虛假設，接受變更假設。此項決定表示，在 5 %的顯著水準之下，由樣本資料所得的新車每加侖汽油之行駛里程，低於製造商所宣稱的每加侖 24 英哩，相差很顯著。

　　由以上所列舉的三個例子可以看出，在檢定全體平均數時，虛假設可以是真實平均數 (true mean) 等於某一特定的數值（即設定的平均數 μ_h），例 如 H_0: $\mu = 20$；或者真實平均數小於或等於某一特定數值， 如 H_0: $\mu \leq 20$；或者真實平均數大於或等於某一特定數值， 如 H_0: $\mu \geq 20$。茲將虛假設和變更假設的形態及其檢定的方向歸納爲以下三種情況：

1. H_0: $\mu = 20$　　　　2. H_0: $\mu \leq 20$　　　　3. H_0: $\mu \geq 20$

　　H_a: $\mu \neq 20$　　　　　　H_a: $\mu > 20$　　　　　　　H_a: $\mu < 20$

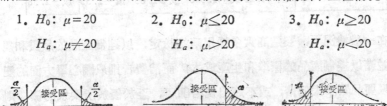

　　再將以上的三種檢定形態歸納說明如下：

1. 如果虛假設是眞實平均數等於設定的平均數，即 $\mu = \mu_h$，變更假設通常都用 $\mu \neq \mu_h$。在此種情形下多爲關心變異的兩端變化，因此變更假設爲不等號，即爲兩端檢定。

2. 如果虛假設是 $\mu \leq \mu_h$，變更假設通常多用 $\mu > \mu_h$。在習慣上都用變更假設的不等式方向來指示所關切的變異，不等式指向右端，即表示接受區的上限 (upper limit) 在設定平均數 μ_h 的右端，故爲右端檢定。

3. 如果虛假設是 $\mu \geq \mu_h$，變更假設則常用 $\mu < \mu_h$。變更假設的不等式指向左端；習慣上多表示接受區的下限 (lower limit) 在設定平均數 μ_h 的左端；因此，所須要的爲左端檢定。

在不同的顯著水準下，兩端檢定與一端檢定之 Z 決定值都可以由附錄表 I 中查出，爲了運用方便起見，茲將常用的顯著水準下之一端檢定和兩端檢定，相對應的 Z 決定值列表如下，以方便隨時運用。

表 9-2　常用的顯著水準之決定值對照表

Z 之決定值 / 檢定方式　顯著水準 α	0.10	0.05	0.02	0.01	0.005
兩 端 檢 定	±1.645	±1.96	±2.33	±2.58	±2.81
一 端 檢 定	+1.28 或 −1.28	+1.645 或 −1.645	+2.05 或 −2.05	+2.33 或 −2.33	+2.58 或 −2.58

在一般情況下，製造商大多採用兩端檢定，以控制產品的品質和規格，並藉以控制產品的標準和生產成本；而消費者則只關心單方面的變異，只要品質不太低落，或不超出規格即可，至於優於所要求的標準則更好，所以採購者多採用一端檢定。

第五節　平均數間差異的檢定

　　有些情況下我們須要對兩個全體的平均數之間的差異作推論，以斷定其差異是否顯著。例如對兩個不同的全體運用兩種不同的處理方法，事後由每個全體中隨機選取一個富有代表性的樣本，卽可推斷兩種不同處理方法對兩個全體平均數可能產生的不同影響。又如選擇兩組事物加以試驗，其中一組施以某種處理過程，另外一組不加處理；經過一段時間後，對兩組加以比較。此兩組事物可以視爲兩個可能全體的樣本，由比較兩組樣本平均數所獲得之差異，卽可推論某種處理過程對該等事物是否有顯著的影響。

　　此種檢定兩個平均數之間差異的問題，是基於另外一項選樣分配的觀念，卽平均數之間差異的選樣分配(sampling distribution of differences between means)。該項分配的形成方式如下：　由兩個不同的全體中隨機選樣，卽可形成 $\bar{x}_1$ 和 $\bar{x}_2$ 的選樣分配，像第六章所討論的一樣，此等選樣分配都呈常態分配或趨近於常態分配。現在從每個選樣分配中隨機選取一個樣本平均數，將兩個樣本平均數之間的差異記錄下來；然後再從兩個選樣分配中各自隨機選取一個樣本平均數，這一對樣本平均數之間的差異很可能與上一對的差異不同，此種差異是由於機遇。若此項選樣過程繼續重複下去，將會獲得無限多代表兩個樣本平均數差異的數值，在理論上這些數值將形成一個次數分配，此項分配卽所謂之「兩個平均數間的差異之選樣分配」。

　　由前面五、六兩章的說明可知，此項平均數間的差異之選樣分配具有下述特性：

　　1. 如果樣本相當大，各對樣本平均數之間的差異將呈常態分配。

　　2. 差異的分配之平均數, 將是眞正的全體平均數之間的差異, 卽 $\mu_1 - \mu_2$。因此, 樣本的差異 $(\bar{x}_1 - \bar{x}_2)$ 是全體的差異 $(\mu_1 - \mu_2)$ 的不偏估計數 (unbiased estimator)。

　　3. 差異的分配之標準差可用下式估計之, 卽

$$S_{\bar{x}_1 - \bar{x}_2} = \sqrt{S^2{}_{\bar{x}_1} + S^2{}_{\bar{x}_2}} \qquad\qquad 9\text{-}1$$

式中 $S_{\bar{x}_1}$ 是 $\bar{x}_1$ 的選樣分配之平均數的標準誤差, $S_{\bar{x}_2}$ 卽是 $\bar{x}_2$ 的選樣分配之平均數的標準誤差。所以 $S_{\bar{x}_1 - \bar{x}_2}$ 的值卽稱爲兩個平均數間差異的標準誤差 (the standard error of the difference between two means)。

　　有了上述的基本概念, 卽可進一步介紹平均數差異之檢定及其應用, 玆以實例說明如下:

　　例 9-4　假定某一貨運公司欲試驗兩種不同品牌的卡車輪胎之耐久能力, 以便選擇耐用里程較多的加以採購。先購買了 100 個 A 牌輪胎, 另外又購買了 144 個 B 牌輪胎, 用隨機選樣的方式安裝在卡車上 (以避免因駕駛人員的性情不同、行駛的路面不同、或卡車的用途不同等因素影響輪胎的壽命, 而使試驗之結果發生偏差), 記錄下每個輪胎到磨損不堪再用時爲止的耐用里程, 得以下之結果:

A 牌輪胎	B 牌輪胎
$n_A = 100$	$n_B = 144$
$\bar{x}_A = 37,400$ 英哩	$\bar{x}_B = 36,800$ 英哩
$S_A = 5,100$ 英哩	$S_B = 4,800$ 英哩

以上的註標符號 (subscripts) A 和 B 係用以表示不同的品牌。應用以上的試驗結果來檢定兩種品牌輪胎的平均耐用里程是否有顯著的差異。

　　解　以上的試驗結果顯示 A 牌輪胎的平均耐用里程比 B 牌輪胎的平均耐用里程要多 600 英哩, 卽 $37,400 - 36,800 = 600$; 此項差異究竟是

由於機遇，還是兩種品牌輪胎的耐用里程眞有顯著的差異，我們不能根據此項差異即作直覺的判斷，可以運用統計方法來檢定兩種輪胎的眞實平均耐用里程是否有顯著的差異。玆決定以 5％的顯著水準($\alpha = .05$)，來檢定下述假設：

$$H_0 : \mu_A = \mu_B$$

$$H_a : \mu_A \neq \mu_B$$

上述變更假設的不等式符號表示爲兩端檢定，在 5％的顯著水準之下，兩端檢定之 Z 決定值應爲 $Z_{.025} = \pm 1.96$。因此，若由樣本資料計算得到的統計檢定數 Z' 落在 ± 1.96 的範圍之內時，接受虛假設；否則，接受變更假設。

在計算檢定統計數 Z' 之前，首先須要運用公式 9-1 求得兩個平均數間差異的標準誤差，即

$$S_{\bar{x}_A - \bar{x}_B} = \sqrt{S^2_{\bar{x}_A} + S^2_{\bar{x}_B}}$$

式中各差異數都可運用計算樣本標準誤差的公式求得，即 $S_{\bar{x}} = \dfrac{S}{\sqrt{n}}$。因此，

$$S_{\bar{x}_A} = \frac{5100}{\sqrt{100}} = 510 \qquad S_{\bar{x}_B} = \frac{4800}{\sqrt{144}} = 400$$

將各值代入上式即得：

$$S_{\bar{x}_A - \bar{x}_B} = \sqrt{(510)^2 + (400)^2} = \sqrt{420,100} = 648$$

所以 　　$$Z' = \frac{\bar{x}_A - \bar{x}_B}{S_{\bar{x}_A - \bar{x}_B}} = \frac{37,400 - 36,800}{648} = 0.93$$

此項結果顯示，檢定統計數落在接受區內，即 $-1.96 < 0.93 < 1.96$；因此，應該接受虛假設，即兩種品牌輪胎的平均耐用里程並沒有顯著的差別。

例 9-5　假定上述例 9-4 中 A 牌輪胎的平均耐用里程是 38,600 英哩，其他條件都不變，試依 2％的顯著水準 ($\alpha = .02$)，檢定 A, B 兩種

品牌輪胎的平均耐用里程是否有顯著的差異。

解 虛假設和變更假設仍然是

$$H_0: \mu_A = \mu_B$$

$$H_a: \mu_A \neq \mu_B$$

在 2 ％的顯著水準下，兩端檢定時，Z 的決定值應為 $Z_{.01} = \pm 2.33$；因此，接受範圍從 -2.33 到 $+2.33$，若由樣本資料所求得的檢定統計數在此一範圍之內，卽接受虛假設；否則，接受變更假設。

因為其他條件不變，卽 $S_{\bar{x}_A - \bar{x}_B} = 648$，所以

$$Z' = \frac{38,600 - 36,800}{648} = 2.78$$

而 $Z' = 2.78 > Z = 2.33$，卽檢定統計數超出接受範圍之外，所以應該拒絕虛假設，而接受變更假設。此項決定表示兩種品牌輪胎的平均耐用里程有顯著的差異；而檢定統計數係超出接受範圍的上限，故表示 A 牌輪胎的耐用里程優於 B 牌輪胎，而且依照 2 ％的顯著水準來推斷，兩者之間的差異非常顯著。

接受或拒絕之間的選擇

在上述例 9-4 中，兩種品牌輪胎的樣本平均數之間的差異是 600 英哩，依兩個平均數間的差異之標準誤差來衡量，此項差異只有 0.93 個標準誤差，在 5 ％的顯著水準之下，我們斷定此項差異不夠顯著。此一決定有兩種含義：其一是兩種品牌輪胎的耐用里程沒有顯著的差異，由樣本所發現的差別是由於機遇；其二是兩種品牌輪胎的耐用里程可能有差別，但是由於選樣的誤差，而未能發現其差異，在 5 ％的顯著水準下，發生此種錯誤的機率只有 5 ％。

又在例 9-5 中，兩種品牌輪胎的樣本平均數間之差異是 1,800 英哩，

依照兩個平均數間的差異之標準誤差來衡量，此項差異為 2.78 個標準誤差，在 2% 的顯著水準下，我們斷定此項差異非常顯著。此一決定也可能會由於機遇而發生錯誤，但此種可能性非常小，因為檢定統計數超出接受範圍的上限很多。

再者，若兩個樣本平均數之間的差異是 965 英哩，或 1.49 個標準誤差 (即 965/648＝1.49)，在此種情形下，依照 5% 的顯著水準，固然可以接受虛偽設，而斷定兩種輪胎的耐用里程之差異不夠顯著，樣本的差異是由於機遇；但是此項樣本平均數的差異也不允許完全忽略，為了認真求證起見，最好再另外從事選樣檢定。除此之外，還有其他許多因素可以提供決策之參考，例如：兩種品牌輪胎的價格、輪胎製造商以往的信譽，以及製造商的售後服務等。將各項有關因素通盤考慮之後，才能做出最明智的決定。

兩個樣本平均數間的差異之可信區間

除了運用上述假設檢定的方法來推斷全體平均數之間是否有顯著的差異之外，有時我們還希望能估計兩個平均數之間的真實差異；此項估計方法，與第八章所述根據隨機樣本平均數以估計全體平均數的方法大致相同，主要的差別在形成此種可信區間是用平均數差異的選樣分配之測定數。

如果要估計兩個全體平均數之間的真實平均差異（即 $\mu_1 - \mu_2$），由上述平均數差異的選樣分配可知，從隨機選樣可獲得的樣本差異（即 $\bar{x}_1 - \bar{x}_2$），預期約有 68% 的可能性，此項差異會落在離平均差異 (mean difference) 一個標準誤差 $(S_{\bar{x}_1-\bar{x}_2})$ 的範圍之內；同樣道理，預期約有 95% 的可能性，此項差異會落在離平均差異 $(\mu_1 - \mu_2)$ 1.96 個標準誤差（即 1.96 $S_{\bar{x}_1-\bar{x}_2}$)，其他區間可依此類推。因此，我們可以說有 68% 的信心，真實

的平均差異 $(\mu_1 - \mu_2)$ 會包含在 $(\bar{x}_1 - \bar{x}_2) \pm S_{\bar{x}_1 - \bar{x}_2}$ 所形成的區間之內；同理， 我們可以說有 95% 的信心， 兩個全體平均數間的眞實差異會落在 $(\bar{x}_1 - \bar{x}_2) \pm 1.96 S_{\bar{x}_1 - \bar{x}_2}$ 所形成的區間之內。 其他的可信區間都可以應用下式來形成， 卽

$$(\bar{x}_1 - \bar{x}_2) - Z(S_{\bar{x}_1 - \bar{x}_2}) \leq (\mu_1 - \mu_2) \leq (\bar{x}_1 - \bar{x}_2) + Z(S_{\bar{x}_1 - \bar{x}_2}) \qquad 9\text{-}2$$

　　在上述例 9-5 中， 由樣本平均數中得知兩種品牌輪胎的耐用里程之差別爲 1,800 英哩， 其標準誤差爲 648 英哩， 將各值代入上式， 則兩種品牌輪胎耐用里程的眞實差異之 95% 可信區間應爲：

$$1,800 - 1.96(648) \leq (\mu_A - \mu_B) \leq 1,800 + 1.96(648)$$

$$1,800 - 1,270 \leq (\mu_A - \mu_B) \leq 1,800 + 1,270$$

$$530 \leq (\mu_A - \mu_B) \leq 3,070$$

由例 9-5 中的檢定得知 A 牌輪胎的耐用里程優於 B 牌， 但究竟超出多少却無法肯定；而此一可信區間則顯示， 我們有 95% 的信心， A 牌輪胎的耐用里程超出 B 牌的耐用里程， 其範圍在 530 英哩到 3,070 英哩。

　　由上述的可信區間可以看出， 若運用 $\pm 3 S_{\bar{x}_A - \bar{x}_B}$ 卽可求出 99.73% 的可信區間， 也就是說我們有 99.73% 的信心， 兩種品牌輪胎的耐用里程之眞實差異是在此一範圍之內， 其上、下限應爲：

$$1,800 - 3.00(648) \leq (\mu_A - \mu_B) \leq 1,800 + 3.00(648)$$

$$1,800 - 1,944 \leq (\mu_A - \mu_B) \leq 1,800 + 1,944$$

$$-144 \leq (\mu_A - \mu_B) \leq 3,744$$

以上的結果顯示可信區間的界限從 -144 英哩到 3,744 英哩。可信區間的下限爲負值， 可能會使讀者感到困擾；其實， 輪胎耐用里程的差異不會有負值， 所以下限最小只能爲 0。因此， 我們可以說有 99.73% 的信心， A 牌輪胎的耐用里程優於 B 牌的耐用里程， 其範圍應在 0 到 3,744 英哩之間。

第六節　對比例數假設之檢定

我們經常需要對比例數作推論，除了估計其存在範圍之外，還可以對比例數的變異加以檢定，茲以下述幾個例子說明如何對比例數從事假設之檢定。

例 9-6　假設在正常的生產狀況之下，90％的產品為 A 級，10％為 B 級，現在隨機選取 225 個單位為樣本，經過檢驗後發現其中有 32 個單位是 B 級，試依 5％的顯著水準檢定生產過程是否正常。

解　經過生產過程所製成的 A 級產品和 B 級產品數目，可視為比例數問題，現在所關心的是 B 級產品的比例數是否有變動？所以此問題之虛假設和變更假設應為：

$$H_0: \ p = .10$$
$$H_a: \ p \neq .10$$

變更假設所顯示的是兩端檢定，在 5％的顯著水準之下，兩端檢定的決定值應為 $Z_{.025} = \pm 1.96$。若根據樣本資料所計得的檢定統計數 Z' 在 ± 1.96 的範圍之內，接受虛假設；否則，接受變更假設。

首先計算比例數的標準誤差，即

$$\sigma_p = \sqrt{\frac{pq}{n}} = \sqrt{\frac{.1(.9)}{225}} = .02$$

在樣本中 B 級產品的比例數為

$$\hat{p} = \frac{32}{225} = 0.142$$

所以統計檢定數

$$Z' = \frac{\hat{p} - p}{\sigma_p} = \frac{.142 - .10}{.02} = 2.10$$

以上的結果顯示, 樣本比例數高於設定的比例數 2.10 個標準誤差; 而 2.10＞1.96, 所以在 5％的顯著水準之下, 應該認定樣本比例數與設定的比例數有了顯著的差異, 而拒絕虛假設。此項決定表示生產設備已經發生偏差, 必須及時加以調整或修正, 俾能維持正常的產品標準。

例 9-7 根據以往的調查顯示, 每 10 名洗衣粉的用戶中就有 1 名喜歡 A 牌洗衣粉。經過一番廣告宣傳之後, 隨機選取 200 名用戶為樣本, 訪問的結果其中有 25 名表示喜愛 A 牌洗衣粉, 此項結果是否足以說明 A 牌洗衣粉的接受率已有顯著的增加?

解 此一問題可以用假設檢定的方式加以確定, 我們所關心的是用戶的接受率是否較前增加, 所以虛假設和變更假設應為:

$$H_0: p = .10$$

$$H_a: p > .10$$

變更假設中的不等式指向右端, 表示所關切的是接受率是否增加的右端檢定。若採用 5％的顯著水準, 在右端檢定下, 決定值應為 $Z_{.05} = 1.645$。由樣本資料所計得的檢定統計數 Z' 若大於 1.645, 即拒絕虛假設; 否則, 拒絕變更假設。

已知 $p = .10$, 所以 $\sigma_p = \sqrt{\dfrac{pq}{n}} = \sqrt{\dfrac{.10(.90)}{200}} = .0212$。

又 $\hat{p} = \dfrac{x}{n} = \dfrac{25}{200} = .125$, 將各值代入檢定統計數, 即得

$$Z' = \frac{\hat{p} - p}{\sigma_p} = \frac{.125 - .10}{.0212} = 1.18$$

此項結果顯示 $Z' = 1.18 < Z = 1.645$, 即檢定統計數落在接受範圍; 所以應該接受虛假設, 拒絕變更假設。此項決定表示, 在 5％的顯著水準之下, 增加的比例數不顯著, 所以我們不能肯定廣告宣傳已使 A 牌洗衣粉的接受率增加。

例 9-8　某藥廠宣稱其所研究成功的皮膚病藥對癬疥等皮膚病非常有效，有80%以上可以立刻止癢並很快治癒。衛生署為了證實其藥效以便發給製造許可證起見，特別任命七位皮膚病專家組成專案小組，以評估其藥效。該小組隨機選取 200 名皮膚病患者，經試用的結果，有146名患者反應可以立刻止癢並很快治癒其皮膚病，小組決定依 2%顯著水準來檢定其藥效是否達到藥廠所宣稱的80%以上。

解　專案小組所關心的是藥效是否低於藥廠所宣稱的80%以上，所以虛假設和變更假設應為：

$$H_0: \quad p \geq 0.80$$
$$H_a: \quad p < 0.80$$

變更假設中的不等式符號指向左端，故為左端檢定；在 2%的顯著水準之下，左端檢定的決定值為 $Z_{.02} = -2.05$。若根據樣本資料所計得的檢定統計數 Z' 大於 -2.05，即接受虛假設；否則，拒絕虛假設，接受變更假設。

在 200 名患者中有 146 名表示有效，則樣本比例數應為

$$\hat{p} = \frac{146}{200} = 0.73$$

而設定的比例數為 $p = .80$，則其選樣分配的標準誤差應為

$$\sigma_p = \sqrt{\frac{pq}{n}} = \sqrt{\frac{.8(.2)}{200}} = .0283$$

所以檢定統計數

$$Z' = \frac{.73 - .80}{.0283} = -2.47$$

因為 $Z' = -2.47 < Z = -2.05$，表示檢定統計數落在拒絕區；所以根據 2%的顯著水準應該拒絕虛假設。此項決定表示，該種皮膚病藥的藥效低於製造商所宣稱的80%以上治癒率。

兩個比例數之間差異的檢定

前述檢定兩個平均數間的差異之方法，也可以用來檢定兩個比例數之間的差異是否顯著，茲以下述數例演示如下：

例 9-9 假定某電視機製造廠希望知道 A 和 B 兩地區的顧客對其產品的偏愛比例是否有顯著的差異，該廠從兩地各隨機選取 100 位電視機用戶從事訪問，A 地區有 40 位偏愛其產品，B 地區有 32 位偏愛其產品；試用10％的顯著水準，檢定此項樣本比例數的差異，是否顯示兩地區的顧客對其產品偏愛比例真有顯著的差異。

解 該電視機製造廠所希望知道的是，A、B 兩個地區的顧客對其產品偏愛的比例是否有顯著的差異，所以此項檢定之虛假設和變更假設應為：

$$H_0: \ p_A = p_B$$

$$H_a: \ p_A \neq p_B$$

變更假設中的不等式符號所顯示的是兩端檢定，在10％的顯著水準下，兩端檢定之決定值應為 $Z_{.05} = \pm 1.645$。若由樣本資料所計算得到的檢定統計數 Z' 落在 ± 1.645 的範圍之內，接受虛假設；否則，拒絕虛假設，接受變更假設。

兩個獨立的樣本比例數 $\hat{p}_A$ 和 $\hat{p}_B$ 之間差異的標準誤差應為：

$$\sigma_{\hat{p}_A - \hat{p}_B} = \sqrt{\sigma^2_{\hat{p}_A} + \sigma^2_{\hat{p}_B}}$$

式中 $\sigma^2_{\hat{p}_A}$ 和 $\sigma^2_{\hat{p}_B}$ 分別為 $\hat{p}_A$ 和 $\hat{p}_B$ 的選樣分配之差異數，而 $\sigma^2_{\hat{p}_A} = \dfrac{pq}{n_A}$，$\sigma^2_{\hat{p}_B} = \dfrac{pq}{n_B}$，所以上式可以改寫為：

$$\sigma_{\hat{p}_A - \hat{p}_B} = \sqrt{\frac{pq}{n_A} + \frac{pq}{n_B}} = \sqrt{pq \left(\frac{1}{n_A} + \frac{1}{n_B} \right)} \qquad 9\text{-}3$$

式中：n_A 和 n_B 分別代表由 A 和 B 兩地區所選取的樣本之大小。

因爲不知道 p_A 和 p_B，其共同數值的最佳估計數爲樣本比例數的加權平均數 (weighted mean)，以樣本大小作爲權數；卽將兩個樣本中偏愛該廠電視機的人數相加，再除以兩個樣本的總和。已知

$$n_A = 100 \qquad\qquad n_B = 100$$

$$x_A = 40 \qquad\qquad x_B = 32$$

x_A 和 x_B 分別表示各樣本中偏愛該品牌電視機的人數。運用此等數值可以求得比例數的加權平均數，卽

$$\hat{p} = \frac{x_A + x_B}{n_A + n_B} = \frac{40 + 32}{100 + 100} = \frac{72}{200} = .36$$

將各值代入公式 9-3，則得比例數之間差異的標準誤差爲：

$$\sigma_{\hat{p}_A - \hat{p}_B} = \sqrt{\hat{p}\hat{q}\left(\frac{1}{n_A}\right) + \left(\frac{1}{n_B}\right)} = \sqrt{(.36 \times .64)\left(\frac{1}{100} + \frac{1}{100}\right)}$$

$$= \sqrt{0.004608} = .0679$$

運用以上各項數值可以求得檢定統計數如下：

$$Z' = \frac{\hat{p}_A - \hat{p}_B}{\sigma_{\hat{p}_A - \hat{p}_B}} = \frac{.40 - .32}{.0679} = 1.18$$

此項結果顯示兩個樣本比例數之間的差異爲 1.18 個標準誤差，而 1.18 <1.645，依照 10% 的顯著水準，應該接受虛假設，卽兩個樣本比例數之間的差異並不顯著。根據此項檢定結果可以推斷，兩個地區的電視機用戶對該廠產品偏愛的比例並沒有顯著的差異。

例 9-10　某基金會從事研究吸煙對人類肺部健康可能產生之影響，從吸煙的人中和不吸煙的人中各隨機選取 1,000 人爲樣本，在前一樣本中發現 45 人的氣管和肺部有疾病，在後一樣本中發現有 28 人的氣管和肺部有疾病，試依 5% 的顯著水準來檢定，吸煙的人與不吸煙的人之間患氣管和肺部疾病的比例是否有顯著的差異。

解　如果以吸煙的人中患氣管和肺部疾病的比例爲 p_1，以 p_2 代表不吸煙的人患此種疾病的比例，爲了檢定兩種比例之間是否有顯著的差異，其虛假設和變更假設如下：

$$H_0:\ p_1 = p_2$$

$$H_a:\ p_1 > p_2$$

變更假設中的不等式符號指向右端，故爲右端檢定。在 5 % 的顯著水準下，右端檢定之決定值應爲 $Z_{.05} = 1.645$ 。若根據樣本資料所計得的檢定統計數 Z' 小於 1.645，即接受虛假設，認爲吸煙的人和不吸煙的人患氣管和肺部疾病的比例相等；否則，若檢定統計數大於 1.645，即拒絕虛假設，接受變更假設，認爲兩種比例數之間有顯著的差異。

以樣本比例數的加權平均數 $\hat{p}$ 來估計眞實比例數 p ，即

$$\hat{p} = \frac{x_1 + x_2}{n_1 + n_2} = \frac{45 + 28}{1000 + 1000} = \frac{73}{2000} = 0.0365$$

則比例數的樣本標準誤差應爲：

$$\sigma_{\hat{p}_1 - \hat{p}_2} = \sqrt{\hat{p}\hat{q}\left(\frac{1}{n_1} + \frac{1}{n_2}\right)} = \sqrt{.0365 \times .9635\left(\frac{2}{1000}\right)}$$

$$= \sqrt{.00007} = .0084$$

運用上述各數值即可求得檢定統計數如下：

$$Z' = \frac{\hat{p}_1 - \hat{p}_2}{\sigma_{\hat{p}_1 - \hat{p}_2}} = \frac{.045 - .028}{.0084} = 2.02$$

此項結果顯示 $Z' = 2.02 > Z = 1.645$，即檢定統計數落在拒絕區；因此，應該拒絕虛假設，而接受變更假設。此項決定表示，根據選樣所得的資料，在 5 % 的顯著水準下，我們認定吸煙的人患氣管及肺部疾病的比例要高於不吸煙的人，兩種比例之間的差異非常顯著。

讀者須要注意的是，以上的檢定只證明吸煙的人中患氣管及肺部疾病的比例較不吸煙的人爲高，並不表示吸煙是引起氣管及肺部疾病的原

因。至於吸煙是不是造成氣管及肺部疾病的原因，還可以再進一步選取樣本資料加以檢定。

習　　題

1. 何謂假設之檢定？其重要步驟如何？列述之。

2. 假設之檢定與估計在方法上有什麼不同？比較說明之。

3. 假設檢定的方法可以應用於處理工商企業的那些決策問題？舉例說明之。

4. 對母全體的平均數從事假設檢定時，在何種情況下接受設定之假設？在何種情況下予以拒絕？舉例說明之。

5. 當接受某一假設時，是否表示該假設一定真實？當拒絕某一假設時，是否表示該假設一定錯誤？說明其原因。

6. 何謂第一類錯誤？何謂第二類錯誤？分別說明之。

7. 何謂顯著水準？為什麼顯著水準又稱為決定機率？說明原因。

8. 若將顯著水準減少，對於犯第二類錯誤的機率有什麼影響？舉例說明之。

9. 何謂作業特性曲線？其功用如何？申述之。

10. 對生產作業品質管制之檢定，若犯第一類錯誤可能造成那些損失？列述之。

11. 對生產作業品質管制之檢定，若犯第二類錯誤時，可能發生那些損失？列述之。

12. 如果將顯著水準保持不變，怎樣才能使第二類錯誤減少？說明其原因。

13. 怎樣決定兩種錯誤之間的均衡俾將損失減至最低？舉例說明之。

14. 從事假設檢定的進行步驟如何？列述之。

15. 何謂兩端檢定？在何種情況下須要從事兩端檢定？舉例說明之。

16. 何謂一端檢定？在何種情況下才從事一端檢定？舉例說明之。

17. 何謂虛假設？何謂變更假設？為什麼要同時設定兩種假設？其原因何在？

18. 何謂接受區？何謂拒絕區？兩者應如何決定？舉例說明之。

19. 一端檢定之拒絕區與兩端檢定之拒絕區有什麼不同？舉例說明之。

20. 設安康可樂飲料在容器上標明每瓶含量爲 16 盎士，經隨機選取 64 瓶加以秤量，得平均重量爲 15.7 盎士，標準差爲 0.8 盎士，試依照 5% 的顯著水準檢定該飲料在容器上所標明的含量是否眞實？ 此項檢定可能犯第一類錯誤的機率爲何？

21. 上述第 20 題中若顯著水準不變，而將樣本增大至 100，對於犯第二類錯誤的機率有何影響？ 說明其原因，並運用圖 9-2 中的作業特性曲線幫助解說。

22. 茲定製軸承一批，其規格爲直徑 0.300 公分，收到貨品後隨機選取 36 粒加以測量，得平均直徑 0.3035 公分，標準差爲 0.012 公分，試依 10% 的顯著水準決定該批貨品是否應該接受？

23. 若上述第 22 題中的顯著水準減少至 5% 時，對檢定之決策有什麼影響？ 將兩項結果對照說明之。

24. 某出口商代國外的客戶購買兩磅裝的鳳梨罐頭 10,000 箱，在裝運之前隨機選取 64 罐加以檢驗，得平均含量 23.6 盎士，標準差爲 1.6 盎士，試依 5% 的顯著水準，從事一端檢定，該批產品是否應該裝運？ 如果冒險運出，其遭受退貨之機率如何？

25. 上述第 24 題中若採用 2% 的顯著水準，則決策如何？ 此項決策犯第二類錯誤之機率如何？

26. 某一超級市場經理決定是否須要增雇人員，常視每次交易所須要的時間而定，其虛假設是完成交易的平均時間至少20分鐘，標準差假定爲 5 分鐘，如果接受了虛假設卽要增雇人員，茲隨機選取 100 次交易爲樣本，決策法則是：若 $\bar{x} \geq 19$ 分鐘接受虛假設，否則卽拒絕虛假設。試解答下列問題：

    (*a*) 當實際完成交易的平均時間 $\mu = 20$分鐘，須要增雇人員，而未增雇的機率如何？

    (*b*) 當實際完成交易的平均時間 $\mu = 18.5$分鐘，不須要增雇人員，而增雇的機率如何？

    (*c*) 運用以上 (*a*) 和 (*b*) 中所求得的結果來回答：犯第一類錯誤的機率 (α) 如何？ 犯第二類錯誤的機率(β)如何？

27. 設某罐頭食品工廠，若品管部經理認為每罐的平均容量低於所要求的規格，即下命令將生產線上的全部機器加以調整。某種品牌的芒果罐頭，每罐平均容量至少應為 16 兩，以往檢驗所得的標準差為 0.5 兩。茲隨機選取 100 罐為樣品加以檢驗，虛假設為產品符合規格，試回答下列問題：

(a) 依照制定的規格而設定虛假設和變更假設。此項檢定應為兩端檢定還是一端檢定？

(b) 如果運用 5% 的顯著水準，檢定統計數的決定值如何？確定其決策法則。

(c) 依照 (b) 中的決策法則，分別決定在下述檢驗結果下究竟應該接受還是拒絕虛假設。並同時表示各該情況下應否調整機器。

檢驗結果 $\bar{x}$	決　定
1. 15.5兩	
2. 16.1兩	
3. 15.95兩	
4. 15.90兩	

28. 檢定平均數之間差異的顯著性都有那些功用？列述之。

29. 為求瞭解男、女工人的工作效率是否有差別，特在某工廠同樣性質的工作中，隨機選取 121 位男工和 100 名女工為樣本，記錄其一天中所製成的產品件數，得以下之結果：

男工：	$\bar{x}_1 = 89$	女工：	$\bar{x}_2 = 86$
	$S_1 = 11$		$S_2 = 13$

試運用此項資料，分別依 5% 和 10% 的顯著水準，檢定兩者的工作效率是否有顯著的差異。

30. 隨機由不同的公立和私立國民中學中，分別選取 169 名和 144 名國中學生，以同樣的試題測驗其國文、英文、及數學三科之成績，結果如下：

公立國中	$\bar{x}_1 = 78$	私立國中	$\bar{x}_2 = 81$
	$S_1 = 13$		$S_2 = 12$

　　試依 5 % 的顯著水準, 根據上述測驗結果, 檢定公立國中與私立國中學生的課業水準是否有顯著的差異。

31. 試運用公式 9-2, 依 95% 的可信水準, 估計上述第 29 題中男、女工人工作效率差異的眞實範圍。

32. 試運用公式 9-2, 依 98% 的可信水準, 估計上述第 30 題中公立和私立國民中學, 學生成績的眞實差異。

33. 根據以往檢驗的結果得知, 某一生產線所製成的產品中約有 6 % 是不合格產品, 茲由該生產線所製成的產品中隨機選取 200 件爲樣本, 經檢驗後發現其中有 15 件不合格, 試依 5 % 的顯著水準檢定該生產線是否須要重加調整?

34. 某私立國民中學, 以往歷年畢業生的升學率皆在 85% 以上, 今年畢業生 344 人中, 考入公、私立高中和五年制專科學校者共計 280 人, 試依照 5 % 的顯著水準, 檢定該校畢業生的升學率是否已顯著的降低?

35. 設已知生產線上現有機器所製成之產品中約有 8 % 是不合格產品, 現在有一種製造同樣產品的新機器聞世, 經試車後, 隨機抽驗 300 件該新機器所製成之產品, 發現有 18 件是不合格產品, 試依 2 % 的顯著水準, 檢定新機器所製成的產品中之不合格比率是否較低?

36. 某公司全體員工共有 876 人, 其中 384 人是女性, 在上月份請病假或事假者共有 104 人, 其中女性員工有 50 人, 試依 5 % 的顯著水準, 檢定男性和女性員工請假人數的比例是否有顯著的差異?

第 十 章

特殊分配之統計推論

第一節　小樣本及 χ^2 之選樣分配

以上幾章所討論的統計推論，都是基於一項假定，即所選取的是大樣本，以致樣本平均數或比例數等的選樣分配都呈常態或接近於常態。但事實上選用大樣本可能很不經濟，有些情況下選用大樣本也可能有困難，甚至於有時選用大樣本在時間上也不許可，所以在實際作業時爲了節省人力、物力、和爭取時效，都經常選用小樣本(small sample)。

所謂小樣本通常都指樣本大小 (sample size) 在 30 以下，大樣本與小樣本之間的主要區別是兩者的選樣分配不同：大樣本的選樣分配已如上述，係呈常態分配或接近於常態分配；而小樣本的選樣分配雖然也呈對稱形態，但却並非常態分配，其分配形態每因自由度數 (number of degrees of freedom) 之不同，而有不同的變化。因此，運用小樣本從事統計推論時，卽無法應用常態機率分配，而必須運用一種資料散佈範圍較廣的 t 分配 (t distribution)。

在許多情況下,研究資料的屬性 (attributes) 需要分成兩個以上或更多的類別，像此種問題卽無法應用二項分配（或比例數的推論方法）加以分析求解；有時也需要從兩個或兩個以上的全體中選取樣本，而同時加以比較處理；有時也需要從事以下各項檢定：卽檢定一組統計資料的觀察次數與基於某種理論所預期出現的次數之間是否有顯著的差異，或檢定一組統計資料的分配形態是否符合某種理論下的分配形態（例如波生分配、常態分配、以及均勻分配等），或者檢定不同屬性的事象（或變數）之間是否有顯著的獨立性等。以前各章所介紹的大樣本選樣分配，都不適合處理以上各種問題，卽必須運用χ^2分配(Chi-Square Distribution)。

χ^2分配同 t 分配一樣，還有下一章所要介紹的 F 分配，都因自由度的不同而有不同的分配形態，本章以下各節將依次介紹自由度的意義，t 分配的應用，χ^2 分配的特性，χ^2 分配的功用，以及計算 χ^2 的簡捷公式等。

第二節　自由度的意義

在小樣本分配、χ^2 分配，以及 F 分配的統計推論中，自由度 (degrees of freedom─常以 df 表示之) 的觀念非常重要，因爲它是這幾種特殊分配的母數 (parameter)，所以無論從事估計或檢定，時時都要應用。自由度顯示出計算統計數時用樣本標準誤差 $S_{\bar{x}}$ 替代全體的標準誤差 $\sigma_{\bar{x}}$ 所受的限制，因爲樣本標準差是由下式演化而來，卽

$$S = \sqrt{\frac{\sum (x_i - \bar{x})^2}{n-1}}$$

而式中各變值與樣本平均數間差異的總和又必定等於 0 ，卽

$$\sum_{i=1}^{n} (x_i - \bar{x}) = 0$$

自由度就是基於以上的基本概念演化而來，茲舉例說明如下：

例 10-1　假定有一個樣本，其中只有 5 個數值($n=5$)，如果有人要我們猜 5 個數值與樣本平均數之間的離差 (deviation)，我們只要猜 4 個就夠了，因為任何 4 個決定之後，最後一個即已固定，試證明之。

證明　設以 d_i 代表各別離差，即 $i=1,2,3,4,5$；因此

$$\Sigma d_i = d_1 + d_2 + d_3 + d_4 + d_5 = 0$$

我們有完全的自由去設定 5 個離差中的任何 4 個，一旦有 4 個已經確定，我們就沒有自由再去猜另外一個，因為這最後一個業已決定。例如我們可以隨意指定前 4 個離差各自為：$d_1=4, d_2=-3, d_3=2, d_4=-1$，則第 5 個即不必猜了，其值一定為：

$$d_5 = 0 - (d_1 + d_2 + d_3 + d_4) = 0 - [4 + (-3) + 2 + (-1)]$$
$$= 0 - 2 = -2$$

此項結果顯示第 5 個離差為 -2。

由以上的演證可以說明，若一個樣本中有 n 個數值，我們只有($n-1$)個自由度，可以指定各數值與樣本平均數之間的離差。因此，樣本變異數以及樣本平均數的標準誤差，都只有($n-1$)個自由度。由此可知，t 分配、χ^2 分配、以及 F 分配等的形態，並不是基於樣本的大小，而是基於所要檢定的樣本統計數中自由度的多寡。

一般情況下，每當我們用一個樣本統計數去估計一個母數時，即失去一個自由度，例如在計算樣本標準差時所用的離差平方和公式 $\sum_{i=1}^{n}(x_i - \bar{x})^2$ 中需要用樣本平均數 $\bar{x}$ 去估計全體平均數 μ，因此計算樣本標準差的公式中便失去一個自由度，所以其分母為 ($n-1$)，即

$$S = \sqrt{\frac{\sum (x_i - \bar{x})^2}{n-1}}$$

由以上的解說可以明瞭，在上述各種特殊分配形態中，其自由度的決定

應爲：觀察值 (observations) 的數目減以未知數的數目，即減以需要用樣本統計數去估計的母數之數目。除了上述的一般法則之外，有時還要視資料的分組情況及檢定方式而作各別處理。

第三節　*t* 分配的應用

在一般的統計資料中，全體的標準差 σ 都是未知數，必須運用樣本資料加以估計；而選取大樣本往往又很不經濟，故通常多用小樣本的資料以估計全體的標準差。爲了處理樣本平均數 $\bar{x}$ 和樣本標準差 S 在選樣時可能發生的誤差，必須運用小樣本的選樣分配，而其中一種對稱的 (symmetric)，但並非常態的 (nonnormal) 分配稱爲 *t* 分配 (*t* distribution)。

t 分配也像標準化的常態分配 Z 單位一樣，是以標準誤差爲單位表達樣本平均數與全體平均數之間的離差，即

$$t = \frac{\bar{x} - \mu}{S_{\bar{x}}} \qquad\qquad 10\text{-}1$$

式中 $S_{\bar{x}}$ 爲樣本平均數的標準誤差，係由樣本標準差演化而來，即

$$S_{\bar{x}} = \frac{S}{\sqrt{n}}$$

若樣本佔有限全體的比例很大，而且選樣又不投回時，尙需乘以校正數，即

$$S_{\bar{x}} = \frac{S}{\sqrt{n}} \cdot \sqrt{\frac{N-n}{N-1}}$$

t 比值 (ratio) 的選樣分配每因自由度 (df) 的不同而有差別，即 $df=8$, $df=9$, $df=10$, ……，各自都有不同的分配。因此，與 5％和 1％顯著水準相對應的 *t* 值，不像常態分配一樣固定是 1.96和2.58，而是因自由度不同而有不同的 *t* 值。此項由常態分配的全體中選取小樣本，

因樣本大小 (n) 和自由度 ($df = n-1$) 的不同，而使選樣分配有不同變值的概念是由維廉・葛西特 (William S. Gosset) 所發現，在 1908 年以筆名 Student 發表出來，在文中他以 t 代表所研究的變值，所以此後在統計學中都稱此種小樣本分配為 "Student t distribution"。

在附錄表 Ⅵ (432 頁) 中，左端的數值為自由度 (df)，上端所顯示的是兩端檢定時所採用之顯著水準的二分之一 ($t_{\frac{\alpha}{2}}$)，即在 t 分配曲線下超出 $\pm t$ 決定值以外的面積。表中間所列的是在不同的顯著水準下與各種自由度相對應的 t 值，即 $t_{\frac{\alpha}{2}, (n-1)}$ 的值；例如樣本大小 (n) 為 9 時，在 5％ 的顯著水準下，兩端檢定之 $t_{\frac{\alpha}{2}, (n-1)} = t_{.025,8} = \pm 2.306$；此項結果表示有 2.5％ 的面積在對稱分配的每一尾端之外，也就是有 95％ 的面積在 $t = \pm 2.306$ 的區間之內，所以當樣本大小為 9 時，± 2.306 的 t 值可以用來為平均數設定 95％ 的可信區間。

觀察表Ⅵ中的 t 值還可以發現，當樣本 n 繼續增大時，t 分配越來越趨近於常態分配，例如在 5％ 的顯著水準下，一端檢定，當 $n = 30$ ($df = 29$) 時，$t_{.05,29} = 1.699$，此值非常接近於常數分配下的標準單位 Z 值 (即 $Z = 1.645$)。在表下方最末一列顯示出，當 df 趨近於無限大時，t 值恰好為 1.645。表中末列與其他顯著水準相對應的 t 值也與常態分配的 Z 值相等；由此可知，當 $n \to \infty$ 時，t 分配與常態分配完全相同。上述有關 t 分配隨樣本大小而變化的觀念，也可以用曲線圖形表示如下述之圖 10-1。

由圖中的分配曲線也可以看出，t 分配的離差比常態分配的離差大，其離散的程度與自由度的數目成反比，當自由度繼續增大時，其分配形態越來越趨近於常態。

t 分配應用於統計推論時，也可以用於形成可信區間和從事假設之

圖 10-1　*n*=5 和 *n*=11 時之 *t* 分配與常態分配之比較

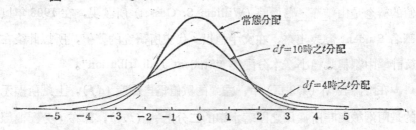

檢定，茲分別舉例說明如下：

一、可信區間之形成

應用 *t* 分配估計全體的母數之可信區間，其方式與第八章中所述者完全相同，只是將不同可信水準 (level of confidence) 下的 *Z* 值改為不同自由度下的 *t* 值即可，其可信區間之一般形式為：

$$\bar{x} - t_{\frac{\alpha}{2}, df} S_{\bar{x}} \leq \mu \leq \bar{x} + t_{\frac{\alpha}{2}, df} S_{\bar{x}} \qquad 10\text{-}2$$

茲以下述例子說明 *t* 分配可信區間之形成。

例 10-2　假定某電器工廠由供應商處收到大批鐵片，每片 10 平方英吋，品管部門希望瞭解每片的平均重量；隨機選取 9 片加以秤量，其樣本平均重量為 148.5 磅，樣本標準差為 2.16 磅，試求全部鐵片每片平均重量的 95% 可信區間。

解　已知 $\bar{x}=148.5$, $n=9$, 則 95% 可信區間之 *t* 值應為：

$$t_{\frac{.05}{2}, (9-1)} = 2.306$$

其可信區間應為：

$$148.5 - 2.306 S_{\bar{x}} \leq \mu \leq 148.5 + 2.306 S_{\bar{x}}$$

式中平均數的標準誤差應為

$$S_{\bar{x}} = \frac{S}{\sqrt{n}} = \frac{2.16}{\sqrt{9}} = 0.72$$

將此值代入上式則得

$$148.5 - 2.306(.72) \leq \mu \leq 148.5 + 2.306(.72)$$

$$148.5 - 1.66 \leq \mu \leq 148.5 + 1.66$$

$$146.84 \leq \mu \leq 150.16$$

以上的結果顯示，若選取的樣本具有代表性，我們有95％的信心，該批鐵片每片的平均重量將在 147 磅到 150 磅之間。

二、假設之檢定

在實際從事假設檢定時，經常是選取小樣本,以求節省時間和費用，其方法和步驟與大樣本的檢定完全相同，只須將決定值 Z 改換為與適當自由度相對應的 t 值即可，茲以下述例子說明如何運用 t 分配從事假設之檢定。

例 10-3　假定在上述例 10-2 中，品管部經理希望能根據樣本平均重量檢定一下，全部鐵片每片的平均重量與定單上所制定的規格（平均每片重量為 150 磅）是否有顯著的差異，試運用 5 ％顯著水準檢定之。

解　由例 10-2 中得知樣本平均重量為 148.5 磅　，所以品管部經理最關心的是每片的平均重量是否已顯著的低於規格；因此，虛假設與變更假設應為：

$$H_0: \quad \mu = 150$$

$$H_a: \quad \mu < 150$$

變更假設中的不等式指向左端，故為左端檢定；在 5 ％的顯著水準下，自由度 $df = 9 - 1 = 8$ 時，左端檢定之決定值應為：$t_{.05,8} = -1.86$。若根據樣本資料所計得的檢定統計數 t' 大於 -1.86，應該接受虛假設；否則，若 t' 小於 -1.86，即接受變更假設。

已知 $\bar{x} = 148.5, S_{\bar{x}} = 0.72$，所以檢定統計數應為

$$t' = \frac{\bar{x} - \mu_h}{S_{\bar{x}}} = \frac{148.5 - 150}{.72} = -2.08$$

因為 $-2.08 < -1.86$，此項結果顯示檢定統計數落在拒絕區，所以應該拒絕虛假設，而接受變更假設。此項決定表示，根據選樣檢定的結果，每張鐵片的平均重量低於規格所定的 150 磅；根據 5 %的顯著水準，其差異非常顯著。

以上所列舉的是一端檢定的例子，茲再舉例說明 *t* 分配之兩端檢定如下：

例 10-4 假定去年的零售資料顯示，某種食品平均每人每月消費額為 $\$5.50$。該產品的某一製造商希望瞭解，今年首季此項產品的平均消費額是否有顯著的變化；為了便於從事比較，隨機選取25個家庭加以調查，發現平均消費額為 $\$5.84$，標準差為 $\$0.75$，試以 5 %的顯著水準檢定此項產品的消費額是否有顯著的改變。

解 該製造商希望瞭解的是此項產品的消費額是否有顯著的改變，包括消費額增加和減小，宜採兩端檢定，所以虛假設和變更假設應為：

$$H_0: \mu = 5.50$$

$$H_a: \mu \neq 5.50$$

樣本 $n = 25$，則 $df = n - 1 = 24$；在 5 %的顯著水準下，兩端檢定時的決定值應為 $t_{.025,24} = \pm 2.064$。若根據樣本資料所計得的檢定統計數 $t' > -2.064$ 和 $t' < 2.064$，可以接受虛假設；否則，接受變更假設。

已知：$\bar{x} = \$5.84, S = \$0.75, n = 25$，則樣本標準誤差為：

$$S_{\bar{x}} = \frac{S}{\sqrt{n}} = \frac{.75}{\sqrt{25}} = .15$$

因此，
$$t' = \frac{\bar{x} - \mu}{S_{\bar{x}}} = \frac{5.84 - 5.50}{.15} = \frac{.34}{.15} = 2.267$$

因為 $2.267 > 2.064$，即檢定統計數 t' 落在接受範圍之外，所以應該拒絕虛假設，接受變更假設。此項決定表示，在 5 % 的顯著水準下，該產品的消費額已有顯著的改變； 而檢定統計數 $t'=2.267>t=2.064$，即消費額已有顯著的增加。

三、全體平均數間差異之檢定

上一章曾討論過關於大樣本兩個全體平均數之間差異的檢定，如果由全體中選取的是小樣本，即須應用 t 分配，其檢定的方式和步驟與上述大致相同，但須附加以下兩項假定：

　　1. 由其中選取樣本的兩個全體是常態分配，

　　2. 兩個全體的標準差大致相等。

在符合這兩項條件的情況下，才適於選取小樣本，應用 t 分配以檢定兩個平均數之間差異的顯著性。

若以 n_1 代表從第一個全體中選取的樣本之大小， n_2 即應爲由第二個全體中所選的樣本之大小， 則

　　　　$\bar{x}_1$ 和 $\bar{x}_2$ 分別代表由兩個全體中所選取的樣本之平均數，

　　　　S_1 和 S_2 分別代表由兩個全體中所選取的樣本之標準差。

通常全體的標準差都是未知數，所以首先要求得兩個全體的標準差之共同估計值 (common estimate)；若以 S_c 代表共同估計值，則此值常以下式表示之：

$$S_c = \sqrt{\frac{(n_1-1)S_1{}^2 + (n_2-1)S_2{}^2}{n_1+n_2-2}} \qquad 10\text{-}3$$

因爲假定兩個全體的標準差是相等的， 所以此式所求得的 S_c 應爲每一個全體的標準差之最佳估計值。有了此項估計值，乃可用以計算每一個樣本平均數的標準誤差，即

$$S_{\bar{x}_1} = \frac{S_c}{\sqrt{n_1}} \qquad\qquad S_{\bar{x}_2} = \frac{S_c}{\sqrt{n_2}}$$

由上一章討論對大樣本的平均數之間差異的檢定已知，樣本平均數間差異的選樣分配之標準誤差應爲：

$$S_{\bar{x}_1-\bar{x}_2} = \sqrt{S^2_{\bar{x}_1} + S^2_{\bar{x}_2}}$$

將以上所述 $S_{\bar{x}_1}$ 和 $S_{\bar{x}_2}$ 的值代入此式， 則此一平均數間差異的標準誤差即可簡化爲：

$$S_{\bar{x}_1-\bar{x}_2} = S_c \sqrt{\frac{1}{n_1} + \frac{1}{n_2}} \qquad\qquad 10\text{-}4$$

而 $$t' = \frac{\bar{x}_1 - \bar{x}_2}{S_{\bar{x}_1-\bar{x}_2}}$$

的比值 (ratio) 之分配即 與 $df = (n_1 + n_2 - 2)$ 的 *t* 分配形態相同， 而可加以比較， 所以此比值可以用於檢定全體平均數 μ_1 和 μ_2 間差異是否顯著之假設。玆舉例說明如下：

例 10-5 假定某大工廠的人事主管希望瞭解廠中鑄造部門 與 裝配部門技工的平均工資是否有顯著的差異，於是在各該部門分別隨機選取 12 名及 10 名技工爲樣本。根據以往的經驗，技工的工資係呈常態分配，而且兩個部門工資的標準差大致相同。由樣本所獲得的資料如下：

	鑄造部門	裝配部門
樣本大小	$n_1 = 12$	$n_2 = 10$
樣本中技工每月平均工資	$\bar{x}_1 = \$1,046$	$\bar{x}_2 = \$983$
樣本中工資的標準差	$S_1 = \$68$	$S_2 = \$71$

試依 5 ％的顯著水準，根據樣本資料檢定兩個部門技工的工資是否有顯著差異。

解 人事部門主管所關心的應該是兩端檢定，所以虛假設與變更假設應爲：

$$H_0: \ \mu_1 = \mu_2$$

$$H_a: \ \mu_1 \neq \mu_2$$

兩組樣本資料的 t 分配之自由度應為：

$$df = n_1 + n_2 - 2 = 20$$

所以在 5 %顯著水準下，兩端檢定的決定值應為：

$$t_{.025,20} = \pm 2.086$$

若由樣本資料所計得的檢定統計數 t' 大於 -2.086 和小於 2.086，應該接受虛假設；否則，接受變更假設。

首先計算標準差的共同估計值，卽

$$S_c = \sqrt{\frac{(n_1-1)S_1{}^2 + (n_2-1)S_2{}^2}{n_1+n_2-2}} = \sqrt{\frac{11(68)^2 + 9(71)^2}{12+10-2}}$$

$$= \sqrt{\frac{96233}{20}} = 69.37$$

樣本平均數差異的標準誤差應為：

$$S_{\bar{x}_1 - \bar{x}_2} = S_c \sqrt{\frac{1}{n_1} + \frac{1}{n_2}} = 69.37 \sqrt{\frac{1}{12} + \frac{1}{10}}$$

$$= 69.37 (.428) = 29.7$$

而檢定統計數 t' 則應為：

$$t' = \frac{\bar{x}_1 - \bar{x}_2}{S_{\bar{x}_1 - \bar{x}_2}} = \frac{1046 - 983}{29.7} = 2.12$$

因為 $2.12 > 2.086$，該檢定統計數落在拒絕區，所以應該拒絕虛假設，而接受變更假設。此項決定表示，在 5 %的顯著水準下，根據樣本資料認定鑄造部門與裝配部門技工的平均工資差異很顯著；而檢定統計數 t' 大於決定值 t，表示鑄造部門技工的工資高於裝配部門技工的工資，兩者的差異很顯著。

第四節 χ^2 分配的特性

在統計推論問題中，若資料只分成兩個類別（例如成功、或失敗，合格、或不合格等）即可運用以上兩章所介紹有關比例數的推論方法加以處理。但是在商業上和經濟問題中的許多統計資料，都經常依照屬性 (attributes) 而劃分為許多類別，並且也常依照須要而作不同的檢定；尤其有時還須要檢定屬性之間的關係，而 χ^2 分配 (Chi-Square Distribution) 就是為了適應此種需要而發展出來的，可以用於從事適宜性檢定 (test of goodness of fit)、獨立性檢定 (test of independence)、以及同性質檢定 (test of homogeneity) 等。

χ^2 是由若干經過平方的常態隨機變數之總和所組成，也就是說，若 y_i 是一個標準化常態分配 ($\mu=0, \sigma=1$) 的變數，而且所有的 y_i 都是各自獨立的，則下式所表示者為 χ^2 分配，即

$$\chi^2 = \sum_{i=1}^{df} y_i{}^2 \qquad\qquad 10\text{-}5$$

在 χ^2 分配中唯一的母數是自由度 df，用以代表此一總和式中獨立項目 (independent terms) 的數目。由上式中可以看出，各項都是平方數，因此 χ^2 分配總是正值 (positive value)，所以 χ^2 變數可以是從 0 到正無限大之間的任何值，該分配的此項特性完全由自由度來限定。χ^2 分配的期望值或平均數也是自由度，即 $E(\chi^2)=df$；而 χ^2 分配的差異數則是自由度的二倍，即 $v_{ar}(\chi^2)=2df$。

為了便於瞭解起見，下述圖 10-2 所顯示的是幾個不同自由度的 χ^2 分配。

圖 10-2　自由度為 2, 6, 及 12 時的 χ² 分配

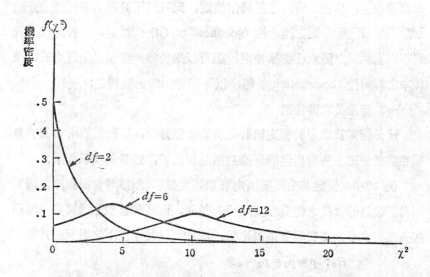

由圖中可以看出，當自由度較小時，χ² 分配向右偏斜；但是當自由度繼續增加時，曲線的偏斜程度將會減輕。若自由度大於 30 以後，χ² 將趨近於常態分配。無論在何種情況下，χ² 分配都是單一衆數 (unimodal)，而且是連續的。

　　附錄表 Ⅶ (433 頁) 是 χ² 分配的機率函數表，例如表中顯示當自由度為 8 時 ($df = 8$)，有 5 % 的機率，χ² 值將會超過 15.507，也就是說在 5 % 的顯著水準之下，自由度是 8 時，χ² 的決定值為 15.507，即 $χ^2_{.05,8}$ = 15.507 。在其他顯著水準下，與各種自由度相對應的不同 χ² 值。都可以由附錄表 Ⅶ 中查出。

第五節　χ² 分配的功用

　　在統計推論中，χ² 分配的用途相當廣泛，可以用於檢定統計資料的

觀察次數與基於某種理論分配所預期出現的次數間之顯著性，或者對於來自數個全體的樣本資料之差異作檢定，又可以用於對樣本資料的分配形態與某種理論分配之適合性 (goodness of fit) 作檢定，或者對樣本資料不同屬性間之獨立性從事檢定，還可以用於檢定兩個以上獨立的隨機樣本之相同性 (homogeneity) 等，以下將分別舉例說明之：

一、應用於次數檢定

χ^2 分配常被應用於檢定統計資料的次數分配，即對觀察所得的次數與在某種假定下所應出現的理論次數加以比較，茲舉例演示如下：

例 10-6　假定某公司要檢定兩類婦女顧客(職業婦女與家庭主婦)對其新發展的食品之偏愛程度是否有差異，而且此種食品還要與一種已經上市的食品之接受程度加以比較，因此可以設立以下之虛假設，即

$$H_0: \ p=p_1=p_2=.5$$

式中 p 代表眞實的比例數 (true proportion)，p_1 和 p_2 爲兩個樣本中偏好新食品的比例數，所以上述虛假設所表示的是兩組樣本中偏好新食品的比例相等，而且對兩種食品的偏好比例也相等。也就是說，上述虛假設的含義是兩個樣本可能來自同一全體，其比例數 $p=.5$。

若以 n_1 和 n_2 代表兩個樣本的大小，x_1 和 x_2 爲每個樣本中喜愛新產品的數目。r_1 和 r_2 的值來自二項機率分配，但是若樣本較大，即可用常態分配來估計二項分配，以下兩個式子也將各自呈常態分配，而且離差也可以標準化（即 $\mu=0$, $\sigma=1$）。

$$\frac{x_1-n_1p}{\sigma_{x_1}}, \qquad \frac{x_2-n_2p}{\sigma_{x_2}}$$

式中 σ_x 爲二項分配的標準差，即

$$\sigma_{x_1}=\sqrt{n_1\,pq}, \qquad \sigma_{x_2}=\sqrt{n_2\,pq}$$

式中 $q=1-p$。將上述兩個常態分配式平方後並且相加，即得

$$\chi^2 = \left(\frac{x_1 - n_1 p}{\sigma_{x_1}}\right)^2 + \left(\frac{x_2 - n_2 p}{\sigma_{x_2}}\right)^2 \qquad 10\text{-}6$$

前曾述及 χ^2 變數爲常態變數的平方和，而且公式 10-6 中共有兩個獨立項目，所以此式呈 χ^2 分配，其自由度爲 2。

假定例中兩個樣本所獲得的結果爲：

	第一組職業婦女	第二組家庭主婦
樣本大小	$n_1 = 100$	$n_2 = 225$
喜歡新食品的人數	$x_1 = 56$	$x_2 = 130$
標準差（虛假設中 $p = .5$）	$\sigma_{x_1} = \sqrt{100 (.5)(.5)}$	$\sigma_{x_2} = \sqrt{225 (.5)(.5)}$
	$= 5$	$= 7.5$

將各值代入公式 10-6 則得

$$\chi^2 = \left(\frac{x_1 - n_1 p}{\sigma_{x_1}}\right)^2 + \left(\frac{x_2 - n_2 p}{\sigma_{x_2}}\right)^2 = \left(\frac{56 - 50}{5}\right)^2 + \left(\frac{130 - 112.5}{7.5}\right)^2$$

$$= 1.44 + 5.44 = 6.88$$

由直覺也可以推斷出，若兩個樣本的反應不同，或者各自的反應與50%相差很遠，　上式所計得的 χ^2 值將會很大；　若超過某一顯著水準和與獨立項數相同的自由度之下的決定值 (critical value) 時，卽表示差異顯著，應該拒絕虛假設。

由附錄表Ⅶ中可以查出，在 5 ％的顯著水準下，自由度爲 2 時，χ^2 的決定值爲 5.991，卽 $\chi^2_{.05,2} = 5.991$。以上所計得的檢定統計數大於此一決定值，卽 6.88 > 5.991。此項結果顯示，在 5 ％ 的顯著水準之下，由樣本所獲得的次數與假設的次數兩者的差異顯著，所以應該拒絕虛假設。此一決定表示兩個樣本對此一新食品的偏好程度不同，而且對此一新產品與原有的產品之間的偏好程度也不同。

上述的例子說明怎樣應用 χ^2 分配來檢定關於次數分配的假設，　此

項基本概念還可以再加擴大，而將各種類別 (categories) 的次數都加以
計算，例如在上述例子中卽可很容易的同時計算喜愛此項產品和不喜愛
此項產品的次數。在一般情形下，若有 k 種類別 ($i = 1, 2, \cdots\cdots, k$)，設
以 O_i 代表在第 i 種類別中的觀察次數 (observed frequencies)，以 E_i 代
表在第 i 種類別中的期望次數 (expected frequencies)，則 χ^2 統計數可由
下式計得，卽

$$\chi^2 = \sum_{i=1}^{k} \frac{(O_i - E_i)^2}{E_i} \qquad\qquad 10\text{-}7$$

式中的 O_i 和 E_i 都是統計資料出現的次數，並非次數的比例數。

在應用公式 10-7 從事各種形式的 χ^2 檢定時，有兩點需要注意的事
項：

1. 當 $df = 1$ 時，尤其當次數的總數較少 (少於 50) 時，應該在計
算 χ^2 值的公式中減以連續校正數 (continuity correction factor) $\frac{1}{2}$，其修
正的公式應為

$$\chi^2 = \sum_{i=1}^{k} \frac{(|O_i - E_i| - \frac{1}{2})^2}{E_i} \qquad\qquad 10\text{-}8$$

上式中計入校正數的理由是因為理論上 χ^2 分配是連續的，而附錄表 VII
中所列的 χ^2 值則是由公式 10-7 所計得的不連續統計數，因此在 O_i 與
E_i 的絕對值平方之前減以 $\frac{1}{2}$，這樣可以將所計得的 χ^2 值略微減少。

2. 在每一理論次數 (或期望次數) 組中的數目至少應該等於 5，
因為 χ^2 分配的運用是基於一項假定，卽其分配近似於常態分配。因此
而限定樣本不能太小，必須使 np 和 nq 的值都大於 5；此項法則也適用
於 χ^2 分配，卽任何組中的期望次數 E_i 至少應該等於 5，若某一組或某
些組中的 E_i 值小於 5 時，可於計算 O_i 與 E_i 的差異之前，先將此較小
值與相鄰一組或幾組合併。自由度的決定則依合併後的組數計算，例如

原來有 10 組，其中有 3 組的期望次數小於 5，而合併爲一組，卽應依照所剩下的 8 組來決定自由度。

二、關於數個全體之假設檢定

上述例 10-6 中的統計資料只分爲二種類別，而實際處理問題時，可能須要將資料劃分爲許多不同的種類，以檢定各類別差異程度的顯著性，卽證實各樣本是否來自不同的全體？ 玆以下例演示如何應用公式 10-7 來計算類別衆多的 χ^2 值，以從事衆多全體之假設檢定。

例 10-7　假設某一玩具製造廠發現大批製品安裝不良，製造部經理發覺大多是由於銲接不妥當所造成，銲接單位共有四位技工，使用同樣器具從事銲接工作。爲了檢定四位技工中所造成的不良數是否有顯著的差異，由每一技工所銲接的成品中隨機選取 200 件加以檢驗，並記錄各自的不良數目，所得之結果如以下之表 10-1。

表 10-1　由四位技工的製品中選樣所得之不良品數目

產品數目 O_i 技工編號　　產品類別	1	2	3	4	總　　數	比例數 p	期望值 $E_i = np$
不　良　產　品	18	15	11	16	60	0.075	15
合　格　產　品	182	185	189	184	740	0.925	185
總　　　　數	200	200	200	200	800	1.000	200

試依 5% 的顯著水準，檢定各技工所造成的不良產品數是否有顯著的差異。

解　此項檢定之虛假設應爲各技工所造成的不良品數目沒有差異，則變更假設應爲各自的不良品數目有差別，卽

$$H_0:\quad p_1 = p_2 = p_3 = p_4 = p$$

$$H_a:\quad p_1 \neq p_2 \neq p_3 \neq p_4 \neq p$$

在確定 χ^2 的決定值之前，首先要確定其自由度 df，在此例中全部統計資料共分成 8 個類別，即有 8 項，但是並非 8 項都是獨立的，因為每一個技工的不良品數目一旦決定，其所製成的合格品數目即為已知，只須將 200 減以不良品數目即得；因此，只有四個類別是獨立決定的。而且我們需要根據樣本資料估計全體的不良品比例 p，則又減小一個自由度，所以一旦全部不良品的數目確定為 60，即只有 3 個項目能夠獨立決定；因此，該問題的 χ^2 值只有 3 個自由度。由附錄表Ⅶ中可以查出，在 5 % 的顯著水準下，自由度為 3 時，χ^2的決定值為 7.815，即 $\chi^2_{.05,3} =$ 7.815。如果計得的檢定統計數 χ^2 值小於 7.815，應該接受虛假設；否則，即該拒絕虛假設。

四位技工的全部不良品比例為 $\hat{p} = \dfrac{60}{800} = 0.075$，可用此值估計母全體的不良品比例數 p。若假設是真實的，而且 $p = .075$，則每一個技工所製成的不良品數目之期望值應為 $E_i = np = 200(.075) = 15$；每人所製成的合格產品數目之期望值則為 $200 - 15 = 185$。以上兩者都是期望次數，即公式 10-7 中的 E_i。表 10-1 中由樣本所檢驗的結果，則為觀察值 O_i。表中共有 8 個類別，所以 χ^2 值可以應用公式 10-7 計算如下：

$$\chi^2 = \sum_{i=1}^{8} \frac{(O_i - E_i)^2}{E_i} = \frac{(18-15)^2}{15} + \frac{(15-15)^2}{15} + \frac{(11-15)^2}{15}$$

$$+ \frac{(16-15)^2}{15} + \frac{(182-185)^2}{185} + \frac{(185-185)^2}{185}$$

$$+ \frac{(189-185)^2}{185} + \frac{(184-185)^2}{185} = 1.874。$$

此項結果顯示檢定統計數小於決定值，即 1.874 < 7.815，所以應該接受虛假設。此一決定表示在 5 % 的顯著水準下，各位技工所製成的不良品

數目沒有顯著的差異。

三、適宜性檢定

由上述的例 10-7 已經可以看出，χ^2 分配的另外一項重要用途是從事適宜性檢定 (test of the goodness of fit)，此項檢定係用於決定，由樣本資料得到的觀察次數與基於某種理論上的分配形態而期望產生的次數，兩者之間的合宜程度。例如我們有時需要比較，某種事件實際發生的次數與該等事件若呈均勻分配 (uniform distribution) 所期望的次數之間是否有差異；或者在某項服務設施所觀察的到達率 (arrival rate) 是否基於波生分配 (Poisson distribution) 所期望的到達率；再如由某一樣本所得到的次數分配與該項資料若呈常態分配每一組距中所期望的次數分配是否相符。許多此種類似情況的檢定都稱為適宜性檢定，以下將分別舉例說明之。

1. 均勻分配之檢定

χ^2 分配常用於從事均勻分配之檢定 (test of uniform distribution)，即檢定樣本資料是否來自一個均勻分配的全體，所謂均勻分配係指各組出現的次數平均或均等。在此種檢定中，每組中的期望次數應為觀察值的總數除以組次的數目；自由度的數目應為組次的數目減 1，因為在已知總數的情形下，任何 $n-1$ 組的次數決定之後，第 n 組的次數即已確定，所以減少一個自由度。茲舉例說明如下：

例 10-8　假定某大公司的人事部門希望瞭解，在一年中不同的季節對員工辭職的人數多寡是否有影響？在人事檔案中，去年各季辭職的人數如下：

季　　節	辭職人數
春	22
夏	19
秋	9
冬	10
總　　數	60

試依 5 %的顯著水準檢定樣本資料的次數分配是否均勻。

解　在適宜性檢定中，通常虛假設都表示樣本資料合乎某一特定的理論性分配，而變更假設則表示相反的結果，所以此例中的虛假設與變更假設應為：

　　　　H_0：樣本資料的分配是均勻的(即辭職人員與季節無關)。

　　　　H_a：樣本資料的分配不均勻。

樣本資料共分四組，自由度應為組數減 1 等於 3，所以在 5 %的顯著水準之下，χ^2 的決定值應為 $\chi^2_{.05,3} = 7.815$。若由樣本資料所計得的檢定統計數小於 7.815，表示差異不顯著，即可接受虛假設；否則，應該拒絕虛假設。

　　檢定統計數可以運用表 10-2 計算如下：

表 10-2　均勻分配檢定 χ^2 之計算表

季節	O_i	E_i	$O_i - E_i$	$(O_i - E_i)^2$	$\dfrac{(O_i - E_i)^2}{E_i}$
春	22	15	7	49	3.27
夏	19	15	4	16	1.07
秋	9	15	−6	36	2.40
冬	10	15	−5	25	1.67
總計	60	60	0	$\chi^2 = \sum \dfrac{(O_i - E_i)^2}{E_i} = 8.41$	

　　此例中每組的期望次數 E_i，應為總次數 60 除以組數 4，所以若分配均勻每組的次數應為 15。以上的結果顯示檢定統計數大於決定值，即 8.41＞7.815，所以在 5 %的顯著水準下，應該拒絕虛假設，而接受變更假設。此項決定表示該公司員工的辭職人數因季節不同而有很大的變動，不呈均勻分配，所以季節對員工辭職人數之多寡有顯著的影響。

　2. 波生分配之檢定

　　有些情況下必須假定統計資料符合波生分配才能運用某種處理方

法，而所獲得的樣本資料是否呈波生分配，則可運用適宜性檢定加以證實。茲以實例說明如下：

例 10-9　假定某一機械製品工廠希望能確定裝配線(assembly line)上所出現之不合格零件的數目是否呈波生分配；因此，品管部技師選樣 200 盒加以檢驗，每盒裝有 100 個完成的零件。在所檢驗的 200 盒零件中，每盒含有不合格零件的數目如下：

不合格零件的數目 x	0	1	2	3	4	5	6及以上
盒　　　數	21	62	50	40	22	0	5

試依 5％的顯著水準，檢定上述的不合格零件是否呈波生分配。

解　茲以隨機變數 x 代表每盒中所發現的不合格零件數目，則所欲檢定之虛假設和變更假設應為：

H_0：每盒中不合格零件的數目呈波生分配

H_a：每盒中不合格零件的數目非波生分配

在此例中波生分配的平均數係未知數，可用樣本平均數來估計。在 200盒中共有 400 個不合格零件，所以樣本平均數應為：

$$\lambda = \frac{T}{N} = \frac{0(21)+1(62)+2(50)+3(40)+4(22)+5(0)+6(5)}{200}$$

$$= \frac{400}{200} = 2$$

即平均每盒中有 2 個不合格零件。根據此項估計數，樣本資料所要符合的波生分配即可由下式計得：

$$P(X,2) = \frac{\lambda^x e^{-\lambda}}{x!} = \frac{2^x e^{-2}}{x!}$$

表 10-3 第 3 行中的波生機率值即是運用此式算出，或由附錄表 Ⅳ 中也可以查得。此項機率各自乘以 200，則得表 10-3 中第 4 行與各項機率相

對應的期望值，此項結果即爲依波生分配所應預期出現的數值。另外爲了符合 $np_i \geq 5$ 的法則，可將每盒中不合格數目是 5 和 6 的合併成一組，而爲"5 以上"；因此，全部樣本資料即只有 6 組，其 χ^2 值可計算如下：

表 10-3　基於波生分配比較觀察次數與期望次數時 χ^2 值之計算表

不合格零件 數目X	觀察次數 O_i	波生機率 $\lambda = 2$	期望次數 E_i	$(O_i - E_i)^2$	$\dfrac{(O_i - E_i)^2}{E_i}$
0	21	0.1353	27.06	36.72	1.36
1	62	0.2707	54.14	61.78	1.14
2	50	0.2707	54.14	17.14	0.32
3	40	0.1804	36.08	15.37	0.43
4	22	0.0902	18.04	15.68	0.87
5 以上	5	0.0527	10.54	30.69	2.91
Total	200	1.0000	200.00		$\chi^2 = 7.03$

在 6 組資料中，因爲用樣本數值估計全體平均數 λ，故失去一個自由度，而且在 6 組資料中，只要知道任何 5 組的數值，其餘一組即已決定，乃又失去一個自由度，所以 $df =$ 組數 $-2 = 4$。在 5 % 的顯著水準下，χ^2 的決定值應爲：$\chi^2_{.05,4} = 9.488$；而由樣本資料中所計得的檢定統計數 $\chi^2 = 7.03$，小於決定值，表示樣本資料的分配形態與假設的波生分配之差異不顯著。因此，在 5 % 的顯著水準下，我們應該接受虛假，即認爲每盒中不合格零件的數目呈波生分配。

　　3. 常態分配之檢定

　　在許多作業研究模式中，或在統計決策問題中，都經常假定統計資料呈常態分配，而實際的樣本資料是否符合此項假定，則可運用適宜性檢定加以證實。茲以下例說明如何檢定常態分配。

　　例 10-10　在本書第四章第二節和第四節中曾運用到 214 名技工每小時的薪資所得資料，此項樣本資料之次數分配再重列於表10-4，以便參閱運用。在該章根據樣本資料計算離差測定數時，係假定全體技工每小時的薪資所得呈常態分配，此項假定是否正確，則可運用樣本資料加以檢定；試根據表 10-4 中的資料以 10% 的顯著水準檢定該樣本是否來自常態分配的全體。

表 10-4　214 名技工每小時薪資所得次數分配表

每小時所得 組　限	組 中 點	技工人數 $f_i = O_i$
\$ 6. 25—under \$ 6. 45	\$ 6. 35	2
6. 45—under　6. 65	6. 55	23
6. 65—under　6. 85	6. 75	49
6. 85—under　7. 05	6. 95	63
7. 05—under　7. 25	7. 15	45
7. 25—under　7. 45	7. 35	25
7. 45—under　7. 65	7. 55	3
7. 65—under　7. 85	7. 75	4
總　　計		214

解　此例中所要檢定的虛假設和變更假設應為：

H_0：樣本取自常態分配的全體

H_a：樣本並非取自常態分配的全體

在第四章第五節中已經算出該項資料的樣本平均數 $\bar{x} = \$ 6.97$，樣本標準差 $S = \$ 0.272$，此等統計數可用於估計全體的母數 μ 和 σ。根據此等估計數和常態分配之假定，即可計算出表 10-4 中每一組距內應該出現的人數之機率；例如在第 3 個組距中 "\$ 6.65 – under \$ 6.85" 的常態機率，係依照標準化常態離差的計算式而求得，即

$$Z_1 = \frac{6.65 - 6.97}{.272} = -1.777$$

$$Z_2 = \frac{6.85 - 6.97}{.272} = -0.441$$

而 $P(-1.177 < Z < -0.441) = .3804 - .1704 = 0.210$。運用同樣方法可以算出其他各組距中的常態機率，如表 10-5 中所顯示者：

表 10-5　常態分配 $(\mu = 6.97, \sigma = .272, n = 214)$ 期望次數計算表

每小時薪資所得	常態機率	期望次數 (E_i)
\$6.25—under \$6.45	0.026	5.56
6.45—under 6.65	0.093	19.90
6.65—under 6.85	0.210	44.94
6.85—under 7.05	0.286	61.20
7.05—under 7.25	0.233	49.86
7.25—under 7.45	0.113	24.18
7.45—under 7.65	0.033	7.06
7.65—under 7.85	0.006	1.28
總　　計	1.000	214.00

表內末欄各組中的期望次數，是以樣本中總人數 (214) 乘以各組中相對應的常態機率而得。需要注意的是最後一組的期望次數只有 1.28，此值小於 5，所以在實際應用時必須將該組與其鄰組合併，即結合成 "\$7.45 以上"；此一合併後的新組之觀察次數 (O_i) 為 3+4=7，期望次數 (E_i) 為 7.06+1.28=8.34。

現在可以運用公式 10-7，以表 10-4 中的觀察次數和表 10-5 中的期望次數而算出 χ^2 的檢定統計數，即

$$\chi^2 = \sum_{i=1}^{7} \frac{(O_i - E_i)^2}{E_i} = \frac{(2 - 5.56)^2}{5.56} + \frac{(23 - 19.9)^2}{19.9}$$

$$+ \frac{(49 - 44.94)^2}{44.94} + \frac{(63 - 61.2)^2}{61.2} + \frac{(45 - 49.86)^2}{49.86}$$

$$+\frac{(25-24.18)^2}{24.18}+\frac{(7-8.34)^2}{8.34}=2.279+0.483+0.367$$

$$+0.053+0.474+0.028+0.215=3.899$$

在此例中，將最後兩組合併之後只剩下 7 組，因為要用樣本資料估計全體的平均數 μ 和標準差 σ，所以失去兩個自由度；又須使期望次數總數與樣本中的人數 (214) 相合，乃又失去一個自由度，因此，$df=7-3=4$。所以在 10% 的顯著水準下，自由度為 4 時，決定值應為 7.779，即 $\chi^2_{.10,4}=7.779$。此一決定值比檢定統計數大許多，此項結果表示樣本資料的分配形態與假定的常態分配之差異不顯著，所以應該接受虛假設，而認定樣本資料來自一個合乎常態分配的全體。

由以上幾個例子可以瞭解，χ^2 分配可以用於檢定樣本資料是否適合某種假定的理論分配，例如均勻分配、波生分配、以及常態分配，同樣方法還可以用於檢定指數分配 (exponential distribution)，或其他機率分配。在從事適宜性檢定時，自由度之決定法則如下：

$$df=分組數目-(所須估計之母數數目+1)$$

運用 χ^2 從事適宜性檢定時，必須注意以下兩點：

1. 觀察值的總數（次數）不宜太小，通常不得小於50。
2. 在每一組距中的期望次數至少不得低於5。

四、獨立性檢定

有一項與適宜性檢定非常近似的檢定方法，稱為 獨立性檢定 (test of independence)。雖然其檢定過程也是比較觀察次數與理論上的次數，但其重點則在檢定屬性間的區分 (classification of attributes) 是否有效 (effective)？ 即用假設之檢定以確定在不同屬性的變數之間 是否有顯著的獨立性。此種獨立性檢定也稱為或然表檢定 (contingency-table test)。茲將其運用方式舉例說明如下：

例 10-11　假定某社會學家希望瞭解男人同女人對「幸福人生」是

否有不同的看法，他將對「幸福人生」的認定分成三方面，即物質享受、精神生活、及事業成就等。從全國各地隨機選取 430 人爲樣本，其中包括 235 位男士和 195 位女士，調查得到的結果如下：

表 10-6 對幸福人生不同觀點區分表

性別 \ 幸福的認定人數	物質享受	精神生活	事業成就	總　計
男	80	95	60	235
女	60	70	65	195
總　計	140	165	125	430

試依 5 %的顯著水準檢定是否因性別不同而對幸福人生有不同的觀點。

　　解　在此例中，我們所關心的是對幸福人生的看法是否因性別不同而有差異，所以虛假設與變更假設應確立如下：

　　H_0：男人與女人對幸福人生的觀點相同。

　　H_a：男人與女人對幸福人生的觀點不同。

在上述二列三行的或然表 (2×3 contingency table) 中共有 6 個不同的項目，但是每個項目的次數相加後必須要與行和列中的總次數相符合，因此每列和每行都失去一個自由度，所以獨立性檢定的自由度應爲：(列數−1)×(行數−1)，卽

$$df = (R-1)(C-1)$$

所以此例中的自由度應爲：

$$df = (R-1)(C-1) = (2-1)(3-1) = 2$$

　　在 5 %的顯著水準下，自由度爲 2 時，χ^2 的決定值爲 5.99，卽 $\chi^2_{.05,2} = 5.99$。因此，若由樣本資料所計得的檢定統計數 χ^2 小於 5.99，應該接

受虛假設；否則，應該拒絕虛假設。

　　現在可以計算檢定統計數。在樣本中有 235 位男士，195 位女士，各個樣本的比例爲：$\frac{235}{430}=.55$ 和 $\frac{195}{430}=.45$。若虛假設是正確的，認爲物質享受是幸福人生的男士和女士之期望人數各自應爲：$140\times.55=77$ 和 $140\times.45=63$。同樣方法可以求得其他項目的期望值，茲列表如下：

表 10-7　對幸福人生不同觀點各組期望人數表

人數性別 \ 幸福的認定	物質享受 O_i	物質享受 E_i	精神生活 O_i	精神生活 E_i	事業成就 O_i	事業成就 E_i	比例數 p	總數
男	80	77	95	90	60	68	.55	235
女	60	63	70	75	65	57	.45	195
總計	140	140	165	165	125	125	1.00	430

運用表中資料即可算出 χ^2 的檢定統計數：

$$\chi^2=\sum_{i=1}^{6}\frac{(O_i-E_i)^2}{E_i}=\frac{(80-77)^2}{77}+\frac{(95-90)^2}{90}+\frac{(60-68)^2}{68}$$
$$+\frac{(60-63)^2}{63}+\frac{(70-75)^2}{75}+\frac{(65-57)^2}{57}=2.93$$

　　因爲 2.93＜5.99，而且兩者相差很大，所以在 5％的顯著水準之下應該接受虛假設。此項決定顯示：依照上述三項認定方法來分析，男人與女人對「幸福人生」的看法並沒有顯著的差異，不因性別不同而有不同的觀點。

　　以下將再舉例並以 3×3 的或然表說明獨立性檢定之應用：

　　例 10-12　假定某公司的人事部門希望瞭解員工的教育程度與工作效率之間是否有顯著的關連。教育程度分爲三個等級：中學畢業、大專畢業、研究所畢業；工作效率分爲以下三個類別：特優、優良、正常。
隨機選取 200 名員工，考核的結果如下：

表 10-8　員工教育程度及工作效率分類表

人數 工作效率 \ 教育程度	中學畢業	大專畢業	研究所畢業	總　計
特　　優	10	40	10	60
優　　良	30	30	20	80
正　　常	10	30	20	60
總　　計	50	100	50	200

試運用表中資料，依 5 % 的顯著水準，檢定教育程度與工作效率之間是
否有顯著的關連。

　　解　此例之虛假設與變更假設應確立如下：

　　　　H_0：教育程度與工作效率之間沒有顯著的關連

　　　　H_a：教育程度與工作效率之間有顯著的關連

表 10-8 中的資料雖然分類爲 9 項，但其自由度却只有 4 個，即

$$df = (3-1)(3-1) = 4$$

在 5 % 的顯著水準下，自由度爲 4 時，χ^2 的決定值應爲：

$$\chi^2_{.05,4} = 9.488$$

根據樣本資料所計算出的 χ^2 檢定統計數若小於 9.488，即應該接受虛假
設；否則，拒絕虛假設。

　　在計算 χ^2 值之前，首先要求得各項目的期望次數，只要將表 10-8
中每行末列的總數乘以每列相對應的比例數即得所需要的期望值，其結
果如下：

表 10-9　　員工敎育程度與工作效率分類觀察次數及期望次數表

人數 教育程度 工作效率	中 學 畢 業		大 專 畢 業		研究所畢業		比例數	總　計
	O_i	E_i	O_i	E_i	O_i	E_i	p	
特　　優	10	15	40	30	10	15	.3	60
優　　良	30	20	30	40	20	20	.4	80
正　　常	10	15	30	30	20	15	.3	60
總　　計	50	50	100	100	50	50	1.0	200

運用表 10-9 中的資料卽可計算出 χ^2 的檢定統計數如下:

$$\chi^2 = \frac{(10-15)^2}{15} + \frac{(40-30)^2}{30} + \frac{(10-15)^2}{15} + \frac{(30-20)^2}{20}$$

$$+ \frac{(30-40)^2}{40} + \frac{(10-15)^2}{15} + \frac{(20-15)^2}{15} = 17.5$$

此項結果顯示，檢定統計數比 5 %顯著水準下的決定值大很多，卽 17.5＞9.488；縱然在 1 %的顯著水準下，$\chi^2_{.01,4} = 13.277$，檢定統計數也大於決定值，所以應該拒絕虛假設，接受變更假設。此項決定表示，根據樣本資料所檢定的結果，敎育程度與工作效率之間有顯著的關連。

五、同性質檢定

χ^2 分配中的同性質檢定 (test of homogeneity) 是獨立性檢定的延伸，用於決定兩個或兩個以上獨立的隨機樣本是否來自同一個母全體。在形式上同性質檢定與獨立性檢定非常相似，但在意義上兩者是不同的，茲將二者之重要區別列舉如下:

1. 兩種檢定所涉及的問題之性質不同

獨立性檢定是用於確定某種屬性是否與另外一種屬性相關連；而同性質檢定則在確定不同的隨機樣本是否來自相同的母全體。

2. 兩者所運用的樣本數目不同

獨立性檢定中只運用一個樣本，而且取自一個全體；但是同性質檢定則包含兩個或更多的獨立樣本，而且各自產生於可能不同的全體。由此可知，在獨立性檢定時，或然表中末行和末列的總數各自代表次數；而在同性質檢定時，則各總數却爲樣本大小。

茲以下述例子說明如何從事同性質檢定:

例 10-13　假定隨機選取三個樣本，其中一個包含 115 位自由職業，第二個包括 110 位商人，第三個包含 125 位農人。每一位被選爲樣本的人，都被要求對政府的某項措施表示意見，意見共分爲三類，即贊成、反對、或者無意見，選樣調查的結果如下:

表 10-10　對政府某項措施意見調查表

人　　數　　意見 職　　業　見	贊　成	反　對	無意見	總　計
自　由　業	80	21	14	115
商　　　人	72	15	23	110
農　　　人	69	31	25	125
總　　　計	221	67	62	350

試依 5 %的顯著水準，檢定三類不同的樣本是否具有相同的性質 (homogeneous)，即對政府某項措施是否有相同的意見。

解　此問題所要檢定的是，不同的樣本是否具有相同的性質，所以虛假設和變更假設應爲:

H_0: 三個樣本來自同一個全體（具有相同的性質）

H_a: 三個樣本並非來自同一全體（不具有相同的性質）

其自由度應爲:

$$df = (3-1)(3-1) = 4$$

在 5 ％的顯著水準下，自由度爲 4 時，χ^2 的決定值應爲:

$$\chi^2_{.05,4} = 9.488$$

根據樣本資料所計得的檢定統計數若小於 9.488，應該接受虛假設；否則，卽拒絕虛假設。

如果虛假設是眞實的，則對「贊成」、「反對」、或「無意見」三個比例數的最佳估計值應各自爲: $\frac{221}{350}$、$\frac{67}{350}$、和 $\frac{62}{350}$，所以 115 位自由職業者三項意見類別各自的期望次數應爲:

$$贊成者: \frac{221}{350} \times 115 = 73 人$$

$$反對者: \frac{67}{350} \times 115 = 22 人$$

$$無意見者: \frac{62}{350} \times 115 = 20 人$$

其他兩種職業各項意見類別的期望值也可以運用同樣方法求得，全部結果列於以下之表 10-11。

表 10-11　對政府某項措施意見調查觀察次數與期望次數表

職業 \ 意見	贊成		反對		無意見		總計
	O_i	E_i	O_i	E_i	O_i	E_i	
自 由 業	80	73	21	22	14	20	115
商 人	72	69	15	21	23	20	110
農 人	69	79	31	24	25	20	125
總 計	221	221	67	67	62	62	350

運用表中的觀察次數和期望次數，即可算出 χ^2 的檢定統計數如下：

$$\chi^2 = \frac{(80-73)^2}{73} + \frac{(21-22)^2}{22} + \frac{(14-20)^2}{20} + \frac{(72-69)^2}{69}$$

$$+ \frac{(15-21)^2}{21} + \frac{(23-20)^2}{20} + \frac{(69-79)^2}{79} + \frac{(31-24)^2}{24}$$

$$+ \frac{(25-22)^2}{22} = 8.528$$

此項結果顯示檢定統計數比決定值小，即 8.528＜9.488，應該接受虛假設，即三個樣本係來自同一個全體。此項決定表示自由職業者、商人，和農人，對於政府的該項措施具有相同的觀點。

由本節的許多例子中可以看出，應用 χ^2 從事各種檢定的過程與以上各章所述的假設檢定大致相同，茲將運用 χ^2 從事各項假設檢定的一般步驟摘要歸納如下：

1. 首先確立所擬檢定之虛假設與變更假設。通常虛假設多表示樣本取自具有某種理論性機率分配之全體，而變更假設則與此相反。

2. 選擇顯著水準。顯著水準為允許犯第一類錯誤之機率，不宜太大或過小，常用的有 10％、5％、2％、及 1％ 等，通常以 5％ 運用的機會較多。

3. 決定自由度。在 χ^2 分配中自由度是唯一的母數，所以自由度之決定非常重要。若運用或然表檢定，其 $df = (R-1)(C-1)$，式中 R 代表列數 (number of rows)，C 代表行數 (number of columns)；在一般情形下，$df = $ 類別項數－(所需估計之母數＋1)。

4. 查出決定值。在顯著水準和自由度都確定之後，即可由附錄表 Ⅶ 中查出 χ^2 的決定值，以作為接受或拒絕虛假設之依據。

5. 選取適當的樣本。必須採用隨機選樣的方法以取得具有代表性的合理樣本，樣本不宜太大也不可太小，太大固然浪費人力和物力，太小則可能不具代表性。

6. 計算檢定統計數。由樣本資料中可以得到觀察次數，再根據某種理論分配而計算出期望次數；將觀察次數與期望次數之差異平方後除以期望次數，再將各商數總和卽得檢定統計數。

7. 作決定。若根據樣本資料所計得的檢定統計數小於由附表中所查得的決定值，表示檢定統計數在接受區，應該接受虛假設；否則，若檢定統計數大於決定值，卽該拒絕虛假設，而接受變更假設。

因爲相對應的觀察次數與理論次數之間的差異越大，計算出的 χ^2 檢定統計數之值也越大，若大於特定顯著水準下之決定值，被認爲是由於選樣錯誤之機率卽越少。如果可以認定此種差異不是由於選樣所發生的誤差，卽可斷定樣本資料與某種所欲檢定的理論次數分配之間有顯著的差異，因此乃可決定樣本資料並非來自具有假設的分配特性之全體。

第六節　計算 χ^2 之簡捷公式

由上節的許多例題中可以看出，運用 χ^2 從事假設檢定時，檢定統計數之計算很繁雜，既須由樣本資料中求出觀察次數，又須依照所欲檢定之假設理論分配而求得期望次數，然後才能計算 χ^2 值，如果資料分類項目衆多，則計算將不勝其繁，爲了節省人力、物力、和時間，乃發展出各種簡捷的計算方法，玆分別介紹如下：

一、對簡單或然表 χ^2 之計算公式

在簡單的 2×2 或然表中，若只有觀察值時也可以計算 χ^2 值。設以 A、B、C、和 D 分別代表各類別的次數，以 m_1、m_2、m_3、和 m_4 分別代表邊緣次數 (marginal frequency)，以 n 代表總次數，其或然表的形式如下：

由觀察所得到之樣本資料

A	B	m_3
C	D	m_4
m_1	m_2	n

對於此種簡單的資料, 無須計算期望次數, 運用下式卽可由觀察值直接計得 χ^2 值:

$$\chi^2 = \frac{n(AD-BC)^2}{m_1 m_2 m_3 m_4} \qquad \text{10-9}$$

若樣本很小時, 例如小於 50, 而且當某些項目或全部項目的次數小於 5 時, 利用上式計算 χ^2 則應計以連續校正數 (continuity correction factor), 以求減小誤差, 此一修正後的公式應爲:

$$\chi^2 = \frac{n(|AD-BC| - \frac{1}{2}.1)^2}{m_1 m_2 m_3 m_4} \qquad \text{10-10}$$

二、2×3 或然表計算 χ^2 之公式

上述 2×2 的或然表應用的情況不多, 而實際上則以 2×3 或更多項目的或然表運用的機會較多, 玆將其計算 χ^2 之簡捷公式介紹如下:

2×3 或然表之一般形式爲:

由觀察所得到之樣本資料

A	B	C	m_4
D	E	F	m_5
m_1	m_2	m_3	n

依照此表之形式, 其計算 χ^2 之公式爲:

$$\chi^2 = \frac{n}{m_4}\left(\frac{A^2}{m_1} + \frac{B^2}{m_2} + \frac{C^2}{m_3}\right) + \frac{n}{m_5}\left(\frac{D^2}{m_1} + \frac{E^2}{m_2} + \frac{F^2}{m_3}\right) - n$$

$$\text{10-11}$$

　　茲將上節表 10-6 中從事獨立性檢定之資料代入上式，以計算其 χ^2 值如下：

$$\chi^2 = \frac{430}{235}\left(\frac{80^2}{140} + \frac{95^2}{165} + \frac{60^2}{125}\right) + \frac{430}{195}\left(\frac{60^2}{140} + \frac{70^2}{165} + \frac{65^2}{125}\right) - 430$$

$$= 1.83(45.7 + 54.7 + 28.8) + 2.205(25.7 + 29.7 + 33.8) - 430$$

$$= 236.436 + 196.686 - 430 = 3.12$$

此項結果與例 10-11 中運用公式 10-7 所計得之 2.93 非常接近，兩者之差異是由於圓整所產生之誤差。

三、3×3 或更多項目時計算 χ^2 之公式

　　前述計算 χ^2 之公式 10-7 還可以展開演化，而使計算過程簡化，其演化之結果如下：

$$\chi^2 = \sum \frac{(O_i - E_i)^2}{E_i} = \sum \frac{(O_i{}^2 - 2O_iE_i + E_i{}^2)}{E_i}$$

$$= \sum \frac{O_i{}^2}{E_i} - 2\sum \frac{O_iE_i}{E_i} + \sum \frac{E_i{}^2}{E_i}$$

$$= \sum \frac{O_i{}^2}{E_i} - 2\sum O_i + \sum E_i$$

因為　　　　　$\sum O_i = \sum E_i = n$

所以　　　　　$\chi^2 = \sum \dfrac{O_i{}^2}{E_i} - n$ 　　　　　　　　　　10-12

　　此式適用於任何大小的或然表，但是在運用時必須先計算出每個項目的期望次數，通常多在 3×3 或更多項目的或然表中才應用此式。茲再以表 10-6 中的資料運用此式計算 χ^2 如下：

$$\chi^2 = \sum \frac{O_i{}^2}{E_i} - n = \frac{80^2}{77} + \frac{95^2}{90} + \frac{60^2}{68} + \frac{60^2}{63} + \frac{70^2}{75} + \frac{65^2}{57} - 430$$

$$= 83.12 + 100.28 + 52.94 + 57.14 + 65.33 + 74.12 - 430 = 2.93$$

此項結果與公式 10-7 所計得之結果完全相同。

　　現在再用表 10-9 中的資料，說明如何用公式 10-12 來為 3×3 或然

表計算 χ^2 如下：

$$\chi^2 = \frac{10^2}{15} + \frac{40^2}{30} + \frac{10^2}{15} + \frac{30^2}{20} + \frac{30^2}{40} + \frac{20^2}{20} + \frac{10^2}{15} + \frac{30^2}{30}$$

$$+ \frac{20^2}{15} - 200$$

$$= 6.67 + 53.33 + 6.67 + 45 + 22.5 + 20 + 6.67 + 30 + 26.67$$

$$- 200 = 17.5$$

此項結果與在例 10-12 中所計得者完全相同。

　　由以上各例的演算可以看出，若資料類別簡單，只需要 2×2 或 2×3 的或然表時，可以不必計算期望次數，運用公式 10-9、10-10、或 10-11 直接由觀察次數卽可計得 χ^2 值。如果統計資料須要分成較多的類別或組別，必須運用 3×3 或更多項目的或然表時，也可以運用公式 10-12，而使計算過程略爲簡單，以求節省人力並爭取時間。

習　　題

1. 何謂小樣本？其分配形態與大樣本之分配有何差別？

2. 爲什麼要選用小樣本？其理由何在？列述之。

3. 何謂 χ^2 分配？在何種情形下才需要用 χ^2 分配？

4. 自由度的意義如何？試舉例說明之。

5. 自由度與樣本資料的分配形態有何關係？都有那幾種分配受自由度的支配？

6. 樣本資料的自由度如何決定？列述之。

7. 何謂 t 分配？與常態分配有何異同？列述之。

8. 某食品加工廠收到麵粉廠運來袋裝中級麵粉 1,500 包，驗收員爲了確定每袋麵粉的平均重量，隨機選取 25 袋予以過磅，得每袋平均重量 14.70 公斤，標準差爲 0.75 公斤，試求該批麵粉每袋平均重量的 90% 可信區間及 95% 可信區間，並比較兩者之差異。

9. 上述第 8 題中，若採購部經理希望能確知，該批麵粉每袋的平均重量是否與採購時所訂定的規格（每袋 15 公斤）相符，試分別運用 5％及 10％的顯著水準從事一端檢定，兩者之決定各如何？

10. 某鑄造廠依照顧客訂單而製造機械轉輪處所使用的軸承一批，共計 100,000 粒，訂單限定的規格爲直徑 1 公分，品管部門在製造過程中隨機選取 9 粒加以測量，得平均直徑爲 1.03 公分，標準差爲 0.045 公分，試分別求全部軸承的 90％、95％、及 98％ 可信區間，並說明所計得之不同結果。

11. 上述第 10 題中軸承的規格非常重要，但也不可能完全沒有差異，故註明允差爲 ±0.005 公分，試分別運用 10％ 及 5％ 的顯著水準對樣本資料加以檢定。此一問題應該用一端檢定 還是兩端檢定？ 根據檢定的結果應 該作何決定？分別說明之。

12. 某企業家在甲、乙兩地經營兩個工廠，運用相同的機器製造同樣的產品，經過多次檢驗的結果，甲工廠產品的不合格數目經常比乙工廠高，該企業家爲了證實甲、乙兩地工人的素質是否有顯著的差別，乃隨機由甲廠選了25名工人，由乙廠選了28名工人，分別計算各廠工人製成的不合格產品平均數及標準差，所計得之結果如下：

$$\bar{x}_{甲}=16 \qquad\qquad \bar{x}_{乙}=13$$
$$S_{甲}=2.4 \qquad\qquad S_{乙}=2.1$$

根據以往的經驗，兩廠的不合格產品數係呈常態分配，而且兩者之標準差也大致相同。試依10％的顯著水準，運用樣本資料檢定甲、乙兩廠工人所製成的不合格產品數目是否有顯著的差異。

13. 設某教授在 A 和 B 兩所學院講授相同的課程，採用同一課本，爲了比較兩所學校學生的學業程度，乃由兩校各選一組學生爲代表，給予同樣的試題，並依同樣的評分標準，計得以下之結果：

$$n_A=26人 \qquad\qquad n_B=24人$$
$$\bar{x}_A=79.6分 \qquad\qquad \bar{x}_B=75.2分$$
$$S_A=2.3分 \qquad\qquad S_B=2.9分$$

根據以往的經驗，兩校學生的成績大致呈常態分配，其標準差也很接近。試依 5 % 的顯著水準，運用樣本資料檢定 *A* 和 *B* 兩所學校學生的程度是否有顯著的差異。

14. χ^2 分配有那些重要特性? 列述之。

15. χ^2 分配中的母數如何? 該母數與 χ^2 分配的期望值及差異數之關係如何?

16. 如何應用 χ^2 檢定樣本間的次數分配問題? 舉例說明之。

17. 設某製造家庭電器的企業，為求明瞭其產品受顧客愛好的程度在南部、中部、及北部是否有差別，乃由南、中、及北部各隨機選取若干用戶為樣本以徵求意見，各地區表示喜愛此種品牌的人數如下:

南 部	中 部	北 部
$n_{南} = 124$	$n_{中} = 162$	$n_{北} = 157$
$r_{南} = 68$	$r_{中} = 84$	$r_{北} = 74$

試依 5 % 的顯著水準，運用以上的樣本資料，檢定各地區喜愛此種品牌的人數是否有顯著的差異。

18. 在運用公式 10-7 計算 χ^2 值時，若樣本大小 (或總次數) 少於 50，應如何處理以求得正確的檢定統計數?

19. 在分組資料中，若某一組或數組的期望次數或理論次數少於 5 時，應如何處理? 該等分組資料的自由度應如何決定?

20. 某印刷廠所排印的出版品時常發現有錯、別字的情形，經理認為是由於檢字工人的疏忽所造成。該廠排版部共有五位檢字工，領班欲求瞭解五位檢字工之間各自所造成的錯誤是否有顯明的差別，乃由各人所檢取的鉛字中隨機選取 1,000 字加以校對，得以下之結果:

觀察數類別 \ 工人目編號	1	2	3	4	5	總 計
錯 誤	21	18	15	19	17	80
正 確	979	982	985	981	983	4,920
總 計	1,000	1,000	1,000	1,000	1,000	5,000

試依10％的顯著水準，運用樣本資料，檢定各檢字工人之間錯誤的數目是否有顯著的差異？

21. 何謂適宜性檢定？從事此種檢定的用意何在？列述之。

22. 何謂均勻分配？在此種分配的檢定中，自由度如何決定？

23. 設某飯店的會計主任希望能證實，在一年中不同的月份對營業額是否有顯著的影響，去年的營業紀錄中，各月份的營業額如下：

月　份	1	2	3	4	5	6	7	8	9	10	11	12	總計
營業額 (千元)	984	963	918	887	871	860	881	894	938	980	1,023	1,081	11,280

試依 5 ％的顯著水準，檢定各月份的營業額是否呈均勻分配。

24. 設某一新開業的青年會計師，在起初營業的 160 天內，每天有顧客來接洽業務的人數統計如下：

顧　客　人　數	0	1	2	3	4	5	6
天　　數	18	27	36	43	24	12	1

試依 5 ％的顯著水準，檢定上述來接洽業務的顧客人數是否呈波生分配？

25. 試依 5 ％的顯著水準，檢定上述第24題中接洽業務的顧客人數之到達率是否呈常態分配？

26. 試依10％的顯著水準，檢定第二章表 2-2 中所列工人缺席數目之分配，是否呈常態分配？

27. 試依 5 ％的顯著水準，檢定第二章表 2-4 中所列電子零件耐用期間的資料是否符合常態分配？

28. 在運用 χ^2 從事適宜性檢定時，自由度之決定法則如何？列述之。

29. 在運用 χ^2 從事適宜性檢定時，需要注意那幾項要點？列述之。

30. 何謂獨立性檢定？其重點何在？申述之。

31. 在運用或然表計算 χ^2 值時，其自由度如何確定？列述之。

32. 設某牙科醫生欲瞭解使用不同品牌的牙膏與患齲齒多寡之間是否有關連，乃隨機選取 500 位診斷牙病者予以訪問，茲將由訪問中得知採用不同牙膏品牌的人數及檢查所得患齲齒的情況列表如下：

人數　品牌 牙齒狀況	A	B	C	D	總　計
無　　齲　　齒	8	14	16	12	50
1-4 個 齲 齒	63	70	85	82	300
4 個齲齒以上	29	36	49	36	150
總　　　　計	100	120	150	130	500

試依 5％的顯著水準，檢定患齲齒的多寡是否因採用牙膏的品牌不同而有差別。

33. 某工廠雇用的員工中包括許多不同的省籍，其中以臺灣、廣東、山東及福建等省的人數較多，人事主管想瞭解員工的工作績效是否與省籍有關，乃由每省員工中隨機選取 100 人，檢視其年終考績，得以下之結果：

人數　籍貫 工作考績	臺灣	廣東	山東	福建	總　計
特　　　　優	26	23	27	24	100
優　　　　良	45	45	46	44	180
平　　　　常	29	32	27	32	120
總　　　　計	100	100	100	100	400

試依10％的顯著水準，檢定不同省籍的員工之工作效率是否有顯著的差別。

34. 運用 χ^2 從事各項假設檢定的一般步驟如何？摘要列述之。

35. 對 2×2 或然表中的分類資料，直接計算 χ^2 值之公式如何？舉例說明之。

第十一章

F 分配和差異數分析

第一節　*F* 分配的特性和功用

設有兩個獨立的隨機變數 y_1 和 y_2，皆呈 χ^2 機率分配，而且各自的自由度為 df_1 和 df_2，則兩者的比例為 *F* 分配，即

$$F = \frac{y_1/df_1}{y_2/df_2} \qquad\qquad 11\text{-}1$$

此種分配係由菲西爾 (R. A. Fisher) 所研究發表的，為了紀念他的研究成果，乃以他姓氏中的首一字母代表該分配。

由上式中可以看出，*F* 分配有兩個母數，即 df_1 和 df_2，各自為分子和分母的自由度。為了能表示此項概念，故有時將 *F* 變數寫成 $F_{(df_1, df_2)}$。茲將 *F* 分配的重要特性列述如下：

　1.　*F* 變數無負值

因為 *F* 分配是兩個平方數的比值 (ratio)，所以 *F* 變數不可能出現負值，其變值的範圍可以從 0 到無限大 $(+\infty)$。*F* 分配的期望值趨近於1.0。

　2.　*F* 值因分子和分母的自由度而異

　　*F*分配的分子和分母各有其自由度,前者爲df_1,後者爲df_2;而每對df_1和df_2都有一個不同的 *F* 分配, 所以*F*曲線的形態每因df_1和df_2之不同配合而異。

　　3. *F*分配呈右偏態

　　在通常情況下, *F*分配是非對稱的 (nonsymmetric), 大致向右呈偏態分配。但是當其中一個或兩個母數的值繼續增大時, *F*分配將逐漸趨近於對稱。此種趨勢可用圖 11-1 顯示如下:

圖 11-1　特定自由度的 *F* 分配圖

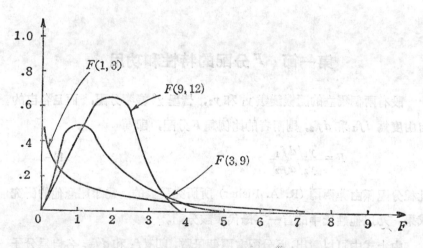

圖中所顯示的是特定自由度的三條 *F* 分配曲線。由圖中可以看出, 在自由度較小時, *F*曲線呈右偏態分配; 而自由度增大後, *F*曲線卽趨近於對稱。

　　*F*分配適用的情況不多, 其主要功用爲從事以下兩種檢定:

　　1. 用於檢定全體的差異數是否相等。

　　2. 用於檢定數個全體的平均數差異是否顯著。

本章以下各節將分別舉例說明, 如何運用*F*分配以從事差異數是否相等之檢定，以及爲求正確檢定數個全體的平均數之差異，而須從事單向差異數分析 (one-way analysis of variance) 和雙向差異數分析 (two-way analysis of variance)，並進而對差異數分析之運用加以評述，俾有助於讀者獲得清晰的概念。

第二節　差異數是否相等之檢定

F 分配也常用於從事假設之檢定，即檢定兩個常態分配的全體之差異數 ($\sigma_1{}^2$ 和 $\sigma_2{}^2$) 是否相等。假設有兩個樣本差異數 $S_1{}^2$ 和 $S_2{}^2$，得自兩個獨立的樣本，其樣本大小分別爲 n_1 和 n_2；而該等樣本又分別來自兩個常態分配的全體，其差異數各自爲 $\sigma_1{}^2$ 和 $\sigma_2{}^2$。在此種情形下，$S_1{}^2$ 將是 $\sigma_1{}^2$ 的不偏估計數 (unbiased estimator)，而且 $(n_1-1)S_1{}^2/\sigma_1{}^2$ 將呈 χ^2 分配，其自由度將爲 $df_1=n_1-1$；同樣情形，$S_2{}^2$ 將是 $\sigma_2{}^2$ 的不偏估計數，而且 $(n_2-1)S_2{}^2/\sigma_2{}^2$ 也會呈 χ^2 分配，其自由度將爲 $df_2=n_2-1$。很顯明的，以上兩個估計數的比率之分配即爲：

$$F_{((n_1-1),\ (n_2-1))}=\frac{S_1{}^2/\sigma_1{}^2}{S_2{}^2/\sigma_2{}^2} \qquad\qquad 11\text{-}2$$

因爲 $\qquad S^2/\sigma^2=\dfrac{\sum(x-\bar{x})^2}{(n-1)\sigma^2}$

而式中的 $\dfrac{\sum(x-\bar{x})^2}{\sigma^2}$ 則爲平方的常態差異之總和；因此，式 11-2 中分子和分母都呈 χ^2 分配，各自除以 $(n-1)$ 個自由度。由上節所述的定義可知，式 11-2 的比率呈 F 分配，各自的自由度爲 (n_1-1) 和 (n_2-1)。

現在即可應用式 11-2 來檢定兩個全體的差異數是否相等之假設。如果虛假設 ($\sigma_1{}^2=\sigma_2{}^2$) 是眞實的，則式 11-2 分子和分母中的 $\sigma_1{}^2$ 和 $\sigma_2{}^2$ 旣然相等即可消去；如此，則 F 比率將化簡爲

$$F_{((n_1-1), (n_2-1))} = \frac{S_1{}^2}{S_2{}^2}$$ 11-3

此式即常用於計算檢定統計數，俾與 F 分配函數表中將定自由度下所查得的決定值加以比較。

因為 F 分配有兩組自由度，因此，F 分配若像 t 分配和 χ^2 分配一樣的詳細列表，則 F 分配函數表即會太繁雜，所以附錄表Ⅸ中只列出在常用的顯著水準（ 5 ％和 1 ％）下，右端機率(right tail probability)之 F 值。例如在 5 ％顯著水準（細體數字）下，$df_1=8$, $df_2=10$ 時，F 的決定值為 3.07，即 $F_{.05(8,10)}=3.07$；而在 1 ％ 顯著水準（粗體數字）下，$df_1=8$ 和 $df_2=10$ 時，F 分配的決定值則為 5.06，即 $F_{.01(8,10)}=5.06$。此表之構成係假定以較大的差異數作分子，以較小的差異數作分母，所以 F 值總是大於 1，由此可知，F 檢定係一端 (one-tailed) 檢定。

如果兩個全體的差異數相等，即 $\sigma_1{}^2=\sigma_2{}^2$，則由此等全體所選取的樣本之差異數也應該相等，即 $S_1{}^2=S_2{}^2$；在此種情況下，F 比率的值預期等於 1。若 $S_1{}^2$ 和 $S_2{}^2$ 兩者不相等，則 F 統計數的值即大於 1；而且兩者的差異越大，F 的值越大。當由樣本資料所計得的檢定統計數大於其對應的決定值時，即該拒絕虛假設。

在運用公式 11-3 計算檢定統計數，以 比較兩個全體的差異數時，其虛假設和變更假設的形態通常如下：

$$H_0: \sigma_1{}^2=\sigma_2{}^2$$

$$H_a: \sigma_1{}^2>\sigma_2{}^2$$

由於總是以較大的樣本差異數作分子，而且 F 值只用於一端檢定，所以變更假設總是 $\sigma_1{}^2>\sigma_2{}^2$。茲舉例說明如何運用 F 分配以檢定全體的差異數是否相等。

例 11-1　假定由兩個獨立的常態分配全體中各自選取一個樣本,各樣本的大小及標準差如下：

$$n_1 = 11 \qquad\qquad n_2 = 7$$

$$S_1 = 28.0 \qquad\qquad S_2 = 21.4$$

在運用此項資料從事 t 檢定之前，我們希望能確定一下兩個全體的差異數相等之假設是否成立，試以 5 ％ 的顯著水準檢定之。

　　解　此項檢定之虛假設和變更假設應為：

$$H_0: \ \sigma_1{}^2 = \sigma_2{}^2$$

$$H_a: \ \sigma_1{}^2 > \sigma_2{}^2$$

各變值之自由度為：$df_1 = 11 - 1 = 10$, $df_2 = 7 - 1 = 6$。在 5 ％ 的顯著水準之下，F 比率之決定值為 4.06，即 $F_{.05(10,6)} = 4.06$，以此一數值作標準，若由樣本資料所計得的檢定統計數小於此值，應該接受虛假設；否則，即拒絕虛假設。

　　根據樣本資料可以算出 F 比率如下：

$$F_{(10,6)} = \frac{S_1{}^2}{S_2{}^2} = \frac{28.0^2}{21.4^2} = \frac{784}{457.96} = 1.71$$

因為 1.71＜4.06，所以在 5 ％ 的顯著水準下，我們應該接受虛假設。此項決定表示兩個樣本差異數的差別並不顯著，兩者之間的差別可能是由於機遇；因此，可以根據樣本資料而認定兩個全體的差異數大致相等。

第三節　單向差異數分析

　　在以上幾章中曾討論到如何檢定兩個樣本平均數之間的差異問題，但有時候我們却必須要瞭解由其中選取樣本的數個全體之平均數是否相等，而 F 分配的另外一項重要功用就是用於檢定數個全體的平均數是否相等。此種檢定數個全體平均數相等性 (equality) 的方法稱為差異數分

析 (analysis of variance)，若檢定的問題中只含有一個因素(factor) 時，
稱為單向差異數分析 (one-way analysis of variance)；若檢定的問題中
含有兩個因素時，稱為雙向差異數分析(two-way analysis of variance)。
本節中只討論單向差異數分析，茲舉例說明其運用方法如下：

例 11-2 假定某廠商可以運用三種方法推銷其新產品：(1)報紙刊
登廣告，(2)銷售場所散發廣告單，(3)在商店中示範使用。為了明瞭三
種方法的推銷效果，在不同地區一共選擇了12家 規模相同的商店作試
驗，每種方法在不同地區的 4 家商店中試用一個月，其銷售量（箱數）
列示於表 11-1：

表 11-1 三種推銷方法在12家商店中之銷售量 單位：箱

推銷方法 銷售量 商店編號	報 紙 刊 登 廣 告	銷 售 場 所 散 發 廣 告 單	在 商 店 中 示 範 使 用
1	5	10	23
2	3	15	18
3	10	8	16
4	6	7	11
總 計	24	40	68
平 均 數	$\bar{x}_1 = 6.0$	$\bar{x}_2 = 10.0$	$\bar{x}_3 = 17.0$

由表中可以看出，三種推銷方法的銷售量差別很大，其平均數從 6 箱到
17 箱，而總平均數 ($\bar{x}$) 則為 11 箱。該廠商希望知道由選樣試驗所得的銷
售數量之差異是否顯著，或者此種差異是否由於偶然的機遇？試以 1 %
的顯著水準檢定之。

解　在進行分析之前，首先要對此一問題作以下兩項假定：

　　1. 每種推銷方法所選取的一組商店之銷售量呈常態分配。

　　2. 各組內銷售量的差異數相同，即 $\sigma_1{}^2=\sigma_2{}^2=\sigma_3{}^2=\sigma^2$。

在此問題中所要檢定的虛假設和變更假設應確立如下：

$$H_0:\ \mu_1=\mu_2=\mu_3=\mu$$
$$H_a:\ \mu_1\neq\mu_2\neq\mu_3\neq\mu$$

前曾述及，用於檢定此種假設（3個或更多平均數是否相等）的方法稱為差異數分析。此項分析方法係將全體觀察值 (observation) 與總平均數之間的全部變異 (total variation)，劃分為兩部份，即

　　1. 組內變異 (within group variation)——係指組內各別觀察值與該組的平均數之間的差異。

　　2. 組間變異 (between group variation)——係指各組的平均數與總平均數之間的差異。

　　茲將組內變異、組間變異、以及總變異的計算方法分別演示如下：

一、組內差異數 (within-group variance)

　　於報紙上刊登廣告的推銷方法，在四個商店中銷售量的樣本差異數可用下式計得，即

$$S_1{}^2=\frac{\sum\limits_{i=1}^{4}(x_i-\bar{x}_1)^2}{n-1}$$
$$=\frac{(5-6)^2+(3-6)^2+(10-6)^2+(6-6)^2}{4-1}=\frac{26}{3}=8.67$$

此項結果還可以用另外的方式表示如下：

$$S_1{}^2=\frac{離差的平方和\text{(Sum of squared deviation)}}{自由度\text{(degrees of freedom)}}=\frac{SSD_1}{df_1}$$
$$=\frac{26}{3}$$

運用同樣方法，也可以求得在「銷售場所散發傳單」和在「商店中示範使用」兩種推銷方法，各自在四個商店中銷售量的樣本差異數，即

$$S_2{}^2 = \frac{SSD_2}{df_2} = \frac{38}{3} \qquad S_3{}^2 = \frac{SSD_3}{df_3} = \frac{74}{3}$$

前面曾假定過每組銷售量的全體差異數相等，因此，以上的各個樣本差異數 $S_i{}^2$，都是共同差異數 (common variance) σ^2 的估計值。若將每一組的離差平方和 SSD_i 相加，再除以各自的自由度 df_i 之總和，即可將各別估計值合併成一個共同估計值，其結果應為：

$$估計差異數\, \sigma_w{}^2 = \frac{SSD_1 + SSD_2 + SSD_3}{df_1 + df_2 + df_3} = \frac{SSD_w}{df_w} = \frac{138}{9} = 15.3$$

式中註腳符號 w 代表組內 (within group)。

二、組間差異數 (between-group variance)

各組的樣本平均數與總平均數間離差的平方和可由下式計得，即

$$SSD_b = (\bar{x}_1 - \bar{x})^2 + (\bar{x}_2 - \bar{x})^2 + (\bar{x}_3 - \bar{x})^2$$
$$= (6-11)^2 + (10-11)^2 + (17-11)^2 = 25 + 1 + 36 = 62$$

式中註腳符號 b 代表組間 (between group)。將此項組間離差平方和 SSD_b 除以其自由度 ($df_b = 3-1 = 2$，其中一個自由度用於估計 $\bar{x}$)，即可求得組間差異數 $\sigma_{\bar{x}}{}^2$ 的估計值，其結果如下：

$$估計組間差異數\, \sigma_{\bar{x}}{}^2 = \frac{SSD_b}{df_b} = \frac{62}{2} = 31$$

此項結果顯示，樣本大小 $n = 4$ (每組的商店數目)，樣本平均數與全體的總平均數之間的變異，其估計值是 31。

如果虛假設 ($\mu_1 = \mu_2 = \mu_3 = \mu$) 是真實的，則由每一組中所選取的樣本，即可視為由同一個全體(其平均數為 μ) 中所取得的樣本。在此種情形下，選樣的誤差 $\sigma_{\bar{x}}{}^2 = \sigma^2/n$ 也是樣本平均數間變異的測度值。將此式改寫為 $n\sigma_{\bar{x}}{}^2 = \sigma^2$，即可顯明的看出，如果虛假設是真實的，$n$ 乘以 $\sigma_{\bar{x}}{}^2$ 即

爲 σ^2 的估計值; 相反的, 如果虛假設不眞實, n 乘以 $\sigma_{\bar{x}}^2$ 將會大於 σ^2。

三、總差異數 (total variance)

個別觀察值與總平均數之間的總差異數也可以運用下式求得, 卽

$$總差異數 = \frac{\sum_{i=1}^{12}(x_t - \bar{x})^2}{N-1} = \frac{SSD_t}{df_t}$$

$$= \frac{(5-11)^2 + (3-11)^2 + \cdots + (11-11)^2}{12-1} = \frac{386}{11} = 35.1$$

式中註脚符號 t 代表總數 (total), N 代表三個樣本的總數目。

以上各種差異數所計算出的結果, 可以用差異數分析表歸納如下:

表 11-2　差異數分析表

變異的類別 計算數值	離差的平方和	自由度	σ^2 的估計值	F 值
組 間 變 異	$n \cdot SSD_b = 4(62) = 248$	2	124.0	$\dfrac{124.0}{15.3} = 8.10$
組 內 變 異	$SSD_w = $ 　138	9	15.3	
總　　變　　異	$SSD_t = $ 　386	11		

由表中可以看出, 組間變異和組內變異的離差平方和及自由度, 兩個類別的數值相加卽得總值。而在表中最後第二行所列出的是兩個獨立的 σ^2 之估計值, 作爲各組的共同差異數; 如果虛假設是眞實的, 兩個差異數估計值之間的差異應該很小, 只是由於機遇而發生變異。

在本章第一節中曾說明, F 分配是用於顯示兩個樣本差異數的比值; 因此, F 值卽可運用下式求得, 其結果爲:

$$F = \frac{由組間變異所得之\ \sigma^2\ 估計值}{由組內變異所得之\ \sigma^2\ 估計值} = \frac{124.0}{15.3} = 8.10$$

此項結果顯示於上述差異數分析表中的最後一欄，作爲該一假設之檢定統計數。

現在可以由附錄表Ⅸ中查出，在 1 % 的顯著水準下，自由度爲 2 和 9 時，F 的決定值爲 8.02，即 $F_{.01(2,9)} = 8.02$。以上由樣本資料所計得的檢定統計數大於此一決定值，即 8.10 > 8.02；此項結果顯示，在 1 % 的顯著水準下，各平均數之差異顯著，應該拒絕虛假設，而接受變更假設。此一決定表示三種推銷方法的效果並不相同，所產生的銷售量之平均數有着顯著的差異。

以上對單向差異數分析的說明，旨在詳細介紹其概念及運用，所以各種離差平方和的計算方法乃顯得非常繁瑣，現在可以將差異數分析表再加有系統的整理，而使各項數值的計算過程能夠更具體的顯示出來，玆列述於以下之表 11-3。

表 11-3　差異數分析各數值計算過程表

數值計算數變異類別	離差平方和　SSD	自由度 df	差異數估計值	F 比 值
組間變異 b	$SSD_b = \sum\limits_{j=1}^{k} \dfrac{T_j^2}{n_j} - \dfrac{T^2}{N}$	$df_1 = K - 1$	$\sigma_b^2 = \dfrac{SSD_b}{df_1}$	$F = \dfrac{\sigma_b^2}{\sigma_w^2}$
組內變異 w	$SSD_w = \sum\limits_{i=1}^{n_j} \sum\limits_{j=1}^{k} x^2{}_{ij} - \sum\limits_{j=1}^{k} \dfrac{T_j^2}{n_j}$ or $= SSD_t - SSD_b$	$df_2 = N - K$	$\sigma_w^2 = \dfrac{SSD_w}{df_2}$	
總變異 t	$SSD_t = \sum\limits_{i=1}^{n} \sum\limits_{j=1}^{k} x^2{}_{ij} - \dfrac{T^2}{N}$	$N - 1$		

上表各式中：K 代表資料的行（或組）數

　　　　　　T_j 代表各行（或組）資料的總數

　　　　n 代表列數（卽組內樣本之大小）

　　　　N 代表各組樣本大小之總數。

　　現在試行運用表 11-3 中各式爲例 11-2 求解，首先將各組樣本資料之總數及總數之平方數計算如下，以便運用。

表 **11-4**　三種推銷方法銷售量總和及其平方數量表

報 紙 刊 登 廣 告	銷售場所散發傳單	在 商 店 中 示 範 使 用	
5	10	23	
3	15	18	
10	8	16	
6	7	11	
$T_1 = 24$	$T_2 = 40$	$T_3 = 68$	$T = 132$
$T_1^2 = 576$	$T_2^2 = 1600$	$T_3^2 = 4624$	$T^2 = 17424$

$$\frac{T^2}{N} = \frac{17,424}{12} = 1,452$$

$$SSD_b = \sum_{j=1}^{3} \frac{T_j^2}{n_j} - \frac{T^2}{N} = \frac{576}{4} + \frac{1,600}{4} + \frac{4,624}{4} - 1,452$$

$$= 144 + 400 + 1,156 - 1,452 = 248$$

$$SSD_t = \sum_{i=1}^{4} \sum_{j=1}^{3} x^2_{ij} - \frac{T^2}{N} = 25 + 100 + 529 + 9 + 225 + 324 + 100$$

$$+ 64 + 256 + 36 + 49 + 121 - 1,452$$

$$= 1,838 - 1,452 = 386$$

$$SSD_w = SSD_t - SSD_b = 386 - 248 = 138$$

茲將以上計算之結果代入表 11-3 中各欄，卽得以下之表 11-5。

表 11-5 差異數分析計算表

計算數值 變異類別	離差平方和 SSD	自由度 df	差異數估計值	F 比值
組間變異 b	$SSD_b = 248$	$df_1 = K-1$ $= 3-1 = 2$	$\sigma_b{}^2 = \dfrac{248}{2}$ $= 124$	$F = \dfrac{124}{15.3}$ $= 8.1$
組內變異 w	$SSD_w = 138$	$df_2 = N-K$ $= 12-3 = 9$	$\sigma_w{}^2 = \dfrac{138}{9}$ $= 15.3$	
總 變 異 t	$SSD_t = 386$	$N-1 = 12-1$ $= 11$		

比較表 11-5 中的結果與表 11-2 所計得者完全相同，而且其計算過程又簡明易懂。

單向差異數分析應用的機會比較多，茲再列舉一個簡單的例子，並運用表 11-3 的計算過程以求得 F 值，俾便從事數個全體平均數是否相等之檢定。

例 11-3 假定某工廠希望瞭解不同種族的工人，其工作效率是否

表 11-6 三個種族的工人產出量紀錄表

產出量 種族別 工人編號	黃種人 n_1	黑種人 n_2	白種人 n_3
1	56	48	55
2	60	61	60
3	50	48	44
4	65	52	46
5	64	46	55
總 計	295	255	260

有顯著的差異，於是在某一工作部門，由擔任同樣工作的工人中隨機選取三個種族的工人爲樣本，其中有白人、黑人、及黃種人，每種各選取五人，經過一個月的試驗，各人每天的平均產出量如表 11-6 所列示者。試運用表 11-6 中的樣本資料，依據 5 % 的顯著水準來檢定三個種族工人的平均產出量是否相同。

　　解　此項檢定之虛假設和變更假設如下：

$$H_0: \quad \mu_1 = \mu_2 = \mu_3 = \mu$$

$$H_a: \quad \mu_1 \neq \mu_2 \neq \mu_3 \neq \mu$$

此例中「組間變異」之自由度應爲：$df_1 = 3 - 1 = 2$；「組內變異」之自由度應爲：$df_2 = 15 - 3 = 12$。在 5 % 的顯著水準下，F 比率之決定值爲 3.88，即 $F_{.05(2,12)} = 3.88$。以此項決定值作爲檢定之標準，若由樣本資料所計得的 F 檢定統計數小於 3.88，即接受虛假設；否則，若檢定統計數大於 3.88，則拒絕虛假設，而接受變更假設。

　　現在可以開始計算 F 比值，首先將運算過程中所須要的數值計列如下：

$$n_1 = 5 \qquad n_2 = 5 \qquad n_3 = 5 \qquad N = 15$$

$$T_1 = 295 \qquad T_2 = 255 \qquad T_3 = 260 \qquad T = 810$$

$$T_1{}^2 = 87,025 \quad T_2{}^2 = 65,025 \quad T_3{}^2 = 67,600 \quad T^2 = 656,100$$

$$\frac{T^2}{N} = \frac{810^2}{15} = \frac{656,100}{15} = 43,740$$

$$\sum_{i=1}^{5} \sum_{j=1}^{3} x^2{}_{ij} = 56^2 + 48^2 + 55^2 + 60^2 + \cdots\cdots + 46^2 + 55^2 = 44,408$$

$$SSD_b = \sum_{j=1}^{k} \frac{T_j{}^2}{n_j} - \frac{T^2}{N} = \frac{87,025}{5} + \frac{65,025}{5} + \frac{67,600}{5} - 43,740$$

$$= 190$$

$$SSD_t = \sum_{i=1}^{n} \sum_{j=1}^{k} x^2_{ij} - \frac{T^2}{N} = 44,408 - 43,740 = 668$$

$$SSD_w = SSD_t - SSD_b = 668 - 190 = 478$$

將以上各項數值代入表 11-3，即可得表 11-7 中的各項結果，而計算出 F 比值。

表 11-7　三個種族工人產出量差異數分析表

計算數值 變異類別	離差平方和 SSD	自由度 df	差異數估計值	F 比 值
組間變異 b	$SSD_b = 190$	$df_1 = 3 - 1 = 2$	$\sigma_b^2 = \dfrac{190}{2} = 95$	$F = \dfrac{95}{39.8} = 2.4$
組內變異 w	$SSD_w = 478$	$df_2 = 15 - 3$ $= 12$	$\sigma_w^2 = \dfrac{478}{12} = 39.8$	
總 變 異 t	$SSD_t = 668$			

　　表 11-7 中所計得的 F 檢定統計數，小於在 5% 顯著水準下由附錄表Ⅸ中所查到的 F 決定值，即 $2.4 < 3.88$；所以在 5% 的顯著水準下應該接受虛假設，即根據樣本資料檢定的結果，各全體平均數相等，並沒有顯著的差異。此項決定表示：不同種族的工人間，工作效率並沒有顯著的差異。

　　以上說明單向差異數分析所列舉的兩個例子，各組的樣本大小都相同，這並不是說一定要選取大小相同的數個樣本才能從事檢定。其實，在各組的樣本大小不相同時，其計算過程也完全一樣，只是式中 n_j 的數值不等而已，所以本節所介紹的分析方法可以運用於任何大小的各組樣本數。

第四節　雙向差異數分析

有些情況下,我們會希望能在一次選樣或試驗中同時檢定兩個因素,以免分別從事兩次檢定之煩, 此種能同時檢定兩個因素中各種不同檢定對象間的差異之分析方法, 稱爲雙向差異數分析 (two-way analysis of variance)。玆將雙向差異數分析的運用方法及計算過程舉例說明如下:

例 11-4　假定在上述例 11-2 中的廠商除了要試驗三種推銷方法之外, 還希望能同時檢定其產品的三種不同製造方法受顧客的歡迎程度。例如該項食品係冰凍的牛肉餅, 餅的外皮可以做成硬脆的、酥軟的, 或嫩滑的三種。爲了要同時完成此種雙層檢定, 即可運用下述表 11-8 的試驗方法:

表 11-8　檢定產品推銷方法和製造方法效果之試驗表

製法＼推銷方法＼店數＼列數	報紙登廣告行數	銷售場所發傳單	商店中示範使用	總　計
硬　脆　皮	2家	2家	2家	6家
酥　軟　皮	2家	2家	2家	6家
嫩　滑　皮	2家	2家	2家	6家
總　　計	6家	6家	6家	18家

在表 11-8 中可以看出, 每種推銷方法都選用 6 家商店以試驗其效果; 同樣地, 每一種製皮的配方也選取 6 家商店以作試驗。因此, 只要選取 18 家商店, 即可同時試驗兩項因素中的六種不同情況。玆將 18 家商店試銷的結果列述於表 11-9, 因爲每一格 (cell) 中都有兩家商店, 所

以每家銷售的數量都分別列出，中間以逗點分隔之。

表 11-9　18家商店試驗推銷方法和製法銷售量表 (單位: 箱)

銷售量　推銷方法 製　　法	報紙登廣告 行數	銷售場所發 傳　　單	商店中示範 食　　用	平　均　數
硬　脆　皮　列數	10, 6	14, 8	18, 16	12.0
酥　軟　皮	3, 8	12, 9	19, 15	11.0
嫩　滑　皮	5, 4	10, 7	23, 11	10.0
平　　　均　　　數	6.0	10.0	17.0	11.0

試運用表 11-9 中所列的樣本資料，依照 1 % 的顯著水準，來同時檢定兩項因素，即推銷方法中的不同方法和產品的不同製法，各種方法所產生的效果是否有顯著的差異。

　　解　在依照模式分析資料之前，首先應該對下列術語的意義加以界定。

　　1. 總平均數 (overall mean) ——所謂總平均數是全部列和行的期望值，此值亦稱為全體平均數 μ。

　　2. 列的效果 (row effects) ——所謂列的效果是指各列中不同製造方法所產生的效果，此種效果是以與總平均數的離差來測度，設以 R_i 代表第 i 列的列效果。

　　3. 行的效果 (column effects) ——所謂行的效果係指各行中不同推銷方法所產生的效果，此種效果也是以與總平均數的離差來測度。設以 C_j 代表第 j 行的行效果。

　　4. 交互效果 (interaction effects) ——表中每一格的效果都被認為是列效果和行效果的和，但是有時候會產生相互效果，此種效果會大於

（或小於）列效果和行效果之和。例如，兩種藥物分別服用各自都會產生某種程度的效果，但是若合在一起來服用却能產生較大的效果，此種結果稱爲交互效果。在此例中，交互效果可以指當報紙上刊登廣告的推銷方法與酥軟餅皮的製法結合運用時效果良好，但是此種推銷方法與硬脆餅皮的製法結合運用則未必有效。設以 I_{ij} 代表第 i 列和第 j 行的交互效果。

　　瞭解了上述各項概念，則雙向差異數分析的試驗模式 (experimental model) 可用下式表示之，即

$$x_{ijk} = \mu + R_i + C_j + I_{ij} + \epsilon_{ijk} \qquad 11\text{-}4$$

式中 x_{ijk} 代表在第 i 列、第 j 行的第 k 個觀察值，μ 爲總平均數，R_i、C_j、和 I_{ij} 分別爲列效果、行效果、和交互效果，而 ϵ_{ijk} 則爲剩餘的或不能解釋的變異。

一、各項估計值

　　在從事分析之前，首先要估計上述各項效果，茲分別估計如下：

　　1. 總平均數：設以 $\bar{x}$ 代表樣本資料的總平均數。在此例中，由表 11-9 中的右下角可以看出，$\bar{x} = 11.0$；此一數值即爲 μ 的估計值。

　　2. 列的效果：設以 $\bar{x}_{R_i}$ 代表在第 i 列中樣本資料的平均數，例如：$\bar{x}_{R_1} = 12$。因此，$(\bar{x}_{R_j} - \bar{x})$ 則爲列效果 R_i 的一個估計值，各列效果的估計值如下：

$$\bar{x}_{R_1} - \bar{x} = 12 - 11 = 1 \qquad (R_1\text{的估計值})$$
$$\bar{x}_{R_2} - \bar{x} = 11 - 11 = 0 \qquad (R_2\text{的估計值})$$
$$\bar{x}_{R_3} - \bar{x} = 10 - 11 = -1 \quad (R_3\text{的估計值})$$

　　3. 行的效果：設以 $\bar{x}_{C_j}$ 代表在第 j 行中樣本資料的平均數，例如 $\bar{x}_{C_1} = 6$。因此，$(\bar{x}_{C_j} - \bar{x})$ 則爲行效果 C_j 的一個估計值，各行效果的估計值如下：

$$\bar{x}_{C_1} - \bar{x} = 6 - 11 = -5 \quad (C_1 的估計值)$$

$$\bar{x}_{C_2} - \bar{x} = 10 - 11 = -1 \quad (C_2 的估計值)$$

$$\bar{x}_{C_3} - \bar{x} = 17 - 11 = 6 \quad (C_3 的估計值)$$

4. 交互效果：設以 $\bar{x}_{ij}$ 代表在第 i 列第 j 行 方格中樣本資料的平均數，例如 $\bar{x}_{11} = 8$。交互效果估計值的計算方式如下：

$$\frac{方格中平均數}{\bar{x}_{ij}} - \frac{第\ i\ 列中的}{列效果\bar{x}_{R_i}} - \frac{第\ j\ 行中的}{行效果\bar{x}_{C_j}} + \frac{總平均數}{\bar{x}}$$

所以交互效果估計值的計算式可用以上各符號簡化如下：

$$I_{ij} = \bar{x}_{ij} - \bar{x}_{R_i} - \bar{x}_{C_j} + \bar{x} \qquad\qquad 11\text{-}5$$

此例中第一列第一行及第二行的交互效果估計值可用上式計算如下：

$$I_{11} = \bar{x}_{11} - \bar{x}_{R_1} - \bar{x}_{C_1} + \bar{x}$$

$$= 8 - 12 - 6 + 11 = 1$$

$$I_{12} = \bar{x}_{12} - \bar{x}_{R_1} - \bar{x}_{C_2} + \bar{x}$$

$$= 11 - 12 - 10 + 11 = 0$$

同樣方法可以算出其他各交互效果的估計值，所計得的全部結果列於表 11-10：

表 11-10 交互效果估計值表

列 \ 估計值 \ 行數	1	2	3
1	1.0	0	-1.0
2	-0.5	0.5	0
3	-0.5	-0.5	1.0

二、差異數分析

對於以上所計得的列效果、行效果、以及交互效果之間所產生的差

表 11-11　雙向差異數分析過程表

變異類別 ＼ 計算類別	計算式 離差平方和 (SSD)	自由度 (df)	σ² 的估計值
列	$SSD_r = c \cdot n \left[\sum\limits_{i=1}^{r} (\bar{x}_{R_i} - \bar{x})^2 \right]$	$df_r = r-1$	SSD_r / df_r
行	$SSD_c = r \cdot n \left[\sum\limits_{j=1}^{c} (\bar{x}_{c_j} - \bar{x})^2 \right]$	$df_c = c-1$	SSD_c / df_c
交互	$SSD_I = n \left[\sum\limits_{i=1}^{r} \sum\limits_{j=1}^{c} (\bar{x}_{ij} - \bar{x}_{R_i} - \bar{x}_{c_j} + \bar{x})^2 \right]$	$df_I = (r-1)(c-1)$	SSD_I / df_I
組內(方格) (或稱測餘的)	$SSD_w = \sum\limits_{i=1}^{r} \sum\limits_{j=1}^{c} \sum\limits_{k=1}^{n} (x_{ijk} - \bar{x}_{ij})^2$	$df_w = (r \cdot c)(n-1)$	SSD_w / df_w
總　計	$SSD_t = \sum\limits_{i=1}^{r} \sum\limits_{j=1}^{c} \sum\limits_{k=1}^{n} (x_{ijk} - \bar{x})^2$	$(n \cdot r \cdot c - 1)$	

異，我們現在還不能確定，究竟是由於機遇的變異？還是各種方法之間眞正有顯著的差異？必須經過客觀的差異數分析才能確定各項結果差異之顯著性。同上節的分析方法非常相似，也是將差異數分成若干部份分別加以處理，雙向差異數分析的一般處理過程可列述於表 11–11。在該表各式中： c 代表行數，r 代表列數，n 代表每一格 (cell) 中觀察值的數目。

此例中的各項差異數，即可運用表 11–11 中的計算式而求得，茲將各項結果列於以下之表 11–12：

表 11–12　雙向差異數分析計算表

計算數 數值 變異類別	離差平方和(SSD)	自由度(df)	σ^2 的估計值	F 比值
列	$SSD_r = 3 \cdot 2[1^2 + 0^2 + (-1)^2] = 12$	$df_r = 3 - 1$ $= 2$	$12/2 = 6.0$	$6.0/14.4$ $= 0.417$
行	$SSD_c = 3 \cdot 2[(-5)^2 + (-1)^2 + 6^2] = 372$	$df_c = 3 - 1$ $= 2$	$372/2$ $= 186.0$	$186/14.4$ $= 12.917$
交　互	$SSD_I = 2[1^2 + 0^2 + (-1)^2 + (-.5)^2 + .5^2 + 0^2 + (-.5)^2 + (-.5)^2 + 1^2] = 8$	$df_I = (3-1)$ $(3-1) = 4$	$8/4 = 2.0$	$2.0/14.4$ $= 0.139$
組內（方格） （或稱剩餘的）	$SSD_w = (10-8)^2 + (6-8)^2 + (14-11)^2 + (8-11)^2 + \cdots\cdots + (11-17)^2 = 130$	$df_w = (3 \cdot 3)$ $(2-1) = 9$	$130/9$ $= 14.4$	
總　計	$SSD_t = (10-11)^2 + (6-11)^2 + (14-11)^2 + (8-11)^2 + \cdots\cdots + (11-11)^2 = 522$	$(2 \cdot 3 \cdot 3 - 1)$ $= 17$		

此例中所要檢定的虛假設與變更假設應為：

H_0：列、行、和交互效果都等於零

H_a：列、行、和交互效果不等於零

如果虛假設是眞實的，在表 11–12 中第四行的 4 個數字都是組（方格）內差異數 σ^2 的估計值，而該行中最末一個數值 14.4 則爲此差異數的直接估計值；縱然假設是錯誤的，該估計值也不受影響。但是該行中其他估計值則不同，若各項效果不等於零，則此等估計值將大於差異數 σ^2，所以各該估計值與上述直接估計值之比率即爲 F 值。三個 F 值都列在表中第五行，此等 F 值可用來同附錄表IX中與各別自由度相對應下的 F 決定值作比較，以判定由樣本資料所求得的數值是否超過機遇的限度。

當自由度分別爲 2 和 9 時，在 1％ 的顯著水準下，F 的決定值爲 8.02，即 $F_{.01(2,9)} = 8.02$，以此值作爲比較標準，若檢定統計數小於此值，表示效果不顯著，應該接受虛假設；若檢定統計數大於此值，表示效果顯著，應該拒絕虛假設而接受變更假設。

因爲行的 F 比值爲 12.917，大於 8.02，所以在 1％ 的顯著水準下，行的效果之差異是顯著的。然而列的 F 比值和交互的 F 比值都小於 1，與 8.02 相差太遠，因此可以判定該等效果沒有顯著的差異。以上的決定所指的是：不同的推銷方法，在銷售量方面有着不同的效果，在 1％ 的顯著水準下，其差異非常顯著；但是外皮的不同製造方法對銷售量並沒有顯著的影響，而且不同推銷方法與不同製造方法之間的不同交互影響也不顯著。

由此例可以看出，雙向差異數分析可以用於同時檢定兩個因素中各種不同檢定對象間的不同效果，不但能瞭解各別因素內不同檢定對象之間對某一事象的影響程度之差異，同時還可以顯示出各因素相互間的作用對某一事象可能產生之影響，所以此種分析方法可以用於對複雜的問題從事深入的觀察和研究。

第五節　差異數分析之評述

在應用統計的領域中，差異數分析應用的機會很多，為了便於正確運用起見，所以對其運算及演化過程應該有正確的瞭解；尤其對於雙向差異數分析，因為所擬檢定的因素包含的項目不同，即須有不同的運算，如果包含的項目眾多，則運算過程即相當複雜，所以若能將不必要的項目省略，即可簡化運算過程，而能迅速求得正確的結果。例如在上節的例 11-4 中，係假定兩項因素中可能含有交互影響作用，所以須要複雜的運算，以便檢定，如果在事先能有理由確信兩項因素中沒有交互效果，即可只計算列效果和行效果，其運算和分析則能簡化許多。

上述例 11-4 的分析方法只包含兩項因素，即推銷方法和餅皮的製造方法，這並不是說雙向差異數分析只限於兩個因素，其實此種分析方法可以包含許多項因素。兩項因素與更多項因素的分析方法之基本概念是相同的，只是項目較多時其運算過程更複雜而已。

必須清楚瞭解的是 F 分配之運用也是基於常態分配之基本假設；而且在差異數分析的檢定中，更進一步假定各組（或方格）中樣本資料的差異數是相等的。雖然上述各種假設對於 F 檢定中計算離差時都是必須的，但是經過許多統計學家研究的結果顯示，F 檢定對於輕微的違反上述假設情況並不敏感；也就是說，只要資料的分配不呈嚴重的偏態，又不是複眾數（bimodal）的形態，而且各組（或方格）內的差異數約略相等，F 分配即為良好的近似值，而 F 檢定的結果也會相當的合理和有效。

運用差異數分析時，雖然在計算估計效果和從事各項分析中都包含有複雜的運算，尤其是含有兩個以上因素的分析過程更加繁雜，往往會令人感到厭煩；好在近年來由於電腦的廣泛運用，已有設計好的電腦程式可用於從事此等運算工作，而且可以很快的提供正確的計算結果，不再須要浪費許多時間在計算工作上，讀者只須瞭解分析過程及運算的道理即可加以運用。

習　　題

1. 何謂 F 分配？其母數如何？舉例說明之。

2. F 分配有那些重要特性？列述之。

3. 爲什麽 F 分配無負值？其理由何在？

4. F 分配的形態與 χ^2 分配的形態有何異同？比較之。

5. F 分配的功用如何？列述之。

6. 爲什麽 F 分配的函數值總是大於或等於 1 ？此一函數表之編製係基於何種假定？

7. 爲什麽附錄表Ⅸ中所列的 F 分配函數表只有 5 ％和 1 ％兩種顯著水準？其原因何在？說明之。

8. 運用 F 分配從事差異數相等之檢定時，應該採用兩端檢定還是一端檢定？爲什麽？

9. 茲由兩個常態分配的全體中，各自隨機選取一個樣本，各樣本的大小及所獲得之結果如下：

$$n_1 = 31 \qquad\qquad n_2 = 29$$
$$\bar{x}_1 = 75 \qquad\qquad \bar{x}_2 = 76$$
$$S_1^2 = 86 \qquad\qquad S_2^2 = 45$$

試依 1 ％的顯著水準檢定兩個差異數的差別是否顯著。

10. 對上述第 9 題中的樣本資料，若運用 5 ％ 的顯著水準加以檢定，其結果如何？

11. 假定由某電子工廠中隨機選取男女員工各一組，以調查其各自每天的平均產量，各組的樣本資料如下：

男工31人   女工26人

平均產量89   平均產量83

標準差4   標準差6

試運用 5 % 的顯著水準，檢定男女員工產量的標準差是否有顯著的差別。

12. 上述第11題中所獲得的樣本資料，如果依照 1 % 的顯著水準加以檢定，則檢定之結果如何？

13. 何謂單向差異數分析？其功用何在？說明之。

14. 從事差異數分析必須基於那些假定條件？列述之。

15. 在差異數分析的過程中，將全體觀察值與總平均數之間的全部變異劃分為那些部份？其內容如何？列述之。

16. 計算組內差異數的目的何在？其自由度如何決定？

17. 計算組間差異數的用意何在？其計算方法如何？說明之。

18. 為什麼檢定數個全體的平均數是否相等的分析過程稱為差異數分析？試說明其原因。

19. 設某工廠的訓練部門欲瞭解三種訓練方法對裝配工人的工作效率是否有顯著的差別，乃隨機選取15名工作效率相同的工人，每五人為一組，分別施以三種訓練方法，經過一個月訓練完成之後，三組工人每人每天的產量如下：

三種不同訓練方法工人每日產量表

工人編號 產量 訓練方法	A法	B法	C法
1	90	97	88
2	85	85	96
3	105	102	86
4	88	95	91
5	92	101	79
總　　計	460	480	440

根據表中的樣本資料，試依 5 % 的顯著水準，檢定三種訓練方法對工人的每

日產量是否有顯明的差別。

20. 上述第19題中所獲得的樣本資料，如果依照 1 % 的顯著水準加以檢定，所得之結果如何？

21. 現在市面上有四種不同品牌的肉雞飼料，某養雞場為了試驗那種品牌最有益於幼雞的成長，乃隨機選取16隻同樣品種而且同樣大小的小雞，分成相等的四組，各組餵以不同的飼料，兩個月後，各組雞的重量（斤）如下：

甲牌飼料：　2.3, 2.7, 2.5, 2.9

乙牌飼料：　3.1, 2.8, 2.9, 3.4

丙牌飼料：　2.8, 2.5, 3.2, 2.7

丁牌飼料：　2.8, 3.4, 3.1, 2.9

試依據上述資料，用 5 % 的顯著水準，檢定四種飼料對幼雞的成長是否有顯明的差別。

22. 某藝品公司為了試驗不同的包裝方式對藝品的銷售量是否有影響，乃選取20家規模相同的百貨公司予以試銷，將20家百貨公司分成相等的四組，試驗 *A*、*B*、*C*、*D* 四種包裝方式，各店陳列的方法及位置大致相同，一個月後各種包裝方式的銷售數量如下：

A 式包裝：　37, 34, 46, 44, 39

B 式包裝：　35, 37, 48, 46, 35

C 式包裝：　45, 32, 36, 32, 40

D 式包裝：　42, 39, 40, 45, 51

試依 1 % 的顯著水準，檢定四種包裝方式的銷售量是否有顯著的差別。

23. 下述資料是由四所高級中學中，隨機選取若干名高中三年級的學生，給予同樣的「時事測驗」題目，每所學校各生的成績如下：

甲校：　87, 98, 95, 67, 84, 89, 98, 75

乙校：　77, 61, 97, 82, 60, 87, 73, 58, 72

丙校：　79, 60, 73, 91, 77, 53, 76, 82

丁校：　70, 64, 89, 45, 52, 66

試運用差異數分析的方法，以 5 % 的顯著水準，檢定各校學生對時事方面的知識是否有顯著的不同。

24. 何謂雙向差異數分析？其優點如何？列述之。

25. 假定上述第22題中四種包裝方式的銷售量，是分別在甲、乙、丙、丁及戊五家百貨公司，各自一個月的銷售量，即

銷售量 公司名稱 包裝方式	甲公司	乙公司	丙公司	丁公司	戊公司
*A*式包裝	37	34	46	44	39
*B*式包裝	35	37	48	46	35
*C*式包裝	45	32	36	32	40
*D*式包裝	42	39	40	45	51

試運用雙向差異數分析，依 5 % 的顯著水準，同時檢定四種包裝方式和五家百貨公司的銷售量是否有顯明的差別。

26. 假定上述第19題表中所列述的是，五名工人分別試用三種操作方法，每天各自的產量，試依 1 % 的顯著水準，運用雙向差異數分析，同時檢定五名工人和三種操作方法各自間和彼此相互間是否有顯著的差異。

27. 某洗染公司為了試驗水的溫度與洗衣粉的效果，乃選用三種常用的洗衣粉，分別在冷水、溫水，及熱水中洗滌，經過九次試驗，用特殊儀器測度其洗潔程度如下：

三種洗衣粉洗潔程度測驗表

水溫 洗潔程度 洗衣粉	*A*牌	*B*牌	*C*牌
冷 水	45	43	55
溫 水	37	40	56
熱 水	42	44	46

試依 5 % 的顯著水準，運用雙向差異數分析，同時檢定三種品牌洗衣粉各自

間和在不同的水溫下是否有顯著的差異。

28. 從事差異數分析必須運用複雜的計算，如何將運算簡化？或者有什麼方法可以將此種計算加速並加強其正確程度？列述之。

第十二章

廻歸與相關之分析

第一節　廻歸及相關之意義與目的

　　許多研究工作和企業的若干決策問題都須要瞭解各變數 (variables) 之間的相互關係，在物理學和其他各種自然科學方面，已經很成功的確立了各種有關變數之間的函數關係 (functional relationship)，例如在一個密封的容器中，溫度和（或）壓力對氣體的體積之影響等種種關係，都有了很正確的認識。但是在生物和社會科學方面，各種事物之間的相互關係則比較複雜，而且也難以控制，所以對各種變數之間的關係即不容易作正確的測度 (measure)。

　　尤其是在統計資料中，許多因素都有一個以上可以測度的特性，在這些特性之中，有的是容易測度的，而有的却難以測知；如果一個容易測知的變數與一個（或更多）無法測度的變數之間有密切的關連，而且彼此間的關係可以用數學式子表示出來，即可應用容易測知的變數之數值作基礎，以估計另外難以測知的變數之值。在統計學中研究變數間的動態關係 (dynamic relationship)，根據某一變數之增、減變動以估計其他變數可能產生之變動，並測度此種估計可能產生之誤差，以及各變數間之相關程度和方向等分析過程稱爲「廻歸及相關分析(Regression and Correlation Analysis)」。當問題中只包括兩個變數時，此種分析稱爲簡單廻歸和相關；若問題中包括三個(或更多)變數時，則稱爲複(multiple)廻歸和相關。在本章中只討論包括兩個變數的簡單廻歸和相關，至於多變數的複雜廻歸和相關則將另外討論。

應用「廻歸線(regression line)和廻歸方程式(regression equation)」以從事估計或預測者，係起源於英國生物學家蓋勒屯爵士 (Sir, Francis Galton)。自1877年起，當他研究遺傳特性時，發現父親的身高與兒子的身高之間存在一種直接的關連，即父親的身體高大者，其兒子也比較高大；父親的身體矮小者，其兒子也傾向於矮小。在一個分佈圖 (Scatter Diagram) 中，橫軸 x 代表父親的身高，縱軸 y 代表兒子的身高，顯示每對變數的各點都沿着一條從左下向右上移動的直線而散佈。但是蓋勒屯進一步發現，在研究資料中身高有一種向平均數廻歸的傾向，即身高很高的父親，其兒子的身高將比父親略矮；而很矮的父親之兒子則比父親略高。蓋勒屯對於身高傾向於平均數的特性稱爲「廻歸(Regression)」，在散佈圖中符合資料分佈情況的線段稱爲「廻歸線(Regression Line)」，表示此線的方程式稱爲「廻歸方程式(Regression Equation)」。而且蓋勒屯發現在許多自然現象和社會現象的演變中，都有向平均數廻歸的特性。自此以後，在統計分析中對於估計線和估計方程式都相沿成習而冠以「廻歸」，雖然所研究的現象並不一定含有向平均數廻歸的原意。

廻歸及相關分析之目的

由以上的說明可以對廻歸及相關分析的概念有一個具體的瞭解，玆再將其重要目的略述如下：

一、依自變數的值估計因變數的值

廻歸分析的主要目的是在根據自變數 (independent variable) x 的值，以估計因變數 (dependent variable) y 的值，卽應用廻歸線與橫軸及縱軸上相對應的值以從事此項估計；因爲廻歸線可以顯示 x 和 y 兩個變數之間關係的平均趨勢，表達該線的方程式稱爲廻歸方程式，將自變數的值代入此式，卽可估計出因變數的值。

二、測度估計線可能含有的誤差

廻歸分析的另外一項目的則在瞭解應用廻歸線作估計基礎時所可能產生的誤差，因此而須要求出估計值的標準誤差 $S_{y.x}$，以此值測度 y 的觀察值與由廻歸線所估計得的數值之間的差異程度。如果估計線與統計資料相符合，卽觀察值之分佈與廻歸線相距很近時，估計比較準確；反之，若觀察值離估計線散佈的較廣，則運用廻歸線卽難以估計出正確的結果。

三、獲得相關程度的測定數

相關分析的目的則在求得變數間相關程度的測定數，而決定係數 (Coefficient of Determination) 卽用以測度變數間相互關係的密切程度以及變化之方向，而且該係數還可以測定能夠用廻歸方程式說明的因變數中差異數之比例。

在本章以下各節中，將對散佈圖、廻歸分析、曲線廻歸 (Curvilinear Regression)、估計值的標準誤差 (Standard Error of Estimate)、曲線之符合性 (Curve Fitting)、決定係數、以及根據樣本資料以推論全體中變數之關係等問題分別加以介紹和說明，以便增進瞭解並作適當之運用。

第二節 資料分佈圖

在分析兩個變數之間的關係時，通常都首先將所獲得的資料描繪在一個平面圖上，於縱軸和橫軸相對應處，以圓點顯示每對自變數與因變數的觀察值，此種顯示統計資料散佈情況的平面圖稱為分佈圖 (Scatter Diagram)。由於圖中每一圓點代表一對自變數與因變數的觀察值，所以在圖面上可以很清楚的觀察出兩個變數相關連的程度以及其變化的方向，而有助於選擇能夠適當代表此種資料的模式 (model)。

圖 12-1 中的資料代表由隨機選樣所獲得的一組家庭之收入與其應用於住屋方面的費用，由各點的散佈情況可以很明顯的看出，高收入的家庭用於住屋方面的費用也較多；反之，低收入的家庭，在住屋方面的花費也較少，所以我們可以說這兩種變數是彼此相關的。分佈圖中各點越集中於其中央的迴歸線（如圖 12-2 中的資料所顯示者），兩種變數的

圖 12-1 家庭收入與住屋費用樣本資料分佈圖

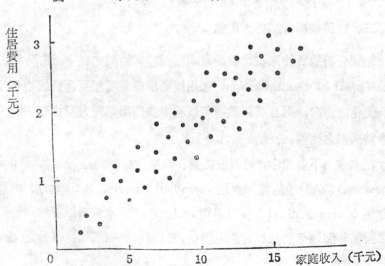

相關程度越高；相反的，若各點呈隨意散佈，其間毫無規律可循，卽表示兩種變數之間沒有相關性。

圖 12-2　肉牛數量與牛肉價格資料散佈圖

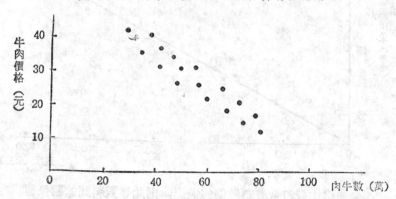

兩種變數之間的相關方向也有兩種情形：一種是正相關 (positive correlation) 或稱直接相關 (direct correlation)，另外一種是負相關 (negative correlation)。所謂正相關是指一個變數的數值增加，則另外一個也跟着增加；若其中一個的數值減小，則另外一個的變值也跟着減小，例如圖12-1中所繪的各點係由左下向右上方移動，所以兩種變數之間的關係爲正相關。所謂負相關則指其中一個變數的數值增加時，另外一個的數值則減小；反之，若其中一個的數值減小，而另外一個的數值却增加。例如圖 12-2 中所顯示的情況，當肉牛的養殖數量大量增加之後，牛肉的價格將會相對的下跌；反之，若肉牛的供給量減少，則牛肉的價格卽會上升，所以分佈圖中各點係由左上向右下移動。

在分佈圖中，若所繪各點大致形成一條直線，卽表示在兩個變數之間存在一種直線關係 (linear relationship)，例如下述圖12-3中所顯示的，在旅程中每 100 公里大致耗用相同數量加侖的汽油，所以一條直線比較符合所描繪的各點。

圖 12-3 行車里程與汽油耗用量資料分佈圖

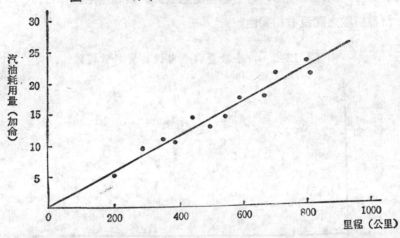

如果曲線比較符合資料散佈的情況，則此等資料間的關係稱為非直線(nonlinear)，或稱曲線相關(curvilinear correlation)，例如下述圖12-4中所顯示的所得資料。

圖 12-4 家長年齡與家庭收入樣本資料分佈圖

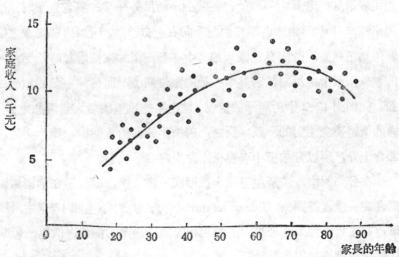

圖中顯示一般家庭中的收入，起初是隨着家長年齡的增長而增加，年齡到達某一限度之後收入即不再增加，而退休之後則收入即將逐年遞減。在該分佈圖中可以看出，曲線比直線更符合此等資料的散佈形態，所以這兩種變數之間呈曲線相關。

第三節　廻歸分析

在許多商業和經濟情況中，我們都希望能根據一個已知變數的演變，去預測或控制另外一個相關的未知變數可能產生之變化；因此，我們非常須要知道一些能夠用於預測的方法，以及一些測度預測可能產生誤差的方法，提供此種預測方法的分析過程稱爲廻歸分析 (Regression Analysis)。在從事廻歸分析時，首先應該確定符合資料分佈情況的廻歸線 (Regression Line)，兹將廻歸線的意義及決定廻歸線的方法分述如下：

廻歸線之意義

在簡單廻歸分析工作中，首先要以直線（或曲線）和數學方程式來表示兩個變數之間的平均關係，通常都以 y 代表因變數 (dependent variable)，即被預測的變數 (predicted variable)；以 x 代表自變數 (independent variable)，或稱預測變數 (predicting variable)，用以預測因變數。因此，因變數與自變數之間便有一種函數 (function) 關係，即

$$y = f(x)$$

兩者之間的直線函數式應爲：

$$y_c = a + bx \qquad\qquad 12\text{-}1$$

式中：y_c 代表 y 的計算值或期望值 (computed or expected value)，即在直線上與某一已知的 x 值相對應之 y 值，以示與觀察值 y 之區別。

常數 a 是 y 軸的截距(intercept)，即當 $x=0$ 時，y_c 在 y 軸上的值。

常數 b 則為迴歸直線的斜率(slope)，即 x 每增加一個單位時，所引起 y_c 增加（或減少）的數量。

當用一條直線去表達兩個變數之間的關係時，則迴歸方程式為直線方程式(linear equation)，而斜率 b 即為此方程式的迴歸係數(regression coefficient)。在本章中將分別介紹如何確定直線迴歸線和曲線迴歸線，茲先以下述例子幫助說明直線迴歸分析的觀念和方法：

假設某電子零件製造廠的人事部門設計出一種手法測驗方法，每一位申請生產線上工作者，都須要參加此項測驗，根據測驗得分的多寡，以估計其將來參與工作時的生產效率。為了確立估計之基礎，隨機選取了20名曾經參加此項測驗者，記錄其測驗分數，並依照其生產績效而賦予工作分數，每人的兩項分數之全部結果列示於表 12-1，並以圖 12-5顯示兩種分數的散佈情況。

表 12-1 20 名工人的手法測驗成績及工作效率

工　　人	測驗分數 x	工作分數 y
A	53	45
B	36	43
C	88	89
D	84	79
E	86	84
F	64	66
G	45	49
H	48	48
I	39	43
J	67	76
K	54	59

L	73	77
M	65	56
N	29	28
O	52	51
P	22	27
Q	76	76
R	32	34
S	51	60
T	37	32

圖 12-5　根據20名工人的測驗成績描繪廻歸線以估計
其工作效率

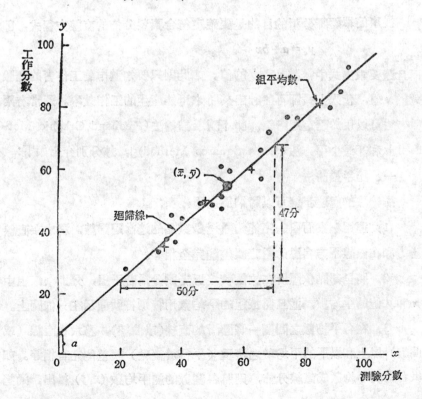

圖中的每一個點代表一名工人，橫軸表示其測驗分數，爲自變數；縱軸表示其工作分數，爲因變數。因爲各點都沿着一條直線而散佈，而且也沒有極端的差異，所以兩種變數之間有着密切的直線關係。

因爲圖 12-5 中的各點並不完全集中在直線上，還有些分散，所以並不能根據測驗分數很準確的估計出工作效率，所預測的 y_c 值只是與測驗分數相對應的平均生產效率之近似值；因此，廻歸線又稱爲「平均關係線(the line of average relationship)」。由此可知，根據廻歸線所估計的只是與不同 x 值相對應的 y 值之平均數。

決定廻歸線的方法

從事簡單廻歸分析的目的是要確定符合資料分佈的直線方程式，卽

$$y_c = a + bx$$

而且還要求出式中常數 a 和 b 的值。如此則只要知道申請工作者的測驗分數 x 值，代入上式卽可估計出其將來可能產生的工作效率。通常有兩種方法可以用於確定廻歸線，卽「隨手描繪法(Freehand Graphic Method)」和「最小平方法 (Least Squares Method)」，茲分別介紹如下：

一、隨手描繪法

描繪法的處理步驟可以歸納爲以下幾項：

1. 運用觀察而劃一條能夠通過多數點的適當廻歸線，務求在直線上方和在直線下方各點的垂直誤差能完全相等。

2. 將全部點依照所在位置較接近者劃分爲若干組，分別求每組中 x 和 y 值的平均數，並且將每組的平均數用特別符號標示在分佈圖上。

3. 在各平均數之間劃一條圓滑的直線(或曲線)，務求在直線（或曲線）以上和以下的平均數之縱垂（平行於縱軸）誤差能完全相等。如果各組的平均數成直線分佈，則將各變數的總平均數 $(\bar{x}, \bar{y})$ 繪出，通過

此點劃一條直線，其斜率要能使在此點左、右各組平均數的垂直差異大致相等。

在上述測驗分數和工作分數的例子中，即是應用以上的步驟而繪成圖 12-5。圖中接近直線上、下的十字為 4 組點的平均數,總平均數 $(\bar{x}, \bar{y})$ 則在點外加一圓圈，以求顯明。由分佈圖中可以看出， 4 個組的平均數大致落在一條直線上；因此，通過總平均數所劃的一條直線，非常接近各組的平均數。此一廻歸線的 a 值和 b 值即可由圖形中求出，直線與 y 軸相交處 $(x=0)$ 大約是 4.0，即截距為 4.0。測驗分數從 20 到 70 增加 50 分，而 y_c 的值由 23 到 70,則工作分數增加 47分，如此即可估計出斜率為 47/50＝0.94，即廻歸係數 $b=.94$。因此，由圖形中所估計的廻歸線之方程式應為:

$$y_c = 4.0 + 0.94x$$

二、最小平方法

應用最小平方法 (Least Squares Method)估計廻歸線 $y_c = a + bx$ 之目的，在求得 a 和 b 的值，而且該等數值能使觀察值 y 與估計值 y_c 間的差異之平方和為最小，也就是說 a 和 b 必須在下述函數式中求得，即

$$F(a, b) = \sum (y - y_c)^2 = \text{minimum}$$

將 $y_c = a + bx$ 代入上式，則得

$$F(a, b) = \sum (y - a - bx)^2$$

將此式對 a 和 b 分別偏微分 (partial derivatives)，並設各偏微分式等於零，以求 $F(a, b)$ 之最小，即

$$\frac{\partial F(a, b)}{\partial a} = -2 \sum (y - a - bx) = 0$$

$$\frac{\partial F(a, b)}{\partial b} = -2 \sum (y - a - bx)(x) = 0$$

將以上各偏微分式分別移項演化， 即得以下兩個標準方程式 (normal equations)：

$$\Sigma y = na + b\Sigma x \qquad\qquad 12\text{-}2$$

$$\Sigma xy = a\Sigma x + b\Sigma x^2 \qquad\qquad 12\text{-}3$$

式中 n 代表樣本中兩個變數的對數 (pair)。 解以上標準方程式即可求出常數 a 和 b 的值。還可以將偏微分式再加微分，若二次微分後的導來式 (second derivatives) 爲正值，即證實已求得最小值。

　　由第四章中所述之離差觀念可知， 變數 x 各值之間的差異 (variation) 程度可由 $\Sigma(x-\bar{x})^2$ 的大小來測知，而

$$\begin{aligned}
\Sigma(x-\bar{x})^2 &= \Sigma(x^2 - 2\bar{x}x + \bar{x})^2 \\
&= \Sigma x^2 - 2\bar{x}\Sigma x + n\bar{x}^2 \\
&= \Sigma x^2 - 2\frac{\Sigma x}{n}\Sigma x + n\frac{(\Sigma x)^2}{n^2} \\
&= \Sigma x^2 - 2\frac{(\Sigma x)^2}{n} + \frac{(\Sigma x)^2}{n} \\
&= \Sigma x^2 - \frac{(\Sigma x)^2}{n} \\
&= \Sigma x^2 - \bar{x}\Sigma x
\end{aligned}$$

此式表示， 求各數值與其平均數之間的差異， 並不須要將平均數與各數值一一相減，可以將平均數 $\bar{x}$ 乘以各數值的總和，以求得校正數 (correction factor)，再將各數值的平方和減以此校正數，所得之差額即可顯示變數各值之間的差異程度。

　　爲了使運算簡化， 可用下述大寫字母表示各變數與其平均數間之差異，即

$$X = x - \bar{x}$$

$$Y = y - \bar{y}$$

$$XY = (x-\bar{x})(y-\bar{y})$$

因此即可用 $\Sigma X^2 = \Sigma (x - \bar{x})^2$ 表示自變數 x 的總差異 (total variation)，而其結果則可由 $\Sigma x^2 - \bar{x}\Sigma x$ 之差額中求得。

同樣情形，因變數 y 的總差異 $\Sigma Y^2 = \Sigma (y - \bar{y})^2$，可由 $\Sigma y^2 - \bar{y}\Sigma y$ 中求得。在表 12-2 中，平均數 $\bar{y}$ 乘以總和 Σy，以求得校正數 $\bar{y}\Sigma y$，再由平方和 Σy^2 中減以此值，即得因變數 y 的總差異，以 ΣY^2 表示之。

共差異 (Covariation) 是兩個變數差異的交叉乘積 (cross-products) 之總和，即 $\Sigma(x-\bar{x})(y-\bar{y})$。此值可由 $x \cdot y$ 欄的總和 Σxy 減以一個變數的平均數乘另外一個變數的總和，即減以 $\bar{x}\Sigma y$ 或 $\bar{y}\Sigma x$。所以

$$\Sigma XY = \Sigma (x - \bar{x})(y - \bar{y})$$
$$= \Sigma xy - \bar{x}\Sigma y$$
$$或 \ = \Sigma xy - \bar{y}\Sigma x$$

上述尋求變數間各項差異之計算方法，其步驟可以歸納如下：

1. 計算 xy 的乘積，並爲各變值計算（或由附錄表X中查出）x^2 和 y^2 的值。

2. 將以上各欄的數值相加以求總和，即 $\Sigma xy, \Sigma x^2,$ 及 Σy^2；若運用計算機可將以上兩個步驟合併，同時完成。

3. 將各欄的總和減以各變數的總和與其平均數之乘積，以求得各校正數的總和，即

總和	Σxy	Σx^2	Σy^2
減平均數乘以總和	$-\bar{x}\Sigma y$	$-\bar{x}\Sigma x$	$-\bar{y}\Sigma y$
校正數之總和	ΣXY	ΣX^2	ΣY^2

因爲各變值與其平均數的差異之總和 ΣX 和 ΣY 必定等於 0，所以由前述之兩個標準方程式中可以解出：

$$b = \frac{\Sigma XY}{\Sigma X^2} \qquad \qquad \text{12-4}$$

$$a = \bar{y} - b\bar{x} \qquad\qquad\qquad 12\text{-}5$$

式中：b 是當 $\Sigma X = 0$ 時，由標準方程式 12-3 解得，而 a 則由標準方程式 12-2 用原來的變數符號直接解得。

　　表 12-2 中左邊三欄所列的是 20 名工人的測驗分數和工作分數，將各項分數加總後求得平均分數；再將每人的兩項成績相乘，並分別平方後列於表中右邊的各欄，然後將各欄加總，再減以各變數的總和與其平均數之乘積，卽求得 ΣXY，ΣX^2，和 ΣY^2 之數值，將各值代入公式 12-4 和 12-5 卽得

$$b = \frac{\Sigma XY}{\Sigma X^2} = \frac{6974}{7395} = 0.943$$

$$a = \bar{y} - b\bar{x} = 56.10 - 0.943(55.05) = 4.2$$

將 a 和 b 的值代入廻歸方程式 12-1，則最小平方法所求得之廻歸線應爲：

$$y_c = a + bx = 4.2 + 0.943x$$

　　還可以應用另外的方法解標準方程式以決定 a 和 b 的值，所解得之結果爲：

$$b = \frac{\Sigma xy - n\bar{x}\bar{y}}{\Sigma x^2 - n\bar{x}^2}$$

$$a = \bar{y} - b\bar{x}$$

將表 12-2 中的各項數值代入以上二式會求得同樣的數值，卽

$$b = \frac{\Sigma xy - n\bar{x}\bar{y}}{\Sigma x^2 - n\bar{x}^2} = \frac{68740 - 20(55.05)(56.1)}{68005 - 20(55.05)^2}$$

$$\frac{68740 - 61766}{68005 - 60610} = \frac{6974}{7395} = 0.943$$

$$a = \bar{y} - b\bar{x} = 56.10 - 0.943(55.05) = 4.2$$

所以代表廻歸線的方程式仍然是

表 12-2　20名工人手法測驗成績與工作成績間之迴歸
　　　　　關係計算表

工　人	測驗成績 x	工作成績 y	xy	x^2	y^2
A	53	45	2385	2809	2025
B	36	43	1548	1296	1849
C	88	89	7832	7744	4921
D	84	79	6636	7056	6241
E	86	84	7224	7396	7056
F	64	66	4224	4096	4356
G	45	49	2205	2025	2401
H	48	48	2304	2304	2304
I	39	43	1677	1521	1849
J	67	76	5092	4489	5776
K	54	59	3186	2916	3481
L	73	77	5621	5329	5929
M	65	56	3640	4225	3136
N	29	28	812	841	784
O	52	51	2652	2704	2601
P	22	27	594	484	729
Q	76	76	5776	5776	5776
R	32	34	1088	1024	1156
S	51	60	3060	2601	3600
T	37	32	1184	1369	1024
總　計	1101	1122	68740	68005	69994
平均數	55.05	56.10			
減平均數乘以總和			−61766	−60610	−62944
校正數之總和			$\Sigma XY = 6974$	$\Sigma X^2 = 7395$	$\Sigma Y^2 = 7050$

$$y_c = 4.2 + 0.943x$$

因此，只要知道了申請工作者(來自同一全體)的手法測驗成績(x值)，即可代入上式而估計出其可能產生的工作成績。例如某申請人的測驗成績是 40 分，其可能產生的工作分數將為：

$$y_c = 4.2 + 0.943 \times 40 = 42 \text{分}$$

另外也可以由廻歸線上求得同樣的估計結果，見圖 12-7 中與橫軸上 40 相對應的 y 值，以虛線所顯示者。

第四節　曲線廻歸

兩種變數之間的動態關係並非都可以用直線加以表達，有時也呈曲線相關，須要應用曲線以測度兩種變數之間的廻歸關係者有以下兩種情況：

1. 實際情況在邏輯上呈顯一種曲線關係。

2. 曲線比直線更符合資料的分佈情況。觀察分佈圖即可以估計出適合程度，而且還可以由下節所介紹的估計標準誤差 (standard error of estimate) 予以準確的測度。

確定廻歸曲線的方法很多，最常用的是描繪分析法和最小平方法，茲略述如下：

1. 描繪分析法——即依照資料的散佈情況而隨手劃出一條適合於資料分佈的曲線。

2. 最小平方法——即應用最小平方法來確定符合資料分佈的拋物線 (parabola) 式或其他多項式 (polynomial)。

茲以下述資料為例，分別說明如何以描繪法和最小平方法來確定符合資料分佈的廻歸曲線。假定某肥料製造廠為了瞭解其新發展的氮化肥

料對玉米收穫量之效用，而從事下述試驗；該廠在不同地區共試驗了16
塊土地，分成四組種植玉米，第一組中的 4 塊地不施氮肥，第二組中 4
塊每公頃施用 40 斤氮肥，第三組中的 4 塊每公頃施用 80 斤，第四組中
的 4 塊每公頃施用 120 斤，試驗後各組每公頃的收穫量列於表 12-3。

表 12-3　氮肥施用量與玉米產量關係表

組　　　　別	一	二	三	四
施 肥 量（斤）	0	40	80	120
每　公　頃 產　量（石）	6	40	72	110
	12	80	112	122
	18	80	112	130
	36	96	128	142
總　產　量	72	296	424	504
平　均　產　量	18	74	106	126

　　　每組土地的總收穫量和平均收穫量都列在表中的下方。若以橫軸表
示施用的氮肥數量，縱軸表示玉米的產量，則表 12-3 中的資料又可以
繪成分佈圖如圖 12-6。分析表 12-3 中每組土地的平均收穫量，並觀察
圖中顯示平均收穫量的各點（以圓圈標示者），可以看出收穫量係呈拋物
線分佈，卽收穫量之增加呈遞減的狀態。此種現象表示繼續增加氮肥的
施用數量，對玉米收穫量的影響將會逐漸遞減，所以收穫量達到某種程
度後，其增加的數量將呈遞減的形態，許多社會現象都受收穫遞減法則
的支配。

圖 12-6 氮肥施用量與玉米產量分佈圖

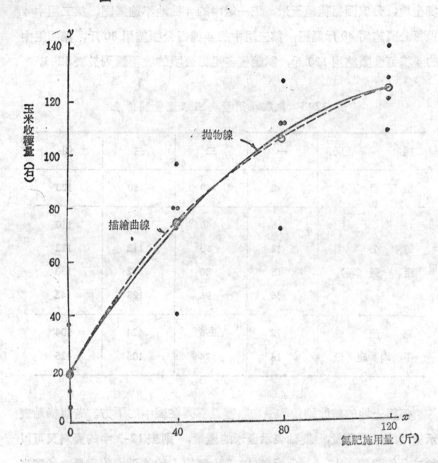

描繪法確定廻歸曲線

　　將各組土地每公頃的平均收穫量標示於座標圖上，在圖 12-6 中係於施肥量和產量相對應處以圓圈表示者，通過各平均數所描繪的曲線（斷續的虛線）即為代表此等資料散佈情況之廻歸曲線。因為此線通過各組數值的平均數，所以應該相當符合資料的散佈情況。由此可知，在研究資料的符合程度時最好先將資料繪成分佈圖，俾觀察資料分佈的形態，以確定變數間是直線關係或是曲線關係；若變數間眞正存在着曲線關係，有時用此種方法所描繪的曲線更富有適應性，比最小平方法所求得的曲線更符合資料的分佈狀況。

最小平方法確定拋物線

運用數學式所代表之曲線，其適合程度將視所選用公式的函數形態而定，最簡單的是拋物線 (parabola) 式，即

$$y_c = a + bx + cx^2 \qquad\qquad 12\text{-}6$$

式中：a 是曲線在 y 軸上的高度，b 是曲線在此點之斜率，而 c 則決定曲線的彎曲程度及方向。資料中各數值的變動關係，將決定拋物線上各部份所應符合的變動趨向。

若以 X 和 Y 代表變數 x 和 y 與各自的平均數 $\bar{x}$ 和 $\bar{y}$ 之間的離差，即可運用解下列標準方程式的方法

$$\Sigma XY = b\Sigma X^2 + c\Sigma X^3 \qquad\qquad 12\text{-}7$$

$$\Sigma X^2 Y = b\Sigma X^3 + c\Sigma X^4 \qquad\qquad 12\text{-}8$$

以求得方程式 12-6 中 b 和 c 的值，而常數 a 則可由下式求得，即

$$a = \bar{y} - b\bar{x} - c\Sigma x^2/n \qquad\qquad 12\text{-}9$$

式中：$\bar{x}, \bar{y}, \Sigma X^2$, 和 ΣXY 在前面已經說明過其意義，不再重復，現在須將另外幾個式子的意義界定如下：

$$\Sigma X^3 = \Sigma x^3 - \bar{x}\Sigma x^2$$

$$\Sigma X^4 = \Sigma x^4 - (\Sigma x^2)^2/n$$

$$\Sigma X^2 Y = \Sigma x^2 y - \bar{Y}\Sigma x^2$$

運用此法之求解過程在本章中不予詳細說明，因爲應用複廻歸 (Multiple Regression) 來求解此種問題更爲簡單。

我們可以將 x^2 視爲一個新的變數 x_2，如此，若稱原來的變數爲 x_1，並且將常數 b 和 c 各自改爲 b_1 和 b_2，則上述拋物線公式 12-6 即可寫成

$$y_c = a + b_1 x_1 + b_2 x_2 \qquad\qquad 12\text{-}10$$

此式與複廻歸方程式完全相同，所以可用解複廻歸的同樣方法求得 a，以及 b_1 和 b_2 的值。表 12-3 中的資料可以解出符合下式之拋物線，即

$$y_c = 18.6 + 1.565x + 0.005625x^2 \qquad\qquad 12\text{-}6$$

此一拋物線也劃在圖 12-6 中， 該 曲線並不恰好通過四組產量的各別平均數，不過與各別平均數却非常接近。

　　仔細觀察可以看出，上式所限定的拋物線與描繪的廻歸曲線同樣符合資料的分佈情況，只是拋物線比較更客觀；但是有時描繪的曲線則比較富有伸縮性(flexibility)，尤其是可以用於約計一些無法用簡單數學式表示的散佈類型。

　　以上兩節中，都介紹過如何以描繪法和最小平方法來確定表示資料分佈形態的廻歸線，爲了便於選擇運用，茲將兩種方法的重要特性簡單列述如下：

一、描繪法的特性

　　1. 不須要複雜的運算，比較節省時間和人力。

　　2. 描繪的曲線比較有伸縮性，從事資料分析時可以略去一些極端數值，所以有時比數學式更能符合某種曲線關係。

　　3. 可以經由描繪的結果而觀察出資料繼續發展的演變趨勢。

　　4. 由於分析者主觀的意識、偏見、或錯誤的判別，而可能造成誤差。

　　5. 因爲可能存有主觀的因素，所以從事分析的人員必須具有專業知識和豐富的經驗。

二、最小平方法的特性

1．此法能使各點與廻歸線之離差的平方和 $\Sigma(y-y_c)^2$，小於任何其他方法獲得之廻歸線所產生的離差平方和，所以其廻歸線應該最符合資料之散佈形態。由於此種特性，故此法稱爲最小平方法。

2．在平均情況下，廻歸線上面的變值等於廻歸線下面的變值，也就是說離差的正、負值之總和等於零，即 $\Sigma(y-y_c)=0$。

3．此一廻歸線必定會通過兩個變數（兩種數量資料）各自的總平均數 $(\bar{x}, \bar{y})$。

4．若此等資料是來自一個很大的全體中之樣本，其最小平方廻歸線應是全體的廻歸線之最佳估計值。

5．求廻歸方程式中的各常數值須要繁雜的計算，尤其當廻歸式爲曲線時，其計算更花時間。

描繪法和最小平方法各有優點和缺點，宜斟酌情況選擇採用，以求取其優點而避免其缺點。必要時也可以合併運用，例如可以觀察資料分佈圖而粗略的描繪出廻歸線的形態，然後再選用合宜的數學式以求客觀的測度，而且由描繪所得之曲線也可以對由數學式所求得之結果的正確性和合理性加以核驗。

第五節　　估計值之標準誤差

尋求廻歸線的目的是用於預測和控制，其可靠性如何則要視各變值離廻歸線散佈的情況而定。如果 y 的觀察值散佈的很廣，根據此等資料的廻歸線 y_c 對 y 所作的估計值即難以準確；相反的，若 y 的觀察值非常接近於廻歸線，則根據此廻歸線所作的估計值即相當正確。此種用於顯示實際觀察值離所計得之廻歸線而散佈的測定數，稱爲估計值之標準

（Standard Error of Estimate）。其功用像標準差用於測定在次數分

配中觀察值離其平均數而散佈的情況一樣。

母全體中的估計值之標準誤差，也可以由對樣本資料的廻歸分析而估計出，其計算式爲：

$$S_{y.x} = \sqrt{\frac{\sum(y-y_c)^2}{n-k}} \qquad\qquad 12\text{-}11$$

式中：n 爲樣本的大小，k 爲廻歸方程式中常數的數目，在直線式中 $k=2$，在拋物線式中 $k=3$。所用的標準誤差符號 $S_{y.x}$ 中，左邊的註角 y 爲因變數，右邊的註角 x 則爲自變數。

公式 12-11 中表示離差平方和 $\sum(y-y_c)^2$ 的值，可以由分佈圖中每一個 y 值與廻歸線 y_c 之間縱的離差（係與縱軸平行，並非垂直於廻歸線）平方後再相加而獲得。y_c 的值也可以由廻歸方程式中代入每一個 x 值而計算出，然後再求 $\sum(y-y_c)^2$。

在實際問題中，若包含許多觀察值時，應用上述公式 12-11 計算估計值的標準誤差將須要許多繁雜的運算，因此非常須要簡捷的運算方法，在此種簡捷法中只要運用一些已經算出的數量資料即可，當廻歸直線已被最小平方法確定之後，用下式計算估計值的標準誤差則非常簡單，即

$$S_{y.x} = \sqrt{\frac{\sum Y^2 - b\sum XY}{n-2}} \qquad\qquad 12\text{-}12$$

因此，本章第三節所述之工人手法測驗分數和工作分數的例子中，運用表 12-2 中末列的資料即可計得

$$S_{y.x} = \sqrt{\frac{\sum Y^2 - b\sum XY}{n-2}} = \sqrt{\frac{7050 - .943(6974)}{20-2}} = 5.13$$

此一估計值之標準誤差所界定的範圍，用虛線標示在圖 12-7 中廻歸線的上方和下方。如果代表數量資料的各點是圍繞廻歸線而隨機散佈的，則大約有 62.27% 的點會落在此一範圍(一個標準誤差)內。因此，管理階層可以預測，某一申請工作者手法測驗分數爲40分時，其工作分

數將爲 42±5.13，即在 37 分到 47 分之間，約有 68.27％ 的把握此項估
計是正確的。

圖 12-7 最小平方法計得之廻歸線及估計值之標準誤差圖

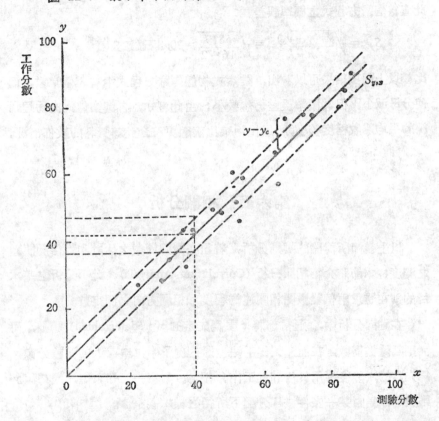

估計值的標準誤差也可以用來幫助決定兩種廻歸線（直線和拋物線）
中那一種比較符合資料的分佈狀況，例如在上節所述之氮肥施用量與玉
米產量試驗的例子中（表 12-3 和圖 12-6 中的資料），兩種數量資料圍繞
拋物線而散佈的估計值標準誤差爲：

$$S_{y.x} = \sqrt{\frac{\sum (y - y_c)^2}{n-k}} = \sqrt{\frac{4521}{16-3}} = 18.6 石/每公頃$$

而該等 16 個觀察值的最小平方直線廻歸方程式是

$$y_c = 27.6 + 0.89x$$

此直線廻歸方程式之標準誤差爲：

$$S_{y.x} = \sqrt{\frac{\sum (y - y_c)^2}{n-k}} = \sqrt{\frac{5817}{16-2}} = 20.4 石/每公頃$$

比較以上兩項結果可以看出，雖然拋物線廻歸方程式中有 3 個常數，而使分母減小，但其標準誤差仍然較小；由此可知，各觀察值與拋物廻歸線的平均離散程度較小，所以拋物線比直線更符合此等資料的散佈情況。

第六節　相關分析

以上幾節所討論的廻歸分析，着重在對因變數之估計和對估計誤差之測度；本節將介紹相關分析 (Correlation Analysis)，此項分析之基本目的則在尋求兩個變數間相關連的程度和相關方向之測定數。

在廻歸分析中，通常都將 x 視爲先定的 (predetermined) 變數，而 y 則爲隨機變數，在前述工作手法測驗的例子中，申請人的測驗分數 x 爲先定的，然後再用於估計其工作分數 y。對每一已知 x 值，觀察值 y 則被解釋爲由某一條件機率分配下所得之樣本觀察值。

但是在相關分析中， x 和 y 兩者都被視爲隨機變數，而且通常都假定 x 和 y 成結合的常態分配。例如運用相關分析模式，根據已知某國男性成人的身高 x 去估計其體重 y，如果選取 n 個男性成人爲隨機樣本，觀察樣本中每人的身高和體重，在此種情形下， x 和 y 二者都是隨機變數，而且也假定身高和體重都呈常態分配。在這些假定條件下，前面歸分析所計得之各項測定數仍然適用，即假定在身高與平均體重之間有一種直線關係，仍可用以前所介紹的方法求最小平方廻歸線和估計值的標準誤差等。

確定變數間相關程度和相關方向的測定數有決定係數 (Coefficient of Determination) 和相關係數 (Correlation Coefficient) 兩種，茲分別介紹如下：

一、決定係數

決定係數 r^2 是兩個變數之間關係的相對測定數 (relative measure)，其值從 0 到 1。決定係數爲 0 時，表示兩個變數不相關 (no correlation)；若決定係數爲 1，則表示兩個變數完全相關 (perfect correlation)。此種決定係數也可以被限定爲自變數解釋因變數變動範圍的測定數，此項概念可以用圖 12-8 顯示如下：

圖 12-8　決定係數之構成圖解

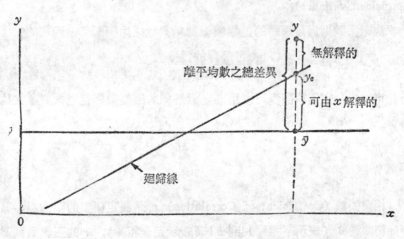

由圖解中可以看出，因變數 y 與其平均數 $\bar{y}$ 之間的總差異 (total variation) 可以劃分爲兩部份：

1. 在廻歸線上的變值與平均數之間的差異 $(y_c - \bar{y})$——此項差異可由已知的 x 值加以解釋。

2. 觀察值 y 與廻歸線之間的差異 $(y - y_c)$——此項差異是不能用 x 值加以解釋的。

所以總差異應為：

$$(y - \bar{y}) = (y_c - \bar{y}) + (y - y_c) \qquad\qquad 12\text{-}13$$

因為上式等號右端的兩部份是獨立的，所以 y 值的總差異數 (total variance) 可以用兩部份的差異數之和表示之，即

$$S^2{}_y = S^2{}_{y_c-y} + S^2{}_{y.x} \qquad\qquad 12\text{-}14$$

式中估計值的標準誤差 $(S_{y.x})$ 係用以測度各點離廻歸線之差異，其平方數表示在資料的廻歸線確定之後，與觀察值 y 之間的差異數，此值稱為無解釋的差異數 (unexplained variance)。另外一項 $S^2{}_{y_c-y}$ 則為廻歸線上各點與平均數 $\bar{y}$ 之間的差異數，此值稱為可用廻歸線解釋的差異數 (explained variance)。

決定係數則為可解釋的差異數與總差異數之比例關係，即

$$r^2 = \frac{S^2{}_{y_c-y}}{S^2{}_y} = \frac{\text{可解釋的差異數}}{\text{總差異數}} \qquad\qquad 12\text{-}15$$

由此可知，決定係數即為可以用自變數解釋的因變數與總差異數間之比例數。

相關係數

相關係數 (Coefficient of Correlation) r 是決定係數的平方根，其變動範圍從 0 （表示不相關）到 ± 1 （表示完全相關）， r 的正、負號像廻歸係數 b 在廻歸方程式中的正、負號所代表的意義一樣。因此，若 b 是正值， r 也是正值；若 b 是負值， r 也是負值。在 $r = +1$ 時， 表示

兩種變數間有着完全的直接直線關係，即各點都在由左下向右上的廻歸線上，當 x 增加一個單位，y 也增加一個單位；反之，x 減少若干，y 也減少若干。而 $r = -1$ 時，則表示相反的完全直線關係，即各點都在由左上向右下傾斜的廻歸直線上，當 x 增加時，y 反而作同量的減少，反之亦然。

在工商企業及經濟問題中，決定係數比相關係數應用的較爲廣泛，因爲決定係數是表達 y 值的差異數之比例數或百分數最簡捷的方法。而相關係數則有時會誇大兩個變數間實際相關的程度，例如當 $r^2 = .50$ 時，而 $r = \sqrt{.50} = .71$，此值比 0.50 要大出很多。

決定係數也可以用 1 減以無解釋的差異數與總差異數之比例關係表示之，即

$$r^2 = 1 - \frac{S^2_{y.x}}{S^2_y} = 1 - \frac{\text{無解釋的差異數}}{\text{總差異數}} \qquad 12\text{-}16$$

此式比前述的公式 12-15 容易計算，因爲無解釋的差異數是估計數的標準誤差 $(S_{y.x})$ 之平方，此值在廻歸分析中早已算出；因此，在前述估計工作分數的例子中，無解釋的差異數爲

$$S^2_{y.x} = (5.13)^2 = 26.3$$

總差異數爲

$$S^2_y = \frac{\sum Y^2}{n-1} = \frac{7050}{19} = 371$$

所以　　$$r^2 = 1 - \frac{S^2_{y.x}}{S^2_y} = 1 - \frac{26.3}{371} = 0.929$$

此項結果表示，在估計工作分數的問題中，廻歸方程式將工作分數與測驗分數相關連，其差異數的 92.9% 是可以用廻歸方程解釋的。此問題的相關係數則爲

$$r = \sqrt{.929} = 0.964$$

樣本資料的決定係數 $(r_s{}^2)$ 和相關係數 (r_s) 則可以用下式求得，即

$$r_s{}^2 = \frac{(\Sigma XY)^2}{\Sigma X^2 \Sigma Y^2} \qquad \text{或} \; r_s = \frac{\Sigma XY}{\sqrt{\Sigma X^2 \Sigma Y^2}}$$

式中：ΣXY 用於測度 x 和 y 兩個變數彼此間變異的程度，ΣX^2 和 ΣY^2 則用於測度變數 x 和 y 各自的差異數。

上式為計算決定係數和相關係數的簡捷方法，例如在前述估計工作分數的例子中，運用表 12-2 中末列的數值，可以很容易的計得樣本決定係數，即

$$r_s{}^2 = \frac{(\Sigma XY)^2}{\Sigma X^2 \Sigma Y^2} = \frac{6974^2}{7395 \times 7050} = 0.933$$

以此項樣本數值作為母全體中眞實決定係數 r^2 之估計值可能會有些誤差，因為此項樣本數值大於由公式 12-16 所計得之決定係數，即 0.933 > 0.929。若將此項樣本決定係數乘以修正數，將可求得最佳估計值，其結果應為：

$$r^2 = 1 - (1 - r_s{}^2)\left(\frac{n-1}{n-2}\right)$$

$$= 1 - (1 - 0.933)\left(\frac{19}{18}\right) = 0.929$$

在處理工商企業的各項問題時，經常須要運用兩種變數之間關連程度的測定數，例如工業心理學家便非常希望瞭解那些因素與員工的士氣有關連，他未必有興趣用其他因素預測員工的士氣，也就是說他並不一定須要用廻歸分析，但仍然可以運用相關係數去測度其他各因素與士氣高低之間的相關程度，俾能運用有關因素以提高工作效率。

第七節　廻歸與相關之推論

　　以上各節所介紹的廻歸及相關測定數，只在描述兩個變數之間的關係，其實從事廻歸和相關分析的目的不僅僅在發現和瞭解變數間的關係，而是在根據對兩者間關係之瞭解，再進一步對因變數未來的變動趨向加以預測和控制。因此，企業和經濟統計之廻歸和相關分析的目的，即在運用統計推論的方法，根據某一特定樣本的資料，而對其母全體的廻歸性質和相關程度從事推論，以便作有效之控制。

　　用於從事分析的特定樣本和企圖預測及控制的未來變值，都只是所研究的母全體中的極小部份，所以樣本的廻歸線也只是母全體中可以選取的許多不同樣本廻歸線之一，許多樣本廻歸線不可能完全相同，因此，廻歸測定數即可能會有選樣誤差；縱然如此，我們還是可以估計母全體中眞實廻歸線的所在範圍。根據樣本統計數 (statistics) 以估計全體的母數 (parameter) 之理論，已在前述之估計和檢定各章中介紹過，現在也可以應用此等理論從事對於眞實廻歸和相關中各母數值的統計推論。

基本假定

　　欲求運用樣本資料對母全體中的廻歸和相關從事有效的分析，必須符合某些假定條件，玆將四項基本假定情況列述如下：

　　1. 直線性 (linearity) 假定

　　當樣本資料的分佈適合直線時，而以此來估計眞實的或全體的資料間之關係，後者必須也呈直線關係，此項關係可用下式表示之，即

$$y = A + BX + \epsilon$$

式中：A 和 B 是未知的全體廻歸線之母數，而 ϵ (epsilon) 則爲 Y 的實際值與眞實廻歸線之離差，即 $\epsilon = y - y_c$，此項離差的平均數或期望值等於

0。該假定也適用於曲線的情況。

2. 相同性 (homoscedasticity) 假定

對全部 x 值而言，各離差 ϵ 的標準差是相同的，即圍繞廻歸線而分佈之各點，其離差大致是均勻的，下述圖 12-9 中，A 圖顯示資料分佈情況與假定相符，B 圖則顯示分佈情況與假定不符。

圖 12-9 各點圍繞廻歸線而散佈之情況圖

A 分佈均勻　　　　　　B 分佈不均勻

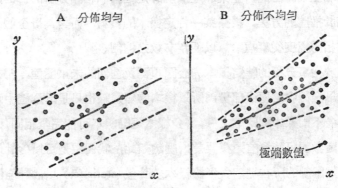

3. 獨立性 (independence) 假定

各離差 ϵ 是彼此獨立的，即某一點與廻歸線的離差與其他任何點的離差都不相關。此項獨立性假定與時間數列資料(time series data)大多

圖 12-10 觀察值之獨立分佈與相依分佈圖

A 獨立分佈　　　　　　B 時間數列(相依分佈)

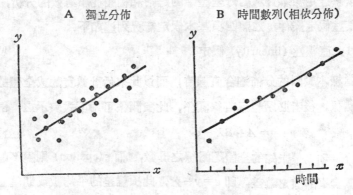

不符，因為時間數列多呈週期性移動(cycle movement)，並非圍繞趨勢線而隨機散佈。各別離差之獨立性和相依性顯示於圖 12-10。

　　4. 常態性 (normality) 假定

　　在廻歸線以上和以下各點的分配情況大致呈常態，即離差 ϵ 的值是常態分配。

　　在符合以上四項假定的情況下，由樣本資料計算的直線廻歸係數和估計值的標準誤差，對母全體中的數值才是有效的、直線的、和不偏的估計值。有了上述各項基本概念，現在可以進一步討論如何測度與估計值 a 和 b 相關連之選樣誤差，以及根據此等估計值所能作的統計推論。

廻歸係數之標準誤差

　　對廻歸係數所能作的推論，像對平均數或比例數作推論一樣，也有兩種情形，即檢定其相關之顯著性和估計其廻歸係數之可信區間，無論從事那一種推論，都須要運用廻歸係數的標準誤差 (Standard Error of the Regression Coefficient)，即

$$S_b = \frac{S_{y \cdot x}}{\sqrt{\sum X^2}} \qquad\qquad 12\text{-}17$$

式中：$S_{y \cdot x}$ 是樣本的估計值之標準誤差；$X = x - \bar{x}$，而 $\sum X^2$ 則為各 x 值與其平均數間離差平方數之總和。所以 S_b 即為對 b 的選樣誤差數量之測定數，此項測定數的功用像 $S_{\bar{x}}$ 是平均數 $\bar{x}$ 的選樣誤差測定數之功用一樣。在前述估計工作分數的例子中，運用表 12-2 中的資料可以求得廻歸係數的標準誤差為：

$$S_b = \frac{S_{y \cdot x}}{\sqrt{\sum X^2}} = \frac{5.13}{\sqrt{7395}} = 0.06$$

有了此項誤差測定數，即可用於確定在手法測驗分數與工作分數之間是否有顯著的直接關連，也可以用於估計廻歸係數 b 的可信區間，茲分別

說明如下:

一、檢定相關之顯著性

因爲偶然的機遇樣本資料也可能顯示出變數間有關連，所以在研究兩個變數 x 和 y 之間的關係時，首先須要瞭解其關係是否顯著。如果變數間沒有關係，母全體的廻歸係數 B 的值應該爲 0，因此即可確立 $B=0$ 的虛假設；若樣本廻歸係數 b 很顯然不是 0 時，即可拒絕虛假設，而斷定變數間確實有關連。其檢定過程應首先設定虛假設和變更假設如下:

H_0: $B \leq 0$ （不相關或有負相關）

H_a: $B > 0$ （正相關）

玆以估計工作分數的問題爲例，對其廻歸係數加以檢定。在第三節中用最小平方法所計得之 b 值爲 0.943，如果虛假設是正確的，即 $B \leq 0$，而樣本 b 卻爲 $+0.943$，依照廻歸係數的標準誤差來計量，兩者離差的 t 分配應爲:

$$t = \frac{b-B}{S_b} = \frac{.943-0}{.06} = 15.7$$

此項結果顯示，樣本廻歸係數與 $B=0$ 相差約 15.7 個標準誤差。

如果此項分配是基於大樣本資料，與任何已知的離差相對應的一端 (one-tailed) 機率之 Z 決定值，都可以在附錄表 I 的常態機率函數表中查出。但是此例中 $n=20$，爲小樣本，即須應用附錄表 VI 的 t 分配函數表，其自由度 $df = n-2 = 18$，在 5% 的顯著水準下，t 之決定值爲 1.734，即 $t_{.05,18} = 1.734$。而樣本資料統計數 $t = 15.7$，大於決定值 $t = 1.734$，而且超出太多，如果 $B \leq 0$，其離差在 15 個標準誤差以上是由於機遇的可能性是絕對不可能的，所以應該拒絕虛假設，而接受變更假設，即在 5% 的顯著水準下，認定兩個變數之間有顯著的正相關。

上述 Z（或 t）$= \frac{b}{S_b}$ 的表示式稱爲決定比例 (critical ratio)，在 5%

的顯著水準下，一端檢定時，小樣本的決定比例 $b/S_b > 1.734$（在附錄
表Ⅵ中，$df = 20 - 2 = 18$ 時，$t_{.05,18} = 1.734$），即可認定 b 值是顯著的。
無論在大樣本或小樣本的檢定，離差在 3 個標準誤差之上，都表示有顯
著的差異。

二、估計可信區間

樣本廻歸係數 b 的可信區間是指在某一特定機率之下，圍繞樣本數
值 b 的一個範圍，我們相信在此範圍內應該包含母全體的眞實廻歸係數
B。在大樣本中，廻歸係數 b 的95%可信區間應爲：

$$b \pm ZS_b$$

$$= b \pm 1.96S_b$$

而在前述估計工作分數的例子中，$n = 20, df = 18, \alpha = .05$ 時，在附錄表
Ⅵ中可以查出其可信區間爲：

$$b \pm t_{\alpha/2, df} S_b$$

將各值代入則得　　 $.943 \pm 2.10(0.06)$

$$= .943 \pm .126$$

此項結果顯示，我們約有95%的把握，該問題的眞實廻歸係數應在 $.817$
-1.069 之間，卽 $.817 \leq B \leq 1.069$。同樣方法，也可以依照其他的可信
水準而求出其對應的可信區間。

預測的標準誤差

在運用樣本資料從事預測 (forecast) 時，總希望知道新的觀察值預
期可能落在什麼範圍內，例如圖 12-7 中的廻歸線卽可用於預測，當已
知一位申請工作者的測驗分數爲 40 分時，卽可據以估計其工作分數，
估計的結果爲42分。由於估計的結果不可能完全正確，多少總會有些誤
差，已知估計值的標準誤差爲 5.13，所以工作分數在廻歸線上、下散佈

的範圍應為 42±5.13。但是此項測定數並未考慮到廻歸線本身的選樣誤差，即當接受測驗的工人之性質不同（或來自不同的全體）時，此項誤差在平均水準和斜率兩方面都可能會有變動，欲求估計的結果能包含可能發生的選樣誤差，即應進一步瞭解預測的標準誤差 (Standard Error of Forecast—S_f)。

預測的標準誤差是指對任何新觀察值的全部選樣誤差之測定數，此項測定數係將估計值的標準誤差和廻歸線的標準誤差合計而求得。標準誤差像標準差一樣，可以將離差的平方數相加而計得總和，所以預測的標準誤差之公式應為：

$$S_f = S_{y.x}\sqrt{1 + \frac{1}{n} + \frac{X^2}{\sum X^2}} \qquad\qquad 12\text{-}18$$

式中：$X = x - \bar{x}$，根號下的 1 即為估計值的標準誤差，另外兩項則代表在廻歸線上的點之標準誤差。

在前述之預測工作分數的問題中，已知：$n = 20$，$S_{y.x} = 5.13$，和 $\sum X^2 = 7395$（見表 12-2），將各值代入上式即得預測的標準誤差

$$S_f = 5.13\sqrt{1 + \frac{1}{20} + \frac{X^2}{7395}}$$

玆選取 5 個測驗分數 (x) 為例，將預測的標準誤差計算如下述之表12-4。

若預測的標準誤差之計算是基於大樣本，而且其值大致繞廻歸線而呈常態分配，有95%的可能性，由此全體所選取的新觀察值會落在離廻歸線 y_c 約 $1.96S_f$ 的範圍之內，即新觀察值 y 的 95% 可信區間為：

$$y_c \pm 1.96S_f$$

而在前述之預測工作分數的小樣本 $(n = 20)$ 例子中，新觀察值的95%可信區間則為：

$$y_c \pm t_{\alpha/2, df} S_f$$
$$= y_c \pm 2.10S_f$$

表 12-4　工人測驗分數及工作分數個別預測之標準誤差

選取的 x 值 (1)	與平均數之離差 $X=(x-\bar{x})$ (2)	$\dfrac{X^2}{7395}$ (3)	標　準　誤　差	
			估計值 $S_{y \cdot x}$ (4)	預測 S_f (5)
15	−40	.2164	5.13	5.77
35	−20	.0541	5.13	5.39
55	0	0	5.13	5.26
75	20	.0541	5.13	5.39
95	40	.2164	5.13	5.77

此一區間在圖 12-11 中為弧形實線所顯示的較寬區間。此項結果表示，依照工作申請人的測驗分數以預測其工作分數，約有95%的可能性，其工作分數將會在此一範圍內。

圖 12-11　廿名工人測驗分數及工作分數各別預測之可信區間圖

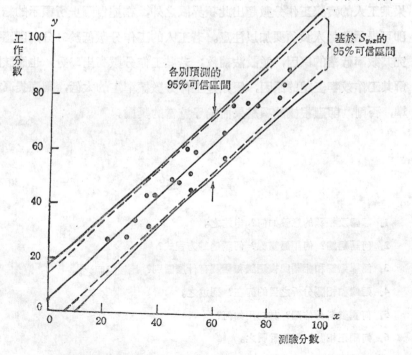

觀察圖 12-11 中的線圖，有些重要特性須要加以注意：

1. 預測的可信區間之界限並非直線，而呈曲線狀態。

2. x 值離平均數越遠，預測的可信區間越寬。

3. 在樣本 n 較小時，預測標準誤差大於估計值之標準誤差；此項結果顯示，由小樣本所作的預測可能造成之誤差較大。

預測之誤差不但可以用於從事預測，也可以用於從事控制。如果新的觀察值落在可信界限之外，即顯示有某種或某些因素失去控制，必須及早研究改進或加以糾正，所以圖 12-11 像統計品質管制圖一樣，也可以作為控制圖。例如在前述預測工作分數的例子中，管理人員不但能根據測驗分數以預測其工作分數（在95%的可信區間內，測驗分數是40分時，工作分數應為 31—53 分）；而且還可以根據此項範圍加以控制，如果某工人的實際工作分數超出此項界限之外，在控制圖上所顯示的結果即可提示監督人員須要加以注意。若工人的工作分數低於31分，即應研究其效率低落的原因，並設法補救；若其工作分數高出53分，也應該瞭解其工作效率優越的原因，假如是工作分數標準定的太低，則應提高標準，否則，即應根據此項結果而給予適當的獎勵。

習 題

1. 廻歸及相關的意義如何？申述之。

2. 何謂廻歸？何謂廻歸線？何謂廻歸方程式？

3. 簡單廻歸和相關與複廻歸和相關有什麼區別？比較說明之。

4. 廻歸和相關分析之目的何在？列述之。

5. 何謂資料分佈圖？其功用如何？

6. 何謂正相關？舉例說明之。

7. 何謂負相關？舉例說明之。

8. 何謂直線相關？舉例說明之。

9. 何謂曲線相關？舉例說明之。

10. 廻歸分析的功用如何？申述之。

11. 在直線函數式 $y_c = a + bx$ 中，常數 a 和 b 各代表的意義如何？

12. 何謂廻歸係數？其功用如何？

13. 爲什麼廻歸線又稱爲「平均關係線」？其原因如何？

14. 用於決定廻歸線的方法有那幾種？列述之。

15. 運用隨手描繪法確定廻歸線時，通常都依照那些步驟進行？列述之。

16. 隨機選取12輛某種品牌的汽車，調查其車齡與該年度的保養費用，獲得下述資料：

車齡 x	5	2	4	3	5	2	4	6
保養費(元)	2,480	1,060	1,850	1,540	2,120	1,200	1,720	2,850

	3	4	3	7
	2,020	1,950	1,880	3,500

試將此項資料以分佈圖顯示之。

17. 運用上述第16題中的資料，分別用隨手描繪法和最小平方法確定其廻歸線和廻歸方程式，比較兩種方法所獲得之結果是否完全相同。

18. 已知一輛上述品牌的車子的車齡爲4年半，試運用上述第17題所求得的廻歸方程式，估計其一年所需之保養費爲若干

19. 隨機選取15家百貨公司，由營業報告中查出其上年度的廣告費（佔總費用的百分比）及盈餘淨額（佔銷貨總額的百分比），列表如下：

廣告費 x	1.5	0.8	2.6	1.0	0.6	2.8	1.2	0.9	0.4	1.3	1.2	2.0	1.6	1.8	2.2
盈餘 y	3.1	1.9	4.2	2.3	1.6	4.9	2.8	2.1	1.4	2.4	2.4	3.8	3.0	3.4	4.0

試將上述資料以分佈圖顯示之。

20. 運用上述第19題中的資料,分別用隨手描繪法和最小平方法決定其廻歸線和廻歸方程式,並比較兩種方法所得之結果是否有差異。

21. 已知某百貨公司的廣告費爲其總費用的1.7%,試運用上述第20題所計得的廻歸方程式,估計其盈餘淨額佔銷貨總額的百分比。

22. 隨機選取11位公教人員調查其月薪及用於食物方面的支出,得下述資料:

月薪 (百元)	100	120	90	50	60	80	90	110	70	80	100
食物費用(百元)	33	36	29	20	25	31	32	34	27	30	35

試將上述資料用分佈圖顯示之。

23. 對上述第22題中的資料,分別用隨手描繪法和最小平方法決定其廻歸線和廻歸方程式,並且比較兩種方法所得之結果是否有差異。

24. 假定已知某位教員的月薪是12,500元,試運用上述第23題所求得之廻歸方程式,估計其用於食物方面的支出爲若干。

25. 在何種情況下需要用曲線廻歸?列述之。

26. 某製造商希望能對其產品決定一個最適當的生產批量 (optimum lot size),並且確定一個廻歸方程式,用於預測不同批量的單位製造成本,爲了求得正確的成本資料,乃對下述不同的產量: 500, 1,000, 1,500, 2,000, 2,500, 和 3,000, 各製造四批,每批的單位成本如下:

批 量	單位成本 (元)			
500	5.20	4.90	5.40	5.20
1,000	3.80	4.10	4.30	4.00
1,500	3.50	3.30	3.20	3.40
2,000	2.70	2.30	3.10	2.80
2,500	1.90	2.00	2.20	2.10
3,000	2.60	2.50	2.70	2.60

試將上述成本資料用分佈圖顯示之。

27. 對上述第26題中的成本資料,用隨手描繪法分別畫出廻歸直線和廻歸曲線,並試行列出各自的廻歸方程式。

28. 現在決定每批生產 2,400 單位或 2,600 單位，試分別用上述第27題所求得之直線廻歸方程式和曲線廻歸方程式，預測兩種批量之單位成本，並比較不同方程式所計得之不同結果。

29. 運用描繪法確定廻歸線時，應瞭解其那些特性？列述之。

30. 運用最小平方法確定廻歸線時，應注意其那些特性？列述之。

31. 何謂廻歸線估計值的標準誤差？其功用如何？

32. 試運用公式 12–11 或 12–12，求上述第 16 題車齡與保養費資料的估計值之標準誤差。

33. 試求上述第26題中生產批量與單位成本資料，直線廻歸方程式和曲線廻歸方程式各自的估計值標準誤差；比較二者之標準誤差，以決定何種廻歸線最適合該項資料之分佈。

34. 相關分析與廻歸分析之主要區別何在？說明之。

35. 何謂決定係數？決定係數爲 0 或爲 1 時，各自的意義如何？

36. 何謂可解釋的差異數？何謂無解釋的差異數？分別說明之。

37. 何謂相關係數？相關係數與廻歸係數有什麼關連？列述之。

38. 試運用上述第16題中的資料，求車齡與保養費用的決定係數。

39. 試運用上述第22題中的資料，求公敎人員月薪與食物費用支出之相關係數。

40. 在從事對眞實廻歸和相關分析中各母數作推論時，係基於那些基本假定？列述之。

41. 廻歸係數標準誤差之功用如何？說明之。

42. 試求上述第16題中車齡與保養費資料的廻歸係數標準誤差，以95%的可信區間估計眞實母全體的廻歸係數 *B*，並以 5 % 的顯著水準檢定之。

43. 試求上述第19題中廣告費與盈利資料的廻歸係數標準誤差，以98%的可信區間估計其母全體的廻歸係數 *B*，並以10%的顯著水準檢定之。

44. 何謂預測的標準誤差？其功用何在？列述之。

45. 試求上述第16題中車齡與保養費用資料的預測標準誤差，並與上述第32題中所計得之估計值標準誤差加以比較。

46. 預測的標準誤差有那些重要特性? 列述之。

第十三章

指　　數

第一節　指數的意義及功用

指數 (Index Number) 係指一個數值與某一基數 (base) 作比較所產生的相對數值，通常都以百分數（但％數符號並不顯示出）表示之，以測度或顯示某種事物在不同時間或不同地點所發生的變動程度。指數可以是一個單一的數列 (a single series) 中各數值之比值，例如歷年的發電量，以 1970 年為基期 (base year) 之比較；又如歷年的稻米產量，以 1968 年為基期之比較等。指數也可以是一項總計數值 (aggregate) 之比較，例如 1978 年 5 月的各種肉類價格與 1979 年 5 月的各種肉類價格之比較；或者南部地區物價與北部地區物價之比較等。

在現代的經濟活動中，許多事物的動態情況都須要運用指數加以測度，例如物價、所得、產量、以及收益等，都須要用指數顯示其實際變動或相對的變動，以利分析和比較。尤其是企業界的許多管理和決策問題之分析、比較、或預測，也經常須要運用指數。所以無論是政府機關或民營機構都經常在編製各種指數表，以便對經濟情況之變動作分析，或者是提供管理階層作決策之參考。

一般而論，運用指數比直接運用變動資料的絕對值,具有許多優點,為了便於瞭解,茲將指數的重要功用列述如下:

一、比較事物在不同時間或不同地點所發生之變動

在某一地區之內或者在某一特定時間之內,豬肉的價格、雞蛋的價格、或者是蔬菜的價格若有任何差異,都很容易比較;但是在不同的地區,或者在不同的時間內,由於幣值不同,或者是相關的因素有變化,以致對物品的價格變動,即不容易作比較。而豬肉、雞蛋、和蔬菜的價格指數卻能顯示出每一種價格的相對變動,根據某種基數作比較,即可顯示出各種價格的變動程度。尤其是當貨品的項目衆多時,此項功用更為顯明。

二、比較不同數量單位所表示的資料數列

工商業所應用的許多統計資料,例如生產量、銷貨額、成本、以及存貨等,由於經常發生變動,而須要加以比較,但是各項資料的數量單位(例如噸位、件數、金額、以及尺碼等)可能不相同,而無法直接比較,若將各種單位的變動情況以指數顯示之,即可運用指數而加以比較。

三、測度貨幣的價值

由物價指數的變動可以充分顯示出貨幣的價值, 例如在 1979 年 5 月的消費物價指數為 124.3, 若此一指數的基期為 1974 (基數為 100),則此項指數即顯示 1979 年 5 月的物價與 1974 年物價的平均關係。也就是說, 在 1974 年花 100 元可以買到的貨品, 1979 年 5 月買同樣的貨品則須花費 124.3 元, 此項結果即表示兩個時期內貨幣價值的變動。

四、表明商業上特殊的季節型態

許多商品的銷售量都有季節性的變化, 其淡、旺季節的變化可能相差很大, 例如百貨公司的銷售旺季在年底,而飲料的銷售高峯則在夏季;

尤其是許多農產品的供應，季節變化更為顯明。各種季節變化對營業情況的影響，都可以用銷貨指數顯示之，俾利於分析和比較。

五、顯示經濟景況的變動

在經濟成長的過程中，工商業的景況經常會有波動，有時會繁榮，有時也會蕭條，有時會成長的很快，有時則成長遲緩甚至還會萎縮；但是這些變化都不是絕對的，而是指在不同期間，或不同地區比較的或相對的變動，對於此種經濟景況之波動程度，即須應用指數加以測度或顯示。

由以上的說明和列述可以瞭解指數的意義及其重要功用，工商業越發達的社會，應用指數的場合或機會越多，所以對於指數的瞭解和運用，已成為現代工商業的管理階層和決策階層必備的基本常識。

第二節　指數的類別

若注意閱讀報刊上的商用統計資料，經常會發現用於顯示或比較商業情況或經濟情況各種不同變化的有許多種指數，但是這些指數的主要用途則在測度價格、數量、或價值方面的變動，所以常用的指數可以歸納為以下三種類別，即價格指數(price index)、數量指數(quantity index)、和價值指數 (value index)，茲分別略述如下：

一、價格指數 (Price Index)

有許多指數都是用於顯示物價變動的，許多世紀以來，工商業都以價格指數來表達物料和成品在價格方面的變動程度。編製價格指數所須要的物價資料多來自以下幾種商品交易情況：

1. 在製造過程中的不同階段——可以分為原料、半成品、以及製成品等。

2. 在不同的分配階層——例如製造業、批發業，和零售業等。

3. 不同的品類項目——有消費品、製造用品、耐久用品、非耐久用品，以及股票和公債等。

在編製價格指數時，係將物品的數量保持不變，以致所得之任何差別都是由於價格的變動，其基本公式爲:

$$PI_n = \frac{\sum p_n q_0}{\sum p_0 q_0} \times 100 \qquad\qquad 13\text{-}1$$

式中: PI_n 代表第 n 期的價格指數，p_0 代表基期的物價，p_n 代表第 n 期的物價，q_0 代表基期的數量，而 $\sum p_n q_0$ 係代表第 n 期的物價與基期的數量乘積之總和，$\sum p_0 q_0$ 則代表基期物價與基期數量乘積之總和。

有時也常用購買力指數 (purchasing power index) 來顯示貨幣的價值，此種購買力指數爲價格指數的倒數 (reciprocal)，當兩種指數用比例數表示之，其基數爲 1 ，而非 100，即

$$購買力指數 = \frac{1}{價格指數} \times 100$$

例如上節所述 1979 年 5 月份的消費價格指數 124.3 應爲 1.243，其倒數即

$$購買力指數 = \frac{1}{1.243} \times 100 = 80.45$$

此項結果表示與當時的價格指數相對應的購買力指數爲 0.8045，若以 100 爲基數則爲 80.45。此一購買力指數所顯示的是，在 1974 年依消費價格所能購買價值一元的貨品，在 1979 年 5 月份却只能買到價值 8 角的消費物品; 也就是說，1979 年 5 月的貨幣購買力與 1974 年相比，每元只值 8 角錢。

二、數量指數 (Quantity Index)

數量指數常用於測度生產、銷售、就業，以及建築等的數量變動。

此種指數常為下述三種情況計算並比較其數量之變動: (1) 一般性的工業, (2)特殊性的工業, (3)生產或分配的特殊作業或階段。此種變動資料可以是地區性的, 也可以是全國性的。

數量指數之編製, 係將價格保持不變, 如此則可顯示出在不同期間所發生之數量變動, 其計算公式如下:

$$QI_n = \frac{\sum p_0 q_n}{\sum p_0 q_0} \times 100 \qquad\qquad 13\text{-}2$$

比較以上計算物價指數和數量指數的公式 13-1 和 13-2 可以發現, 兩者的分母完全相同, 只是分子不同。所以在編製價格指數時, 除了須要基期的物價和數量之外, 還須要有所擬比較的歷年物價; 而在編製數量指數時, 同樣須要基期的物價和數量, 並且還要有歷年的數量變動資料。

由於工、商企業的會計紀錄偏重於能以金額單位顯示的資料, 以致依實體的數量單位表達的資料每因數量單位之不同而不易比較, 所以數量指數往往比基於金額所顯示者之可靠性較差。

三、價值指數 (Value Index)

價值指數在工商業上應用的非常廣泛, 但是特意編製並加以公佈的却不多, 通常都是在會計或年度報告中顯示出來的結果, 例如有些工商業的營業報告中為了顯示營業發展的趨勢, 而附有營業成長比例, 即

年 度	1975	1976	1977	1978
營業額	$800,000	$840,000	$912,000	$984,000
成長比例	100	105	114	123

在營業報告中的此種成長比例, 即為實際的價值指數。

每年的營業總額數值, 係各項產品的售價乘以其各自的銷售量再加以總和。當每年的銷貨額以基年的銷貨額之百分比顯示之, 其結果之數

值即為價值指數。求價值指數的基本公式為：

$$VI_n = \frac{\sum p_n q_n}{\sum p_0 q_0} \times 100 \qquad\qquad 13\text{-}3$$

觀察式中的符號之變化可以看出，價格和數量兩者都是變動的；由此可知，價值指數的變化是由於價格和數量兩方面的變動，其值應為 $p \times q$。所以用於計算價值指數的表格每種產品每期都應該有三欄，即價格 (p)、數量 (q)，以及兩者之乘積 $(p \times q)$，而最後的指數則是每年的總數與基年數值的百分比。

為了便於比較起見，茲將上述以總計法 (aggregative method) 計算價格指數、數量指數，以及價值指數的公式列述如下，以便瞭解其差別：

價格指數	數量指數	價值指數
$PI_n = \dfrac{\sum p_n q_0}{\sum p_0 q_0} \times 100$	$QI_n = \dfrac{\sum p_0 q_n}{\sum p_0 q_0} \times 100$	$VI_n = \dfrac{\sum p_n q_n}{\sum p_0 q_0} \times 100$
價格變動	價格不變	價格變動
數量不變	數量變動	數量變動

第三節　指數的編製方法

編製指數時常須對以下各項問題詳加考慮，即應該包括那些類別的物品？各項物品應賦予何種權數 (weights)？怎樣決定合宜的基期？如何搜集適當的資料？怎樣確定合用的公式等？茲以編製價格指數為例，分別說明如下：

一、應該包括的物品項目

在價格指數中應該包括的商品或勞務之項目，必須經過慎重的選擇，所包含的項目既要有廣泛的代表性，以便指數能顯示真實的變動；而且還要使品類簡化，以免收集資料時花費太多的人力和物力。例如編製一般的食品價格指數，卽須對食品的項目妥爲選擇，應該以佔一般家庭生活費中金額較多的食品項目爲主，像是包括各種肉類、魚類、鷄類、鴨類、米、麵、奶、蛋、蔬菜、水菓，以及飲料等的價格卽可，並不須要包括花費金額很少的全部食品。因爲若包括此等零星食品，將會增加收集資料的麻煩和耗費較多費用，但是對指數的正確性並沒有多大貢獻。

　　二、物品應該賦予的權數

　　在指數中所包括的各項物品，其重要性不可能完全相同，爲求正確反映物價變動對一般民生所發生之影響起見，應該依照各物品所耗用的數量或花費的價值方面的重要程度之不同，而分別賦予不同的比重，卽權數。而編製指數時所選用的各種商品在價格或數量方面相對的重要性之變動，是決定於在通常情況下一個家庭或個人於某一期間內對各該項目所購買的數量。由於不同收入階層的消費形態並不相同，所以很難用單一的食品價格指數來代表所有的所得階層，其他像衣著、佳屋、以及娛樂方面的花費形態，更因所得水準之不同而異，所以必須依照不同的消費形態而對不同的物品賦予不同的權數，以顯示各該物品的重要性之差別。

　　再者由於新發明或流行式樣之不同等因素，而使各種商品的相對重要性經常有變動；儘管有這些情況發生，數量或價格權數仍然應該盡可能保持穩定，不要經常變更，以求運用指數從事比較時，能有一致的標準。

　　三、基期之選擇

　　指數係顯示所列出的各種物品，在不同的時期（一月、一季，或一年）與基期相比，在價格或數量方面所發生的變動。所以作爲基期的時間不能離的太遠，而且基期應該是比較正常而又具有代表性的期間，以便作正確的比較。例如欲求將工資的增加率與生活費用的增加率作合理的比較,主要須視選擇之基期而定,不同的基期可能比較出不同的結果,所以基期之選擇對指數的正確性非常重要。

通常都以單一的期間作為基期,如有必要時,也可以運用三年或五年期間的平均數作基期,以便獲得比較具有代表性的正常基期。

四、價格資料之搜集

指數中所要包括的物品項目選擇妥當,而且每種產品的權數也確定之後,即應對所須要的價格資料作適當的收集。例如食品中應該包括蔬菜,但蔬菜的種類很多,也許其價格波動的情況一致,也可能有的蔬菜價格上漲,而另外一些蔬菜的價格却下跌。所以有時須要對某種商品搜集不同價格變化的資料,以決定是否可用其中一種代表該一類別,或者應該用其中數種來代表。

在代表各類別商品的個別產品選定之後,即應計劃獲致適當價格資料的方式。此等價格資料不能只從某一個或某一地區的商店中獲得,對於收集資料的商店數目、地點、日期、以及權數的運用都須要妥為決定。除此之外,產品的品質,容器的類別和大小之變動都可能使價格資料之運用發生困難,故須作妥善的選擇和縝密的處理,以求得正確合用的資料。

五、計算公式之確定

價格指數通常都由以下兩種基本運算步驟的變化運用而計得,即(1)價格或價值的總計法,(2)價格比較數平均法。每種方法還可以再進一步區分為:簡單的(未加權)或加權的處理方式,所以計算指數常用的基本公式有以下四種:即簡單總計指數 (simple aggregative index),加權總計指數 (weighted aggregative index),簡單價格比較數平均數 (simple average of price relatives),和加權價格比較數平均數(weighted average of price relatives)。各種方法都有其特殊的適用情況,可以依照使用指數的目的和實際的須要而選擇採用。

　　茲以表 13-1 中的價格資料為例，　分別運用上述四種公式編製價格指數，以演示其不同計算過程所計得的不同結果。

表 13-1　編製價格指數資料表

商　　品	代表數量	單　位　價　格				
		1974	1975	1976	1977	1978
A	12　斤	$ 3.00	$ 3.30	$ 3.60	$ 3.60	$ 3.90
B	10　瓶	2.50	2.40	3.00	3.20	3.00
C	20　罐	2.00	2.50	2.80	3.20	3.00
D	1　斗	20.00	24.00	25.00	25.00	26.00
總　　　　計		27.50	32.20	34.40	35.00	35.90

　　為了便於說明並簡化運算起見，　只列舉了四種商品的價格為代表；實際上若干價格指數都包括幾百種商品，商品的種類越多，所計得的指數越正確，　但是在處理上將增加困難，　費用也將增多 。　所謂代表數量 (typical quantity) 係指在某一期間內的正常耗用數量，可以是基期的數量，可以是末期的數量，也可以是幾年中的平均數量，應以能代表一般家庭在該期間內的正常耗用量為原則。須要注意的是各種商品的數量單位並不一定要相同,所以此例中特別選用斤、瓶、罐、及斗等不同單位；因此，　單位價格係指例中所用的每一數量單位之價格。雖然數量單位不同不能相加，但是單位價格所表示之價值卻可以相加；就是因為可以運用此等總計數字，所以才能求得總計指數。數值資料的位數有時可能會很多，在此種情況下，可將各數值除以某一常數而簡化為 2 至 3 位有效

數字，只要能求得有代表性的指數卽可。玆將各種不同的價格指數分別
介紹如下：

一、簡單總計指數 (Simple Aggregative Index)

簡單總計指數係將所包括的各項商品之每年購買價格與基期的購買
價格相比較，在 1974 年只要花 $ 27.50 卽 可 買到四種商品中的每樣一
個單位， 而在 1975 年 買同樣數量的該等商品却要花費 $ 32.20。若 以
1974 年爲基期，以 p_0 代表基期的價格，以 p_n 代表所欲比較的第 n 年度
之價格， 則此例中 p_1 代表 1975 年的價格， p_2、p_3，及 p_4 應分別代表
1976、1977、和 1978 年的物價。

通常多將計算簡單總計指數的公式寫成：

$$PI_n = \frac{\sum p_n}{\sum p_0} \times 100 \qquad\qquad 13\text{-}4$$

此式所顯示的是第 n 年對一單位各種商品所花費的總額與基期一單位同
樣商品的總費用之比例。須要注意的是指數永遠是百分數，不過通常都
不將％表示出來。

每年的價格指數 PI_n 之計算結果，可用下述方式直接表示在各該年
度費用總額下面相對應的位置，在此例中每年的費用總額和指數爲：

年　　度	1974	1975	1976	1977	1978
總 費 用	$ 27.50	$ 32.20	$ 34.40	$ 35.00	$ 35.90
價格指數	100.0	117.1	125.1	127.3	130.5

各年度的指數都化整爲 4 位數，因爲習慣上多將指數在小數點之後保留
一位數。

表 13-1 中的資料也顯示出各別商品的價格之漲落並不一致，在有的
年度中某種商品價格上漲，而另外的商品價格却下跌。簡單總計指數對

單位價格昂貴商品的價格變動之反映較為敏感，在此例中商品 D 的單價是 $ 20.00，其對簡單總計指數可能產生的影響比 A、B, 和 C 三種商品的總和所能產生之影響還要大。如果將 D 商品的單位改變，由每斗的價格改為每斤的價格，可望減輕 D 商品對價格指數的影響。一般常識也許認為應該將全部產品都改為相同單位的價格，但在此例中所運用的計算過程可以看出，並沒有此種必要；而且一斤肉與一斤鹽的單位儘管相同，但在一般的消費形態中所發生的影響並不成比例。

簡單總計指數唯一可取的特性是：容易計算也容易瞭解，而且不須要加權計算。如果只要將當期 (current year) 購買一個單位某種（或某些）商品的費用與基期購買一個單位該種（或該等）商品的費用作比較，此種指數可以顯示出所須要的正確結果。

二、加權總計指數 (Weighted Aggregative Index)

事實上很少有必要只簡單計算在不同時間商品的價格比例，我們所關心的是價格變動對一般家庭在生活費用的開支方面之影響如何？欲求對此一問題獲得合理的答案，則須對購買各種商品所支付的價格依照數量予以加權，此種乘積的總額較為符合實際支付的生活費用。將表13-2中末列所計得的指數加以比較，即可獲得所希望瞭解的變動差額。

運用表 13-2 中的基本資料和下述公式 13-5 的計算方法，可以算出加權總計指數，即

$$PI_n = \frac{\sum p_n q_t}{\sum p_0 q_t} \times 100 \qquad 13\text{-}5$$

式中 q_t 代表在表 13-2 中所列的代表數量。在計算時此項數量各期保持不變，只允許價格變動，因此各期總額的變化乃完全由於價格的變動所引起。相反的，在編製數量指數時，將使各期的價格保持不變，只允許數量發生變動，如此則每期總額的變化便完全由於數量的變動所引起。

在表 13-2 中未列所顯示的價格指數，就是依照公式 13-5 的計算方法所計得，此等指數係表示一般家庭每年用於購買固定數量商品的金額與基期購買同樣數量商品的金額之百分比。1975 年的價格指數 113.7係表示在 1975 年商品的價格比基期的商品價格高出 13.7%。1976 年的價格指數 127.4則顯示在1976年商品的價格比基期的商品價格高出27.4%。但是若以該兩年度的價格指數差額 (127.4−113.7＝13.7) 表示 1976年比 1975 年的物價上升 13.7%，却是錯誤的。其實，該項差額 13.7只是百分比點數 (percentage points)；因為 1975 年的指數是 113.7，增加的比例應為 13.7/113.7＝.12, 所以 1976 年比 1975 年的物價只上升 12%，而不是 13.7%。

由以上的說明可以瞭解，運用公式 13-5 和表 13-2 中的處理過程所計得的指數，可以解答通常所關切的生活費用變動問題，卽購買特定數量的各種商品每年費用的比較數如何？所以說物價的加權總計指數，關於價格變動對一般家庭在生活費用開支方面可能發生的影響，可以提供相當正確的測度。但是此種指數也有缺點，卽當購買數量、消費形態，或銷售次數改變之後，計算指數時所包含的商品項目和權數卽須作適當的調整。

三、簡單價格比較數平均指數 (Simple Average of Price Relatives Index)

簡單（未加權）價格比較數平均法，由於對各種商品重視的程度相同，故可避免過份注重單位價格較高的商品所發生之誤差。但是運用此法時，價格變動比例較大的商品對最後結果之影響則較大，不管其變動的實際重要性如何。因此，鹽價上漲50%比肉價上漲20%對指數所發生的影響要大；雖然鹽價上漲50%對每年的食品費用只增加＄10.00,而肉價上漲20%對每年食品費用增加的數額却可能是＄10.00 的 100倍以上。

表 13-2　以代表數量為權數所編製之加權總計價格指數

商品	代表數量	單 位 價 格					單價乘代表數量				
		1974	1975	1976	1977	1978	1974	1975	1976	1977	1978
A	12 斤	$3.00	$3.30	$3.60	$3.60	$3.90	$36.00	$39.60	$43.20	$43.20	$46.80
B	10 瓶	2.50	2.40	3.00	3.20	3.00	25.00	24.00	30.00	32.00	30.00
C	20 罐	2.00	2.50	2.80	3.20	3.00	40.00	50.00	56.00	64.00	60.00
D	1 斗	20.00	24.00	25.00	25.00	26.00	20.00	24.00	25.00	25.00	26.00
總 計							121.00	137.60	154.20	164.20	162.80
價 格 指 數							100.0	113.7	127.4	135.7	134.5

表 13-3　簡單價格比較數平均法指數計算表

商品	單 位 價 格					價格比較數 $=p_n/p_0$				
	1974	1975	1976	1977	1978	1974	1975	1976	1977	1978
A	$3.00	$3.30	$3.60	$3.60	$3.90	100.0	110.0	120.0	120.0	130.0
B	2.50	2.40	3.00	3.20	3.00	100.0	96.0	120.0	128.0	120.0
C	2.00	2.50	2.80	3.20	3.00	100.0	125.0	140.0	160.0	150.0
D	20.00	24.00	25.00	25.00	26.00	100.0	120.0	125.0	125.0	130.0
總 計						400.0	451.0	505.0	533.0	530.0
價 格 指 數						100.0	112.8	126.2	133.2	132.5

簡單價格比較數的平均數之計算過程列示於表13-3。

在表13-3中末列所顯示的即為簡單價格比較數的平均數。所謂價格比較數係指第 n 年的物價與基期物價之比例，以百分數表示之，其計算方式如下：

$$PI_n = \frac{\sum(p_n/p_0)}{\sum(p_0/p_0)} \times 100 或 = \frac{-(p_n/p_0)}{n} \times 100 \qquad 13\text{-}6$$

注意觀察可以發現，用此種方式所計得的指數與應用加權總計法（如表13-2）所計得之結果非常接近。由於兩種指數很近似，而簡單價格比較數平均法指數之計算却比較麻煩，須先個別轉換成基期的比例數，所以此種指數時下應用的機會並不多。

四、加權價格比較數平均指數(Weighted Average of Price Relative Index)

如果將價格比較數依照加權總計法所用的相同數量而加權計算，兩者所計得的指數將完全相同，比較表13-2和表13-4末列中的價格指數即可看出。而加權價格比較數平均數的計算過程比加權總計法更深入，其各項演算程序列示於表13-4。

在表13-4中所顯示的價格比較數是各該種商品每年的價格與基期的價格之百分比，即價格比較數 $= p_n/p_0 \times 100$。所用的權數是基期的價格乘以特定的（或有代表性的）商品數量，即 $p_0 \times q_t$，所以加權比較數即價格比較數乘以其權數所得之乘積。在表中末列所顯示的即為此種指數，係各期間的總數與基期的總數之百分比，其計算公式如下：

$$PI_n = \frac{\sum(p_n/p_0)(p_0q_t)}{\sum(p_0/p_0)(p_0q_t)} \times 100$$

因為式中 p_0/p_0 必定等於 1 ，所以上式可以簡化為

$$PI_n = \frac{\sum(p_n/p_0)(p_0q_t)}{\sum(p_0q_t)} \times 100 \qquad 13\text{-}7$$

而且上式分子中的 p_0 還可以消掉，其結果與公式 13-5 完全相同，即

$$PI_n = \frac{\sum p_n q_t}{\sum p_0 q_t} \times 100$$

由於公式 13-7 簡化後與公式 13-5 完全相同，所以運用公式 13-7 所計得的加權價格比較數平均指數（表 13-4 中末列的數值），與運用公式 13-5 所計得的加權總計價格指數（表 13-2 中末列的數值）完全相同。因為實際的運算都在表中進行，所以上述各指數公式只是在用來說明求得指數的數學計算過程而已。

許多重要的價格指數之計算，大多依照與公式 13-7 相似的運算方式，尤其是通常所運用的消費價格指數（consumer price index）和批發價格指數（whole-sale price index）都是用加權價格比較數平均法而計得。不過此等指數都運用連鎖的處理方法（linking process）以消除由產品規格變動或商品項目變動（如新產品取代舊產品）等而引起的偏差。例如計算消費價格指數所運用的下述公式即與公式 13-7 非常相近。

$$PI_n = PI_{n-1} \frac{\sum (p_n/p_{n-1})(p_{n-1} q_t)}{\sum (p_{n-1} q_t)}$$

式中註腳符號 $n-1$ 所指的是當期（第 n 期）的前一期。其實，價格比較數即是以某種物品當年的價格與該種物品前一年的價格相比。

加權價格比較數平均指數之優點是，在計算過程中已先計得所包括的每種商品的指數（即價格比較數），運用此等個別指數可以很容易的編製成混合指數，只要選擇任何一組個別的物品予以加權即可，並且可以運用基於價值的百分比以適應使用者的須要。例如假定某公司要編製一種價格指數，以便得到長期預測所須要的資料；並且假定該公司所銷售的每種產品的價格比較數都可以由公佈的資料中獲得。而每種商品對該公司的相對重要性可以由銷貨記錄中取得，基於銷貨價值，此等百分數

表 13-4　以基期的價值作權數計算加權價格比較數平均法指數表

商品	權數 $p_0 \times q_t$	價格比較數					加權價格比較數				
		1974	1975	1976	1977	1978	1974	1975	1976	1977	1978
A	$36.00	100.0	110.0	120.0	120.0	130.0	$3,600	$3,960	$4,320	$4,320	$4,680
B	25.00	100.0	96.0	120.0	128.0	120.0	2,500	2,400	3,000	3,200	3,000
C	40.00	100.0	125.0	140.0	160.0	150.0	4,000	5,000	5,600	6,400	6,000
D	20.00	100.0	120.0	125.0	125.0	130.0	2,000	2,400	2,500	2,500	2,600
總計	121.00						12,100	13,760	15,420	16,420	16,280
價格指數							100.0	113.7	127.4	135.7	134.5

表 13-5　以銷貨額百分比作權數計算加權價格比較數平均法指數表

商品類別	總價值百分數	價格比較數			加權比較數		
		1976	1977	1978	1976	1977	1978
食品	50%	100	106	110	5,000	5,300	5,500
衣著	30%	100	104	108	3,000	3,120	3,240
用具	20%	100	102	106	2,000	2,040	2,120
總計	100%				10,000	10,460	10,860
價格指數					100.0	104.6	108.6

即可作爲權數以計算指數，其計算過程如表13-5中所列示者。

在此例中，當總價值以百分數表示之，加權比較數欄中的總計數只要將小數點的位數作適當決定即可，因爲在此例中基期(1976年)的總計數必定是10,000。在表13-4中也可以用百分比來計算所要求得的指數，而不必用實際的金額數值，如果以總數($121.00)的百分數來表示每一權數，則加權價格比例數欄的總數（取四位有效數字）應爲: 10,000, 11,370, 12,740, 13,570, 和13,450；只要將此等總數的小數點向左移動兩位數即可轉化爲指數。另外，若權數是以總數值含有小數點的方式表示之，則加權比較數欄中的總數即爲所求的指數。

總之，在加權價格比較數平均指數中所用的權數總是價值權數(value weights)，而不是數量權數(quantity weights)；此等價值可以用實際的金額表示之，也可以用總金額的百分數表示之，或者用含有小數點的總數值表示之也可以。

第四節　優良指數之檢定

工商界的管理和決策階層經常須要應用指數，以測度經濟情況的演變和作例行決策，俾能適當的控制和計劃其作業；但是若不清楚各種指數的特性和其適用的情況，也不宜隨意引用。欲求明瞭各種指數的性質，俾決定其是否適合特定的須要，可以從事以下各項檢定: 即指數的特性，樣品的代表性，基期的適宜性，以及權數的正確性等，玆分別說明如下:

一、指數的特性

在運用指數之前，首先應該瞭解各種指數的功用、計算方法，以及我們要運用指數的目的何在？然後才能決定選用何種指數最適宜，因爲各種指數都有其特殊的測定對象，也各有其特定的適用情況。例如消費物價指數，是用於測定市區中低收入家庭用於購買商品和勞務的費用因物價變動而發生增減變動之百分數， 此種指數係以固定的權數 (constant weight) 運用比較數加權平均的計算方式而求得。 又如 批發物價指數係用於測度生產廠商對各種產品大批銷售時價格的變動方向和比例，所以批發物價是指廠商的售價，而不是批發商的售價；此項指數係以特定年度商品的銷售淨值為權數，運用價格比較數加權平均法而計得。再如工業生產指數係用於測度工廠、礦場、電力，以及天然氣等工業資源實際產量的變動，該項指數是以某特定年度生產者對各該產品所增加的價值為權數。

有些情況下，如果某一種指數不符合實際的須要，也可以同時運用數種相關連的指數相互佐證，俾能獲得可靠的結果，例如在分析各月份在某地區內商業活動的變動趨勢時，就可以運用就業指數、薪資指數、營造指數、銷貨或零售指數、以及其他反映商業因素變動的指數，以補助綜合商業指數而作正確的分析比較。

二、樣品的代表性

檢定優良指數的第二種標準是統計資料是否具有代表性，因為若收集的資料不符合選樣理論，即無法由所得之結果作一般性的推論。以下的選樣方法常用於選擇包含於指數中的樣品項目。

首先將所擬研究的商品分成若干類別，每一類別中包括一組相關連的產品線 (products line)，該等產品應該預期在價格、數量、或價值等各方面都有一致的增減變動，而且還要能很容易的獲得各類別的權數。然後由這些類別中選取一個有代表性的商品目錄，此一目錄不但要包括全部較重要的品目，而且還要包括每類別中的一些特別項目（在實體上或價格動態方面具有特性者）。但是每一項目必須要能正確的辨明，以便將價格加權，並將產品價值加總以彙成類別指數，再將各類別合併以提供總體指數。

有的類別或部份類別中可能會缺少顯明的選擇基礎，例如有時會有許多次要項目或者各項目的重要性相同，在此種情形下則於每10項、20項，或其他數字的項目中任選一項或兩項，此種選樣方法稱爲系統選樣 (systematic sampling)。

在任何情況下，適當選擇一組具有代表性的項目是在編製指數的整個過程中最緊要的步驟，因爲樣本大小適當而且樣品具有代表性的指數才是較好的指數。

三、基期的適宜性

指數的基期係作爲不同期間所發生的變動之比較標準，所以基期內的資料必須要能夠提供最適宜的比較標準爲原則，用於評定基期適宜性的準則有以下幾項，即期間的正常性，該期間內資料的可信性，與已有的其他指數之比較性，以及是否包含普查的年度等。茲分別說明如下：

1．期間的正常性

一般公認的良好基期必須是正常的或者是平均的經濟成長情況，在商業週期波動中，則應取其適中的資料；也就是說，應該避免選擇通貨膨脹或商業蕭條的期間作爲基期。

2．資料的可信性

近些年來有關經濟變動情況的基本資料越來越豐富，而且也越來越正確，所以一個較近的期間作爲基期，比久遠的期間作基期更可靠。因此，近來許多常用的指數都加以修正，以較近的基期取代舊的基期，俾能包括新發展的產品和用較新的權數，以具體反映新的生產和消費形態。

3．與其他指數之關連性

新指數的基期之選擇以能與現有的指數相吻合爲宜，因爲新指數很可能須要與已有的指數作比較。除非兩種指數的基期相同，否則不能直接作比較，所以優良指數之編製必須考慮到與其他指數之關連性。

4. 是否包含普查的年度

基期最好能包括從事全體普查的年度，如此則不但能獲得廣泛的正確資料，而且也容易獲得作為權數的基準資料。

由以上的分析可以瞭解，基期適宜的指數才是優良的指數。

四、權數的正確性

權數可以用於代表各種特定商品的重要性，或者代表某種特定產品類別的比重。權數也應該適合於指數的應用目的，例如公司存貨的比較數平均法價格指數(average of relatives price index)卽應該用存貨價值加權；銷貨價格指數應該依銷貨價值加權；而消費物價指數則應以佔消費者的支出比例加權。通常選用權數時宜考慮以下幾種情形：

1. 數量權數或價值權數

數量或價值權數之選用常視指數的編製方法而定，如果是價格指數而且用的是總計法，則權數必須是數量 (quantity) 資料，而不是價值 (value)。因為價值中含有價格的因素，卽價格乘數量，所以在總計指數中若以價值作為權數，則對價格變動較大的項目卽發生偏重的結果；相反的，總計數量指數則應以價格作權數。至於價格或數量比較數的平均數法，則應以價值作為權數，如表 13-4 中所顯示者。

事實上，所運用的權數到底應該是數量還是價值，還應視可能獲得的資料而定。對大多數商品而言，以金額作為交換價值者比數量資料之使用更普遍；而且在不同類別商品中，各項目之單位不同時，也須要應用價值作權數。在上述情況下，都應該運用比較數的加權平均法。

2. 固定權數或變動權數

指數係用於顯示所要測度的變數之正確變動程度，例如價格指數卽應該將物價的變動與因品質的改變或其他原因所引起的價格變動予以隔離，在計算時除了價格因素之外，其他因素都保持不變；因此，在某一期間之內權數應該保持穩定。否則，若允許價格和權數同時變動，即無法確定最後之結果係由何種因素所引起。

但是若在延續的期間之內權數保持不變，則此種權數究竟應該代表那一特定期間？因為縱然在較短的期間之內，商品的重要性也可能會有變動；因此，若用的是早期的權數，則所計得之指數即無法正確的反映出各項因素在現時之相對重要性，例如購買和維持一臺彩色電視機在現代的生活費用中是一項重要的因素，但是在若干年前却根本沒有此種產品。所以當確知某些項目的重要性已改變，則權數即應作適當的修正，但不能時常改變，以免運用時產生困擾。

3. 加權可能造成之偏差

有時也會因為權數選用的不當，而使指數產生某種程度的偏差(bias)，即由於權數未能適當代表所包括的項目相對重要性之變動，而使指數趨向於低估或高估變動的程度。例如物價指數，係基於一項固定的貨物費用單，但事實上當價格發生變動時，消費者對各項商品的購買數量則可能相對的變動，即少買昂貴的多買價廉的。在消費形態改變後，若仍然採用原來的權數，就可能使所計得的指數發生偏差，所以在運用指數時一定要注意其採用的權數是否正確適當。

由以上的解說可知，符合所列舉之各項條件的指數才是優良的指數，所以在選用指數之先，若能對各項指數的特性，所包括的樣品之代表性，基期的適宜性，以及權數之正確性等，都能有清楚的瞭解，必定會作最適當的選擇和運用，以研判出最有利也最合理的決策。

第五節　指數的修正

由於社會和（或）經濟情況經常會有改變，爲了符合實際的情況，即必須將指數適時加以修正，俾能提供正確的參考資料。引起修正指數的重要情況計有以下幾種：即商品項目的替換，指數基期的改變，以及不同資料數列的銜接等問題，茲分別列述如下：

一、商品項目的替換

由於文明的進步和科學的創新，而使生產方式、分配結構、消費習慣、以及研究發展等都可能發生重大改變，以致必須將指數中所包括的商品項目加以變更；也就是說，可能有些新問世的重要項目須要列入，也可能有些已被取代的商品項目須要剔除。甚至商品的重要性也可能改變，在以往很重要的商品現在已過時，在以往不受重視的產品現在却非常受歡迎，以致指數的權數也須要改變。而且有時因爲可以獲得更正確的新資料，也會促使修正現有的指數內容。在編製指數時，或解釋指數的動向時，一定要注意商品的變動情況，以便作最適當的調換。

二、基期的改變

指數的基期在下述情形下須要改變：(1) 當不同基期的指數要作比較時，即須將其中一個變換爲與另外一個相同的基期，如此則兩者間的變動即可用同一基期加以測度。(2) 有時須要將數列的基期變換爲某一特定時日，俾便將以後的變化與該特定時日的情況作比較。

在轉換新基期時，通常多將要轉換的數列中每一指數乘以 $100/x$，此式中的 x 代表新基期的指數，即 $x \cdot 100/x = 100$。因爲每一指數都乘以相同的常數因素，所以數列中相對的波動可以保持不變。爲了便於說明起見，茲以表 13-6 爲例演示基期之改變過程如下：

表 13-6　將 1950 年為基期的價格轉換為 1974 年俾與
消費物價指數作比較

| 期　間 | 農民家庭用品的價格 | | 消費物價指數 |
	1940－44＝100 (1)	1974＝100* (2)	1974＝100 (3)
1974	302	100	100
1975	310	103	104
1976	324	107	110
1977	336	111	116
1978	352	117	121

* 將第(1)欄各值乘以100/302，即可將1974年的平均數值轉換為100。

　　表中第 (1) 欄所顯示的是 1940-1944 年為基期，鄉村農民在家庭生
活必需品方面所須支付的價格，爲了便於同以後的消費物價指數所發生
的變動加以比較起見，　乃將基期轉換為 1974。因為在 1974 年原來每個
農民家庭所支付的物價指數平均為 302，將第(1)欄中整個數列的各值都
乘以 100/302＝0.3311，以便將 1974 年的平均數值轉換為 100，即第(2)
欄中所顯示的資料；第(3)欄中的消費物價指數也是以同樣方法轉換的。
由第(2)(3)兩欄中可以看出，從 1974 年到 1978 年鄉村農民所支付的物
價只上升了 17%，而此期間一般的消費物價（即城市中低收入者所須支
付的物價）指數却上升了 21%，雖然第 (1) 欄中原來的農民物價指數看
起來比消費物價指數升高了許多。

　三、兩個數列的銜接

　　在運用指數資料時，常常須要將兩個數列銜接，以形成一個連續的
數列；尤其是在物價指數中，當商品的規格或品質改變之後更有此種必
要。其實，任何兩個數列都可加以銜接，只要兩者在相同的年度都有資
料就可以。例如在批發物價指數中包括有廚房裏用的不銹鋼洗碗池，在

1968年11月將新報價加在樣品中，則該月份原來的代表性價格＄13.39
（或者在1967-1969基期的指數100.8），必須轉換爲新的報價＄13.13。
下述之表13-7係用於顯示如何將第(3)欄的新報價銜接上，以使第(2)
欄中原來的物價指數繼續下去。

表 13-7 代表不銹鋼洗碗池的兩個物價數列之銜接
(美元報價: 1967—1969基期的指數)

| 期 間 | 原有的樣品 | | 增大的樣品 | | 銜接的數列 |
	價 格 (1)	指 數 (2)	價 格 (3)	指 數 (4)	指 數 (5)
1968年9月	＄13.194	99.4			99.4
1968年11月	13.39	100.8	＄13.13	100.8	100.8
1969年6月			12.71	97.6	97.6

表內重複的月份1968年11月，新的價格＄13.13必須轉換成100.8
爲該月份的指數，以求與原有的一致，所以並不是100.0。因此，在第
(4)欄中所顯示的是以100.8/＄13.13乘第(3)欄中新的價格數列所得的
結果。現在將第(2)(4)兩欄合併所得的銜接數列，如第(5)欄所顯示者，
卽可將不銹鋼洗碗池的價格指數在不同期間連續下去，雖然實際上樣品
價格在1968年11月已經發生變動。

必須注意的是一項轉換了新基期的指數仍然應該包括同樣的項目，
以保持其連續性。最常見的轉換基期情況是用於將一個現有的指數與一
個早期的指數相銜接，兩個指數所包含的項目相似，但不必完全一樣
（因爲可能有新產品問世而使項目增加，也可能會因爲舊產品的淘汰或
剔除而使項目減少），只要新的和舊有的項目都被認爲對所研究和調查
的商品具有代表性卽可。

習　題

1. 何謂指數? 其表示方法如何?

2. 指數的功用如何? 擇要列述之。

3. 如何以指數顯示在不同時間或不同地點所發生的物價變動? 舉例說明之。

4. 如何以指數比較不同數量單位所表示的資料數列? 舉例說明之。

5. 怎樣以指數測度貨幣的價值? 舉例說明之。

6. 如何以指數表明商業上的特殊季節形態? 舉例說明之。

7. 怎樣以指數顯示經濟景況的變動? 舉例說明之。

8. 常用的指數有那些重要類別? 列述之。

9. 何謂價格指數，其編製之要點如何? 說明之。

10. 何謂購買力指數? 與價格指數有什麼關係? 列述之。

11. 何謂數量指數? 其編製之要點與價格指數之編製有什麼區別? 說明之。

12. 何謂價值指數? 在何種情況下才顯示出價值指數?

13. 在價值指數中，價格和數量兩種因素之動態如何?

14. 在編製指數時應該考慮那些因素? 列述之。

15. 在編製物價指數時，如何選擇應該包括的物品項目。

16. 在指數中對所包括的物品加權之用意何在? 如何決定適當的權數?

17. 指數中的基期之功用何在? 應如何選擇適當的基期?

18. 在編製價格指數時，應如何獲得適當的價格資料?

19. 計算指數時常用的基本公式有那幾種? 列述之。

20. 何謂簡單總計指數? 其計算方式如何?

21. 假定由以往歷年調查的結果得知，麵粉、白米、醬油、沙拉油、以及餅乾等五種食品，從 1972-1976 年各年度的價格變化如下:

商　品	代　表數　量	各年度之價格（單位: 元）				
		1972	1973	1974	1975	1976
麵　粉	2　袋	$ 240.00	$ 238.00	$ 239.00	$ 243.00	$ 247.00
白　米	20　斤	5.50	5.20	5.80	6.10	7.20
醬　油	6　瓶	4.20	4.30	4.50	4.80	5.20
沙拉油	4　桶	54.00	55.00	56.00	58.00	60.00
餅　乾	5　盒	18.50	18.00	18.80	19.50	21.00

試運用上述資料，以1972年為基期，編製簡單總計食品價格指數。

22. 自1973年起到1977年之間，各項主要肉類的價格變化如下：

商　品	代　表數　量	各年度之價格（單位: 元）				
		1973	1974	1975	1976	1977
牛　肉	12　斤	$ 46	$ 49	$ 54	$ 61	$ 70
猪　肉	24　斤	43	45	49	55	62
鷄	18　斤	28	31	33	37	41
火　腿	10　斤	75	78	80	85	92
板　鴨	4　斤	62	64	68	71	76

試運用上述資料，以1973年為基期，編製簡單總計肉類價格指數。

23. 根據以往歷年的紀錄，自1974年到1978年止，各項貴重的家庭電器用品之價格變化如下：

品　　名	數量	各年度之價格（單位: 千元）				
		1974	1975	1976	1977	1978
冷氣機（窗型）	1臺	$ 32.0	$ 34.0	$ 35.0	$ 37.5	$ 40.0
電冰箱（中型）	1臺	23.0	24.5	27.5	29.5	32.0
電視機（彩21吋）	1臺	45.0	47.0	50.0	53.0	56.0
電烤箱（小型）	1臺	15.0	16.0	17.5	19.0	21.0

試運用上述資料，以1974年為基期，編製簡單的電器用品價格指數。

24. 何謂加權總計指數？爲什麼需要編製加權總計指數？

25. 試運用上述第21題中的各項資料，以代表數量作權數，編製加權總計指數。

26. 試運用上述第22題中的各年度價格資料，以代表數量作權數，編製加權總計指數。

27. 何謂簡單的價格比較數平均指數？此種指數之特性如何？列述之。

28. 試運用上述第23題中各年度的價格資料，編製簡單的價格比較數平均指數。

29. 何謂加權價格比較數平均指數？與加權總計指數有何異同？

30. 試運用上述第21題中的各項資料，以1972年爲基期，編製加權價格比較數平均指數；並將所計得之結果與第25題中計得之加權總計指數作比較。

31. 試運用上述第22題中的各項資料，以1973年作爲基期，編製加權價格比較數平均指數，並將所得之結果與第26題中計得之加權總計指數作比較。

32. 加權價格比較數平均指數有那些優點？列述之。

33. 通常都依據那些資料以檢定適合用途的優良指數？列述各項要點。

34. 如何才能使指數中所包含的各項商品具有充分的代表性？說明之。

35. 根據那些條件來選擇適宜的基期？列述之。

36. 在確定正確合理的權數時，都要考慮那些問題，列述之。

37. 在那些情況下需要考慮修正指數？擇要列述之。

38. 當基期改變後，如何使不同基期的指數相銜接？舉例說明之。

第十四章

時間數列之分析

與預測

第一節　時間數列分析之目的

　　任何一組變數(例如生產量、銷貨額、以及增值率等)，若依照時序的期間來劃分，即爲時間數列 (Time Series)，時間數列的期間可以是年、季、月、週、日，甚至也可以是小時、或分、秒等計時單位。時間數列在工商界應用的機會非常多，例如某工廠10年來每年的生產量，又如某百貨公司 6 年來每季的銷貨額，再如某投資公司 5 年來每月的股票價值之變動率等，都是時間數列。所以對於按照時間劃分的單一變數（變數的值是時間的函數）各變值的動態情況之分析，即稱爲時間數列分析 (Time Series Analysis)。

　　工商界經常須要經由對時間數列的分析，以求瞭解經濟情況或工商業在以往的成長趨勢和變動形態，俾憑以預測在未來某一期間內，經濟事象或企業景況可能發生的演變。由於時間數列分析可以增進對以往的變動情況之瞭解，並且可以提供可靠的數據，以減少預測的錯誤和避免作業之風險，所以時間數列分析對於從事企業決策非常有價值。

在日常生活或工作中，時刻都有人在作決策，有些決策是單純的或者無關緊要的，但是有些決策却牽連廣泛，甚至關係到企業的成敗或經濟的盛衰。無論決策的重要性如何，凡是涉及未來的問題時，大多數都須要運用預測，而預測却必須基於對以往的情況演變之瞭解。例如我們事前未經連絡即去會晤一位朋友（或客戶），是因為我們預測此時他會在辦公室（或在家），此項預測是基於以往的事實，這位朋友（或客戶）總是經常在辦公室（或下班回家後很少外出）；又如百貨公司在年節之前都要預先訂購大量的應節貨品，此項決定是根據以往的經驗，在年節期間應節貨品的銷路必定大增，而今年節前軍公教人員又加發一個月薪水，預測購買力將更增加，因此訂購量應該比去年再加兩成，以適應顧客的需求。由此可知，工商企業的決策階層經常須要基於以往的營業變動趨勢，以預測未來可能發生的演變。如果在以往若干年以來，每年年底從11月份起到下年的1月底止，其營業額都大量增加，若沒有意外變故，大致可以預期今年年底和明年年底也將是營業旺季。

由以上的說明可以瞭解，從事時間數列分析的主要目的有三：即明瞭以往的變動趨勢，作為預測之依據，和對各種波動作深入之研究。許多社會現象和經濟情況之演變都有着因果關係，若干現在的現象都是由以往的事蹟演化而來，而現在的事象對未來情況之演變往往具有決定性的影響，所以「鑒往可以知來」，瞭解了各種事象的「來龍」，自然可以測知其「去脈」。醫生為病人診病要查看其以往的病歷，同樣道理，工商業欲求正確預測其業務的未來發展趨勢，也須要明瞭以往營業的演變態勢。

工商業所從事的任何涉及未來問題之決策，都須要運用預測，所以沒有預測即無法作商業決策；但是預測難免會發生錯誤，因此許多預測都須要運用知識和經驗而加以研判，以求減少錯誤，而使預測更正確更可靠。欲求預測正確可靠，則須對數列的發展態勢作深入的研究，尤其是應該瞭解所運用的數學模式是否能正確代表資料的動態，此種深入的瞭解更有助於對時間數列中各種變動情況之掌握，以作明智的適應。

在對時間數列從事分析和用於預測之前，首先應該知道時間數列之變動因素，並確定其結構之數學模式，以便作為分析之依據。所以本章以下各節將依次介紹時間數列之變動因素，長期趨勢(secular trends)之分析，週期波動(cyclical fluctuations)之分析，季節變異(seasonal variation)之測度和調整，以及如何基於趨勢和季節因素從事預測等問題。

第二節　時間數列之變動因素

時間數列分析的基本概念是某些與時間相關連的因素會影響時間數列的數值，所以時間數列分析的用意即在確定並測度與時間相關連的各種因素之影響力。對個別變動因素之影響程度確定和瞭解之後，一方面可以用於解釋以往的時間數列之結果，另外也可以用於預測該數列未來的動態。

傳統的分析方法是將影響時間數列的變動因素劃分為：長期趨勢 (secular trends)、週期波動 (cyclical fluctuation)、季節變異 (seasonal variation)、以及不規則變動 (irregular movements) 等。圖 14-1 所描述的是一個假設的時間數列，線條圖所顯示的是零售業在12年期間每月的銷售量，所以時間數列即鋸齒形波動的線圖。此一數列呈現向右上方移動的趨勢，所以長期趨勢 (T) 係用由左下向右上移動的直線來代表。由數列中也可以發現，每若干年即發生波浪狀的起伏變動，所以順着數列的波狀起伏所劃的一條圓滑粗線用以代表週期波動 (C)。仔細觀察圖中時間數列每年的數值，還可以看出每年從三月到八月之間的數值都在逐漸下降，八月之後又開始逐漸上升，每年都重複發生，其變動相當規則，此種在年度內的變動顯示出季節因素 (S) 對時間數列的影響。另外圖中還顯示出在各月份所發生的許多輕微變動，這些變動是由於一些不規則因素(I)所發生的影響。茲將各項變動因素分別說明如下：

圖 14-1　時間數列中各項變動因素顯示圖

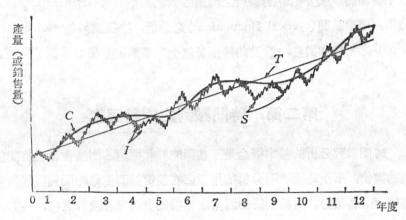

一、長期趨勢 (Secular Trends)

在時間數列中長期趨勢是基本的長期性動態，從事此種變動趨勢分析所包含的期間至少要15年以上，其趨勢常用連續的直線或曲線顯示之。此項趨勢線可以是向右上延伸的， 如圖 14-1 中的趨勢線； 也有的趨勢線是向右下延伸的， 如以下之圖 14-2 所顯示者。

影響時間數列趨勢的基本力量有以下幾項： 即人口的變動、物價的上升、技術的進步、和生產力的增加等因素。在某一社區的零售總額可能會連續幾年每年都在上升，因為該社區的人口每年都在增加。某百貨公司銷貨的金額也可能不斷的上升，由於一般零售貨品的物價是在繼續

圖 14-2　某地區從1951年至1978年刑事案件趨勢圖

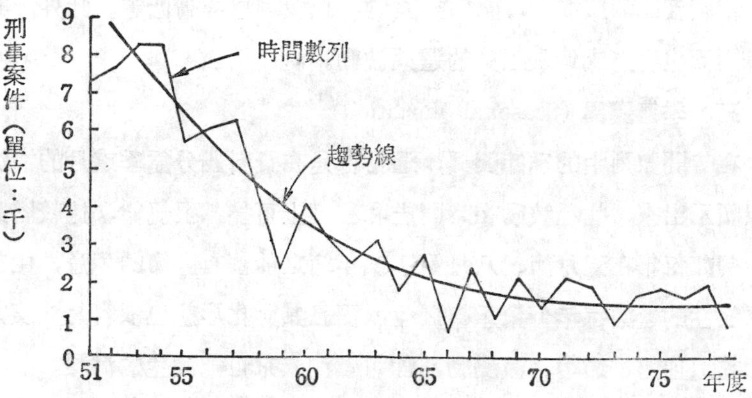

上升，雖然實際的銷貨數量並沒有顯著的改變。生產技術的改進也可能
引起時間數列的變動，例如汽車的發展和路面情況的改善，以致乘車旅
遊和汽車運輸的數量大增，因此而使汽油的銷售量不斷的增加；而且由
於汽車銷售量的增加，而使人力車和牛車的銷路大減或停頓。生產技術
的進步也可能引起生產力的增加，因此，任何以總產出量為測度的資料，
例如製造商的銷售量等，都會因為生產力的改進而連帶促使許多有關連
的時間數列發生變動。

二、週期波動 (Cyclical Fluctuation)

所謂週期波動係指在經濟成長過程中景氣和蕭條重複發生的波動情
況，顯示週期波動的期間通常都在一年以上（三年至五年）。企業界的
人士大多數都經驗過商業週期在經濟活動中所產生的影響，由於其週期
變動的期間和形態都沒有規則可循，故對週期的轉換點 (turning point)
和變動程度都難作正確的預測。

通常都將經濟週期劃分為四個階段：　即復甦期 (recovery)、興旺期
(boom)、萎縮期 (recession)、以及蕭條期 (depression)。影響本國經濟活

動發生週期性波動的主要因素計有：政府的支出，新工廠和新設備的投資，消費者的購買能力，物價的變動，以及利息的高低等。此外，某種特殊因素也會造成個別工業的週期波動。

三、季節變異 (Seasonal Variation)

在時間數列中的季節變異，通常都是在資料劃分為季或月的情況下可以顯示出來，此種波動在時間上和程度上可能都很規律，比較容易預測，例如每年在五月節、八月節、或年節之前都有應節的生意，由於此種季節性的營業每年都會重複發生，而且其變化形態也很容易測度，所以根據以往的季節增、減變動，即可預測未來可能發生的演變。

季節變動大多是由於季節性的氣候變化和風俗習慣所引起的，例如在夏天冰淇淋和各種冷飲的銷路必定大增，而在冬季則皮貨較為暢銷；再者由於國人年節送禮的習俗，而使百貨公司和禮品店在年節之前大發利市。所以若沒有意外事故，一個百貨公司即可根據以往幾年各月份的銷貨數量，相當準確的預測出本年度或下年度各月份銷貨額的增減情況。

四、不規則變動 (Irregular Movements)

不規則變動又稱為隨機波動(random fluctuation)，由其名稱上也可以瞭解，此種變動在時間上是不定期的，而且其變化在程度上也是無規律的。不規則變動大多由於偶發事件（例如天災、戰禍、罷工、以及法令的改變等）所引起，而且有些在事前並沒有徵兆，所以對此種變動比較難以預測。

造成此種不規則變動最顯明的例子是：例如在冬季新年之前的一段期間天氣非常溫和，以致很少有人添購冬裝，因此，時裝業和毛紡業的銷路即可能大受影響。又如煤礦工人罷工，將使鋼鐵工業或其他以煤為熱能的工業停工或減產，與此等工業相關連的其他工業亦將連帶的受到影響。再如兩國間或某一地區發生戰爭，由於戰禍工廠遭到破壞，或者由於戰火而使運輸中斷，以致原料缺乏或成品無法運出都將使工業減產或停頓。以上各種情況都會造成經濟上和商業上的波動，此種波動是不規則的，其對經濟成長所發生的影響往往非常顯著。

為了分析時間數列中各變動因素可能產生之影響，以便作正確的預測，即須進一步研究各因素間的數學關係模式。任何指定期間的時間數列，其動態都決定於長期趨勢(T)、週期波動(C)、季節變異(S)、和不規則變動 (I) 等因素的共同影響，而且各因素之間有相乘的關係，所以時間數列的原始資料是各變動因素的乘積，若以 Y 代表時間數列，運用符號顯示之，時間數列的關係式應為：

$$Y = T \times C \times S \times I \qquad\qquad \text{14-1}$$

在上述的乘式中，趨勢值 T 是以實際資料單位加以測度，其他各因素如 C、S, 和 I 都是指數值。有些情況下週期波動和不規則變動很難顯明的劃分，而且二者產生的影響也很近似，所以有時兩者可以合併考慮，而成為以下之關係模式，即

$$Y = T \times S \times CI \qquad\qquad \text{14-2}$$

式中 CI 二者視為一個因素。

在某些特殊性的時間數列中，也可能以各變動因素相加之和來代表數列中的原始資料較為適宜，即

$$Y = T + C + S + I \qquad\qquad \text{14-3}$$

式中各因素都以實際的數值單位表示之。本章所介紹的各例將運用各因素相乘的概念。

以下幾節將首先介紹怎樣直接測度趨勢值(T)和季節變異(S)，然後再說明如何將 T 和 S 消除，俾將週期變動 (C) 和不規則變動 (I) 加以隔離，如下式所演示者，即

$$\frac{Y}{T} = \frac{T \times C \times I}{T} = C \times I \qquad\qquad 14\text{-}4$$

因爲 T 值可以直接由年度資料中測出(年度資料中無季節變異),將原始資料除以此值,即將趨勢值消去。如果趨勢值和季節變異將由每月的資料中加以測度,則從原始資料中消除的方式如下:

$$\frac{Y}{T \times S} = \frac{T \times C \times S \times I}{T \times S} = C \times I \qquad\qquad 14\text{-}5$$

至於不規則變動因素(I),可以用移動平均數(moving average) 的方法加以消除,所餘之結果卽可顯示週期波動。

第三節 長期趨勢之分析

時間數列中趨勢因素之確定通常都運用年度資料 (annual data),因爲長期趨勢之影響是關於時間數列移動的長期動向,至少應該運用15年以上的資料作爲此種分析之基礎,以便與只包含數年期間的週期波動相區別,而且也可以確切瞭解週期波動並不能正確顯示時間數列的整體趨勢。

有數種不同的方法可以用於確定一條能夠符合時間數列的趨勢線(trend line),最簡單的是「隨手描繪法」,而最常用的則是「最小平方法」。但是計算趨勢線所用的方程式並不是廻歸線方程式,因爲時間數列中的資料不符合廻歸分析的條件,即時間數列中的數值不是隨機樣本資料。而且在某一期間之內只有一個此種數值,並不是在任何已知期間之內許多數值之分配;尤其是數列中的各數值都是相依變數 (dependent variables),而不是獨立變數(independent variables),因爲在理論上由於週期性的影響,某一期間的數值可能會影響下一期間的數值之大小,所以此種變數爲時間函數。在時間數列中的此種關係稱爲自動相關 (autocorrelation)，此種自動相關性並不妨礙運用最小平方趨勢方程式，但是却不能運用此等資料從事估計或假設之檢定。

若由時間數列線形圖上觀察出，當數列長期的上升或下降呈顯一種直線趨勢時，此趨勢線的方程式爲：

$$Y_T = a + bX \qquad\qquad 14\text{-}6$$

式中 X 是時間數列中特定的年度；常數 a 代表趨勢線與 Y 軸（縱軸）相交處的值，通常稱爲截距 (intercept)；b 則爲趨勢線的斜率 (slope)。若斜率爲正值，表示趨勢值在上升；反之，若斜率爲負值，則表示趨勢值在下降。式中 X 所代表的年度通常多以年度編號表示之，以 Y 代表時間數列中每年的數值。求公式 14-6 中 a 和 b 值的公式如下：

表 14-1　某地區自 1952 年至 1978 年汽車銷售量表

（單位：萬輛）

年　　度	銷　售　量	年　　度	銷　售　量
1952	6.513	1966	7.554
1953	5.090	1967	9.101
1954	4.154	1968	8.337
1955	5.954	1969	7.070
1956	5.352	1970	8.407
1957	7.666	1971	7.807
1958	5.623	1972	6.187
1959	5.953	1973	8.122
1960	4.132	1974	8.353
1961	5.474	1975	9.079
1962	6.530	1976	6.721
1963	5.402	1977	6.073
1964	6.754	1978	7.838
1965	7.444		

$$b = \frac{\sum XY - n\bar{X}\bar{Y}}{\sum X^2 - n\bar{X}^2} \qquad\qquad 14\text{-}7$$

$$a = \bar{Y} - b\bar{X} \qquad\qquad 14\text{-}8$$

茲以表 14-1 中假設的某地區汽車銷售量資料爲例， 說明如何確定該時間數列的長期趨勢直線。

表 14-1 中的時間數列資料，可以繪製成圖 14-3 中的時間數列線條圖。由圖中可以看出，該時間數列包括許多週期波動，但大體上仍顯示出斜率爲正值的趨勢直線。

圖 **14-3** 某地區1952-1978年轎車銷售量時間數列線條圖

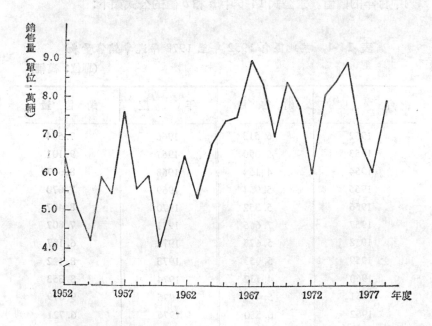

表 14-2 是一份工作底表（worksheet），用於計算決定直線趨勢方程式所須要的各項數值。該時間數列直線趨勢方程式中 *a* 和 *b* 的值，可以運用表 14-2 中所計算的結果決定如下：

$$\bar{X} = \frac{\Sigma X}{n} = \frac{351}{27} = 13.0 \qquad \bar{Y} = \frac{\Sigma Y}{n} = \frac{182.690}{27} = 6.766$$

表 14-2　1952-1978年汽車銷售量直線趨勢方程式計算底表

年　　　度	年度編號 X	銷售量 Y （單位：萬）	XY	X^2
1952	0	6.513	0	0
1953	1	5.090	5.090	1
1954	2	4.154	8.308	4
1955	3	5.954	17.862	9
1956	4	5.352	21.408	16
1957	5	7.666	38.330	25
1958	6	5.623	33.738	36
1959	7	5.953	41.671	49
1960	8	4.132	33.056	64
1961	9	5.474	49.266	81
1962	10	6.530	65.300	100
1963	11	5.402	59.422	121
1964	12	6.754	81.048	144
1965	13	7.444	96.772	169
1966	14	7.554	105.756	196
1967	15	9.101	136.515	225
1968	16	8.337	133.392	256
1969	17	7.070	120.190	289
1970	18	8.407	151.326	324
1971	19	7.807	148.333	361
1972	20	6.187	123.740	400
1973	21	8.122	170.562	441
1974	22	8.353	183.766	484
1975	23	9.079	208.817	529
1976	24	6.721	161.304	576
1977	25	6.073	151.825	625
1978	26	7.838	203.788	676
總　　計	351	182.690	2,550.585	6,201

$$b = \frac{\sum XY - n\bar{X}\bar{Y}}{\sum X^2 - n\bar{X}^2} = \frac{2,550.585 - 27(13.0)(6.766)}{6,201 - 27(13)^2} = \frac{175.719}{1638.0}$$

$$= 0.107$$

$$a = \bar{Y} - b\bar{X} = 6.766 - 0.107(13.0) = 5.375$$

將此等結果代入公式 14-6, 即可求得從 1952-1978 共計27年間汽車銷售量的直線趨勢方程式爲:

$$Y_T = a + bX = 5.375 + 0.107X$$

此式的斜率 0.107 是正值, 表示在該期間之內汽車銷售量的趨勢是上升的, 即在這 27 年之內汽車的銷售量平均每年增加 1,070 輛。

須要特別注意的是, 若數列的期間不同, 代表趨勢的直線方程式亦將不同, 例如若從 1957 年起到 1978 年止, 用 22 年的期間, 則趨勢直線方程式中 a 和 b 的值, 將與以上27年期間所計得者有很大的差異。而且還應該注意避免以週期波動的最低點 (蕭條期) 或頂峯 (繁榮期) 作爲數列的起點, 以免影響趨勢分析之正確性。

數列資料之趨勢方程式確定之後, 即可運用所求得之方程式從事分析, 俾能進一步決定時間數列中週期因素之影響, 此種對週期波動之分析, 將於下節中加以介紹。趨勢方程式還可以作爲預測時間數列在未來某特定期間的數值之基礎, 此項功用將於本章第六節中舉例說明。至於非直線的趨勢, 有許多種不同的型態, 其方程式之確定方法將另闢專章介紹之.。

第四節 週期波動之分析

在年度資料的時間數列數值中, 只反映出長期趨勢和週期因素的影響; 因爲季節和不規則因素的影響大多是短期的或暫時的, 通常都是在年度之內發生的, 所以在年度資料中顯示不出。因此, 對於許多的年度

資料，時間數列中的變動因素可以用以下的模式來代表，卽

$$Y = T \times C \tag{14-9}$$

由於引起週期波動的大多是個別事件，在性質上並不固定，不容易作獨立的分析，所以對週期因素大多採用間接分析法，卽作爲分析過程中的餘數(residual)。若時間數列中年度趨勢因素的影響已確定，該年度的週期因素可運用下式而求得，卽

$$C = \frac{Y}{T} = \frac{Y}{Y_T} \tag{14-10}$$

通常多將上式所確定的比例數乘以 100，所計得之結果稱爲週期比較數(cyclical relative)。若週期比較數爲 100，卽表示該特定期間內的時間數列完全正常，沒有任何週期性因素的影響；如果週期比較數大於或小於 100，則表示週期因素有正的或負的影響。

表 14-3 中第三欄所顯示的是表 14-1 中所列示的時間數列資料，卽從 1952 年到 1978 年某地區汽車的實際銷售數量；第四欄則爲基於上節演化出的趨勢方程式所計得的預期銷售量，例如在 1952 年，其年度編號 $X = 0$ 時，代入該數列的趨勢方程式，其預期銷售量應爲：

$$Y_T = 5.375 + 0.107X = 5.375 + 0.107(0) = 5.375萬輛$$

該欄中其餘各值都是以同樣方法求得。

表中最後一欄卽爲該數列每年度的週期比較數，例如 1972 年（卽編號爲 $X = 20$ 的年度）的期望銷售量，基於趨勢方程式應爲：

$$Y_T = 5.375 + 0.107X = 5.375 + 0.107(20) = 7.515萬輛$$

而該年度的實際銷售量是 6.187 萬輛，其週期比較數應爲 82.3，卽

$$C = \frac{Y}{Y_T} \times 100 = \frac{6.187}{7.515} \times 100 = 82.3$$

此值顯示出 1972 年度的實際銷售量是基於時間數列趨勢因素而預測的

表 14-3   1952-1978年度汽車銷售量週期比較數決定表

年　　　度	年度編號 X	銷售量（單位：萬輛）		週期比較數 $\dfrac{Y}{Y_T} \times 100$
		實際銷售量 Y	預期銷售量 Y_T	
1952	0	6.513	5.375	121.2
1953	1	5.090	5.482	92.8
1954	2	4.154	5.589	74.3
1955	3	5.954	5.696	104.5
1956	4	5.352	5.803	92.3
1957	5	7.666	5.910	129.7
1958	6	5.623	6.017	93.5
1959	7	5.953	6.124	97.2
1960	8	4.132	6.231	66.3
1961	9	5.474	6.338	86.4
1962	10	6.530	6.445	101.3
1963	11	5.402	6.552	82.4
1964	12	6.754	6.659	101.4
1965	13	7.444	6.766	110.0
1966	14	7.554	6.873	109.9
1967	15	9.101	6.980	130.4
1968	16	8.337	7.087	117.6
1969	17	7.070	7.194	98.3
1970	18	8.407	7.301	115.1
1971	19	7.807	7.408	105.4
1972	20	6.187	7.515	82.3
1973	21	8.122	7.622	106.6
1974	22	8.353	7.729	108.1
1975	23	9.079	7.836	115.9
1976	24	6.721	7.943	84.6
1977	25	6.073	8.050	75.4
1978	26	7.838	8.157	96.1

銷售量之 82.3%，這是因為週期因素的影響而使汽車的銷售量下降。事實上，在該一時間數列中，1972年是蕭條的年度之一。該欄中其他各年

度的週期比較數都是用同樣方法算出的。

　　爲了加強對時間數列中週期因素的影響之瞭解，還可以再作進一步的分析，通常都編製週期波動圖，以橫軸列示年度，於縱軸上顯示週期比較數，以下之圖 14-4 即爲表 14-3 中數列資料的週期波動圖。圖中的週期比較數以 100 爲正常，高出 100 或低於 100 都表示有週期因素的影響，所以在圖中與時間數列之週期因素相關連的高峯（繁榮期）和低谷（蕭條期）都表示的非常顯明。例如汽車銷售數量較多的 1957 年、1967 年、和1975年，都相當顯著的成爲線圖的尖峯。

圖 **14-4**　1952-1978年汽車銷售量週期波動線條圖

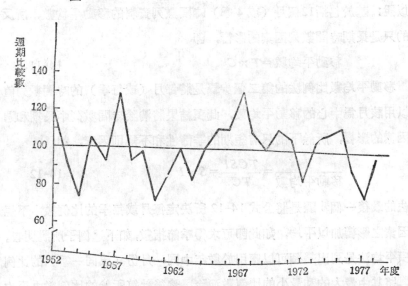

　　此種週期波動圖，對於顯示已往的時間數列和對以往的週期波動形態之分析，都非常有幫助，但在週期影響之預測方面却沒有多大效用，所以本節不再多加討論。

第五節 季節變異之測度和調整

季節因素對時間數列的數值之影響，可以藉確定年度中每季或每月的季節指數而加以識別，所以在決定季節影響時必須有各季或各月的數量資料。決定每季或每月的季節指數，最常用的方法是「移動平均數比例法 (ratio-to-moving-average method)」。運用此法的第一步是決定 4 至 6 年時間數列中每季或每月的移動平均數，此種移動平均數可以將時間數列中的季節和不規則因素都給「平均掉 (average out)」。所以我們可以說：基於包括12個月（或 4 季）時間數列資料的移動平均數，所反映的只是長期時間數列因素的影響，卽

$$移動平均數 = T \times C \qquad\qquad 14\text{-}11$$

移動平均數比例法的第二個步驟是將每月（或每季）的時間數列值除以用該月爲中心的移動平均數，此項結果將消除時間數列中長期和週期因素的影響，所餘下的只有短期的季節性和不規則因素，卽

$$\frac{Y}{移動平均數} = \frac{TCSI}{TC} = S \times I \qquad\qquad 14\text{-}12$$

此法的最後一個步驟是將公式 14-12 所決定每月或每季的比例數中不規則因素之影響加以平均，如此卽可求得季節指數，如下述例子所說明者。此項平均法是列出幾個可以應用於數年中同一月份（或同一季）的比例數，將其中最大的和最小的比例數消除，然後計算所餘的比例數之平均數。

表 14-4 顯示的是從 1974 年 1 月起，到 1978 年 12 月底止，每月的汽車銷售數量，並且用此表作爲工作底表，來計算移動平均數的比例，表中若干數值都是經過圓整後的近似值。表中在決定12個月移動平均數

之前，須先計算出 24 個月移動總數，其原因是由於 12 個月的總數和移動平均數爲當中兩個月的中間數，而不是在某一個特定月份。例如表中 1974 年 1 至 12月份的移動總數 83,525 是在 1974 年的 6 月和 7 月之間，這是因爲 83,525 係代表 12 個月份的總銷售量，所以此一總額應該列在該一期間的中間（即 1974 年的 6 月和 7 月之間）。若將此一移動總額與下一 12個月 (1974 年 2 月到 1975年 1 月) 的移動總額 85,463相加，所得之結果爲24個月的移動總額 168,988，該總額的中點爲 1974 年 7 月；此一總額除以 24 即得表 14-4 中的 12 個月中間移動平均數 7,041.2。事實上，此一平均數是基於13個月（即 1974 年 1 月到 1975 年 1 月）的銷

表 14-4　汽車銷售量決定移動平均數比例之工作底表

年　度	月　份	銷　售　量	12 個 月 移動總數	24個月中間 移 動 總 數	12個月中間 移動平均數	移動平均數 之比例數 %
1974	1	6,660				
	2	7,161				
	3	7,652				
	4	7,369				
	5	7,980				
	6	7,616				
	7	3,936	83,525	168,988	7,041.2	55.90
	8	3,710	85,463	171,920	7,163.3	51.80
	9	8,088	86,457	174,090	7,253.7	111.51
	10	8,417	87,633	175,763	7,323.5	114.94
	11	8,274	88,130	177,081	7,378.4	112.14
	12	6,662	88,951	179,019	7,459.1	89.32
			90,068			
1975	1	8,598	92,907	182,975	7,624.0	112.78
	2	8,155	93,354	186,261	7,760.9	105.08
	3	8,828	91,927	185,281	7,720.0	114.36
	4	7,866	92,382	184,309	7,679.5	102.43
	5	8,801	92,379	184,761	7,698.4	114.33
	6	8,733	90,788	183,167	7,632.0	114.43
	7	6,775	87,711	178,499	7,437.5	91.10
	8	4,157	84,571	172,282	7,178.4	57.91
	9	6,661	81,314	165,885	6,911.9	96.38
	10	8,872	79,622	160,936	6,705.7	132.31
	11	8,271	77,611	157,233	6,551.4	126.25
	12	5,071	75,060	152,671	6,361.3	79.72

1976	1	5,521		148,497	6,187.4	89.24
	2	5,015	73,437	146,875	6,119.8	81.95
	3	5,571	73,438	146,303	6,096.0	91.39
	4	6,174	72,865	144,484	6,020.2	102.56
	5	6,790	71,619	139,963	5,831.8	116.44
	6	6,182	68,344	135,557	5,648.2	109.46
	7	5,152	67,213	132,533	5,522.2	93.30
	8	4,158	65,320	129,198	5,383.2	77.24
	9	6,088	63,878	126,553	5,273.0	115.46
	10	7,626	62,675	124,475	5,186.5	147.04
	11	4,996	61,800	122,362	5,098.4	98.00
	12	3,940	60,562	120,655	5,027.3	78.38
			60,093			
1977	1	3,628		119,699	4,987.5	72.75
	2	3,573	59,606	119,533	4,980.5	71.74
	3	4,368	59,927	119,823	4,992.6	87.49
	4	5,299	59,896	118,900	4,954.2	106.97
	5	5,552	59,004	118,396	4,933.2	112.55
	6	5,713	59,392	120,126	5,005.2	114.15
	7	4,665	60,734	123,901	5,162.5	90.37
	8	4,479	63,167	129,062	5,377.6	83.30
	9	6,057	65,895	135,101	5,629.2	107.60
	10	6,734	69,206	140,357	5,848.2	115.15
	11	5,384	71,151	143,860	5,994.2	89.83
	12	5,282	72,709	147,569	6,148.7	85.91
			74,860			
1978	1	6,061		150,299	6,262.5	96.79
	2	6,301	75,439	151,230	6,301.2	100.00
	3	7,679	75,791	151,477	6,311.5	121.67
	4	7,244	75,686	150,924	6,288.5	115.20
	5	7,110	75,238	152,107	6,337.8	112.18
	6	7,864	76,869	155,247	6,468.6	121.58
	7	5,244	78,378			
	8	4,831				
	9	5,952				
	10	6,286				
	11	7,015				
	12	6,791				

售數量；至於在24個月的總數中，除了第一個月（1974年1月）和最後一個月（1975年1月）只包含了一次之外，兩者之間的其他各月份都計算了兩次。表中最後一欄所顯示的是，將12個月中間的移動平均數與各自相對應月份的實際銷售量相比之結果，以百分數表示之，例如1974年7月份的實際銷售量是3,936輛，而與此數值相對應的12個月中間移動平均

數則爲 7,041.2, 兩者之比例爲 55.90%, 即

$$\frac{Y}{\text{移動平均數}} \times 100 = \frac{3,936}{7,041.2} \times 100 = 55.90\%$$

該欄中其他各項比例數都是用同樣方法計算的。前曾述及，此項比例數
所反映的是時間數列中季節和不規則因素在每月份所產生之影響。

表 14-5 中所列的是表 14-4 最後一欄中的比例數，即各月份移動平
均數(12個月)與實際銷售量之比例，從1974年 7 月起到1978年 6 月止，
每年度都有四個比例數。爲了要平均時間數列中不規則因素對比例數的
影響，將四個比例數中一個最大的和一個最小的剔除，而不予考慮，然
後計算剩下的兩個比例數之平均數，此種消去最大值和最小值的平均數
稱爲修正平均數 (modified mean)。

表 14-5　運用12個月的移動平均數之比例數計算季節指數

月份	12個月移動平均數之比例數, %					修　正平　均　數	季節指數(平均數×1.0010)
	1974	1975	1976	1977	1978		
1		112.78	89.24	72.75	96.79	93.01	93.11
2		105.08	81.95	71.74	100.00	90.98	91.07
3		114.36	91.39	87.49	121.67	102.88	102.98
4		102.43	102.56	106.97	115.20	104.76	104.87
5		114.33	116.44	112.55	112.19	113.44	113.55
6		114.43	109.46	114.15	121.58	114.29	114.40
7	55.90	91.10	93.30	90.37		90.73	90.83
8	51.80	57.91	77.24	83.30		67.58	67.65
9	111.51	96.38	115.46	107.60		109.56	109.67
10	114.94	132.31	147.04	115.15		123.73	123.86
11	112.14	126.25	98.00	89.83		105.07	105.18
12	89.32	79.72	78.38	85.91		82.82	82.90
總　計						1,198.85	1,200.06

若每月的季節指數是 100.00,即視爲正常狀態,沒有不規則變動的影響,所以12個月份季節指數的總和應該是 1,200.00。此項分析的最後一個步驟是將修正平均數加以調整,以便確定月份指數 (monthly index number)。對於分季的資料,所需要 3 個月份指數的總和則應爲 300。所以調整因素 (adjustment factor) 應視所包含的因素是月份的還是分季的而定,其決定公式分別爲:

$$調整因素 = \frac{1,200}{修正平均數總和} \qquad 14\text{-}13$$

或
$$調整因素 = \frac{300}{修正平均數總和} \qquad 14\text{-}14$$

在表 14-5 中的各月份資料,修正平均數的總和是 1,198.85;因此,每一個修正平均數都應乘以調整因素,以決定各該月份的季節指數,即

$$調整因素 = \frac{1,200}{1,198.85} = 1.0010$$

因爲修正平均數總和 1,198.85 略小於 1,200,所以此項調整因素 1.0010 略大於 1.0000;反之,若實際總和大於 1,200,則計得之調整因素將小於 1.0000。將此項調整因素與修正平均數相乘,即得表 14-5 中最後一欄每月的季節指數。

表 14-5 最後一欄中的每月季節指數,是基於對 1974-1978 年各月份資料的移動平均而分析計得,其中最小的指數是八月份的67.65,此項結果顯示在八月份汽車的平均銷售量是正常月份銷售量的 67.65%,該月份季節因素的負影響爲 32.35%。而最高的季節指數是 10 月份的 123.86,此項結果顯示 10 月份有正的季節影響,平均爲 23.86%。觀察表 14-5 中的 12 個季節指數,汽車銷售量在春季各月份(3 月至 6 月)呈顯正的季節影響,因爲這是傳統的買車季節。另外在 9 月至11月也有正的季節影響,因爲下年度的新型汽車在此時剛出廠上市,其銷售量也

會增多。

　　在運用以往的時間數列中各月份資料編製報告時，總希望能消除季節因素的影響，如此即可大致測出趨勢和週期因素之影響。消除季節因素的一種方法是將本年度某月份的資料與上一年度同月份的資料加以比較，例如在表 14-4 中，我們可以看出 1978 年 12 月份的汽車銷售量比上年度 (1977年) 同月份的銷售量多出 1,509 輛 (6,791－5,282)。此種與上年度同月份資料相比較的方法有一項缺點，即在數個月相結合時難以比較出正確的結果，因爲在較長的期間內可能會有不同的季節影響。

　　另外一種比較精密的方法是以季節指數除時間數列中每月份(或季)的數值，然後乘以 100 (測度單位與原始時間數列的單位相同)，如此即可由時間數列中消除季節因素的影響。決定季節調整數值的公式爲：

$$季節調整值 = \frac{Y}{S} \times 100 \qquad\qquad 14\text{-}15$$

式中：Y 爲月 (或季) 的時間數列值，S 爲月 (或季) 的季節指數。

　　在觀念上，可以運用上式於所有的月或季的時間數列數值，以消除季節因素的影響，餘下的即爲趨勢、週期、和不規則因素的影響，其結果爲：

$$\frac{Y}{S} = \frac{TCSI}{S} = TCI \qquad\qquad 14\text{-}16$$

　　下述表 14-6 中所列述的是經過季節調整的汽車銷售量，係根據表 14-4 中第三欄每月的銷售量，運用表 14-5 最後一欄中的季節指數加以調整而計得的結果。例如 1974 年 1 月份及 2 月份的調整結果爲：

$$1 月份季節調整值 = \frac{Y}{S} \times 100 = \frac{6660}{93.11} \times 100 = 7,153$$

$$2 月份季節調整值 = \frac{7161}{91.07} \times 100 = 7,863$$

其他各月份的季節調整值都是運用同樣方法所求得之圓整結果。由於該
項資料的單位是調整後的數值，並不是實際的銷售單位，所以在此種調
整後的資料之間加以比較則更有意義，比較所得之差異爲百分數，而不
是單位數。

觀察表 14-6 中基於季節調整的資料可以發現，1978 年 12 月份的汽
車銷售量比 11 月份增加 22.8% （即 $\frac{8,192}{6670} \times 100 = 122.8\%$）。但是對照

表 **14-6** 1974年 1 月至1978年12月經過季節調整的汽車銷售數量

月份 \ 年度 銷售量	1974	1975	1976	1977	1978
1	7,153	9,235	5,930	3,897	6,510
2	7,863	8,955	5,507	3,923	6,919
3	7,431	8,573	5,410	4,242	7,457
4	7,027	7,501	5,887	5,053	6,908
5	7,028	7,750	5,980	4,889	6,261
6	6,657	7,634	5,404	4,994	6,874
7	4,334	7,459	5,672	5,136	5,774
8	5,484	6,145	6,146	6,621	7,141
9	7,375	6,074	5,551	5,523	5,427
10	6,796	7,163	6,157	5,437	5,075
11	7,867	7,864	4,750	5,119	6,670
12	8,036	6,117	4,753	6,371	8,192

表 14-4 中未經調整的資料， 該兩月份銷售量相比的結果却完全不同，
不但沒有增加，反而下降 3.2% （即 $\frac{6,791}{7,015} \times 100 = 96.8\%$）。爲什麼經
過調整的月份資料會在銷售量實際下降時而顯出上升呢？ 這是因爲在
1978年12月的汽車銷售量雖然比上月份(11月份)減少，但是比基於該兩
月份的季節指數所預期的下降數量却少了很多； 由 表 14-5 最後一欄中

的季節指數可以看出，11 月份是 105.18, 12 月份則是 82.90，兩者的差
額爲 22.28%，而實際上銷售量只下降 3.2%，所以在季節調整的基礎上，
1978 年 12 月份的銷售量顯出上升，此項結果表示在該月份還有另外的
變動因素產生了正的影響。由於趨勢因素在月份的差異中不具重要性，
所以產生此項正影響的應該是週期因素或不規則因素。

第六節　基於趨勢和季節因素之預測

　　以上各節都在討論時間數列中各因素之分析和鑑別，一旦趨勢、週
期、和季節因素確定之後，此項分析即可作爲預測時間數列未來數值之
基礎。趨勢因素可用最小平方方程式來代表，而季節因素可用一組指數
來代表；至於週期因素則沒有標準的數值代表可以作基礎，以預測該因
素對未來的時間數列可能產生之影響，通常只能運用週期轉換點的商業
指標數 (business indicators) 加入週期因素，以預測週期因素可能產生
之影響。雖然只基於時間數列中的趨勢因素和季節因素而作預測是不完
整的，但是此種預測對於提供決策資料仍然很有價值，總比完全憑經驗、
直覺、或臆斷要好的多。

　　由於趨勢方程式是基於年度的數量資料，而通常預測都是爲某年的
特定月份或季預計其時間數列值；因此，應用趨勢方程式從事此種預測
的第一個步驟是將方程式的代表值降低 (step down)，而使其能代表月
（或季）的趨勢值。基於年度資料的趨勢方程式，其基點在時間數列的
第一年之中間，在表 14-2 的例子中，基年是 1952，其編號爲 $X = 0$。將此
種年度方程式降低爲代表月份趨勢的方程式，即可求得所擬預計的月份
數值；此種代表月份趨勢的方程式之基點爲基年的 1 月15日，而不是年
度的中點。欲使年度趨勢方程式降低爲月份，其轉換方程式(transformed

equation) 如下：

$$Y_T(月) = \frac{a}{12} - 5.5\left(\frac{b}{144}\right) + \left(\frac{b}{144}\right)X \qquad 14\text{-}17$$

式中 a 和 b 的值是得自年度資料的趨勢方程式，故須劃分為12月份。同樣方法，也可以以將年度趨勢方程式轉換為季，以求取預計的季趨勢值，其轉換方程式為：

$$Y_T(季) = \frac{a}{4} - 1.5\left(\frac{b}{16}\right) + \left(\frac{b}{16}\right)X \qquad 14\text{-}18$$

此式之基點是在基年的第一季之中點。

　　如果我們想預計 1982 年 1 月、 2 月、和 3 月份汽車銷售量的月份趨勢值，即可運用公式 14-17 而分別計算之，玆將運算方法演示如下。在第三節中曾求得該時間數列年度趨勢之方程式為：

$$Y_T = a + bX = 5.375 + 0.107X$$

該趨勢方程式係以 1952 年作為分析之基年，其年度之編號為 $X=0$；將此方程式轉換為月份趨勢方程式，以 1952 年 1 月 15 日為基點，將各值代入公式 14-17，則得以下之月份趨勢方程式：

$$Y_T(月) = \frac{a}{12} - 5.5\left(\frac{b}{144}\right) + \frac{b}{144}X = \frac{5.375}{12} - 5.5\left(\frac{.107}{144}\right) + \frac{.107}{144}X$$

$$= 0.44383 + 0.00074X$$

運用此一月份趨勢方程式，以 1952 年 1 月時 $X=0$，則 1982 年 1 月、 2 月、和 3 月的 X 值應分別為 360、361、和 362。將各值代入上式， 則各該月份的趨勢值應各自為：

$$Y_T(1982年 1 月) = 0.44383 + 0.00074(360)$$

$$= 0.71023(萬輛) \approx 7,102 輛$$

$$Y_T(1982年 2 月) = 0.44383 + 0.00074(361)$$

$$= 0.71097(萬輛) \approx 7,110 輛$$

$$Y_T (1982年 3 月) = 0.44383 + 0.00074(362)$$
$$= 0.71171(萬輛) \approx 7,117輛$$

在各該月份的預計趨勢值決定之後，每一個數值還要再乘以各該月份的季節指數（須除以 100 以確定小數點的位置），才能決定基於數列中的趨勢和季節兩種因素之分析而計得之預計數值。汽車銷售量各月份的季節指數列在表 14-5 中最後一欄，基於時間數列中的此等趨勢值和季節因素，則 1982 年 1 月、2 月、和 3 月份各自的預期銷售量應分別爲：

$$Y_{TS} = 7102 \left(\frac{93.11}{100} \right) = 6,613輛$$

$$Y_{TS} = 7110 \left(\frac{91.07}{100} \right) = 6,475輛$$

$$Y_{TS} = 7117 \left(\frac{102.98}{100} \right) = 7,329輛$$

企業的決策階層即可根據此等預測的結果，而擬訂各項有關的營業計劃。

在實際作業時，對於上述的預測結果還須要針對預計的週期因素影響而加以適當的調整，此外還應該考慮在此一期間內可能影響生產量或銷售量的市場因素，所以在從事預測時必須要能隨時警覺到影響經濟景況的各種變動因素，以免影響預測結果之正確性。此種預測的結果不可能與將來的實際情況完全相符，但是若沒有意外變故，總不會相差太遠，所以預測對於提供決策數據非常重要。

習 題

1. 何謂時間數列? 舉例說明之。

2. 何謂時間數列分析? 此種分析與工商業從事決策有什麼關係?

3. 從事時間數列分析的目的何在? 列述之。

4. 影響時間數列的都有那些變動因素? 列述之。

5. 何謂長期趨勢? 從事長期趨勢分析應該包括多少年度爲適宜? 爲什麼?

6. 試舉例說明趨勢線上升的情況, 並說明其原因。

7. 試舉例說明趨勢線下降的情況, 並說明其原因。

8. 影響時間數列趨勢的有那些因素? 列述之。

9. 何謂週期波動? 此種波動的期間如何?

10. 週期波動可以劃分爲那幾個階段? 列述之。

11. 影響本國經濟活動發生週期波動的有那些因素? 列述其原因。

12. 時間數列中的資料在期間上如何劃分才能顯示出季節變異? 爲什麼?

13. 引起季節變異之原因如何? 爲什麼季節變異比較有規則?

14. 何謂不規則變動? 引起此種變動的原因如何? 列述之。

15. 時間數列各變動因素之間的關係如何? 其數學模式是根據何種概念演化而來?

16. 都有那些方法可以用於確定時間數列的趨勢線? 其各自的優點和缺點如何?

17. 爲什麼不能運用時間數列中的資料從事估計或從事假設之檢定? 其原因何在?

18. 時間數列中的自動相關性如何? 舉例說明之。

19. 設由營業紀錄中查出某百貨公司自 1961 年起到 1978 年止每年的銷貨淨額 (單位: 百萬) 如下:

年　　度	銷　貨　額	年　　度	銷　貨　額
1961	$46.5	1970	$56.8
1962	51.5	1971	62.1
1963	55.0	1972	64.7
1964	53.2	1973	58.9
1965	56.5	1974	63.0
1966	58.4	1975	65.4
1967	54.0	1976	59.2
1968	59.3	1977	66.3
1969	57.6	1978	68.6

(1) 試將上述營業結果以時間數列線條圖顯示之。

(2) 試確定上述資料的趨勢線方程式中 a 和 b 的數值。

20. 設某塑膠產品工廠，自1959年起至1978年止每年的稅前盈利額（單位：百萬）如下：

年　　度	盈　利　額	年　　度	盈　利　額
1959	$13.96	1969	$20.74
1960	11.44	1970	18.35
1961	12.08	1971	22.45
1962	14.35	1972	25.38
1963	13.10	1973	23.72
1964	14.68	1974	28.30
1965	15.74	1975	29.53
1966	18.21	1976	27.62
1967	16.43	1977	31.25
1968	19.30	1978	33.06

(1) 試將上述盈利資料以時間數列線條圖顯示之。

(2) 試確定該時間數列趨勢線方程式中 a 和 b 的值。

21. 爲什麼要避免用週期波動的最低點或最高點作爲時間數列的起點？其原因何在？說明之。

22. 何謂週期比較數? 若其數值大於 100 時，含義如何? 說明之。

23. 試決定上述第19題中銷貨額時間數列每年度的週期比較數。

24. 試決定上述第20題中盈利額時間數列每年度的週期比較數。

25. 試運用上述第23題所計得的週期比較數繪製該數列之週期波動圖。

26. 試運用上述第24題中所計得的週期比較數繪製該數列之週期波動圖。

27. 運用什麼方法可以決定每季 (或每月) 的季節指數? 運用此法的步驟如何? 列述之。

28. 移動平均數與相對應期間的實際數值之比例數所代表的意義如何?

29. 下述資料係代表某百貨公司從1974年到1978年之間每月的銷貨額 (單位：萬元)，試運用12個月移動平均數的方法計算該數列之季節指數。

月份＼年度	1974	1975	1976	1977	1978
1	40	48	50	60	76
2	23	27	39	43	48
3	21	28	41	42	54
4	24	34	45	48	60
5	25	36	49	57	67
6	28	38	52	61	70
7	30	40	51	63	79
8	35	43	54	66	83
9	34	45	60	69	81
10	45	57	71	85	90
11	55	70	82	101	108
12	60	69	79	103	105

30. 以下的資料爲上述第20題中塑膠產品工廠1974年至1978年每月份的盈利額：

月份 盈利額 年度	1974	1975	1976	1977	1978
1	1.98	2.08	2.02	2.21	2.28
2	2.16	2.24	2.11	2.40	2.46
3	2.28	2.30	2.20	2.57	2.65
4	2.36	2.51	2.31	2.62	2.78
5	2.47	2.60	2.39	2.71	2.85
6	2.54	2.71	2.47	2.80	2.96
7	2.66	2.79	2.58	2.95	3.12
8	2.87	2.98	2.76	3.08	3.27
9	2.68	2.74	2.45	2.72	2.90
10	2.36	2.40	2.30	2.54	2.76
11	2.10	2.16	2.12	2.41	2.61
12	1.84	2.02	1.91	2.24	2.42

試運用12個月移動平均數的方法計算該數列之季節指數。

31. 觀察上述第30題所計得之季節指數，在那些月份對塑膠業有正的季節影響？那些月份有負的季節影響，試行解釋其原因。

32. 運用上述第19題中所計得之趨勢方程式，試求1981年6月、7月、和8月份的趨勢值。

33. 運用上述第20題中所計得之趨勢方程式，試求1988年1月、2月、及3月份的趨勢值。

34. 運用上述第30題中所計得之季節指數和上述第32題中的趨勢值，計算1988年1月、2月、和3月份的預期盈利額。

附錄表 I　常態分配機率函數表

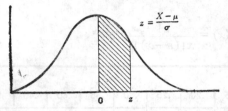

$$z = \frac{X - \mu}{\sigma}$$

標準常態曲線下從平均數為 0 到 z 的面積分配表

z	.00	.01	.02	.03	.04	.05	.06	.07	.08	.09
0.0	.0000	.0040	.0080	.0120	.0160	.0199	.0239	.0279	.0319	.0359
0.1	.0398	.0438	.0478	.0517	.0557	.0596	.0636	.0675	.0714	.0753
0.2	.0793	.0832	.0871	.0910	.0948	.0987	.1026	.1064	.1103	.1141
0.3	.1179	.1217	.1255	.1293	.1331	.1368	.1406	.1443	.1480	.1517
0.4	.1554	.1591	.1628	.1664	.1700	.1736	.1772	.1808	.1844	.1879
0.5	.1915	.1950	.1985	.2019	.2054	.2088	.2123	.2157	.2190	.2224
0.6	.2257	.2291	.2324	.2357	.2389	.2422	.2454	.2486	.2518	.2549
0.7	.2580	.2612	.2642	.2673	.2704	.2734	.2764	.2794	.2823	.2852
0.8	.2881	.2910	.2939	.2967	.2995	.3023	.3051	.3078	.3106	.3133
0.9	.3159	.3186	.3212	.3238	.3264	.3289	.3315	.3340	.3365	.3389
1.0	.3413	.3438	.3461	.3485	.3508	.3531	.3554	.3577	.3599	.3621
1.1	.3643	.3665	.3686	.3708	.3729	.3749	.3770	.3790	.3810	.3830
1.2	.3849	.3869	.3888	.3907	.3925	.3944	.3962	.3980	.3997	.4014
1.3	.4032	.4049	.4066	.4082	.4099	.4115	.4131	.4147	.4162	.4177
1.4	.4192	.4207	.4222	.4236	.4251	.4265	.4279	.4292	.4306	.4319
1.5	.4332	.4345	.4357	.4370	.4382	.4394	.4406	.4418	.4429	.4441
1.6	.4452	.4463	.4474	.4484	.4495	.4505	.4515	.4525	.4535	.4545
1.7	.4554	.4564	.4573	.4582	.4591	.4599	.4608	.4616	.4625	.4633
1.8	.4641	.4649	.4656	.4664	.4671	.4678	.4686	.4693	.4699	.4706
1.9	.4713	.4719	.4726	.4732	.4738	.4744	.4750	.4756	.4761	.4767
2.0	.4772	.4778	.4783	.4788	.4793	.4798	.4803	.4808	.4812	.4817
2.1	.4821	.4826	.4830	.4834	.4838	.4842	.4846	.4850	.4854	.4857
2.2	.4861	.4864	.4868	.4871	.4875	.4878	.4881	.4884	.4887	.4890
2.3	.4893	.4896	.4898	.4901	.4904	.4906	.4909	.4911	.4913	.4916
2.4	.4918	.4920	.4922	.4925	.4927	.4929	.4931	.4932	.4934	.4936
2.5	.4938	.4940	.4941	.4943	.4945	.4946	.4948	.4949	.4951	.4952
2.6	.4953	.4955	.4956	.4957	.4959	.4960	.4961	.4962	.4963	.4964
2.7	.4965	.4966	.4967	.4968	.4969	.4970	.4971	.4972	.4973	.4974
2.8	.4974	.4975	.4976	.4977	.4977	.4978	.4979	.4979	.4980	.4981
2.9	.4981	.4982	.4983	.4983	.4984	.4984	.4985	.4985	.4986	.4986
3.0	.4987									
3.5	.4997									
4.0	.4999									

附錄表 II　二項分配函數表

$$P(x) = \frac{n!}{x!\,(n-x)!}\, p^x q^{n-x}$$

n	x	.05	.10	.15	.20	p .25	.30	.35	.40	.45	.50
1	0	.9500	.9000	.8500	.8000	.7500	.7000	.6500	.6000	.5500	.5000
	1	.0500	.1000	.1500	.2000	.2500	.3000	.3500	.4000	.4500	.5000
2	0	.9025	.8100	.7225	.6400	.5625	.4900	.4225	.3600	.3025	.2500
	1	.0950	.1800	.2550	.3200	.3750	.4200	.4550	.4800	.4950	.5000
	2	.0025	.0100	.0225	.0400	.0625	.0900	.1225	.1600	.2025	.2500
3	0	.8574	.7290	.6141	.5120	.4219	.3430	.2746	.2160	.1664	.1250
	1	.1354	.2430	.3251	.3840	.4219	.4410	.4436	.4320	.4084	.3750
	2	.0071	.0270	.0574	.0960	.1406	.1890	.2389	.2880	.3341	.3750
	3	.0001	.0010	.0034	.0080	.0156	.0270	.0429	.0640	.0911	.1250
4	0	.8145	.6561	.5220	.4096	.3164	.2401	.1785	.1296	.0915	.0625
	1	.1715	.2916	.3685	.4096	.4219	.4116	.3845	.3456	.2995	.2500
	2	.0135	.0486	.0975	.1536	.2109	.2646	.3105	.3456	.3675	.3750
	3	.0005	.0036	.0115	.0256	.0469	.0756	.1115	.1536	.2005	.2500
	4	.0000	.0001	.0005	.0016	.0039	.0081	.0150	.0256	.0410	.0625
5	0	.7738	.5905	.4437	.3277	.2373	.1681	.1160	.0778	.0503	.0312
	1	.2036	.3280	.3915	.4096	.3955	.3602	.3124	.2592	.2059	.1562
	2	.0214	.0729	.1382	.2048	.2637	.3087	.3364	.3456	.3369	.3125
	3	.0011	.0081	.0244	.0512	.0879	.1323	.1811	.2304	.2757	.3125
	4	.0000	.0004	.0022	.0064	.0146	.0284	.0488	.0768	.1128	.1562
	5	.0000	.0000	.0001	.0003	.0010	.0024	.0053	.0102	.0185	.0312
6	0	.7351	.5314	.3771	.2621	.1780	.1176	.0754	.0467	.0277	.0156
	1	.2321	.3543	.3993	.3932	.3560	.3025	.2437	.1866	.1359	.0938
	2	.0305	.0984	.1762	.2458	.2966	.3241	.3280	.3110	.2780	.2344
	3	.0021	.0146	.0415	.0819	.1318	.1852	.2355	.2765	.3032	.3125
	4	.0001	.0012	.0055	.0154	.0330	.0595	.0951	.1382	.1861	.2344
	5	.0000	.0001	.0004	.0015	.0044	.0102	.0205	.0369	.0609	.0938
	6	.0000	.0000	.0000	.0001	.0002	.0007	.0018	.0041	.0083	.0156

續附錄表 II

n	x	.05	.10	.15	.20	.25	.30	.35	.40	.45	.50
7	0	.6983	.4783	.3206	.2097	.1335	.0824	.0490	.0280	.0152	.0078
	1	.2573	.3720	.3960	.3670	.3115	.2471	.1848	.1306	.0872	.0547
	2	.0406	.1240	.2097	.2753	.3115	.3177	.2985	.2613	.2140	.1641
	3	.0036	.0230	.0617	.1147	.1730	.2269	.2679	.2903	.2918	.2734
	4	.0002	.0026	.0109	.0287	.0577	.0972	.1442	.1935	.2388	.2734
	5	.0000	.0002	.0012	.0043	.0115	.0250	.0466	.0774	.1172	.1641
	6	.0000	.0000	.0001	.0004	.0013	.0036	.0084	.0172	.0320	.0547
	7	.0000	.0000	.0000	.0000	.0001	.0002	.0006	.0016	.0037	.0078
8	0	.6634	.4305	.2725	.1678	.1002	.0576	.0319	.0168	.0084	.0039
	1	.2793	.3826	.3847	.3355	.2670	.1977	.1373	.0896	.0548	.0312
	2	.0515	.1488	.2376	.2936	.3115	.2965	.2587	.2090	.1569	.1094
	3	.0054	.0331	.0839	.1468	.2076	.2541	.2786	.2787	.2568	.2188
	4	.0004	.0046	.0185	.0459	.0865	.1361	.1875	.2322	.2627	.2734
	5	.0000	.0004	.0026	.0092	.0231	.0467	.0808	.1239	.1719	.2188
	6	.0000	.0000	.0002	.0011	.0038	.0100	.0217	.0413	.0403	.1094
	7	.0000	.0000	.0000	.0001	.0004	.0012	.0033	.0079	.0164	.0312
	8	.0000	.0000	.0000	.0000	.0000	.0001	.0002	.0007	.0017	.0039
9	0	.6302	.3874	.2316	.1342	.0751	.0404	.0207	.0101	.0046	.0020
	1	.2985	.3874	.3679	.3020	.2253	.1556	.1004	.0605	.0339	.0176
	2	.0629	.1722	.2597	.3020	.3003	.2668	.2162	.1612	.1110	.0703
	3	.0077	.0446	.1069	.1762	.2336	.2668	.2716	.2508	.2119	.1641
	4	.0006	.0074	.0283	.0661	.1168	.1715	.2194	.2508	.2600	.2461
	5	.0000	.0008	.0050	.0165	.0389	.0735	.1181	.1672	.2128	.2461
	6	.0000	.0001	.0006	.0028	.0087	.0210	.0424	.0743	.1160	.1641
	7	.0000	.0000	.0000	.0003	.0012	.0039	.0098	.0212	.0407	.0703
	8	.0000	.0000	.0000	.0000	.0001	.0004	.0013	.0035	.0083	.0176
	9	.0000	.0000	.0000	.0000	.0000	.0001	.0003	.0008	.0020
10	0	.5987	.3487	.1969	.1074	.0563	.0282	.0135	.0060	.0025	.0010
	1	.3151	.3874	.3474	.2684	.1877	.1211	.0725	.0403	.0207	.0098
	2	.0746	.1937	.2759	.3020	.2816	.2335	.1757	.1209	.0763	.0439
	3	.0105	.0574	.1298	.2013	.2503	.2668	.2522	.2150	.1665	.1172
	4	.0010	.0112	.0401	.0881	.1460	.2001	.2377	.2508	.2384	.2051
	5	.0001	.0015	.0085	.0264	.0584	.1029	.1536	.2007	.2340	.2461
	6	.0000	.0001	.0012	.0055	.0162	.0368	.0689	.1115	.1596	.2051
	7	.0000	.0000	.0001	.0008	.0031	.0090	.0212	.0425	.0746	.1172
	8	.0000	.0000	.0000	.0001	.0004	.0014	.0043	.0106	.0229	.0439
	9	.0000	.0000	.0000	.0000	.0000	.0001	.0005	.0016	.0042	.0098
	10	.0000	.0000	.0000	.0000	.0000	.0000	.0000	.0001	.0003	.0010

續附錄表 Ⅱ

n	x	.05	.10	.15	.20	.25	.30	.35	.40	.45	.50
11	0	.5688	.3138	.1673	.0859	.0422	.0198	.0088	.0036	.0014	.0005
	1	.3293	.3835	.3248	.2362	.1549	.0932	.0518	.0266	.0125	.0054
	2	.0867	.2131	.2866	.2953	.2581	.1998	.1395	.0887	.0513	.0269
	3	.0137	.0710	.1517	.2215	.2581	.2568	.2254	.1774	.1259	.0806
	4	.0014	.0158	.0536	.1107	.1721	.2201	.2428	.2365	.2060	.1611
	5	.0001	.0025	.0132	.0388	.0803	.1321	.1830	.2207	.2360	.2256
	6	.0000	.0003	.0023	.0097	.0268	.0566	.0985	.1471	.1931	.2256
	7	.0000	.0000	.0003	.0017	.0064	.0173	.0379	.0701	.1128	.1611
	8	.0000	.0000	.0000	.0002	.0011	.0037	.0102	.0234	.0462	.0806
	9	.0000	.0000	.0000	.0000	.0001	.0005	.0018	.0052	.0126	.0269
	10	.0000	.0000	.0000	.0000	.0000	.0000	.0002	.0007	.0021	.0054
	11	.0000	.0000	.0000	.0000	.0000	.0000	.0000	.0000	.0002	.0005
12	0	.5404	.2824	.1422	.0687	.0317	.0138	.0057	.0022	.0008	.0002
	1	.3413	.3766	.3012	.2062	.1267	.0712	.0368	.0174	.0075	.0029
	2	.0988	.2301	.2924	.2835	.2323	.1678	.1088	.0639	.0339	.0161
	3	.0173	.0852	.1720	.2362	.2581	.2397	.1954	.1419	.0923	.0537
	4	.0021	.0213	.0683	.1329	.1936	.2311	.2367	.2128	.1700	.1208
	5	.0002	.0038	.0193	.0532	.1032	.1585	.2039	.2270	.2225	.1934
	6	.0000	.0005	.0040	.0155	.0401	.0792	.1281	.1766	.2124	.2256
	7	.0000	.0000	.0006	.0033	.0115	.0291	.0591	.1009	.1489	.1934
	8	.0000	.0000	.0001	.0005	.0024	.0078	.0199	.0420	.0762	.1208
	9	.0000	.0000	.0000	.0001	.0004	.0015	.0048	.0125	.0277	.0537
	10	.0000	.0000	.0000	.0000	.0000	.0002	.0008	.0025	.0068	.0161
	11	.0000	.0000	.0000	.0000	.0000	.0000	.0001	.0003	.0010	.0029
	12	.0000	.0000	.0000	.0000	.0000	.0000	.0000	.0000	.0001	.0002
13	0	.5133	.2542	.1209	.0550	.0238	.0097	.0037	.0013	.0004	.0001
	1	.3512	.3672	.2774	.1787	.1029	.0540	.0259	.0113	.0045	.0016
	2	.1109	.2448	.2937	.2680	.2059	.1388	.0836	.0453	.0220	.0095
	3	.0214	.0997	.1900	.2457	.2517	.2181	.1651	.1107	.0660	.0349
	4	.0028	.0277	.0838	.1535	.2097	.2337	.2222	.1845	.1350	.0873
	5	.0003	.0055	.0266	.0691	.1258	.1803	.2154	.2214	.1989	.1571
	6	.0000	.0008	.0063	.0230	.0559	.1030	.1546	.1968	.2169	.2095
	7	.0000	.0001	.0011	.0058	.0186	.0442	.0833	.1312	.1775	.2095
	8	.0000	.0001	.0001	.0011	.0047	.0142	.0336	.0656	.1089	.1571
	9	.0000	.0000	.0000	.0001	.0009	.0034	.0101	.0243	.0495	.0873
	10	.0000	.0000	.0000	.0000	.0001	.0006	.0022	.0065	.0162	.0349
	11	.0000	.0000	.0000	.0000	.0000	.0001	.0003	.0012	.0036	.0095
	12	.0000	.0000	.0000	.0000	.0000	.0000	.0000	.0001	.0005	.0016
	13	.0000	.0000	.0000	.0000	.0000	.0000	.0000	.0000	.0000	.0001

續附錄表 II

n	x	.05	.10	.15	.20	.25	.30	.35	.40	.45	.50
14	0	.4877	.2288	.1028	.0440	.0178	.0068	.0024	.0008	.0002	.0001
	1	.3593	.3559	.2539	.1539	.0832	.0407	.0181	.0073	.0027	.0009
	2	.1229	.2570	.2912	.2501	.1802	.1134	.0634	.0317	.0141	.0056
	3	.0259	.1142	.2056	.2501	.2402	.1943	.1366	.0845	.0462	.0222
	4	.0037	.0349	.0998	.1720	.2202	.2290	.2022	.1549	.1040	.0611
	5	.0004	.0078	.0352	.0860	.1468	.1963	.2178	.2066	.1701	.1222
	6	.0000	.0013	.0093	.0322	.0734	.1262	.1759	.2066	.2088	.1833
	7	.0000	.0002	.0019	.0092	.0280	.0618	.1082	.1574	.1952	.2095
	8	.0000	.0000	.0003	.0020	.0082	.0232	.0510	.0918	.1398	.1833
	9	.0000	.0000	.0000	.0003	.0018	.0066	.0183	.0408	.0762	.1222
	10	.0000	.0000	.0000	.0000	.0003	.0014	.0049	.0136	.0312	.0611
	11	.0000	.0000	.0000	.0000	.0000	.0002	.0010	.0033	.0093	.0222
	12	.0000	.0000	.0000	.0000	.0000	.0000	.0001	.0005	.0019	.0056
	13	.0000	.0000	.0000	.0000	.0000	.0000	.0000	.0001	.0002	.0009
	14	.0000	.0000	.0000	.0000	.0000	.0000	.0000	.0000	.0000	.0001
15	0	.4633	.2059	.0874	.0352	.0134	.0047	.0016	.0005	.0001	.0000
	1	.3658	.3432	.2312	.1319	.0668	.0305	.0126	.0047	.0016	.0005
	2	.1348	.2669	.2856	.2309	.1559	.0916	.0476	.0219	.0090	.0032
	3	.0307	.1285	.2184	.2501	.2252	.1700	.1110	.0634	.0318	.0139
	4	.0049	.0428	.1156	.1876	.2252	.2186	.1792	.1268	.0780	.0417
	5	.0006	.0105	.0449	.1032	.1651	.2061	.2123	.1859	.1404	.0916
	6	.0000	.0019	.0132	.0430	.0917	.1472	.1906	.2066	.1914	.1527
	7	.0000	.0003	.0030	.0138	.0393	.0811	.1319	.1771	.2013	.1964
	8	.0000	.0000	.0005	.0035	.0131	.0348	.0710	.1181	.1647	.1964
	9	.0000	.0000	.0001	.0097	.0034	.0116	.0298	.0612	.1048	.1527
	10	.0000	.0000	.0000	.0001	.0007	.0030	.0096	.0245	.0515	.0916
	11	.0000	.0000	.0000	.0000	.0001	.0006	.0024	.0074	.0191	.0417
	12	.0000	.0000	.0000	.0000	.0000	.0001	.0004	.0016	.0052	.0139
	13	.0000	.0000	.0000	.0000	.0000	.0000	.0001	.0003	.0010	.0032
	14	.0000	.0900	.0000	.0000	.0000	.0000	.0000	.0000	.0001	.0005
	15	.0000	.0000	.0000	.0000	.0000	.0000	.0000	.0000	.0000	.0000
16	0	.4401	.1853	.0743	.0281	.0100	.0033	.0010	.0003	.0001	.0000
	1	.3706	.3294	.2097	.1126	.0535	.0228	.0087	.0030	.0009	.0002
	2	.1463	.2745	.2775	.2111	.1336	.0732	.0353	.0150	.0056	.0018
	3	.0359	.1423	.2285	.2463	.2079	.1465	.0888	.0468	.0215	.0085
	4	.0061	.0514	.1311	.2001	.2252	.2040	.1553	.1014	.0572	.0278
	5	.0008	.0137	.0555	.1201	.1802	.2099	.2008	.1623	.1123	.0667
	6	.0001	.0028	.0180	.0550	.1101	.1649	.1982	.1983	.1684	.1222
	7	.0000	.0004	.0045	.0197	.0524	.1010	.1524	.1889	.1969	.1746
	8	.0000	.0001	.0009	.0055	.0197	.0487	.0923	.1417	.1812	.1964
	9	.0000	.0000	.0001	.0012	.0058	.0185	.0442	.0840	.1318	.1746

續附錄表 II

n	x	.05	.10	.15	.20	.25	.30	.35	.40	.45	.50
16	10	.0000	.0000	.0000	.0002	.0014	.0056	.0167	.0392	.0755	.1222
	11	.0000	.0000	.0000	.0000	.0002	.0013	.0049	.0142	.0337	.0667
	12	.0000	.0000	.0000	.0000	.0000	.0002	.0011	.0040	.0115	.0278
	13	.0000	.0000	.0000	.0000	.0000	.0000	.0002	.0008	.0029	.0085
	14	.0000	.0000	.0000	.0000	.0000	.0000	.0000	.0001	.0005	.0018
	15	.0000	.0000	.0000	.0000	.0000	.0000	.0000	.0000	.0001	.0002
	16	.0000	.0000	.0000	.0000	.0000	.0000	.0000	.0000	.0000	.0000
17	0	.4181	.1668	.0631	.0225	.0075	.0023	.0007	.0002	.0000	.0000
	1	.3741	.3150	.1893	.0957	.0426	.0169	.0060	.0019	.0005	.0001
	2	.1575	.2800	.2673	.1914	.1136	.0581	.0260	.0102	.0035	.0010
	3	.0415	.1556	.2359	.2393	.1893	.1245	.0701	.0341	.0144	.0052
	4	.0076	.0605	.1457	.2093	.2209	.1868	.1320	.0796	.0411	.0182
	5	.0010	.0175	.0668	.1361	.1914	.2081	.1849	.1379	.0875	.0472
	6	.0001	.0039	.0236	.0680	.1276	.1784	.1991	.1839	.1432	.0944
	7	.0000	.0007	.0065	.0267	.0668	.1201	.1685	.1927	.1841	.1484
	8	.0000	.0001	.0014	.0084	.0279	.0644	.1134	.1606	.1883	.1855
	9	.0000	.0000	.0003	.0021	.0093	.0276	.0611	.1070	.1540	.1855
	10	.0000	.0000	.0000	.0004	.0025	.0095	.0263	.0571	.1008	.1484
	11	.0000	.0000	.0000	.0001	.0005	.0026	.0090	.0242	.0525	.0944
	12	.0000	.0000	.0000	.0000	.0001	.0006	.0024	.0081	.0215	.0472
	13	.0000	.0000	.0000	.0000	.0000	.0001	.0005	.0021	.0068	.0182
	14	.0000	.0000	.0000	.0000	.0000	.0000	.0001	.0004	.0016	.0052
	15	.0000	.0000	.0000	.0000	.0000	.0000	.0000	.0001	.0003	.0010
	16	.0000	.0000	.0000	.0000	.0000	.0000	.0000	.0000	.0000	.0001
	17	.0000	.0000	.0000	.0000	.0000	.0000	.0000	.0000	.0000	.0000
18	0	.3972	.1501	.0536	.0180	.0056	.0016	.0004	.0001	.0000	.0000
	1	.3763	.3002	.1704	.0811	.0338	.0126	.0042	.0012	.0003	.0001
	2	.1683	.2835	.2556	.1723	.0958	.0458	.0190	.0069	.0022	.0006
	3	.0473	.1680	.2406	.2297	.1704	.1046	.0547	.0246	.0095	.0031
	4	.0093	.0700	.1592	.2153	.2130	.1681	.1104	.0614	.0291	.0117
	5	.0014	.0218	.0787	.1507	.1988	.2017	.1664	.1146	.0666	.0327
	6	.0002	.0052	.0301	.0816	.1436	.1873	.1941	.1655	.1181	.0708
	7	.0000	.0010	.0091	.0350	.0820	.1376	.1792	.1892	.1657	.1214
	8	.0000	.0002	.0022	.0120	.0376	.0811	.1327	.1734	.1864	.1669
	9	.0000	.0000	.0004	.0033	.0139	.0386	.0794	.1284	.1694	.1855
	10	.0000	.0000	.0001	.0008	.0042	.0149	.0385	.0771	.1248	.1669
	11	.0000	.0000	.0000	.0001	.0010	.0046	.0151	.0374	.0742	.1214
	12	.0000	.0000	.0000	.0000	.0002	.0012	.0047	.0145	.0354	.0708
	13	.0000	.0000	.0000	.0000	.0000	.0002	.0012	.0045	.0134	.0327
	14	.0000	.0000	.0000	.0000	.0000	.0000	.0002	.0011	.0039	.0117

n	x	.05	.10	.15	.20	.25	.30	.35	.40	.45	.50
						p					
18	15	.0000	.0000	.0000	.0000	.0000	.0000	.0000	.0002	.0009	.0031
	16	.0000	.0000	.0000	.0000	.0000	.0000	.0000	.0000	.0001	.0006
	17	.0000	.0000	.0000	.0000	.0000	.0000	.0000	.0000	.0000	.0001
	18	.0000	.0000	.0000	.0000	.0000	.0000	.0000	.0000	.0000	.0000
19	0	.3774	.1351	.0456	.0144	.0042	.0011	.0003	.0001	.0000	.0000
	1	.3774	.2852	.1529	.0685	.0268	.0093	.0029	.0008	.0002	.0000
	2	.1787	.2852	.2428	.1540	.0803	.0358	.0138	.0046	.0013	.0003
	3	.0533	.1796	.2428	.2182	.1517	.0869	.0422	.0175	.0062	.0018
	4	.0112	.0798	.1714	.2182	.2023	.1491	.0909	.0467	.0203	.0074
	5	.0018	.0266	.0907	.1636	.2023	.1916	.1468	.0933	.0497	.0222
	6	.0002	.0069	.0374	.0955	.1574	.1844	.1451	.1451	.0949	.0518
	7	.0000	.0014	.0122	.0443	.0974	.1525	.1844	.1797	.1443	.0961
	8	.0000	.0002	.0032	.0166	.0487	.0981	.1489	.1797	.1771	.1442
	9	.0000	.0000	.0007	.0051	.0198	.0514	.0980	.1464	.1771	.1762
	10	.0000	.0000	.0001	.0013	.0066	.0220	.0528	.0976	.1449	.1762
	11	.0000	.0000	.0000	.0003	.0018	.0077	.0233	.0532	.0970	.1442
	12	.0000	.0000	.0000	.0000	.0004	.0022	.0083	.0237	.0529	.0961
	13	.0000	.0000	.0000	.0000	.0001	.0005	.0024	.0085	.0233	.0518
	14	.0000	.0000	.0000	.0000	.0000	.0001	.0006	.0024	.0082	.0222
	15	.0000	.0000	.0000	.0000	.0000	.0000	.0001	.0005	.0022	.0074
	16	.0000	.0000	.0000	.0000	.0000	.0000	.0000	.0001	.0005	.0018
	17	.0000	.0000	.0000	.0000	.0000	.0000	.0000	.0000	.0001	.0003
	18	.0000	.0000	.0000	.0000	.0000	.0000	.0000	.0000	.0000	.0000
	19	.0000	.0000	.0000	.0000	.0000	.0000	.0000	.0000	.0000	.0000
20	0	.3585	.1216	.0388	.0115	.0032	.0008	.0002	.0000	.0000	.0000
	1	.3774	.2702	.1368	.0576	.0211	.0068	.0020	.0005	.0001	.0000
	2	.1887	.2852	.2293	.1369	.0669	.0278	.0100	.0031	.0008	.0002
	3	.0596	.1901	.2428	.2054	.1339	.0718	.0323	.0123	.0040	.0011
	4	.0133	.0898	.1821	.2182	.1897	.1304	.0738	.0350	.0139	.0046
	5	.0022	.0319	.1028	.1746	.2023	.1789	.1272	.0746	.0365	.0148
	6	.0003	.0089	.0454	.1091	.1686	.1916	.1712	.1244	.0746	.0370
	7	.0000	.0020	.0160	.0545	.1124	.1643	.1844	.1659	.1221	.0739
	8	.0000	.0004	.0046	.0222	.0609	.1144	.1614	.1797	.1623	.1201
	9	.0000	.0001	.0011	.0074	.0271	.0654	.1158	.1597	.1771	.1602
	10	.0000	.0000	.0002	.0020	.0099	.0308	.0686	.1171	.1593	.1762
	11	.0000	.0000	.0000	.0005	.0030	.0120	.0336	.0710	.1185	.1602
	12	.0000	.0000	.0000	.0001	.0008	.0039	.0136	.0355	.0727	.1201
	13	.0000	.0000	.0000	.0000	.0002	.0010	.0045	.0146	.0366	.0739
	14	.0000	.0000	.0000	.0000	.0000	.0002	.0012	.0049	.0150	.0370
	15	.0000	.0000	.0000	.0000	.0000	.0000	.0003	.0013	.0049	.0148
	16	.0000	.0000	.0000	.0000	.0000	.0000	.0000	.0003	.0013	.0046
	17	.0000	.0000	.0000	.0000	.0000	.0000	.0000	.0000	.0002	.0011
	18	.0000	.0000	.0000	.0000	.0000	.0000	.0000	.0000	.0000	.0002
	19	.0000	.0000	.0000	.0000	.0000	.0000	.0000	.0000	.0000	.0000
	20	.0000	.0000	.0000	.0000	.0000	.0000	.0000	.0000	.0000	.0000

附錄表Ⅲ　二項分配累積函數表

$$P(X \leq c) = \sum_{x=0}^{c} \binom{n}{x} p^x q^{n-x}$$

例如　$p = 0.20$,　$n = 7$,　$c = 2$　　則　$P(X \leq 2) = 0.8520$

n	c	0.05	0.10	0.15	0.20	0.25	0.30	0.35	0.40	0.45	0.50
2	0	0.9025	0.8100	0.7225	0.6400	0.5625	0.4900	0.4225	0.3600	0.3025	0.2500
	1	0.9975	0.9900	0.9775	0.9600	0.9375	0.9100	0.8775	0.8400	0.7975	0.7500
3	0	0.8574	0.7290	0.6141	0.5120	0.4219	0.3430	0.2746	0.2160	0.1664	0.1250
	1	0.9928	0.9720	0.9392	0.8960	0.8438	0.7840	0.7182	0.6480	0.5748	0.5000
	2	0.9999	0.9990	0.9966	0.9920	0.9844	0.9730	0.9571	0.9360	0.9089	0.8750
4	0	0.8145	0.6561	0.5220	0.4096	0.3164	0.2401	0.1785	0.1296	0.0915	0.0625
	1	0.9860	0.9477	0.8905	0.8192	0.7383	0.6517	0.5630	0.4752	0.3910	0.3125
	2	0.9995	0.9963	0.9880	0.9728	0.9492	0.9163	0.8735	0.8208	0.7585	0.6875
	3	1.0000	0.9999	0.9995	0.9984	0.9961	0.9919	0.9850	0.9744	0.9590	0.9375
5	0	0.7738	0.5905	0.4437	0.3277	0.2373	0.1681	0.1160	0.0778	0.0503	0.0312
	1	0.9774	0.9185	0.8352	0.7373	0.6328	0.5282	0.4284	0.3370	0.2562	0.1875
	2	0.9988	0.9914	0.9734	0.9421	0.8965	0.8369	0.7648	0.6826	0.5931	0.5000
	3	1.0000	0.9995	0.9978	0.9933	0.9844	0.9692	0.9460	0.9130	0.8688	0.8125
	4	1.0000	1.0000	0.9999	0.9997	0.9990	0.9976	0.9947	0.9898	0.9815	0.9688
6	0	0.7351	0.5314	0.3771	0.2621	0.1780	0.1176	0.0754	0.0467	0.0277	0.0156
	1	0.9672	0.8857	0.7765	0.6554	0.5339	0.4202	0.3191	0.2333	0.1636	0.1094
	2	0.9978	0.9842	0.9527	0.9011	0.8306	0.7443	0.6471	0.5443	0.4415	0.3438
	3	0.9999	0.9987	0.9941	0.9830	0.9624	0.9295	0.8826	0.8208	0.7447	0.6562
	4	1.0000	0.9999	0.9996	0.9984	0.9954	0.9891	0.9777	0.9590	0.9308	0.8906
	5	1.0000	1.0000	1.0000	0.9999	0.9998	0.9993	0.9982	0.9959	0.9917	0.9844
7	0	0.6983	0.4783	0.3206	0.2097	0.1335	0.0824	0.0490	0.0280	0.0152	0.0078
	1	0.9556	0.8503	0.7166	0.5767	0.4449	0.3294	0.2338	0.1586	0.1024	0.0625
	2	0.9962	0.9743	0.9262	0.8520	0.7564	0.6471	0.5323	0.4199	0.3164	0.2266
	3	0.9998	0.9973	0.9879	0.9667	0.9294	0.8740	0.8002	0.7102	0.6083	0.5000
	4	1.0000	0.9998	0.9988	0.9953	0.9871	0.9712	0.9444	0.9037	0.8471	0.7734
	5	1.0000	1.0000	0.9999	0.9996	0.9987	0.9962	0.9910	0.9812	0.9643	0.9375
	6	1.0000	1.0000	1.0000	1.0000	0.9999	0.9998	0.9994	0.9984	0.9963	0.9922
8	0	0.6634	0.4305	0.2725	0.1678	0.1001	0.0576	0.0319	0.0168	0.0084	0.0039
	1	0.9428	0.8131	0.6572	0.5033	0.3671	0.2553	0.1691	0.1064	0.0632	0.0352
	2	0.9942	0.9619	0.8948	0.7969	0.6785	0.5518	0.4278	0.3154	0.2201	0.1445
	3	0.9996	0.9950	0.9786	0.9437	0.8862	0.8059	0.7064	0.5941	0.4770	0.3633
	4	1.0000	0.9996	0.9971	0.9896	0.9727	0.9420	0.8939	0.8263	0.7396	0.6367
	5	1.0000	1.0000	0.9998	0.9988	0.9958	0.9887	0.9747	0.9502	0.9115	0.8555
	6	1.0000	1.0000	1.0000	0.9999	0.9996	0.9987	0.9964	0.9915	0.9819	0.9648
	7	1.0000	1.0000	1.0000	1.0000	1.0000	0.9999	0.9998	0.9993	0.9983	0.9961
9	0	0.6302	0.3874	0.2316	0.1342	0.0751	0.0404	0.0207	0.0101	0.0046	0.0020
	1	0.9288	0.7748	0.5995	0.4362	0.3003	0.1960	0.1211	0.0705	0.0385	0.0195
	2	0.9916	0.9470	0.8591	0.7382	0.6007	0.4628	0.3373	0.2318	0.1495	0.0898
	3	0.9994	0.9917	0.9661	0.9144	0.8343	0.7297	0.6089	0.4826	0.3614	0.2539
	4	1.0000	0.9991	0.9944	0.9804	0.9511	0.9012	0.8283	0.7334	0.6214	0.5000
	5	1.0000	0.9999	0.9994	0.9969	0.9900	0.9747	0.9464	0.9006	0.8342	0.7461
	6	1.0000	1.0000	1.0000	0.9997	0.9987	0.9957	0.9888	0.9750	0.9502	0.9102
	7	1.0000	1.0000	1.0000	1.0000	0.9999	0.9996	0.9986	0.9962	0.9909	0.9805
	8	1.0000	1.0000	1.0000	1.0000	1.0000	1.0000	0.9999	0.9997	0.9992	0.9980

續附錄表 Ⅲ

n	c	0.05	0.10	0.15	0.20	0.25	0.30	0.35	0.40	0.45	0.50
10	0	0.5987	0.3487	0.1969	0.1074	0.0563	0.0282	0.0135	0.0060	0.0025	0.0010
	1	0.9139	0.7361	0.5443	0.3758	0.2440	0.1493	0.0860	0.0464	0.0232	0.0107
	2	0.9885	0.9298	0.8202	0.6778	0.5256	0.3828	0.2616	0.1673	0.0996	0.0547
	3	0.9990	0.9872	0.9500	0.8791	0.7759	0.6496	0.5138	0.3823	0.2660	0.1719
	4	0.9999	0.9984	0.9901	0.9672	0.9219	0.8497	0.7515	0.6331	0.5044	0.3770
	5	1.0000	0.9999	0.9986	0.9936	0.9803	0.9527	0.9051	0.8338	0.7384	0.6230
	6	1.0000	1.0000	0.9999	0.9991	0.9965	0.9894	0.9740	0.9452	0.8980	0.8281
	7	1.0000	1.0000	1.0000	0.9999	0.9996	0.9984	0.9952	0.9877	0.9726	0.9453
	8	1.0000	1.0000	1.0000	1.0000	1.0000	0.9999	0.9995	0.9983	0.9955	0.9893
	9	1.0000	1.0000	1.0000	1.0000	1.0000	1.0000	1.0000	0.9999	0.9997	0.9990
11	0	0.5688	0.3138	0.1673	0.0859	0.0422	0.0198	0.0088	0.0036	0.0014	0.0005
	1	0.8981	0.6974	0.4922	0.3221	0.1971	0.1130	0.0606	0.0302	0.0139	0.0059
	2	0.9848	0.9104	0.7788	0.6174	0.4552	0.3127	0.2001	0.1189	0.0652	0.0327
	3	0.9984	0.9815	0.9306	0.8389	0.7133	0.5696	0.4256	0.2963	0.1911	0.1133
	4	0.9999	0.9972	0.9841	0.9496	0.8854	0.7897	0.6683	0.5328	0.3971	0.2744
	5	1.0000	0.9997	0.9973	0.9883	0.9657	0.9218	0.8513	0.7535	0.6331	0.5000
	6	1.0000	1.0000	0.9997	0.9980	0.9924	0.9784	0.9499	0.9006	0.8262	0.7256
	7	1.0000	1.0000	1.0000	0.9998	0.9988	0.9957	0.9878	0.9707	0.9390	0.8867
	8	1.0000	1.0000	1.0000	1.0000	0.9999	0.9994	0.9980	0.9941	0.9852	0.9673
	9	1.0000	1.0000	1.0000	1.0000	1.0000	1.0000	0.9998	0.9993	0.9978	0.9941
	10	1.0000	1.0000	1.0000	1.0000	1.0000	1.0000	1.0000	1.0000	0.9998	0.9995
12	0	0.5404	0.2824	0.1422	0.0687	0.0317	0.0138	0.0057	0.0022	0.0008	0.0002
	1	0.8816	0.6590	0.4435	0.2749	0.1584	0.0850	0.0424	0.0196	0.0083	0.0032
	2	0.9804	0.8891	0.7358	0.5583	0.3907	0.2528	0.1513	0.0834	0.0421	0.0193
	3	0.9978	0.9744	0.9078	0.7946	0.6488	0.4925	0.3467	0.2253	0.1345	0.0730
	4	0.9998	0.9957	0.9761	0.9274	0.8424	0.7237	0.5833	0.4382	0.3044	0.1938
	5	1.0000	0.9995	0.9954	0.9806	0.9456	0.8822	0.7873	0.6652	0.5269	0.3872
	6	1.0000	0.9999	0.9993	0.9961	0.9857	0.9614	0.9154	0.8418	0.7393	0.6128
	7	1.0000	1.0000	0.9999	0.9994	0.9972	0.9905	0.9745	0.9427	0.8883	0.8062
	8	1.0000	1.0000	1.0000	0.9999	0.9996	0.9983	0.9944	0.9847	0.9644	0.9270
	9	1.0000	1.0000	1.0000	1.0000	1.0000	0.9998	0.9992	0.9972	0.9921	0.9807
	10	1.0000	1.0000	1.0000	1.0000	1.0000	1.0000	0.9999	0.9997	0.9989	0.9968
	11	1.0000	1.0000	1.0000	1.0000	1.0000	1.0000	1.0000	1.0000	0.9999	0.9998
13	0	0.5133	0.2542	0.1209	0.0550	0.0238	0.0097	0.0037	0.0013	0.0004	0.0001
	1	0.8646	0.6213	0.3983	0.2336	0.1267	0.0637	0.0296	0.0126	0.0049	0.0017
	2	0.9755	0.8661	0.6920	0.5017	0.3326	0.2025	0.1132	0.0579	0.0269	0.0112
	3	0.9969	0.9658	0.8820	0.7473	0.5843	0.4206	0.2783	0.1686	0.0929	0.0461
	4	0.9997	0.9935	0.9658	0.9009	0.7940	0.6543	0.5005	0.3530	0.2279	0.1334
	5	1.0000	0.9991	0.9925	0.9700	0.9198	0.8346	0.7159	0.5744	0.4268	0.2905
	6	1.0000	0.9999	0.9987	0.9930	0.9757	0.9376	0.8705	0.7712	0.6437	0.5000
	7	1.0000	1.0000	0.9998	0.9988	0.9944	0.9818	0.9538	0.9023	0.8212	0.7095
	8	1.0000	1.0000	1.0000	0.9998	0.9990	0.9960	0.9874	0.9679	0.9302	0.8666
	9	1.0000	1.0000	1.0000	1.0000	0.9999	0.9993	0.9975	0.9922	0.9797	0.9539
	10	1.0000	1.0000	1.0000	1.0000	1.0000	0.9999	0.9997	0.9987	0.9959	0.9888
	11	1.0000	1.0000	1.0000	1.0000	1.0000	1.0000	1.0000	0.9999	0.9995	0.9983
	12	1.0000	1.0000	1.0000	1.0000	1.0000	1.0000	1.0000	1.0000	1.0000	0.9999
14	0	0.4877	0.2288	0.1028	0.0440	0.0178	0.0068	0.0024	0.0008	0.0002	0.0001
	1	0.8470	0.5846	0.3567	0.1979	0.1010	0.0475	0.0205	0.0081	0.0029	0.0009

續附錄表 III

n	c	0.05	0.10	0.15	0.20	0.25	0.30	0.35	0.40	0.45	0.50
14	2	0.9860	0.8416	0.8479	0.4481	0.2811	0.1808	0.0839	0.0398	0.0170	0.0065
	3	0.9959	0.6559	0.8535	0.6082	0.5213	0.3552	0.2205	0.1243	0.0632	0.0287
	4	0.9985	0.9908	0.8533	0.8702	0.7415	0.5842	0.4227	0.2793	0.1672	0.0898
	5	1.0000	0.9985	0.9865	0.9561	0.8883	0.7805	0.6405	0.4859	0.3373	0.2120
	6	1.0000	0.9998	0.9978	0.9884	0.9617	0.9067	0.8164	0.6925	0.5461	0.3953
	7	1.0000	1.0000	0.9997	0.9976	0.9897	0.9685	0.9247	0.8499	0.7414	0.6047
	8	1.0000	1.0000	1.0000	0.9996	0.9978	0.9917	0.9757	0.9417	0.8811	0.7880
	9	1.0000	1.0000	1.0000	1.0000	0.9997	0.9983	0.9940	0.9825	0.9574	0.9102
	10	1.0000	1.0000	1.0000	1.0000	1.0000	0.9998	0.9989	0.9961	0.9886	0.9713
	11	1.0000	1.0000	1.0000	1.0000	1.0000	1.0000	0.9999	0.9994	0.9978	0.9935
	12	1.0000	1.0000	1.0000	1.0000	1.0000	1.0000	1.0000	0.9999	0.9997	0.9991
	13	1.0000	1.0000	1.0000	1.0000	1.0000	1.0000	1.0000	1.0000	1.0000	0.9999
15	0	0.4633	0.2059	0.0874	0.0352	0.0134	0.0047	0.0016	0.0005	0.0001	0.0000
	1	0.8290	0.5490	0.3186	0.1671	0.0802	0.0353	0.0142	0.0052	0.0017	0.0005
	2	0.9638	0.8159	0.6042	0.3980	0.2361	0.1268	0.0617	0.0271	0.0107	0.0037
	3	0.9945	0.9444	0.8227	0.6482	0.4613	0.2969	0.1727	0.0905	0.0424	0.0176
	4	0.9994	0.9873	0.9383	0.8358	0.6865	0.5155	0.3519	0.2173	0.1204	0.0592
	5	0.9999	0.9978	0.9832	0.9389	0.8516	0.7216	0.5643	0.4032	0.2608	0.1509
	6	1.0000	0.9997	0.9964	0.9819	0.9434	0.8689	0.7548	0.6098	0.4522	0.3036
	7	1.0000	1.0000	0.9994	0.9958	0.9827	0.9500	0.8868	0.7869	0.6535	0.5000
	8	1.0000	1.0000	0.9999	0.9992	0.9958	0.9848	0.9578	0.9050	0.8182	0.6964
	9	1.0000	1.0000	1.0000	0.9999	0.9992	0.9963	0.9876	0.9662	0.9231	0.8491
	10	1.0000	1.0000	1.0000	1.0000	0.9999	0.9993	0.9972	0.9907	0.9745	0.9408
	11	1.0000	1.0000	1.0000	1.0000	1.0000	0.9999	0.9995	0.9981	0.9937	0.9824
	12	1.0000	1.0000	1.0000	1.0000	1.0000	1.0000	0.9999	0.9997	0.9989	0.9963
	13	1.0000	1.0000	1.0000	1.0000	1.0000	1.0000	1.0000	1.0000	0.9999	0.9995
	14	1.0000	1.0000	1.0000	1.0000	1.0000	1.0000	1.0000	1.0000	1.0000	1.0000
16	0	0.4401	0.1853	0.0743	0.0281	0.0100	0.0033	0.0010	0.0003	0.0001	0.0000
	1	0.8108	0.5147	0.2839	0.1407	0.0635	0.0261	0.0098	0.0033	0.0010	0.0003
	2	0.9571	0.7892	0.5614	0.3518	0.1971	0.0994	0.0451	0.0183	0.0066	0.0021
	3	0.9930	0.9316	0.7899	0.5981	0.4050	0.2459	0.1339	0.0651	0.0281	0.0106
	4	0.9991	0.9830	0.9209	0.7982	0.6302	0.4499	0.2892	0.1666	0.0853	0.0384
	5	0.9999	0.9967	0.9765	0.9183	0.8103	0.6598	0.4900	0.3288	0.1976	0.1051
	6	1.0000	0.9995	0.9944	0.9733	0.9204	0.8247	0.6881	0.5272	0.3660	0.2272
	7	1.0000	0.9999	0.9989	0.9930	0.9729	0.9256	0.8406	0.7161	0.5629	0.4018
	8	1.0000	1.0000	0.9998	0.9985	0.9925	0.9743	0.9329	0.8577	0.7441	0.5982
	9	1.0000	1.0000	1.0000	0.9998	0.9984	0.9929	0.9771	0.9417	0.8759	0.7728
	10	1.0000	1.0000	1.0000	1.0000	0.9997	0.9984	0.9938	0.9809	0.9514	0.8949
	11	1.0000	1.0000	1.0000	1.0000	1.0000	0.9997	0.9987	0.9951	0.9851	0.9616
	12	1.0000	1.0000	1.0000	1.0000	1.0000	1.0000	0.9998	0.9991	0.9965	0.9894
	13	1.0000	1.0000	1.0000	1.0000	1.0000	1.0000	1.0000	0.9999	0.9994	0.9979
	14	1.0000	1.0000	1.0000	1.0000	1.0000	1.0000	1.0000	1.0000	1.0000	0.9997
	15	1.0000	1.0000	1.0000	1.0000	1.0000	1.0000	1.0000	1.0000	1.0000	1.0000
17	0	0.4181	0.1668	0.0631	0.0225	0.0075	0.0023	0.0007	0.0002	0.0000	0.0000
	1	0.7922	0.4818	0.2525	0.1182	0.0501	0.0193	0.0067	0.0021	0.0006	0.0001
	2	0.9497	0.7618	0.5198	0.3096	0.1637	0.0774	0.0327	0.0123	0.0041	0.0012
	3	0.9912	0.9174	0.7556	0.5489	0.3530	0.2019	0.1028	0.0464	0.0184	0.0064
	4	0.9988	0.9779	0.9013	0.7582	0.5739	0.3887	0.2348	0.1260	0.0596	0.0245

續附錄表 Ⅲ

n	c	0.05	0.10	0.15	0.20	0.25	0.30	0.35	0.40	0.45	0.50
17	5	0.9999	0.9953	0.9861	0.8943	0.7853	0.5968	0.4187	0.2639	0.1471	0.0717
	6	1.0000	0.9992	0.9917	0.9623	0.8929	0.7752	0.6188	0.4478	0.2802	0.1662
	7	1.0000	0.9999	0.9983	0.9891	0.9598	0.8954	0.7872	0.6405	0.4743	0.3145
	8	1.0000	1.0000	0.9997	0.9974	0.9876	0.9597	0.9006	0.8011	0.6626	0.5000
	9	1.0000	1.0000	1.0000	0.9995	0.9969	0.9873	0.9617	0.9081	0.8166	0.6855
	10	1.0000	1.0000	1.0000	0.9999	0.9994	0.9968	0.9880	0.9652	0.9174	0.8338
	11	1.0000	1.0000	1.0000	1.0000	1.0000	0.9993	0.9970	0.9894	0.9699	0.9283
	12	1.0000	1.0000	1.0000	1.0000	1.0000	0.9999	0.9994	0.9975	0.9914	0.9755
	13	1.0000	1.0000	1.0000	1.0000	1.0000	1.0000	0.9999	0.9995	0.9981	0.9936
	14	1.0000	1.0000	1.0000	1.0000	1.0000	1.0000	1.0000	0.9999	0.9997	0.9988
	15	1.0000	1.0000	1.0000	1.0000	1.0000	1.0000	1.0000	1.0000	1.0000	0.9999
	16	1.0000	1.0000	1.0000	1.0000	1.0000	1.0000	1.0000	1.0000	1.0000	1.0000
18	0	0.3972	0.1501	0.0536	0.0180	0.0056	0.0016	0.0004	0.0001	0.0000	0.0000
	1	0.7735	0.4503	0.2241	0.0991	0.0395	0.0142	0.0046	0.0013	0.0003	0.0001
	2	0.9419	0.7338	0.4797	0.2713	0.1353	0.0600	0.0236	0.0082	0.0025	0.0007
	3	0.9891	0.9018	0.7202	0.5010	0.3057	0.1646	0.0783	0.0328	0.0120	0.0038
	4	0.9985	0.9718	0.8794	0.7164	0.5187	0.3327	0.1886	0.0942	0.0411	0.0154
	5	0.9998	0.9936	0.9581	0.8671	0.7175	0.5344	0.3550	0.2088	0.1077	0.0481
	6	1.0000	0.9988	0.9882	0.9487	0.8610	0.7217	0.5491	0.3743	0.2258	0.1189
	7	1.0000	0.9998	0.9973	0.9837	0.9431	0.8593	0.7283	0.5634	0.3915	0.2403
	8	1.0000	1.0000	0.9995	0.9957	0.9807	0.9404	0.8609	0.7368	0.5778	0.4073
	9	1.0000	1.0000	0.9999	0.9991	0.9946	0.9790	0.9403	0.8653	0.7473	0.5927
	10	1.0000	1.0000	1.0000	0.9998	0.9988	0.9939	0.9788	0.9424	0.8720	0.7597
	11	1.0000	1.0000	1.0000	1.0000	0.9998	0.9986	0.9938	0.9797	0.9463	0.8811
	12	1.0000	1.0000	1.0000	1.0000	1.0000	0.9997	0.9986	0.9942	0.9817	0.9519
	13	1.0000	1.0000	1.0000	1.0000	1.0000	1.0000	0.9997	0.9987	0.9951	0.9846
	14	1.0000	1.0000	1.0000	1.0000	1.0000	1.0000	1.0000	0.9998	0.9990	0.9962
	15	1.0000	1.0000	1.0000	1.0000	1.0000	1.0000	1.0000	1.0000	1.0000	0.9993
	16	1.0000	1.0000	1.0000	1.0000	1.0000	1.0000	1.0000	1.0000	1.0000	0.9999
19	0	0.3774	0.1351	0.0456	0.0144	0.0042	0.0011	0.0003	0.0001	0.0000	0.0000
	1	0.7547	0.4203	0.1985	0.0829	0.0310	0.0104	0.0031	0.0008	0.0002	0.0000
	2	0.9335	0.7054	0.4413	0.2369	0.1113	0.0462	0.0170	0.0055	0.0015	0.0004
	3	0.9868	0.8850	0.6841	0.4551	0.2630	0.1332	0.0591	0.0230	0.0077	0.0022
	4	0.9980	0.9648	0.8556	0.6733	0.4654	0.2822	0.1500	0.0696	0.0280	0.0096
	5	0.9998	0.9914	0.9463	0.8369	0.6678	0.4739	0.2968	0.1629	0.0777	0.0318
	6	1.0000	0.9983	0.9837	0.9324	0.8251	0.6655	0.4812	0.3081	0.1727	0.0835
	7	1.0000	0.9997	0.9959	0.9767	0.9225	0.8180	0.6656	0.4878	0.3169	0.1796
	8	1.0000	1.0000	0.9992	0.9933	0.9713	0.9161	0.8145	0.6675	0.4940	0.3238
	9	1.0000	1.0000	0.9999	0.9984	0.9911	0.9674	0.9125	0.8139	0.6710	0.5000
	10	1.0000	1.0000	1.0000	0.9997	0.9977	0.9895	0.9653	0.9115	0.8159	0.6762
	11	1.0000	1.0000	1.0000	1.0000	0.9995	0.9972	0.9886	0.9648	0.9129	0.8204
	12	1.0000	1.0000	1.0000	1.0000	0.9999	0.9994	0.9969	0.9884	0.9658	0.9165
	13	1.0000	1.0000	1.0000	1.0000	1.0000	0.9999	0.9993	0.9969	0.9891	0.9682
	14	1.0000	1.0000	1.0000	1.0000	1.0000	1.0000	0.9999	0.9994	0.9972	0.9904
	15	1.0000	1.0000	1.0000	1.0000	1.0000	1.0000	1.0000	0.9999	0.9995	0.9978
	16	1.0000	1.0000	1.0000	1.0000	1.0000	1.0000	1.0000	1.0000	0.9999	0.9996
	17	1.0000	1.0000	1.0000	1.0000	1.0000	1.0000	1.0000	1.0000	1.0000	1.0000

續附錄表 Ⅲ

n	c	0.05	0.10	0.15	0.20	0.25	0.30	0.35	0.40	0.45	0.50
20	0	0.3585	0.1216	0.0388	0.0115	0.0032	0.0008	0.0002	0.0000	0.0000	0.0000
	1	0.7358	0.3917	0.1756	0.0692	0.0243	0.0076	0.0021	0.0005	0.0001	0.0000
	2	0.9245	0.6769	0.4049	0.2061	0.0913	0.0355	0.0121	0.0036	0.0009	0.0002
	3	0.9841	0.8670	0.6477	0.4114	0.2252	0.1071	0.0444	0.0160	0.0049	0.0013
	4	0.9974	0.9568	0.8298	0.6296	0.4148	0.2375	0.1182	0.0510	0.0189	0.0059
	5	0.9997	0.9887	0.9327	0.8042	0.6172	0.4164	0.2454	0.1256	0.0553	0.0207
	6	1.0000	0.9976	0.9781	0.9133	0.7858	0.6080	0.4166	0.2500	0.1299	0.0577
	7	1.0000	0.9996	0.9941	0.9679	0.8982	0.7723	0.6010	0.4159	0.2520	0.1316
	8	1.0000	0.9999	0.9987	0.9900	0.9591	0.8867	0.7624	0.5956	0.4143	0.2517
	9	1.0000	1.0000	0.9998	0.9974	0.9861	0.9520	0.8782	0.7553	0.5914	0.4119
	10	1.0000	1.0000	1.0000	0.9994	0.9961	0.9829	0.9468	0.8725	0.7507	0.5881
	11	1.0000	1.0000	1.0000	0.9999	0.9991	0.9949	0.9804	0.9435	0.8692	0.7483
	12	1.0000	1.0000	1.0000	1.0000	0.9998	0.9987	0.9940	0.9790	0.9420	0.8684
	13	1.0000	1.0000	1.0000	1.0000	1.0000	0.9997	0.9985	0.9935	0.9786	0.9423
	14	1.0000	1.0000	1.0000	1.0000	1.0000	1.0000	0.9997	0.9984	0.9936	0.9793
	15	1.0000	1.0000	1.0000	1.0000	1.0000	1.0000	1.0000	0.9997	0.9985	0.9941
	16	1.0000	1.0000	1.0000	1.0000	1.0000	1.0000	1.0000	0.9997	0.9997	0.9987
	17	1.0000	1.0000	1.0000	1.0000	1.0000	1.0000	1.0000	1.0000	1.0000	0.9998
	18	1.0000	1.0000	1.0000	1.0000	1.0000	1.0000	1.0000	1.0000	1.0000	1.0000

附錄表 Ⅳ　波生分配函數表

$$P(x) = \frac{\lambda^x \cdot e^{-\lambda}}{x!}$$

x	λ									
	0.1	0.2	0.3	0.4	0.5	0.6	0.7	0.8	0.9	1.0
0	.9048	.8187	.7408	.6703	.6065	.5488	.4966	.4493	.4066	.3679
1	.0905	.1637	.2222	.2681	.3033	.3293	.3476	.3595	.3659	.3679
2	.0045	.0164	.0333	.0536	.0758	.0988	.1217	.1438	.1647	.1839
3	.0002	.0011	.0033	.0072	.0126	.0198	.0284	.0383	.0494	.0613
4	.0000	.0001	.0002	.0007	.0016	.0030	.0050	.0077	.0111	.0153
5	.0000	.0000	.0000	.0001	.0002	.0004	.0007	.0012	.0020	.0031
6	.0000	.0000	.0000	.0000	.0000	.0000	.0001	.0002	.0003	.0005
7	.0000	.0000	.0000	.0000	.0000	.0000	.0000	.0000	.0000	.0001

x	λ									
	1.1	1.2	1.3	1.4	1.5	1.6	1.7	1.8	1.9	2.0
0	.3329	.3012	.2725	.2466	.2231	.2019	.1827	.1653	.1496	.1353
1	.3662	.3614	.3543	.3452	.3347	.3230	.3106	.2975	.2842	.2707
2	.2014	.2169	.2303	.2417	.2510	.2584	.2640	.2678	.2700	.2707
3	.0738	.0867	.0998	.1128	.1255	.1378	.1496	.1607	.1710	.1804
4	.0203	.0260	.0324	.0395	.0471	.0551	.0636	.0723	.0812	.0902
5	.0045	.0062	.0084	.0111	.0141	.0176	.0216	.0260	.0309	.0361
6	.0008	.0012	.0018	.0026	.0035	.0047	.0061	.0078	.0098	.0120
7	.0001	.0002	.0003	.0005	.0008	.0011	.0015	.0020	.0027	.0034
8	.0000	.0000	.0001	.0001	.0001	.0002	.0003	.0005	.0006	.0009
9	.0000	.0000	.0000	.0000	.0000	.0000	.0001	.0001	.0001	.0002

x	λ									
	2.1	2.2	2.3	2.4	2.5	2.6	2.7	2.8	2.9	3.0
0	.1225	.1108	.1003	.0907	.0821	.0743	.0672	.0608	.0550	.0498
1	.2572	.2438	.2306	.2177	.2052	.1931	.1815	.1703	.1396	.1494
2	.2700	.2681	.2652	.2613	.2565	.2510	.2450	.2384	.2314	.2240
3	.1890	.1966	.2033	.2090	.2138	.2176	.2205	.2225	.2237	.2240
4	.0992	.1082	.1169	.1254	.1336	.1414	.1488	.1557	.1622	.1680
5	.0417	.0476	.0538	.0602	.0668	.0735	.0804	.0872	.0940	.1008
6	.0146	.0174	.0206	.0241	.0278	.0319	.0362	.0407	.0455	.0504
7	.0044	.0055	.0068	.0083	.0099	.0118	.0139	.0163	.0188	.0216
8	.0011	.0015	.0019	.0025	.0031	.0038	.0047	.0057	.0068	.0081
9	.0003	.0004	.0005	.0007	.0009	.0011	.0014	.0018	.0022	.0027
10	.0001	.0001	.0001	.0002	.0002	.0003	.0004	.0005	.0006	.0008
11	.0000	.0000	.0000	.0000	.0000	.0001	.0001	.0001	.0002	.0002
12	.0000	.0000	.0000	.0000	.0000	.0000	.0000	.0000	.0000	.0001

續附錄表 Ⅳ

x	λ									
	3.1	3.2	3.3	3.4	3.5	3.6	3.7	3.8	3.9	4.0
0	.0450	.0408	.0369	.0334	.0302	.0273	.0247	.0224	.0202	.0183
1	.1397	.1304	.1217	.1135	.1057	.0984	.0915	.0850	.0789	.0733
2	.2165	.2087	.2008	.1929	.1850	.1771	.1692	.1615	.1539	.1465
3	.2237	.2226	.2209	.2186	.2158	.2125	.2087	.2046	.2001	.1954
4	.1734	.1781	.1823	.1858	.1888	.1912	.1931	.1944	.1951	.1954
5	.1075	.1140	.1203	.1264	.1322	.1377	.1429	.1477	.1522	.1563
6	.0555	.0608	.0662	.0716	.0771	.0826	.0881	.0936	.0989	.1042
7	.0246	.0278	.0312	.0348	.0385	.0425	.0466	.0508	.0551	.0595
8	.0095	.0111	.0129	.0148	.0169	.0191	.0215	.0241	.0269	.0298
9	.0033	.0040	.0047	.0056	.0066	.0076	.0089	.0102	.0116	.0132
10	.0010	.0013	.0016	.0019	.0023	.0028	.0033	.0039	.0045	.0053
11	.0003	.0004	.0005	.0006	.0007	.0009	.0011	.0013	.0016	.0019
12	.0001	.0001	.0001	.0002	.0002	.0003	.0003	.0004	.0005	.0006
13	.0000	.0000	.0000	.0000	.0001	.0001	.0001	.0001	.0002	.0002
14	.0000	.0000	.0000	.0000	.0000	.0000	.0000	.0000	.0000	.0001

x	λ									
	4.1	4.2	4.3	4.4	4.5	4.6	4.7	4.8	4.9	5.0
0	.0166	.0150	.0136	.0123	.0111	.0101	.0091	.0082	.0074	.0067
1	.0679	.0630	.0583	.0540	.0500	.0462	.0427	.0395	.0365	.0337
2	.1393	.1323	.1254	.1188	.1125	.1063	.1005	.0948	.0894	.0842
3	.1904	.1852	.1798	.1743	.1687	.1631	.1574	.1517	.1460	.1404
4	.1951	.1944	.1933	.1917	.1898	.1875	.1849	.1820	.1789	.1755
5	.1600	.1633	.1662	.1687	.1708	.1725	.1738	.1747	.1753	.1755
6	.1093	.1143	.1191	.1237	.1281	.1323	.1362	.1398	.1432	.1462
7	.0640	.0686	.0732	.0778	.0824	.0869	.0914	.0959	.1002	.1044
8	.0328	.0360	.0393	.0428	.0463	.0500	.0537	.0575	.0614	.0653
9	.0150	.0168	.0188	.0209	.0232	.0255	.0280	.0307	.0334	.0363
10	.0061	.0071	.0081	.0092	.0104	.0118	.0132	.0147	.0164	.0181
11	.0023	.0027	.0032	.0037	.0043	.0049	.0056	.0064	.0073	.0082
12	.0008	.0009	.0011	.0014	.0016	.0019	.0022	.0026	.0030	.0034
13	.0002	.0003	.0004	.0005	.0006	.0007	.0008	.0009	.0011	.0013
14	.0001	.0001	.0001	.0001	.0002	.0002	.0003	.0003	.0004	.0005
15	.0000	.0000	.0000	.0000	.0001	.0001	.0001	.0001	.0001	.0002

x	λ									
	5.1	5.2	5.3	5.4	5.5	5.6	5.7	5.8	5.9	6.0
0	.0061	.0055	.0050	.0045	.0041	.0037	.0033	.0030	.0027	.0025
1	.0311	.0287	.0265	.0244	.0225	.0207	.0191	.0176	.0162	.0149
2	.0793	.0746	.0701	.0659	.0618	.0580	.0544	.0509	.0477	.0446
3	.1348	.1293	.1239	.1185	.1133	.1082	.1033	.0985	.0938	.0892
4	.1719	.1681	.1641	.1600	.1558	.1515	.1472	.1428	.1383	.1339

續附錄表 Ⅳ

x	5.1	5.2	5.3	5.4	5.5	5.6	5.7	5.8	5.9	6.0
					λ					
5	.1753	.1748	.1740	.1728	.1714	.1697	.1678	.1656	.1632	.1606
6	.1490	.1515	.1537	.1555	.1571	.1584	.1594	.1601	.1605	.1606
7	.1086	.1125	.1163	.1200	.1234	.1267	.1298	.1326	.1353	.1377
8	.0692	.0731	.0771	.0810	.0849	.0887	.0925	.0962	.0998	.1033
9	.0392	.0423	.0454	.0486	.0519	.0552	.0586	.0620	.0654	.0688
10	.0200	.0220	.0241	.0262	.0285	.0309	.0334	.0359	.0386	.0413
11	.0093	.0104	.0116	.0129	.0143	.0157	.0173	.0190	.0207	.0225
12	.0039	.0045	.0051	.0058	.0065	.0073	.0082	.0092	.0102	.0113
13	.0015	.0018	.0021	.0024	.0028	.0032	.0036	.0041	.0046	.0052
14	.0006	.0007	.0008	.0009	.0011	.0013	.0015	.0017	.0019	.0022
15	.0002	.0002	.0003	.0003	.0004	.0005	.0006	.0007	.0008	.0009
16	.0001	.0001	.0001	.0001	.0001	.0002	.0002	.0002	.0003	.0003
17	.0000	.0000	.0000	.0000	.0000	.0001	.0001	.0001	.0001	.0001

x	6.1	6.2	6.3	6.4	6.5	6.6	6.7	6.8	6.9	7.0
					λ					
0	.0022	.0020	.0018	.0017	.0015	.0014	.0012	.0011	.0010	.0009
1	.0137	.0126	.0116	.0106	.0098	.0090	.0082	.0076	.0070	.0064
2	.0417	.0390	.0364	.0340	.0318	.0296	.0276	.0258	.0240	.0223
3	.0848	.0806	.0765	.0726	.0688	.0652	.0617	.0584	.0552	.0521
4	.1294	.1249	.1205	.1162	.1118	.1076	.1034	.0992	.0952	.0912
5	.1579	.1549	.1519	.1487	.1454	.1420	.1385	.1349	.1314	.1277
6	.1605	.1601	.1595	.1586	.1575	.1562	.1546	.1529	.1511	.1490
7	.1399	.1418	.1435	.1450	.1462	.1472	.1480	.1486	.1489	.1490
8	.1066	.1099	.1130	.1160	.1188	.1215	.1240	.1263	.1284	.1304
9	.0723	.0757	.0791	.0825	.0858	.0891	.0923	.0954	.0985	.1014
10	.0441	.0469	.0498	.0528	.0558	.0558	.0618	.0649	.0679	.0710
11	.0245	.0265	.0285	.0307	.0330	.0353	.0377	.0401	.0426	.0452
12	.0124	.0137	.0150	.0164	.0179	.0194	.0210	.0227	.0245	.0264
13	.0058	.0065	.0073	.0081	.0089	.0098	.0108	.0119	.0130	.0142
14	.0025	.0029	.0033	.0037	.0041	.0046	.0052	.0058	.0064	.0071
15	.0010	.0012	.0014	.0016	.0018	.0020	.0023	.0026	.0029	.0033
16	.0004	.0005	.0005	.0006	.0007	.0008	.0010	.0011	.0013	.0014
17	.0001	.0002	.0002	.0002	.0003	.0003	.0004	.0004	.0005	.0006
18	.0000	.0001	.0001	.0001	.0001	.0001	.0001	.0002	.0002	.0002
19	.0000	.0000	.0000	.0000	.0000	.0000	.0000	.0001	.0001	.0001

x	7.1	7.2	7.3	7.4	7.5	7.6	7.7	7.8	7.9	8.0
					λ					
0	.0008	.0007	.0007	.0006	.0006	.0005	.0005	.0004	.0004	.0003
1	.0059	.0054	.0049	.0045	.0041	.0038	.0035	.0032	.0029	.0027
2	.0208	.0194	.0180	.0167	.0156	.0145	.0134	.0125	.0116	.0107
3	.0492	.0464	.0438	.0413	.0389	.0366	.0345	.0324	.0305	.0286
4	.0874	.0836	.0799	.0764	.0729	.0696	.0663	.0632	.0602	.0573

續附錄表 IV

x	7.1	7.2	7.3	7.4	7.5	7.6	7.7	7.8	7.9	8.0
5	.1241	.1204	.1167	.1130	.1094	.1057	.1021	.0986	.0951	.0916
6	.1468	.1445	.1420	.1394	.1367	.1339	.1311	.1282	.1252	.1221
7	.1489	.1486	.1481	.1474	.1465	.1454	.1442	.1428	.1413	.1396
8	.1321	.1337	.1351	.1363	.1373	.1382	.1388	.1392	.1395	.1396
9	.1042	.1070	.1096	.1121	.1144	.1167	.1187	.1207	.1224	.1241
10	.0740	.0770	.0800	.0829	.0858	.0887	.0914	.0941	.0967	.0993
11	.0478	.0504	.0531	.0558	.0585	.0613	.0640	.0667	.0695	.0722
12	.0283	.0303	.0323	.0344	.0366	.0388	.0411	.0434	.0457	.0481
13	.0154	.0168	.0181	.0196	.0211	.0227	.0243	.0260	.0278	.0296
14	.0078	.0086	.0095	.0104	.0113	.0123	.0134	.0145	.0157	.0169
15	.0037	.0041	.0046	.0051	.0057	.0062	.0069	.0075	.0083	.0090
16	.0016	.0019	.0021	.0024	.0026	.0030	.0033	.0037	.0041	.0045
17	.0007	.0008	.0009	.0010	.0012	.0013	.0015	.0017	.0019	.0021
18	.0003	.0003	.0004	.0004	.0005	.0006	.0006	.0007	.0008	.0009
19	.0001	.0001	.0001	.0002	.0002	.0002	.0003	.0003	.0003	.0004
20	.0000	.0000	.0001	.0001	.0001	.0001	.0001	.0001	.0001	.0002
21	.0000	.0000	.0000	.0000	.0000	.0000	.0000	.0000	.0001	.0001

x	8.1	8.2	8.3	8.4	λ 8.5	8.6	8.7	8.8	8.9	9.0
0	.0003	.0003	.0002	.0002	.0002	.0002	.0002	.0002	.0001	.0001
1	.0025	.0023	.0021	.0019	.0017	.0016	.0014	.0013	.0012	.0011
2	.0100	.0092	.0086	.0079	.0074	.0068	.0063	.0058	.0054	.0050
3	.0269	.0252	.0237	.0222	.0208	.0195	.0183	.0171	.0160	.0150
4	.0544	.0517	.0491	.0466	.0443	.0420	.0398	.0377	.0357	.0337
5	.0882	.0849	.0816	.0784	.0752	.0722	.0692	.0663	.0635	.0607
6	.1191	.1160	.1128	.1097	.1066	.1034	.1003	.0972	.0941	.0911
7	.1378	.1358	.1338	.1317	.1294	.1271	.1247	.1222	.1197	.1171
8	.1395	.1392	.1388	.1382	.1375	.1366	.1356	.1344	.1332	.1318
9	.1256	.1269	.1280	.1290	.1299	.1306	.1311	.1315	.1317	.1318
10	.1017	.1040	.1063	.1084	.1104	.1123	.1140	.1157	.1172	.1186
11	.0749	.0776	.0802	.0828	.0853	.0878	.0902	.0925	.0948	.0970
12	.0505	.0530	.0555	.0579	.0604	.0629	.0654	.0679	.0703	.0728
13	.0315	.0334	.0354	.0374	.0395	.0416	.0438	.0459	.0481	.0504
14	.0182	.0196	.0210	.0225	.0240	.0256	.0272	.0289	.0306	.0324
15	.0098	.0107	.0116	.0126	.0136	.0147	.0158	.0169	.0182	.0194
16	.0050	.0055	.0060	.0066	.0072	.0079	.0086	.0093	.0101	.0109
17	.0024	.0026	.0029	.0033	.0036	.0040	.0044	.0048	.0053	.0058
18	.0011	.0012	.0014	.0015	.0017	.0019	.0021	.0024	.0026	.0029
19	.0005	.0005	.0006	.0007	.0008	.0009	.0010	.0011	.0012	.0014
20	.0002	.0002	.0002	.0003	.0003	.0004	.0004	.0005	.0005	.0006

續附錄表 Ⅳ

x					λ					
	8.1	8.2	8.3	8.4	8.5	8.6	8.7	8.8	8.9	9.0
21	.0001	.0001	.0001	.0001	.0001	.0002	.0002	.0002	.0002	.0003
22	.0000	.0000	.0000	.0000	.0001	.0001	.0001	.0001	0001	.0001

x					λ					
	9.1	9.2	9.3	9.4	9.5	9.6	9.7	9.8	9.9	10.0
0	.0001	.0001	.0001	.0001	.0001	.0001	.0001	.0001	.0001	.0000
1	.0010	.0009	.0009	.0008	.0007	.0007	.0006	.0005	.0005	.0005
2	.0046	.0043	.0040	.0037	.0034	.0031	.0029	.0027	.0025	.0023
3	.0140	.0131	.0123	.0115	.0107	.0100	.0093	.0087	.0081	.0076
4	.0319	.0302	.0285	.0269	.0254	.0240	.0226	.0213	.0201	.0189
5	.0581	.0555	.0530	.0506	.0483	.0460	.0439	.0418	.0398	.0378
6	.0881	.0851	.0822	.0793	.0764	.0736	.0709	.0682	.0656	.0631
7	.1145	.1118	.1091	.1064	.1037	.1010	.0982	.0955	.0928	.0901
8	.1302	.1286	.1269	.1251	.1232	.1212	.1191	.1170	.1148	.1126
9	.1317	.1315	.1311	.1306	.1300	.1293	.1284	.1274	.1263	.1251
10	.1198	.1210	.1219	.1228	.1235	.1241	.1245	.1249	.1250	.1251
11	.0991	.1012	.1031	.1049	.1067	.1083	.1098	.1112	.1125	.1137
12	.0752	.0776	.0779	.0822	.0844	.0866	.0888	.0908	.0928	.0948
13	.0526	.0549	.0572	.0594	.0617	.0640	.0662	.0685	.0707	.0729
14	.0342	.0361	.0380	.0399	.0419	.0439	.0459	.0479	.0500	.0521
15	.0208	.0221	.0235	.0250	.0265	.0281	.0297	.0313	.0330	.0347
16	.0118	.0127	.0137	.0147	.0157	.0168	.0180	.0192	.0204	.0217
17	.0063	.0069	.0075	.0081	.0088	.0095	.0103	.0111	.0119	.0128
18	.0032	.0035	.0039	.0042	.0046	.0051	.0055	.0060	.0065	.0071
19	.0015	.0017	.0019	.0021	.0023	.0026	.0028	.0031	.0034	.0037
20	.0007	.0008	.0009	.0010	.0011	.0012	.0014	.0015	.0017	.0019
21	.0003	.0003	.0004	.0004	.0005	.0006	.0006	.0007	.0008	.0009
22	.0001	.0001	.0002	.0002	.0002	.0002	.0003	.0003	.0004	.0004
23	.0000	.0000	.0001	.0001	.0001	.0001	.0001	.0001	.0002	.0002
24	.0000	.0000	.0000	.0000	.0000	.0000	.0000	.0001	.0001	.0001

附錄表 V　指數分配函數表

x	e^{-x} (value)	x	e^{-x} (value)	x	e^{-x} (value)	x	e^{-x} (value)
0.00	1.00000	0.50	0.60653	1.00	0.36788	1.50	0.22313
0.01	0.99005	0.51	0.60050	1.01	0.36422	1.51	0.22091
0.02	0.98020	0.52	0.59452	1.02	0.36060	1.52	0.21871
0.03	0.97045	0.53	0.58860	1.03	0.35701	1.53	0.21654
0.04	0.96079	0.54	0.58275	1.04	0.35345	1.54	0.21438
0.05	0.95123	0.55	0.57695	1.05	0.34994	1.55	0.21225
0.06	0.94176	0.56	0.57121	1.06	0.34646	1.56	0.21014
0.07	0.93239	0.57	0.56553	1.07	0.34301	1.57	0.20805
0.08	0.92312	0.58	0.55990	1.08	0.33960	1.58	0.20598
0.09	0.91393	0.59	0.55433	1.09	0.33622	1.59	0.20393
0.10	0.90484	0.60	0.54881	1.10	0.33287	1.60	0.20190
0.11	0.89583	0.61	0.54335	1.11	0.32956	1.61	0.19989
0.12	0.88692	0.62	0.53794	1.12	0.32628	1.62	0.19790
0.13	0.87809	0.63	0.53259	1.13	0.32303	1.63	0.19593
0.14	0.86936	0.64	0.52729	1.14	0.31982	1.64	0.19398
0.15	0.86071	0.65	0.52205	1.15	0.31664	1.65	0.19205
0.16	0.85214	0.66	0.51685	1.16	0.31349	1.66	0.19014
0.17	0.84366	0.67	0.51171	1.17	0.31037	1.67	0.18825
0.18	0.83527	0.68	0.50662	1.18	0.30728	1.68	0.18637
0.19	0.82696	0.69	0.50158	1.19	0.30422	1.69	0.18452
0.20	0.81873	0.70	0.49659	1.20	0.30119	1.70	0.18268
0.21	0.81058	0.71	0.49164	1.21	0.29820	1.71	0.18087
0.22	0.80252	0.72	0.48675	1.22	0.29523	1.72	0.17907
0.23	0.79453	0.73	0.48191	1.23	0.29229	1.73	0.17728
0.24	0.78663	0.74	0.47711	1.24	0.28938	1.74	0.17552
0.25	0.77880	0.75	0.47237	1.25	0.28650	1.75	0.17377
0.26	0.77105	0.76	0.46767	1.26	0.28365	1.76	0.17204
0.27	0.76338	0.77	0.46301	1.27	0.28083	1.77	0.17033
0.28	0.75578	0.78	0.45841	1.28	0.27804	1.78	0.16864
0.29	0.74826	0.79	0.45384	1.29	0.27527	1.79	0.16696
0.30	0.74082	0.80	0.44933	1.30	0.27253	1.80	0.16530
0.31	0.73345	0.81	0.44486	1.31	0.26982	1.81	0.16365
0.32	0.72615	0.82	0.44043	1.32	0.26714	1.82	0.16203
0.33	0.71892	0.83	0.43605	1.33	0.26448	1.83	0.16041
0.34	0.71177	0.84	0.43171	1.34	0.26185	1.84	0.15882
0.35	0.70469	0.85	0.42741	1.35	0.25924	1.85	0.15724
0.36	0.69768	0.86	0.42316	1.36	0.25666	1.86	0.15567
0.37	0.69073	0.87	0.41895	1.37	0.25411	1.87	0.15412
0.38	0.68386	0.88	0.41478	1.38	0.25158	1.88	0.15259
0.39	0.67706	0.89	0.41066	1.39	0.24908	1.89	0.15107
0.40	0.67032	0.90	0.40657	1.40	0.24660	1.90	0.14957
0.41	0.66365	0.91	0.40252	1.41	0.24414	1.91	0.14808
0.42	0.65705	0.92	0.39852	1.42	0.24171	1.92	0.14661
0.43	0.65051	0.93	0.39455	1.43	0.23931	1.93	0.14515
0.44	0.64404	0.94	0.39063	1.44	0.23693	1.94	0.14370
0.45	0.63763	0.95	0.38674	1.45	0.23457	1.95	0.14227
0.46	0.63128	0.96	0.38289	1.46	0.23224	1.96	0.14086
0.47	0.62500	0.97	0.37908	1.47	0.22993	1.97	0.13946
0.48	0.61878	0.98	0.37531	1.48	0.22764	1.98	0.13807
0.49	0.61263	0.99	0.37158	1.49	0.22537	1.99	0.13670

續附錄表 V

x	e^{-x} (value)	x	e^{-x} (value)	x	e^{-x} (value)	x	e^{-x} (value)
2.00	0.13534	2.40	0.09072	2.80	0.06081	4.00	0.01832
2.01	0.13399	2.41	0.08982	2.81	0.06020	4.10	0.01657
2.02	0.13266	2.42	0.08892	2.82	0.05961	4.20	0.01500
2.03	0.13134	2.43	0.08804	2.83	0.05901	4.30	0.01357
2.04	0.13003	2.44	0.08716	2.84	0.05843	4.40	0.01227
2.05	0.12873	2.45	0.08629	2.85	0.05784	4.50	0.01111
2.06	0.12745	2.46	0.08543	2.86	0.05727	4.60	0.01005
2.07	0.12619	2.47	0.08458	2.87	0.05670	4.70	0.00910
2.08	0.12493	2.48	0.08374	2.88	0.05613	4.80	0.00823
2.09	0.12369	2.49	0.08291	2.89	0.05558	4.90	0.00745
2.10	0.12246	2.50	0.08208	2.90	0.05502	5.00	0.00674
2.11	0.12124	2.51	0.08127	2.91	0.05448	5.10	0.00610
2.12	0.12003	2.52	0.08046	2.92	0.05393	5.20	0.00552
2.13	0.11884	2.53	0.07966	2.93	0.05340	5.30	0.00499
2.14	0.11765	2.54	0.07887	2.94	0.05287	5.40	0.00452
2.15	0.11648	2.55	0.07808	2.95	0.05234	5.50	0.00409
2.16	0.11533	2.56	0.07730	2.96	0.05182	5.60	0.00370
2.17	0.11418	2.57	0.07654	2.97	0.05130	5.70	0.00335
2.18	0.11304	2.58	0.07577	2.98	0.05079	5.80	0.00303
2.19	0.11192	2.59	0.07502	2.99	0.05029	5.90	0.00274
2.20	0.11080	2.60	0.07427	3.00	0.04979	6.00	0.00248
2.21	0.10970	2.61	0.07353	3.05	0.04736	6.25	0.00193
2.22	0.10861	2.62	0.07280	3.10	0.04505	6.50	0.00150
2.23	0.10753	2.63	0.07208	3.15	0.04285	6.75	0.00117
2.24	0.10646	2.64	0.07136	3.20	0.04076	7.00	0.00091
2.25	0.10540	2.65	0.07065	3.25	0.03877	7.50	0.00055
2.26	0.10435	2.66	0.06995	3.30	0.03688	8.00	0.00034
2.27	0.10331	2.67	0.06925	3.35	0.03508	8.50	0.00020
2.28	0.10228	2.68	0.06856	3.40	0.03337	9.00	0.00012
2.29	0.10127	2.69	0.06788	3.45	0.03175	9.50	0.00007
2.30	0.10026	2.70	0.06721	3.50	0.03020	10.00	0.00005
2.31	0.09926	2.71	0.06654	3.55	0.02872		
2.32	0.09827	2.72	0.06587	3.60	0.02732		
2.33	0.09730	2.73	0.06522	3.65	0.02599		
2.34	0.09633	2.74	0.06457	3.70	0.02472		
2.35	0.09537	2.75	0.06393	3.75	0.02352		
2.36	0.09442	2.76	0.06329	3.80	0.02237		
2.37	0.09348	2.77	0.06266	3.85	0.02128		
2.38	0.09255	2.78	0.06204	3.90	0.02024		
2.39	0.09163	2.79	0.06142	3.95	0.01925		

附錄表 Ⅵ　t 分配函數表

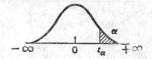

d.f.	.25	.1	.05	α .025	.01	.005
1	1.000	3.078	6.314	12.706	31.821	63.657
2	.816	1.886	2.920	4.303	6.965	9.925
3	.765	1.638	2.353	3.182	4.541	5.841
4	.741	1.533	2.132	2.776	3.747	4.604
5	.727	1.476	2.015	2.571	3.365	4.032
6	.718	1.440	1.943	2.447	3.143	3.707
7	.711	1.415	1.895	2.365	2.998	3.499
8	.706	1.397	1.860	2.306	2.896	3.355
9	.703	1.383	1.833	2.262	2.821	3.250
10	.700	1.372	1.812	2.228	2.764	3.169
11	.697	1.363	1.796	2.201	2.718	3.106
12	.695	1.356	1.782	2.179	2.681	3.055
13	.694	1.350	1.771	2.160	2.650	3.012
14	.692	1.345	1.761	2.145	2.624	2.977
15	.691	1.341	1.753	2.131	2.602	2.947
16	.690	1.337	1.746	2.120	2.583	2.921
17	.689	1.333	1.740	2.110	2.567	2.898
18	.688	1.330	1.734	2.101	2.552	2.878
19	.688	1.328	1.729	2.093	2.539	2.861
20	.687	1.325	1.725	2.086	2.528	2.845
21	.686	1.323	1.721	2.080	2.518	2.831
22	.686	1.321	1.717	2.074	2.508	2.819
23	.685	1.319	1.714	2.069	2.500	2.807
24	.685	1.318	1.711	2.064	2.492	2.797
25	.684	1.316	1.708	2.060	2.485	2.787
26	.684	1.315	1.706	2.056	2.479	2.779
27	.684	1.314	1.703	2.052	2.473	2.771
28	.683	1.313	1.701	2.048	2.467	2.763
29	.683	1.311	1.699	2.045	2.462	2.756
30	.683	1.310	1.697	2.042	2.457	2.750
40	.681	1.303	1.684	2.021	2.423	2.704
60	.679	1.296	1.671	2.000	2.390	2.660
120	.677	1.289	1.658	1.980	2.358	2.617
∞	.674	1.282	1.645	1.960	2.326	2.576

附錄表 VII　χ^2 分配函數表

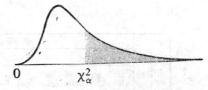

d.f.	$\chi^2_{.995}$	$\chi^2_{.99}$	$\chi^2_{.975}$	$\chi^2_{.95}$	$\chi^2_{.05}$	$\chi^2_{.025}$	$\chi^2_{.01}$	$\chi^2_{.005}$	d.f.
1	0.0000393	0.000157	0.000982	0.00393	3.841	5.024	6.635	7.879	1
2	0.0100	0.0201	0.0506	0.103	5.991	7.378	9.210	10.597	2
3	0.0717	0.115	0.216	0.352	7.815	9.348	11.345	12.838	3
4	0.207	0.297	0.484	0.711	9.488	11.143	13.277	14.860	4
5	0.412	0.554	0.831	1.145	11.070	12.832	15.086	16.750	5
6	0.676	0.872	1.237	1.635	12.592	14.449	16.812	18.548	6
7	0.989	1.239	1.690	2.167	14.067	16.013	18.475	20.278	7
8	1.344	1.646	2.180	2.733	15.507	17.535	20.090	21.955	8
9	1.735	2.088	2.700	3.325	16.919	19.023	21.666	23.589	9
10	2.156	2.558	3.247	3.940	18.307	20.483	23.209	25.183	10
11	2.603	3.053	3.816	4.575	19.675	21.920	24.725	26.757	11
12	3.074	3.571	4.404	5.226	21.026	23.337	26.217	28.300	12
13	3.565	4.107	5.009	5.892	22.362	24.736	27.688	29.819	13
14	4.075	4.660	5.629	6.571	23.685	26.119	29.141	31.319	14
15	4.601	5.229	6.262	7.261	24.996	27.488	30.578	32.801	15
16	5.142	5.812	6.908	7.962	26.296	28.845	32.000	34.267	16
17	5.697	6.408	7.564	8.672	27.587	30.191	33.409	35.718	17
18	6.265	7.015	8.231	9.390	28.869	31.526	34.805	37.156	18
19	6.844	7.633	8.907	10.117	30.144	32.852	36.191	38.582	19
20	7.434	8.260	9.591	10.851	31.410	34.170	37.566	39.997	20
21	8.034	8.897	10.283	11.591	32.671	35.479	38.932	41.401	21
22	8.643	9.542	10.982	12.338	33.924	36.781	40.289	42.796	22
23	9.260	10.196	11.689	13.091	35.172	38.076	41.638	44.181	23
24	9.886	10.856	12.401	13.848	36.415	39.364	42.980	45.538	24
25	10.520	11.524	13.120	14.611	37.652	40.646	44.314	46.928	25
26	11.160	12.198	13.844	15.379	38.885	41.923	45.642	48.290	26
27	11.808	12.879	14.573	16.151	40.113	43.194	46.963	49.645	27
28	12.461	13.565	15.308	16.928	41.337	44.461	48.278	50.993	28
29	13.121	14.256	16.047	17.708	42.557	45.722	49.588	52.336	29
30	13.787	14.953	16.791	18.493	43.773	46.979	50.892	53.672	30

附錄表 Ⅸ　F 分配函數表

右端檢定之 F 值

粗體數字為 1% 的顯著水準　　細體數字為 5% 的顯著水準

df_2	df_1=分子的自由度											
	1	2	3	4	5	6	7	8	9	10	11	12
1	161 4,052	200 4,999	216 5,403	225 5,625	230 5,764	234 5,859	237 5,928	239 5,981	241 6,022	242 6,056	243 6,082	244 6,106
2	18.51 98.49	19.00 99.01	19.16 99.17	19.25 99.25	19.30 99.30	19.33 99.33	19.36 99.34	19.37 99.36	19.38 99.38	19.39 99.40	19.40 99.41	19.41 99.42
3	10.13 34.12	9.55 30.81	9.28 29.46	9.12 28.71	9.01 28.24	8.94 27.91	8.88 27.67	8.84 27.49	8.81 27.34	8.78 27.23	8.76 27.13	8.74 27.05
4	7.71 21.20	6.94 18.00	6.59 16.69	6.39 15.98	6.26 15.52	6.16 15.21	6.09 14.98	6.04 14.80	6.00 14.66	5.96 14.54	5.93 14.45	5.91 14.37
5	6.61 16.26	5.79 13.27	5.41 12.06	5.19 11.39	5.05 10.97	4.95 10.67	4.88 10.45	4.82 10.27	4.78 10.15	4.74 10.05	4.70 9.96	4.68 9.89
6	5.99 13.74	5.14 10.92	4.76 9.78	4.53 9.15	4.39 8.75	4.28 8.47	4.21 8.26	4.15 8.10	4.10 7.98	4.06 7.87	4.03 7.79	4.00 7.72
7	5.59 12.25	4.74 9.55	4.35 8.45	4.12 7.85	3.97 7.46	3.87 7.19	3.79 7.00	3.73 6.84	3.68 6.71	3.63 6.62	3.60 6.54	3.57 6.47
8	5.32 11.26	4.46 8.65	4.07 7.59	3.84 7.01	3.69 6.63	3.58 6.37	3.50 6.19	3.44 6.03	3.39 5.91	3.34 5.82	3.31 5.74	3.28 5.67
9	5.12 10.56	4.26 8.02	3.86 6.99	3.63 6.42	3.48 6.06	3.37 5.80	3.29 5.62	3.23 5.47	3.18 5.35	3.13 5.26	3.10 5.18	3.07 5.11
10	4.96 10.04	4.10 7.56	3.71 6.55	3.48 5.99	3.33 5.64	3.22 5.39	3.14 5.21	3.07 5.06	3.02 4.95	2.97 4.85	2.94 4.78	2.91 4.71
11	4.84 9.65	3.98 7.20	3.59 6.22	3.36 5.67	3.20 5.32	3.09 5.07	3.01 4.88	2.95 4.74	2.90 4.63	2.86 4.54	2.82 4.46	2.79 4.40
12	4.75 9.33	3.88 6.93	3.49 5.95	3.26 5.41	3.11 5.06	3.00 4.82	2.92 4.65	2.85 4.50	2.80 4.39	2.76 4.30	2.72 4.22	2.69 4.16
13	4.67 9.07	3.80 6.70	3.41 5.74	3.18 5.20	3.02 4.86	2.92 4.62	2.84 4.44	2.77 4.30	2.72 4.19	2.67 4.10	2.63 4.02	2.60 3.96
14	4.60 8.86	3.74 6.51	3.34 5.56	3.11 5.03	2.96 4.69	2.85 4.46	2.77 4.28	2.70 4.14	2.65 4.03	2.60 3.94	2.56 3.86	2.53 3.80
15	4.54 8.68	3.68 6.36	3.29 5.42	3.06 4.89	2.90 4.56	2.79 4.32	2.70 4.14	2.64 4.00	2.59 3.89	2.55 3.80	2.51 3.73	2.48 3.67
16	4.49 8.53	3.63 6.23	3.24 5.29	3.01 4.77	2.85 4.44	2.74 4.20	2.66 4.03	2.59 3.89	2.54 3.78	2.49 3.69	2.45 3.61	2.42 3.55
17	4.45 8.40	3.59 6.11	3.20 5.18	2.96 4.67	2.81 4.34	2.70 4.10	2.62 3.93	2.55 3.79	2.50 3.68	2.45 3.59	2.41 3.52	2.38 3.45
18	4.41 8.28	3.55 6.01	3.16 5.09	2.93 4.58	2.77 4.25	2.66 4.01	2.58 3.85	2.51 3.71	2.46 3.60	2.41 3.51	2.37 3.44	2.34 3.37
19	4.33 8.18	3.52 5.93	3.13 5.01	2.90 4.50	2.74 4.17	2.63 3.94	2.55 3.77	2.48 3.63	2.43 3.52	2.38 3.43	2.34 3.36	2.31 3.30
20	4.35 8.10	3.49 5.85	3.10 4.94	2.87 4.43	2.71 4.10	2.60 3.87	2.52 3.71	2.45 3.56	2.40 3.45	2.35 3.37	2.31 3.30	2.28 3.23
21	4.32 8.02	3.47 5.78	3.07 4.87	2.84 4.37	2.68 4.04	2.57 3.81	2.49 3.65	2.42 3.51	2.37 3.40	2.32 3.31	2.28 3.24	2.25 3.17
22	4.30 7.94	3.44 5.72	3.05 4.82	2.82 4.31	2.66 3.99	2.55 3.76	2.47 3.59	2.40 3.45	2.35 3.35	2.30 3.26	2.26 3.18	2.23 3.12
23	4.28 7.88	3.42 5.66	3.03 4.76	2.80 4.26	2.64 3.94	2.53 3.71	2.45 3.54	2.38 3.41	2.32 3.30	2.28 3.21	2.24 3.14	2.20 3.07
24	4.26 7.82	3.40 5.61	3.01 4.72	2.78 4.22	2.62 3.90	2.51 3.67	2.43 3.50	2.36 3.36	2.30 3.25	2.26 3.17	2.22 3.09	2.18 3.03
25	4.24 7.77	3.38 5.57	2.99 4.68	2.76 4.18	2.60 3.86	2.49 3.63	2.41 3.46	2.34 3.32	2.28 3.21	2.24 3.13	2.20 3.05	2.16 2.99
26	4.22 7.72	3.37 5.53	2.98 4.64	2.74 4.14	2.59 3.82	2.47 3.59	2.39 3.42	2.32 3.29	2.27 3.17	2.22 3.09	2.18 3.02	2.15 2.96

續附錄表 IX

14	16	20	24	30	40	50	75	100	200	500	∞	df₂
245	246	248	249	250	251	252	253	253	254	254	254	1
6,142	6,169	6,208	6,234	6,258	6,286	6,302	6,323	6,334	6,352	6,361	6,366	
19.42	19.43	19.44	19.45	19.46	19.47	19.47	19.48	19.49	19.49	19.50	19.50	2
99.43	99.44	99.45	99.46	99.47	99.48	99.48	99.49	99.49	99.49	99.50	99.50	
8.71	8.69	8.66	8.64	8.62	8.60	8.58	8.57	8.56	8.54	8.54	8.53	3
26.92	26.83	26.69	26.60	26.50	26.41	26.35	26.27	26.23	26.18	26.14	26.12	
5.87	5.84	5.80	5.77	5.74	5.71	5.70	5.68	5.66	5.65	5.64	5.63	4
14.24	14.15	14.02	13.93	13.83	13.74	13.69	13.61	13.57	13.52	13.48	13.46	
4.64	4.60	4.56	4.53	4.50	4.46	4.44	4.42	4.40	4.38	4.37	4.36	5
9.77	9.68	9.55	9.47	9.38	9.29	9.24	9.17	9.13	9.07	9.04	9.02	
3.96	3.92	3.87	3.84	3.81	3.77	3.75	3.72	3.71	3.69	3.68	3.67	6
7.60	7.52	7.39	7.31	7.23	7.14	7.09	7.02	6.99	6.94	6.90	6.88	
3.52	3.49	3.44	3.41	3.38	3.34	3.32	3.29	3.28	3.25	3.24	3.23	7
6.35	6.27	6.15	6.07	5.98	5.90	5.85	5.78	5.75	5.70	5.67	5.65	
3.23	3.20	3.15	3.12	3.08	3.05	3.03	3.00	2.98	2.96	2.94	2.93	8
5.56	5.48	5.36	5.28	5.20	5.11	5.06	5.00	4.96	4.91	4.88	4.86	
3.02	2.98	2.93	2.90	2.86	2.82	2.80	2.77	2.76	2.73	2.72	2.71	9
5.00	4.92	4.80	4.73	4.64	4.56	4.51	4.45	4.41	4.36	4.33	4.31	
2.86	2.82	2.77	2.74	2.70	2.67	2.64	2.61	2.59	2.56	2.55	2.54	10
4.60	4.52	4.41	4.33	4.25	4.17	4.12	4.05	4.01	3.96	3.93	3.91	
2.74	2.70	2.65	2.61	2.57	2.53	2.50	2.47	2.45	2.42	2.41	2.40	11
4.29	4.21	4.10	4.02	3.94	3.86	3.80	3.74	3.70	3.66	3.62	3.60	
2.64	2.60	2.54	2.50	2.46	2.42	2.40	2.36	2.35	2.32	2.31	2.30	12
4.05	3.98	3.86	3.78	3.70	3.61	3.56	3.49	3.46	3.41	3.38	3.36	
2.55	2.51	2.46	2.42	2.38	2.34	2.32	2.28	2.26	2.24	2.22	2.21	13
3.85	3.78	3.67	3.59	3.51	3.42	3.37	3.30	3.27	3.21	3.18	3.16	
2.48	2.44	2.39	2.35	2.31	2.27	2.24	2.21	2.19	2.16	2.14	2.13	14
3.70	3.62	3.51	3.43	3.34	3.26	3.21	3.14	3.11	3.06	3.02	3.00	
2.43	2.39	2.33	2.29	2.25	2.21	2.18	2.15	2.12	2.10	2.08	2.07	15
3.56	3.48	3.36	3.29	3.20	3.12	3.07	3.00	2.97	2.92	2.89	2.87	
2.37	2.33	2.28	2.24	2.20	2.16	2.13	2.09	2.07	2.04	2.02	2.01	16
3.45	3.37	3.25	3.18	3.10	3.01	2.96	2.89	2.86	2.80	2.77	2.75	
2.33	2.29	2.23	2.19	2.15	2.11	2.08	2.04	2.02	1.99	1.97	1.96	17
3.35	3.27	3.16	3.00	2.92	2.86	2.79	2.76	2.70	2.67	2.65		
2.29	2.25	2.19	2.15	2.11	2.07	2.04	2.00	1.98	1.95	1.93	1.92	18
3.27	3.19	3.07	3.00	2.91	2.83	2.78	2.71	2.68	2.62	2.59	2.57	
2.26	2.21	2.15	2.11	2.07	2.02	2.00	1.96	1.94	1.91	1.90	1.88	19
3.19	3.12	3.00	2.92	2.84	2.76	2.70	2.63	2.60	2.54	2.51	2.49	
2.23	2.18	2.12	2.08	2.04	1.99	1.96	1.92	1.90	1.87	1.85	1.84	20
3.13	3.05	2.94	2.86	2.77	2.69	2.63	2.56	2.53	2.47	2.44	2.42	
2.20	2.15	2.09	2.05	2.00	1.96	1.93	1.89	1.87	1.84	1.82	1.81	21
3.07	2.99	2.88	2.80	2.72	2.63	2.58	2.51	2.47	2.42	2.38	2.36	
2.18	2.13	2.07	2.03	1.98	1.93	1.91	1.87	1.84	1.81	1.80	1.78	22
3.02	2.94	2.83	2.75	2.67	2.58	2.53	2.46	2.42	2.37	2.33	2.31	
2.14	2.10	2.04	2.00	1.96	1.91	1.88	1.84	1.82	1.79	1.77	1.76	23
2.97	2.89	2.78	2.70	2.62	2.53	2.48	2.41	2.37	2.32	2.28	2.26	
2.13	2.09	2.02	1.98	1.94	1.89	1.86	1.82	1.80	1.76	1.74	1.73	24
2.93	2.85	2.74	2.66	2.58	2.49	2.44	2.36	2.33	2.27	2.23	2.21	
2.11	2.06	2.00	1.96	1.92	1.87	1.84	1.80	1.77	1.74	1.72	1.71	25
2.89	2.81	2.70	2.62	2.54	2.45	2.40	2.32	2.29	2.23	2.19	2.17	
2.10	2.05	1.99	1.95	1.90	1.85	1.82	1.78	1.76	1.72	1.70	1.69	26
2.86	2.77	2.66	2.58	2.50	2.41	2.36	2.28	2.25	2.19	2.15	2.13	

df₁＝分子的自由度

df₂＝分母的自由度

續附錄表 IX

df_2	df_1＝分子的自由度 1	2	3	4	5	6	7	8	9	10	11	12
27	4.21	3.35	2.96	2.73	2.57	2.46	2.37	2.30	2.25	2.20	2.16	2.13
	7.68	5.49	4.60	4.11	3.79	3.56	3.39	3.26	3.14	3.06	2.98	2.93
28	4.20	3.34	2.95	2.71	2.56	2.44	2.36	2.29	2.24	2.19	2.15	2.12
	7.64	5.45	4.57	4.07	3.76	3.53	3.36	3.23	3.11	3.03	2.95	2.90
29	4.18	3.33	2.93	2.70	2.54	2.43	2.35	2.28	2.22	2.18	2.14	2.10
	7.60	5.42	4.54	4.04	3.73	3.50	3.33	3.20	3.08	3.00	2.92	2.87
30	4.17	3.32	2.92	2.69	2.53	2.42	2.34	2.27	2.21	2.16	2.12	2.09
	7.56	5.39	4.51	4.02	3.70	3.47	3.30	3.17	3.06	2.98	2.90	2.84
32	4.15	3.30	2.90	2.67	2.51	2.40	2.32	2.25	2.19	2.14	2.10	2.07
	7.50	5.34	4.46	3.97	3.66	3.42	3.25	3.12	3.01	2.94	2.86	2.80
34	4.13	3.28	2.88	2.65	2.49	2.38	2.30	2.23	2.17	2.12	2.08	2.05
	7.44	5.29	4.42	3.93	3.61	3.38	3.21	3.08	2.97	2.89	2.82	2.76
36	4.11	3.26	2.86	2.63	2.48	2.36	2.28	2.21	2.15	2.10	2.06	2.03
	7.39	5.25	4.38	3.89	3.58	3.35	3.18	3.04	2.94	2.86	2.78	2.72
38	4.10	3.25	2.85	2.62	2.46	2.35	2.26	2.19	2.14	2.09	2.05	2.02
	7.35	5.21	4.34	3.86	3.54	3.32	3.15	3.02	2.91	2.82	2.75	2.69
40	4.08	3.23	2.84	2.61	2.45	2.34	2.25	2.18	2.12	2.07	2.04	2.00
	7.31	5.18	4.31	3.83	3.51	3.29	3.12	2.99	2.88	2.80	2.73	2.66
42	4.07	3.22	2.83	2.59	2.44	2.32	2.24	2.17	2.11	2.06	2.02	1.99
	7.27	5.15	4.29	3.80	3.49	3.26	3.10	2.96	2.86	2.77	2.70	2.64
44	4.06	3.21	2.82	2.58	2.43	2.31	2.23	2.16	2.10	2.05	2.01	1.98
	7.24	5.12	4.26	3.78	3.46	3.24	3.07	2.94	2.84	2.75	2.68	2.62
46	4.05	3.20	2.81	2.57	2.42	2.30	2.22	2.14	2.09	2.04	2.00	1.97
	7.21	5.10	4.24	3.76	3.44	3.22	3.05	2.92	2.82	2.73	2.66	2.60
48	4.04	3.19	2.80	2.56	2.41	2.30	2.21	2.14	2.08	2.03	1.99	1.96
	7.19	5.08	4.22	3.74	3.42	3.20	3.04	2.90	2.80	2.71	2.64	2.58
50	4.03	3.18	2.79	2.56	2.40	2.29	2.20	2.13	2.07	2.02	1.98	1.95
	7.17	5.06	4.20	3.72	3.41	3.18	3.02	2.88	2.78	2.70	2.62	2.56
55	4.02	3.17	2.78	2.54	2.38	2.27	2.18	2.11	2.05	2.00	1.97	1.93
	7.12	5.01	4.16	3.68	3.37	3.15	2.98	2.85	2.75	2.66	2.59	2.53
60	4.00	3.15	2.76	2.52	2.37	2.25	2.17	2.10	2.04	1.99	1.95	1.92
	7.08	4.98	4.13	3.65	3.34	3.12	2.95	2.82	2.72	2.63	2.56	2.50
65	3.99	3.14	2.75	2.51	2.36	2.24	2.15	2.08	2.02	1.98	1.94	1.90
	7.04	4.95	4.10	3.62	3.31	3.09	2.93	2.79	2.70	2.61	2.54	2.47
70	3.98	3.13	2.74	2.50	2.35	2.23	2.14	2.07	2.01	1.97	1.93	1.89
	7.01	4.92	4.08	3.60	3.29	3.07	2.91	2.77	2.67	2.59	2.51	2.45
80	3.96	3.11	2.72	2.48	2.33	2.21	2.12	2.05	1.99	1.95	1.91	1.88
	6.96	4.88	4.04	3.56	3.25	3.04	2.87	2.74	2.64	2.55	2.48	2.41
100	3.94	3.09	2.70	2.46	2.30	2.19	2.10	2.03	1.97	1.92	1.88	1.85
	6.90	4.82	3.98	3.51	3.20	2.99	2.82	2.69	2.59	2.51	2.43	2.36
125	3.92	3.07	2.68	2.44	2.29	2.17	2.08	2.01	1.95	1.90	1.86	1.83
	6.84	4.78	3.94	3.47	3.17	2.95	2.79	2.65	2.56	2.47	2.40	2.33
150	3.91	3.06	2.67	2.43	2.27	2.16	2.07	2.00	1.94	1.89	1.85	1.82
	6.81	4.75	3.91	3.44	3.14	2.92	2.76	2.62	2.53	2.44	2.37	2.30
200	3.89	3.04	2.65	2.41	2.26	2.14	2.05	1.98	1.92	1.87	1.83	1.80
	6.76	4.71	3.88	3.41	3.11	2.90	2.73	2.60	2.50	2.41	2.34	2.28
400	3.86	3.02	2.62	2.39	2.23	2.12	2.03	1.96	1.90	1.85	1.81	1.78
	6.70	4.66	3.83	3.36	3.06	2.85	2.69	2.55	2.46	2.37	2.29	2.23
1,000	3.85	3.00	2.61	2.38	2.22	2.10	2.02	1.95	1.89	1.84	1.80	1.76
	6.66	4.62	3.80	3.34	3.04	2.82	2.66	2.53	2.43	2.34	2.26	2.20
∞	3.84	2.99	2.60	2.37	2.21	2.09	2.01	1.94	1.88	1.83	1.79	1.75
	6.64	4.60	3.78	3.32	3.02	2.80	2.64	2.51	2.41	2.32	2.24	2.18

df_2＝分母的自由度

續附錄表Ⅸ

14	16	20	24	30	40	50	75	100	200	500	∞	df_2
2.08	2.03	1.97	1.93	1.88	1.84	1.80	1.76	1.74	1.71	1.68	1.67	27
2.83	2.74	2.63	2.55	2.47	2.38	2.33	2.25	2.21	2.16	2.12	2.10	
2.06	2.02	1.96	1.91	1.87	1.81	1.78	1.75	1.72	1.69	1.67	1.65	28
2.80	2.71	2.60	2.52	2.44	2.35	2.30	2.22	2.18	2.13	2.09	2.06	
2.05	2.00	1.94	1.90	1.85	1.80	1.77	1.73	1.71	1.68	1.65	1.64	29
2.77	2.68	2.57	2.49	2.41	2.32	2.27	2.19	2.15	2.10	2.06	2.03	
2.04	1.99	1.93	1.89	1.84	1.79	1.76	1.72	1.69	1.66	1.64	1.62	30
2.74	2.66	2.55	2.47	2.38	2.29	2.24	2.16	2.13	2.07	2.03	2.01	
2.02	1.97	1.91	1.86	1.82	1.76	1.74	1.69	1.67	1.64	1.61	1.59	32
2.70	2.62	2.51	2.42	2.34	2.25	2.20	2.12	2.08	2.02	1.98	1.96	
2.00	1.95	1.89	1.84	1.80	1.74	1.71	1.67	1.64	1.61	1.59	1.57	34
2.66	2.58	2.47	2.38	2.30	2.21	2.15	2.08	2.04	1.98	1.94	1.91	
1.98	1.93	1.87	1.82	1.78	1.72	1.69	1.65	1.62	1.59	1.56	1.55	36
2.62	2.54	2.43	2.35	2.26	2.17	2.12	2.04	2.00	1.94	1.90	1.87	
1.96	1.92	1.85	1.80	1.76	1.71	1.67	1.63	1.60	1.57	1.54	1.53	38
2.59	2.51	2.40	2.32	2.22	2.14	2.08	2.00	1.97	1.90	1.86	1.84	
1.95	1.90	1.84	1.79	1.74	1.69	1.66	1.61	1.59	1.55	1.53	1.51	40
2.56	2.49	2.37	2.29	2.20	2.11	2.05	1.97	1.94	1.88	1.84	1.81	
1.94	1.89	1.82	1.78	1.73	1.68	1.64	1.60	1.57	1.54	1.51	1.49	42
2.54	2.46	2.35	2.26	2.17	2.08	2.02	1.91	1.91	1.85	1.80	1.78	
1.92	1.88	1.81	1.76	1.72	1.66	1.63	1.58	1.56	1.52	1.50	1.48	44
2.52	2.44	2.32	2.24	2.15	2.06	2.00	1.92	1.88	1.82	1.78	1.75	
1.91	1.87	1.80	1.75	1.71	1.65	1.62	1.57	1.54	1.51	1.48	1.46	46
2.50	2.42	2.30	2.22	2.13	2.04	1.98	1.86	1.86	1.80	1.76	1.72	
1.90	1.86	1.79	1.74	1.70	1.64	1.61	1.56	1.53	1.50	1.47	1.45	48
2.48	2.40	2.28	2.20	2.11	2.02	1.96	1.88	1.84	1.78	1.73	1.70	
1.90	1.85	1.78	1.74	1.69	1.63	1.60	1.55	1.52	1.48	1.46	1.44	50
2.46	2.39	2.26	2.18	2.10	2.00	1.94	1.86	1.82	1.76	1.71	1.68	
1.88	1.83	1.76	1.72	1.67	1.61	1.58	1.52	1.50	1.46	1.43	1.41	55
2.43	2.35	2.23	2.15	2.06	1.96	1.90	1.82	1.78	1.71	1.66	1.64	
1.86	1.81	1.75	1.70	1.65	1.59	1.56	1.50	1.48	1.44	1.41	1.39	60
2.40	2.32	2.20	2.12	2.03	1.93	1.87	1.79	1.74	1.68	1.63	1.60	
1.85	1.80	1.73	1.68	1.63	1.57	1.54	1.49	1.46	1.42	1.39	1.37	65
2.37	2.30	2.18	2.09	2.00	1.90	1.84	1.76	1.71	1.64	1.60	1.56	
1.84	1.79	1.72	1.67	1.62	1.56	1.53	1.47	1.45	1.40	1.37	1.35	70
2.35	2.28	2.15	2.07	1.98	1.88	1.82	1.74	1.69	1.62	1.56	1.53	
1.82	1.77	1.70	1.65	1.60	1.54	1.51	1.45	1.42	1.38	1.35	1.32	80
2.32	2.24	2.11	2.03	1.94	1.84	1.78	1.70	1.65	1.57	1.52	1.49	
1.79	1.75	1.68	1.63	1.57	1.51	1.48	1.42	1.39	1.34	1.30	1.28	100
2.26	2.19	2.06	1.98	1.89	1.79	1.73	1.64	1.59	1.51	1.46	1.43	
1.77	1.72	1.65	1.60	1.55	1.49	1.45	1.39	1.36	1.31	1.27	1.25	125
2.23	2.15	2.03	1.94	1.85	1.75	1.68	1.59	1.54	1.46	1.40	1.37	
1.76	1.71	1.64	1.59	1.54	1.47	1.44	1.37	1.34	1.29	1.25	1.22	150
2.20	2.12	2.00	1.91	1.83	1.72	1.66	1.56	1.51	1.43	1.37	1.33	
1.74	1.69	1.62	1.57	1.52	1.45	1.42	1.35	1.32	1.26	1.22	1.19	200
2.17	2.09	1.97	1.88	1.79	1.69	1.62	1.53	1.48	1.39	1.33	1.28	
1.72	1.67	1.60	1.54	1.49	1.42	1.38	1.32	1.28	1.22	1.16	1.13	400
2.12	2.04	1.92	1.84	1.74	1.64	1.57	1.47	1.42	1.32	1.24	1.19	
1.70	1.65	1.58	1.53	1.47	1.41	1.36	1.30	1.26	1.19	1.13	1.08	1,000
2.09	2.01	1.89	1.81	1.71	1.61	1.54	1.44	1.38	1.28	1.19	1.11	
1.69	1.64	1.57	1.52	1.46	1.40	1.35	1.28	1.24	1.17	1.11	1.00	∞
2.07	1.99	1.87	1.79	1.69	1.59	1.52	1.41	1.36	1.25	1.15	1.00	

附　表IX　隨機數表

05 90 35 89 95	01 61 16 96 94	50 78 13 69 36	37 68 53 37 31	71 26 35 03 71
44 43 80 69 98	46 68 05 14 82	90 78 50 05 62	77 79 13 57 44	59 60 10 39 66
61 81 31 96 82	00 57 25 60 59	46 72 60 18 77	55 66 12 62 11	08 99 55 64 57
42 88 07 10 05	24 98 65 63 21	47 21 61 88 32	27 80 30 21 60	10 92 35 36 12
77 94 30 05 39	28 10 99 00 27	12 73 73 99 12	49 99 57 94 82	96 88 57 17 91
78 83 19 76 16	94 11 68 84 26	23 54 20 86 85	23 86 66 99 07	36 37 34 92 09
87 76 59 61 81	43 63 64 61 61	65 76 36 95 90	18 48 27 45 68	27 23 65 30 72
91 43 05 96 47	55 78 99 95 24	37 55 85 78 78	01 48 41 19 10	35 19 54 07 73
84 97 77 72 73	09 62 06 65 72	87 12 49 03 60	41 15 20 76 27	50 47 02 29 16
87 41 60 76 83	44 88 96 07 80	83 05 83 38 96	73 70 66 81 90	30 56 10 48 59
22 17 68 65 84	68 95 23 92 35	87 02 22 57 51	61 09 43 95 06	58 24 82 03 47
19 36 27 59 46	13 79 93 37 55	39 77 32 77 09	85 52 05 30 62	47 83 51 62 74
16 77 23 02 77	09 61 87 25 21	28 06 24 25 93	16 71 13 59 78	23 05 47 47 25
78 43 76 71 61	20 44 90 32 64	97 67 63 99 61	46 38 03 93 22	69 81 21 99 21
03 28 28 26 08	73 37 32 04 05	69 30 16 09 05	88 69 58 28 99	35 07 44 75 47
93 22 53 64 39	07 10 63 76 35	87 03 04 79 88	08 13 13 85 51	55 34 57 72 69
78 76 58 54 74	92 38 70 96 92	52 06 79 79 45	82 63 18 27 44	69 66 92 19 09
23 68 35 26 00	99 53 93 61 28	52 70 05 48 34	56 65 05 61 86	90 92 10 70 80
15 39 25 70 99	93 86 52 77 65	15 33 59 05 28	22 87 26 07 47	86 96 98 29 06
58 71 96 30 24	18 46 23 34 27	85 13 99 24 44	49 18 09 79 49	74 16 32 23 02
57 35 27 33 72	24 53 63 94 09	41 10 76 47 91	44 04 95 49 66	39 60 04 59 81
48 50 86 54 48	22 06 34 72 52	82 21 15 65 20	33 29 94 71 11	15 91 29 12 03
61 96 48 95 03	07 16 39 33 66	98 56 10 56 79	77 21 30 27 12	90 49 22 23 62
36 93 89 41 26	29 70 83 63 51	99 74 20 52 36	87 09 41 15 09	98 60 16 03 03
18 87 00 42 31	57 90 12 02 07	23 47 37 17 31	54 08 01 88 63	39 41 88 92 10
88 56 53 27 59	33 35 72 67 47	77 34 55 45 70	08 18 27 38 90	16 95 86 70 75
09 72 95 84 29	49 41 31 06 70	42 38 06 45 18	64 84 73 31 65	52 53 37 97 15
12 96 88 17 31	65 19 69 02 83	60 75 86 90 68	24 64 19 35 51	56 61 87 39 12
85 94 57 24 16	92 09 84 38 76	22 00 27 69 85	29 81 94 78 70	21 94 47 90 12
38 64 43 59 98	98 77 87 68 07	91 51 67 62 44	40 98 05 93 78	23 32 65 41 18
53 44 09 42 72	00 41 86 79 79	68 47 22 00 20	35 55 31 51 51	00 83 63 22 55
40 76 66 26 84	57 99 99 90 37	36 63 32 08 58	37 40 13 68 97	87 64 81 07 83
02 17 79 18 05	12 59 52 57 02	22 07 90 47 03	28 14 11 30 79	20 69 22 40 98
95 17 82 06 53	31 51 10 96 46	92 06 88 07 77	56 11 50 81 69	40 23 72 51 39
35 76 22 42 92	96 11 83 44 80	34 68 35 48 77	33 42 40 90 60	73 96 53 97 85
26 29 13 56 41	85 47 04 66 08	34 72 57 59 13	82 43 80 46 15	38 26 61 70 04
77 80 20 75 82	72 82 32 99 90	63 95 73 76 63	89 73 44 99 05	48 67 26 43 18
46 40 66 44 52	91 36 74 43 53	30 82 13 54 00	78 45 63 98 35	55 03 36 67 68
37 56 08 18 09	77 53 84 46 47	31 91 18 95 58	24 16 74 11 53	44 10 13 85 57
61 65 61 68 66	37 27 47 39 19	84 83 70 07 48	53 21 40 06 71	95 06 79 88 54
93 43 69 64 07	34 18 04 52 35	56 27 09 24 86	61 85 53 83 45	19 90 70 99 00
21 96 60 12 99	11 20 99 45 18	48 13 93 55 34	18 37 79 49 90	65 97 38 20 46
95 20 47 97 97	27 37 83 28 71	00 06 41 41 74	45 89 09 39 84	51 67 11 52 49
97 86 21 78 73	10 65 81 92 59	58 76 17 14 97	04 76 62 16 17	17 95 70 45 80
69 92 06 34 13	59 71 74 17 32	27 55 10 24 19	23 71 82 13 74	63 52 52 01 41

附錄表 X　　從 1 到 1,000 的平方數、平方根、和倒數表

N	N²	√N	√10N	1/N	N	N²	√N	√10N	1/N .0
1	1	1.000 000	3.162 278	1.0000000	50	2 500	7.071 068	22.36068	2000000
2	4	1.414 214	4.472 136	.5000000	51	2 601	7.141 428	22.53318	1960784
3	9	1.732 051	5.477 226	.3333333	52	2 704	7.211 103	22.80351	1923077
4	16	2.000 000	6.324 555	.2500000	53	2 809	7.280 110	23.02173	1886792
					54	2 916	7.348 469	23.23790	1851852
5	25	2.236 088	7.071 068	.2000000	55	3 025	7.416 198	23.45208	1818182
6	36	2.449 490	7.745 967	.1666667	56	3 136	7.483 315	23.66432	1785714
7	49	2.645 751	8.366 600	.1428571	57	3 249	7.549 834	23.87467	1754386
8	64	2.828 427	8.944 272	.1250000	58	3 364	7.615 773	24.08319	1724138
9	81	3.000 000	9.486 833	.1111111	59	3 481	7.681 146	24.28992	1694915
10	100	3.162 278	10.00000	.1000000	60	3 600	7.745 967	24.49490	1666667
11	121	3.316 625	10.48809	.09090909	61	3 721	7.810 250	24.69818	1639344
12	144	3.464 102	10.95445	.08333333	62	3 844	7.874 008	24.89980	1612903
13	169	3.605 551	11.40175	.07692308	63	3 969	7.937 254	25.09980	1587302
14	196	3.741 657	11.83216	.07142857	64	4 096	8.000 000	25.29822	1562500
15	225	3.872 983	12.24745	.06666667	65	4 225	8.062 258	25.49510	1538462
16	256	4.000 000	12.64911	.06250000	66	4 356	8.124 038	25.69047	1515152
17	289	4.123 106	13.03840	.05882353	67	4 489	8.185 353	25.88436	1492537
18	324	4.242 641	13.41641	.05555556	68	4 624	8.246 211	26.07681	1470588
19	361	4.358 899	13.78405	.05263158	69	4 761	8.306 624	26.26785	1449275
20	400	4.472 136	14.14214	.05000000	70	4 900	8.366 600	26.45751	1428571
21	441	4.582 576	14.49138	.04761905	71	5 041	8.426 150	26.64583	1408451
22	484	4.690 416	14.83240	.04545455	72	5 184	8.485 281	26.83282	1388889
23	529	4.795 832	15.16575	.04347826	73	5 329	8.544 004	27.01851	1369863
24	576	4.898 979	15.49193	.04166667	74	5 476	8.602 325	27.20294	1351351
25	625	5.000 000	15.81139	.04000000	75	5 625	8.660 254	27.38613	1333333
26	676	5.099 020	16.12452	.03846154	76	5 776	8.717 798	27.56810	1315789
27	729	5.196 152	16.43168	.03703704	77	5 929	8.774 964	27.74887	1298701
28	784	5.291 503	16.73320	.03571429	78	6 084	8.831 761	27.92848	1282051
29	841	5.385 165	17.02939	.03448276	79	6 241	8.888 194	28.10694	1265823
30	900	5.477 226	17.32051	.03333333	80	6 400	8.944 272	28.28427	1250000
31	961	5.567 764	17.60682	.03225806	81	6 561	9.000 000	28.46050	1234568
32	1 024	5.656 854	17.88854	.03125000	82	6 724	9.055 385	28.63564	1219512
33	1 089	5.744 563	18.16590	.03030303	83	6 889	9.110 434	28.80972	1204819
34	1 156	5.830 952	18.43909	.02941176	84	7 056	9.165 151	28.98275	1190476
35	1 225	5.916 080	18.70829	.02857143	85	7 225	9.219 544	29.15476	1176471
36	1 296	6.000 000	18.97367	.02777778	86	7 396	9.273 618	29.32576	1162791
37	1 369	6.082 763	19.23538	.02702703	87	7 569	9.327 379	29.49576	1149425
38	1 444	6.164 414	19.49359	.02631579	88	7 744	9.380 832	29.66479	1136364
39	1 521	6.244 998	19.74842	.02564103	89	7 921	9.433 981	29.83287	1123596
40	1 600	6.324 555	20.00000	.02500000	90	8 100	9.486 833	30.00000	1111111
41	1 681	6.403 124	20.24846	.02439024	91	8 281	9.539 392	30.16621	1098901
42	1 764	6.480 741	20.49390	.02380952	92	8 464	9.591 663	30.33150	1086957
43	1 849	6.557 439	20.73644	.02325581	93	8 649	9.643 651	30.49590	1075269
44	1 936	6.633 250	20.97618	.02272727	94	8 836	9.695 360	30.65942	1063830
45	2 025	6.708 204	21.21320	.02222222	95	9 025	9.746 794	30.82207	1052632
46	2 116	6.782 330	21.44761	.02173913	96	9 216	9.797 959	30.98387	1041667
47	2 209	6.855 655	21.67948	.02127660	97	9 409	9.848 858	31.14482	1030928
48	2 304	6.928 203	21.90890	.02083333	98	9 604	9.899 495	31.30495	1020408
49	2 401	7.000 000	22.13594	.02040816	99	9 801	9.949 874	31.46427	1010101
50	2 500	7.071 068	22.36068	.02000000	100	10 000	10.00000	31.62278	1000000

續附錄表 X

N	N²	√N	√10N	1/N .0	N	N²	√N	√10N	1/N .00
100	10 000	10.00000	31.62278	10000000	150	22 500	12.24745	38.72983	6666667
101	10 201	10.04988	31.78050	09900990	151	22 801	12.28821	38.85872	6622517
102	10 404	10.09950	31.93744	09803922	152	23 104	12.32883	38.98718	6578947
103	10 609	10.14889	32.09361	09708738	153	23 409	12.36932	39.11521	6535948
104	10 816	10.19804	32.24903	09615385	154	23 716	12.40967	39.24283	6493506
105	11 025	10.24695	32.40370	09523810	155	24 025	12.44990	39.37004	6451613
106	11 236	10.29563	32.55764	09433962	156	24 336	12.49000	39.49684	6410256
107	11 449	10.34408	32.71085	09345794	157	24 649	12.52996	39.62323	6369427
108	11 664	10.39230	32.86335	09259259	158	24 964	12.56981	39.74921	6329114
109	11 881	10.44031	33.01515	09174312	159	25 281	12.60952	39.87480	6289308
110	12 100	10.48809	33.16625	09090909	160	25 600	12.64911	40.00000	6250000
111	12 321	10.53565	33.31666	09009009	161	25 921	12.68858	40.12481	6211180
112	12 544	10.58301	33.46640	08928571	162	26 244	12.72792	40.24922	6172840
113	12 769	10.63015	33.61547	08849558	163	26 569	12.76715	40.37326	6134969
114	12 996	10.67708	33.76389	08771930	164	26 896	12.80625	40.49691	6097561
115	13 225	10.72381	33.91165	08695652	165	27 225	12.84523	40.62019	6060606
116	13 456	10.77033	34.05877	08620690	166	27 556	12.88410	40.74310	6024096
117	13 689	10.81665	34.20526	08547009	167	27 889	12.92285	40.85563	5988024
118	13 924	10.86278	34.35113	08474576	168	28 224	12.96148	40.98780	5952381
119	14 161	10.90871	34.49638	08403361	169	28 561	13.00000	41.10961	5917160
120	14 400	10.95445	34.64102	08333333	170	28 900	13.03840	41.23106	5882353
121	14 641	11.00000	34.78505	08264463	171	29 241	13.07670	41.35215	5847953
122	14 884	11.04536	34.92850	08196721	172	29 584	13.11488	41.47288	5813953
123	15 129	11.09054	35.07136	08130081	173	29 929	13.15295	41.59327	5780347
124	15 376	11.13553	35.21363	08064516	174	30 276	13.19091	41.71331	5747126
125	15 625	11.18034	35.35534	08000000	175	30 625	13.22876	41.83300	5714286
126	15 876	11.22497	35.49648	07936508	176	30 976	13.26650	41.95235	5681818
127	16 129	11.26943	35.63706	07874016	177	31 329	13.30413	42.07137	5649718
128	16 384	11.31371	35.77709	07812500	178	31 684	13.34166	42.19005	5617978
129	16 641	11.35782	35.91657	07751938	179	32 041	13.37909	42.30839	5586592
130	16 900	11.40175	36.05551	07692308	180	32 400	13.41641	42.42641	5555556
131	17 161	11.44552	36.19392	07633588	181	32 761	13.45362	42.54409	5524862
132	17 424	11.48913	36.33180	07575758	182	33 124	13.49074	42.66146	5494506
133	17 689	11.53256	36.46917	07518797	183	33 489	13.52775	42.77850	5464481
134	17 956	11.57584	36.60601	07462687	184	33 856	13.56466	42.89522	5434783
135	18 225	11.61895	36.74235	07407407	185	34 225	13.60147	43.01163	5405405
136	18 496	11.66190	36.87818	07352941	186	34 596	13.63818	43.12772	5376344
137	18 769	11.70470	37.01351	07299270	187	34 969	13.67479	43.24350	5347594
138	19 044	11.74734	37.14835	07246377	188	35 344	13.71131	43.35897	5319149
139	19 321	11.78983	37.28270	07194245	189	35 721	13.74773	43.47413	5291005
140	19 600	11.83216	37.41657	07142857	190	36 100	13.78405	43.58899	5263158
141	19 881	11.87434	37.54997	07092199	191	36 481	13.82027	43.70355	5235602
142	20 164	11.91638	37.68289	07042254	192	36 864	13.85641	43.81780	5208333
143	20 449	11.95826	37.81534	06993007	193	37 249	13.89244	43.93177	5181347
144	20 736	12.00000	37.94733	06944444	194	37 636	13.92839	44.04543	5154639
145	21 025	12.04159	38.07887	06896552	195	38 025	13.96424	44.15880	5128205
146	21 316	12.08305	38.20995	06849315	196	38 416	14.00000	44.27189	5102041
147	21 609	12.12436	38.34058	06802721	197	38 809	14.03567	44.38468	5076142
148	21 904	12.16553	38.47077	06756757	198	39 204	14.07125	44.49719	5050505
149	22 201	12.20656	38.60052	06711409	199	39 601	14.10674	44.60942	5025126
150	22 500	12.24745	38.72983	06666667	200	40 000	14.14214	44.72136	5000000

續附錄表 X

N	N²	√N	√10N	1/N .00	N	N²	√N	√10N	1/N .00
200	40 000	14.14214	44.72136	5000000	250	62 500	15.81139	50.00000	4000000
201	40 401	14.17745	44.83302	4975124	251	63 001	15.84298	50.09990	3984064
202	40 804	14.21267	44.94441	4950495	252	63 504	15.87451	50.19960	3968254
203	41 209	14.24781	45.05552	4926108	253	64 009	15.90597	50.29911	3952569
204	41 616	14.28286	45.16636	4901961	254	64 516	15.93738	50.39841	3937008
205	42 025	14.31782	45.27693	4878049	255	65 025	15.96872	50.49752	3921569
206	42 436	14.35270	45.38722	4854369	256	65 536	16.00000	50.59644	3906250
207	42 849	14.38749	45.49725	4830918	257	66 049	16.03122	50.69517	3891051
208	43 264	14.42221	45.60702	4807692	258	66 564	16.06238	50.79370	3875969
209	43 681	14.45683	45.71652	4784689	259	67 081	16.09348	50.89204	3861004
210	44 100	14.49138	45.82576	4761905	260	67 600	16.12452	50.99020	3846154
211	44 521	14.52584	45.93474	4739336	261	68 121	16.15549	51.08816	3831418
212	44 944	14.56022	46.04346	4716981	262	68 644	16.18641	51.18594	3816794
213	45 369	14.59452	46.15192	4694836	263	69 169	16.21727	51.28353	3802281
214	45 796	14.62874	46.26013	4672897	264	69 696	16.24808	51.39093	3787879
215	46 225	14.66288	46.36809	4651163	265	70 225	16.27882	51.47815	3773585
216	46 656	14.69691	46.47580	4629630	266	70 756	16.30951	51.57519	3759398
217	47 089	14.73092	46.58326	4608295	267	71 289	16.34013	51.67204	3745318
218	47 524	14.76482	46.69047	4587156	268	71 824	16.37071	51.76872	3731343
219	47 961	14.79865	46.79744	4566210	269	72 361	16.40122	51.86521	3717472
220	48 400	14.83240	46.90416	4545455	270	72 900	16.43168	51.96152	3703704
221	48 841	14.86607	47.01064	4524887	271	73 441	16.46208	52.05766	3690037
222	49 284	14.89966	47.11688	4504505	272	73 984	16.49242	52.15362	3676471
223	49 729	14.93318	47.22288	4484305	273	74 529	16.52271	52.24940	3663004
224	50 176	14.96663	47.32864	4464286	274	75 076	16.55295	52.34501	3649635
225	50 625	15.00000	47.43416	4444444	275	75 625	16.58312	52.44044	3636364
226	51 076	15.03330	47.53946	4424779	276	76 176	16.61325	52.53570	3623188
227	51 529	15.06652	47.64452	4405286	277	76 729	16.64332	52.63079	3610108
228	51 984	15.09967	47.74935	4385965	278	77 284	16.67333	52.72571	3597122
229	52 441	15.13275	47.85394	4366812	279	77 841	16.70329	52.82045	3584229
230	52 900	15.16575	47.95832	4347826	280	78 400	16.73320	52.91503	3571429
231	53 361	15.19868	48.06246	4329004	281	78 961	16.76305	53.00943	3558719
232	53 824	15.23155	48.16638	4310345	282	79 524	16.79286	53.10367	3546099
233	54 289	15.26434	48.27007	4291845	283	80 089	16.82260	53.19774	3533569
234	54 756	15.29706	48.37355	4273504	284	80 656	16.85230	53.29165	3521127
235	55 225	15.32971	48.47680	4255319	285	81 225	16.88194	53.38539	3508772
236	55 696	15.36229	48.57983	4237288	286	81 796	16.91153	53.47897	3496503
237	56 169	15.39480	48.68265	4219409	287	82 369	16.94107	53.57238	3484321
238	56 644	15.42725	48.78524	4201681	288	82 944	16.97056	53.66563	3472222
239	57 121	15.45962	48.88763	4184100	289	83 521	17.00000	53.75872	3460208
240	57 600	15.49193	48.98979	4166667	290	84 100	17.02939	53.85165	3448276
241	58 081	15.52417	49.09175	4149378	291	84 681	17.05872	53.94442	3436426
242	58 564	15.55635	49.19350	4132231	292	85 264	17.08801	54.03702	3424658
243	59 049	15.58846	49.29503	4115226	293	85 849	17.11724	54.12947	3412969
244	59 536	15.62050	49.39636	4098361	294	86 436	17.14643	54.22177	3401361
245	60 025	15.65248	49.49747	4081633	295	87 025	17.17556	54.31390	3389831
246	60 516	15.68439	49.59839	4065041	296	87 616	17.20465	54.40588	3378378
247	61 009	15.71623	49.69909	4048583	297	88 209	17.23369	54.49771	3367003
248	61 504	15.74802	49.79960	4032258	298	88 804	17.26268	54.58938	3355705
249	62 001	15.77973	49.89990	4016064	299	89 401	17.29162	54.68089	3344482
250	62 500	15.81139	50.00000	4000000	300	90 000	17.32051	54.77226	3333333

續附錄表 X

N	N²	√N	√10N	1/N .00	N	N²	√N	√10N	1/N .00
300	90 000	17.32051	54.77226	3333333	350	122 500	18.70829	59.16080	2857143
301	90 601	17.34935	54.86347	3322259	351	123 201	18.73499	59.24525	2849003
302	91 204	17.37815	54.95453	3311258	352	123 904	18.76166	59.32959	2840909
303	91 809	17.40690	55.04544	3300330	353	124 609	18.78829	59.41380	2832861
304	92 416	17.43560	55.13620	3289474	354	125 316	18.81489	59.49790	2824859
305	93 025	17.46425	55.22681	3278689	355	126 025	18.84144	59.58186	2816901
306	93 636	17.49286	55.31727	3267974	356	126 736	18.86796	59.66574	2808989
307	94 249	17.52142	55.40758	3257329	357	127 449	18.89444	59.74948	2801120
308	94 864	17.54993	55.49775	3246753	358	128 164	18.92089	59.83310	2793296
309	95 481	17.57840	55.58777	3236246	359	128 881	18.94730	59.91661	2785515
310	96 100	17.60682	55.67764	3225806	360	129 600	18.97367	60.00000	2777778
311	96 721	17.63519	55.76737	3215434	361	130 321	19.00000	60.08328	2770083
312	97 344	17.66352	55.85696	3205128	362	131 044	19.02630	60.16644	2762431
313	97 969	17.69181	55.94640	3194888	363	131 769	19.05256	60.24948	2754821
314	98 596	17.72005	56.03570	3184713	364	132 496	19.07878	60.33241	2747253
315	99 225	17.74824	56.12486	3174603	365	133 225	19.10497	60.41523	2739726
316	99 856	17.77639	56.21388	3164557	366	133 956	19.13113	60.49793	2732240
317	100 489	17.80449	56.30275	3154574	367	134 689	19.15724	60.58052	2724796
318	101 124	17.83255	56.39149	3144654	368	135 424	19.18333	60.66300	2717391
319	101 761	17.86057	56.48008	3134796	369	136 161	19.20937	60.74537	2710027
320	102 400	17.88854	56.56854	3125000	370	136 900	19.23538	60.82763	2702703
321	103 041	17.91647	56.65686	3115265	371	137 641	19.26136	60.90977	2695418
322	103 684	17.94436	56.74504	3105590	372	138 384	19.28730	60.99180	2688172
323	104 329	17.97220	56.83309	3095975	373	139 129	19.31321	61.07373	2680965
324	104 976	18.00000	56.92100	3086420	374	139 876	19.33908	61.15554	2673797
325	105 625	18.02776	57.00877	3076923	375	140 625	19.36492	61.23724	2666667
326	106 276	18.05547	57.09641	3067485	376	141 376	19.39072	61.31884	2659574
327	106 929	18.08314	57.18391	3058104	377	142 129	19.41649	61.40033	2652520
328	107 584	18.11077	57.27128	3048780	378	142 884	19.44222	61.48170	2645503
329	108 241	18.13836	57.35852	3039514	379	143 641	19.46792	61.56298	2638522
330	108 900	18.16590	57.44563	3030303	380	144 400	19.49359	61.64414	2631579
331	109 561	18.19341	57.53260	3021148	381	145 161	19.51922	61.72520	2624672
332	110 224	18.22087	57.61944	3012048	382	145 924	19.54483	61.80615	2617801
333	110 889	18.24829	57.70615	3003003	383	146 689	19.57039	61.88699	2610966
334	111 556	18.27567	57.79273	2994012	384	147 456	19.59592	61.96773	2604167
335	112 225	18.30301	57.87918	2985075	385	148 225	19.62142	62.04837	2597403
336	112 896	18.33030	57.96551	2976190	386	148 996	19.64688	62.12890	2590674
337	113 569	18.35756	58.05170	2967359	387	149 769	19.67232	62.20932	2583979
338	114 244	18.38478	58.13777	2958580	388	150 544	19.69772	62.28965	2577320
339	114 921	18.41195	58.22371	2949853	389	151 321	19.72308	62.36986	2570694
340	115 600	18.43909	58.30952	2941176	390	152 100	19.74842	62.44998	2564103
341	116 281	18.46619	58.39521	2932551	391	152 881	19.77372	62.52999	2557545
342	116 964	18.49324	58.48077	2923977	392	153 664	19.79899	62.60990	2551020
343	117 649	18.52026	58.56620	2915452	393	154 449	19.82423	62.68971	2544529
344	118 336	18.54724	58.65151	2906977	394	155 236	19.84943	62.76942	2538071
345	119 025	18.57418	58.73670	2898551	395	156 025	19.87461	62.84903	2531646
346	119 716	18.60108	58.82176	2890173	396	156 816	19.89975	62.92853	2525253
347	120 409	18.62794	58.90671	2881844	397	157 609	19.92486	63.00794	2518892
348	121 104	18.65476	58.99152	2873563	398	158 404	19.94994	63.08724	2512563
349	121 801	18.68154	59.07622	2865330	399	159 201	19.97498	63.16645	2506266
350	122 500	18.70829	59.16080	2857143	400	160 000	20.00000	63.24555	2500000

續附錄表 X

N	N²	√N	√10N	1/N .00	N	N²	√N	√10N	1/N .00
400	160 000	20.00000	63.24555	2500000	450	202 500	21.21320	67.08204	2222222
401	160 801	20.02498	63.32456	2493766	451	203 401	21.23676	67.15653	2217295
402	161 604	20.04994	63.40347	2487562	452	204 304	21.26029	67.23095	2212389
403	162 409	20.07486	63.48228	2481390	453	205 209	21.28380	67.30527	2207506
404	163 216	20.09975	63.56099	2475248	454	206 116	21.30728	67.37952	2202643
405	164 025	20.12461	63.63961	2469136	455	207 025	21.33073	67.45369	2197802
406	164 836	20.14944	63.71813	2463054	456	207 936	21.35416	67.52777	2192982
407	165 649	20.17424	63.79655	2457002	457	208 849	21.37756	67.60178	2188184
408	166 464	20.19901	63.87488	2450980	458	209 764	21.40093	67.67570	2183406
409	167 281	20.22375	63.95311	2444988	459	210 681	21.42429	67.74954	2178649
410	168 100	20.24846	64.03124	2439024	460	211 600	21.44761	67.82330	2173913
411	168 921	20.27313	64.10928	2433090	461	212 521	21.47091	67.89698	2169197
412	169 744	20.29778	64.18723	2427184	462	213 444	21.49419	67.97058	2164502
413	170 569	20.32240	64.26508	2421308	463	214 369	21.51743	68.04410	2159827
414	171 396	20.34699	64.34283	2415459	464	215 296	21.54066	68.11755	2155172
415	172 225	20.37155	64.42049	2409639	465	216 225	21.56386	68.19091	2150538
416	173 056	20.39608	64.49806	2403846	466	217 156	21.58703	68.26419	2145923
417	173 889	20.42058	64.57554	2398082	467	218 089	21.61018	68.33740	2141328
418	174 724	20.44505	64.65292	2392344	468	219 024	21.63331	68.41053	2136752
419	175 561	20.46949	64.73021	2386635	469	219 961	21.65641	68.48357	2132196
420	176 400	20.49390	64.80741	2380952	470	220 900	21.67948	68.55655	2127660
421	177 241	20.51828	64.88451	2375297	471	221 841	21.70253	68.62944	2123142
422	178 084	20.54264	64.96153	2369668	472	222 784	21.72556	68.70226	2118644
423	178 929	20.56696	65.03845	2364066	473	223 729	21.74856	68.77500	2114165
424	179 776	20.59126	65.11528	2358491	474	224 676	21.77154	68.84766	2109705
425	180 625	20.61553	65.19202	2352941	475	225 625	21.79449	68.92024	2105263
426	181 476	20.63977	65.26868	2347418	476	226 576	21.81742	68.99275	2100840
427	182 329	20.66398	65.34524	2341920	477	227 529	21.84033	69.06519	2096436
428	183 184	20.68816	65.42171	2336449	478	228 484	21.86321	69.13754	2092050
429	184 041	20.71232	65.49809	2331002	479	229 441	21.88607	69.20983	2087683
430	184 900	20.73644	65.57439	2325581	480	230 400	21.90890	69.28203	2083333
431	185 761	20.76054	65.65059	2320186	481	231 361	21.93171	69.35416	2079002
432	186 624	20.78461	65.72671	2314815	482	232 324	21.95450	69.42622	2074689
433	187 489	20.80865	65.80274	2309469	483	233 289	21.97726	69.49820	2070393
434	188 356	20.83267	65.87868	2304147	484	234 256	22.00000	69.57011	2066116
435	189 225	20.85665	65.95453	2298851	485	235 225	22.02272	69.64194	2061856
436	190 096	20.88061	66.03030	2293578	486	236 196	22.04541	69.71370	2057613
437	190 969	20.90454	66.10598	2288330	487	237 169	22.06808	69.78539	2053388
438	191 844	20.92845	66.18157	2283105	488	238 144	22.09072	69.85700	2049180
439	192 721	20.95233	66.25708	2277904	489	239 121	22.11334	69.92853	2044990
440	193 600	20.97618	66.33250	2272727	490	240 100	22.13594	70.00000	2040816
441	194 481	21.00000	66.40783	2267574	491	241 081	22.15852	70.07139	2036660
442	195 364	21.02380	66.48308	2262443	492	242 064	22.18107	70.14271	2032520
443	196 249	21.04757	66.55825	2257336	493	243 049	22.20360	70.21396	2028398
444	197 136	21.07131	66.63332	2252252	494	244 036	22.22611	70.28513	2024291
445	198 025	21.09502	66.70832	2247191	495	245 025	22.24860	70.35624	2020202
446	198 916	21.11871	66.78323	2242152	496	246 016	22.27106	70.42727	2016129
447	199 809	21.14237	66.85806	2237136	497	247 009	22.29350	70.49823	2012072
448	200 704	21.16601	66.93280	2232143	498	248 004	22.31591	70.56912	2008032
449	201 601	21.18962	67.00746	2227171	499	249 001	22.33831	70.63993	2004008
450	202 500	21.21320	67.08204	2222222	500	250 000	22.36068	70.71068	2000000

續附錄表 X

N	N²	√N	√10N	1/N .00
500	250 000	22.36068	70.71068	2000000
501	251 001	22.38303	70.78135	1996008
502	252 004	22.40536	70.85196	1992032
503	253 009	22.42766	70.92249	1988072
504	254 016	22.44994	70.99296	1984127
505	255 025	22.47221	71.06335	1980198
506	256 036	22.49444	71.13368	1976285
507	257 049	22.51666	71.20393	1972387
508	258 064	22.53886	71.27412	1968504
509	259 081	22.56103	71.34424	1964637
510	260 100	22.58318	71.41428	1960784
511	261 121	22.60531	71.48426	1956947
512	262 144	22.62742	71.55418	1953125
513	263 169	22.64950	71.62402	1949318
514	264 196	22.67157	71.69379	1945525
515	265 225	22.69361	71.76350	1941748
516	266 256	22.71563	71.83314	1937984
517	267 289	22.73763	71.90271	1934236
518	268 324	22.75961	71.97222	1930502
519	269 361	22.78157	72.04165	1926782
520	270 400	22.80351	72.11103	1923077
521	271 441	22.82542	72.18033	1919386
522	272 484	22.84732	72.24957	1915709
523	273 529	22.86919	72.31874	1912046
524	274 576	22.89105	72.38784	1908397
525	275 625	22.91288	72.45688	1904762
526	276 676	22.93469	72.52586	1901141
527	277 729	22.95648	72.59477	1897533
528	278 784	22.97825	72.66361	1893939
529	279 841	23.00000	72.73239	1890359
530	280 900	23.02173	72.80110	1886792
531	281 961	23.04344	72.86975	1883239
532	283 024	23.06513	72.93833	1879699
533	284 089	23.08679	73.00685	1876173
534	285 156	23.10844	73.07530	1872659
535	286 225	23.13007	73.14369	1869159
536	287 296	23.15167	73.21202	1865672
537	288 369	23.17326	73.28028	1862197
538	289 444	23.19483	73.34848	1858736
539	290 521	23.21637	73.41662	1855288
540	291 600	23.23790	73.48469	1851852
541	292 681	23.25941	73.55270	1848429
542	293 764	23.28089	73.62065	1845018
543	294 849	23.30236	73.68853	1841621
544	295 936	23.32381	73.75636	1838235
545	297 025	23.34524	73.82412	1834862
546	298 116	23.36664	73.89181	1831502
547	299 209	23.38803	73.95945	1828154
548	300 304	23.40940	74.02702	1824818
549	301 401	23.43075	74.09453	1821494
550	302 500	23.45208	74.16198	1818182

N	N²	√N	√10N	1/N .00
550	302 500	23.45208	74.16198	1818182
551	303 601	23.47339	74.22937	1814882
552	304 704	23.49468	74.29670	1811594
553	305 809	23.51595	74.36397	1808318
554	306 916	23.53720	74.43118	1805054
555	308 025	23.55844	74.49832	1801802
556	309 136	23.57965	74.56541	1798561
557	310 249	23.60085	74.63243	1795332
558	311 364	23.62202	74.69940	1792115
559	312 481	23.64318	74.76630	1788909
560	313 600	23.66432	74.83315	1785714
561	314 721	23.68544	74.89993	1782531
562	315 844	23.70654	74.96666	1779359
563	316 969	23.72762	75.03333	1776199
564	318 096	23.74868	75.09993	1773050
565	319 225	23.76973	75.16648	1769912
566	320 356	23.79075	75.23297	1766784
567	321 489	23.81176	75.29940	1763668
568	322 624	23.83275	75.36577	1760563
569	323 761	23.85372	75.43209	1757469
570	324 900	23.87467	75.49834	1754386
571	326 041	23.89561	75.56454	1751313
572	327 184	23.91652	75.63068	1748252
573	328 329	23.93742	75.69676	1745201
574	329 476	23.95830	75.76279	1742160
575	330 625	23.97916	75.82875	1739130
576	331 776	24.00000	75.89466	1736111
577	332 929	24.02082	75.96052	1733102
578	334 084	24.04163	76.02631	1730104
579	335 241	24.06242	76.09205	1727116
580	336 400	24.08319	76.15773	1724138
581	337 561	24.10394	76.22336	1721170
582	338 724	24.12468	76.28892	1718213
583	339 889	24.14539	76.35444	1715266
584	341 056	24.16609	76.41989	1712329
585	342 225	24.18677	76.48529	1709402
586	343 396	24.20744	76.55064	1706485
587	344 569	24.22808	76.61593	1703578
588	345 744	24.24871	76.68116	1700680
589	346 921	24.26932	76.74634	1697793
590	348 100	24.28992	76.81146	1694915
591	349 281	24.31049	76.87652	1692047
592	350 464	24.33105	76.94154	1689189
593	351 649	24.35159	77.00649	1686341
594	352 836	24.37212	77.07140	1683502
595	354 025	24.39262	77.13624	1680672
596	355 216	24.41311	77.20104	1677852
597	356 409	24.43358	77.26578	1675042
598	357 604	24.45404	77.33046	1672241
599	358 801	24.47448	77.39509	1669449
600	360 000	24.49490	77.45967	1666667

續附錄表 X

N	N²	√N	√10N	1/N .00	N	N²	√N	√10N	1/N .00
600	360 000	24.49490	77.45967	1666667	650	422 500	25.49510	80.62258	1538462
601	361 201	24.51530	77.52419	1663894	651	423 801	25.51470	80.68457	1536098
602	362 404	24.53569	77.58866	1661130	652	425 104	25.53429	80.74652	1533742
603	363 609	24.55606	77.65307	1658375	653	426 409	25.55386	80.80842	1531394
604	364 816	24.57641	77.71744	1655629	654	427 716	25.57342	80.87027	1529052
605	366 025	24.59675	77.78175	1652893	655	429 025	25.59297	80.93207	1526718
606	367 236	24.61707	77.84600	1650165	656	430 336	25.61250	80.99383	1524390
607	368 449	24.63737	77.91020	1647446	657	431 649	25.63201	81.05554	1522070
608	369 664	24.65766	77.97435	1644737	658	432 964	25.65151	81.11720	1519757
609	370 881	24.67793	78.03845	1642036	659	434 281	25.67100	81.17881	1517451
610	372 100	24.69818	78.10250	1639344	660	435 600	25.69047	81.24038	1515152
611	373 321	24.71841	78.16649	1636661	661	436 921	25.70992	81.30191	1512859
612	374 544	24.73863	78.23043	1633987	662	438 244	25.72936	81.36338	1510574
613	375 769	24.75884	78.29432	1631321	663	439 569	25.74879	81.42481	1508296
614	376 996	24.77902	78.35815	1628664	664	440 896	25.76820	81.48620	1506024
615	378 225	24.79919	78.42194	1626016	665	442 225	25.78759	81.54753	1503759
616	379 456	24.81935	78.48567	1623377	666	443 556	25.80698	81.60882	1501502
617	380 689	24.83948	78.54935	1620746	667	444 889	25.82634	81.67007	1499250
618	381 924	24.85961	78.61298	1618123	668	446 224	25.84570	81.73127	1497006
619	383 161	24.87971	78.67655	1615509	669	447 561	25.86503	81.79242	1494768
620	384 400	24.89980	78.74008	1612903	670	448 900	25.88436	81.85353	1492537
621	385 641	24.91987	78.80355	1610306	671	450 241	25.90367	81.91459	1490313
622	386 884	24.93993	78.86693	1607717	672	451 584	25.92296	81.97561	1488095
623	388 129	24.95997	78.93035	1605136	673	452 929	25.94224	82.03658	1485884
624	390 376	24.97999	78.99367	1602564	674	454 276	25.96151	82.09750	1483680
625	390 625	25.00000	79.05694	1600000	675	455 625	25.98076	82.15838	1481481
626	391 876	25.01999	79.12016	1597444	676	456 976	26.00000	82.21922	1479290
627	393 129	25.03997	79.18333	1594896	677	458 329	26.01922	82.28001	1477105
628	394 384	25.05993	79.24645	1592357	678	459 684	26.03843	82.34076	1474926
629	395 641	25.07987	79.30952	1589825	679	461 041	26.05763	82.40146	1472754
630	396 900	25.09980	79.37254	1587302	680	462 400	26.07681	82.46211	1470588
631	398 161	25.11971	79.43551	1584786	681	463 761	26.09598	82.52272	1468429
632	399 424	25.13961	79.49843	1582278	682	465 124	26.11513	82.58329	1466276
633	400 689	25.15949	79.56130	1579779	683	466 489	26.13427	82.64381	1464129
634	401 956	25.17936	79.62412	1577287	684	467 856	26.15339	82.70429	1461988
635	403 225	25.19921	79.68689	1574803	685	469 225	26.17250	82.76473	1459854
636	404 496	25.21904	79.74961	1572327	686	470 596	26.19160	82.82512	1457726
637	405 769	25.23886	79.81228	1569859	687	471 969	26.21068	82.88546	1455604
638	407 044	25.25866	79.87490	1567398	688	473 344	26.22975	82.94577	1453488
639	408 321	25.27845	79.93743	1564945	689	474 721	26.24881	83.00602	1451379
640	409 600	25.29822	80.00000	1562500	690	476 100	26.26785	83.06624	1449275
641	410 881	25.31798	80.06248	1560062	691	477 481	26.28688	83.12641	1447178
642	412 164	25.33772	80.12490	1557632	692	478 864	26.30589	83.18654	1445087
643	413 449	25.35744	80.18728	1555210	693	480 249	26.32489	83.24662	1443001
644	414 736	25.37716	80.24961	1552795	694	481 636	26.34388	83.30666	1440922
645	416 025	25.39685	80.31189	1550388	695	483 025	26.36285	83.36666	1438849
646	417 316	25.41653	80.37413	1547988	696	484 416	26.38181	83.42661	1436782
647	418 609	25.43619	80.43631	1545595	697	485 809	26.40076	83.48653	1434720
648	419 904	25.45584	80.49845	1543210	698	487 204	26.41969	83.54639	1432665
649	421 201	25.47548	80.56054	1540832	699	488 601	26.43861	83.60622	1430615
650	422 500	25.49510	80.62258	1538462	700	490 000	26.45751	83.66600	1428571

續附錄表 X

N	N^2	$\sqrt{N}$	$\sqrt{10N}$	1/N .00	N	N^2	$\sqrt{N}$	$\sqrt{10N}$	1/N .00
700	490 000	26.45751	83.66600	1428571	750	562 500	27.38613	86.60254	1333333
701	491 401	26.47640	83.72574	1426534	751	564 001	27.40438	86.66026	1331558
702	492 804	26.49528	83.78544	1424501	752	565 504	27.42262	86.71793	1329787
703	494 209	26.51415	83.84510	1422475	753	567 009	27.44085	86.77557	1328021
704	495 616	26.53300	83.90471	1420455	754	568 516	27.45906	86.83317	1326260
705	497 025	26.55184	83.96428	1418440	755	570 025	27.47726	86.89074	1324503
706	498 436	26.57066	84.02381	1416441	756	571 536	27.49545	86.94826	1322751
707	499 849	26.58947	84.08329	1414427	757	573 049	27.51363	87.00575	1321004
708	501 264	26.60827	84.14274	1412429	758	574 564	27.53180	87.06320	1319261
709	502 681	26.62705	84.20214	1410437	759	576 081	27.54995	87.12061	1317523
710	504 100	26.64583	84.26150	1408451	760	577 600	27.56810	87.17798	1315789
711	505 521	26.66458	84.32082	1406470	761	579 121	27.58623	87.23531	1314060
712	506 944	26.68333	84.38009	1404494	762	580 644	27.60435	87.29261	1312336
713	508 369	26.70206	84.43933	1402525	763	582 169	27.62245	87.34987	1310616
714	509 796	26.72078	84.49852	1400560	764	583 696	27.64055	87.40709	1308901
715	511 225	26.73948	84.55767	1398601	765	585 225	27.65863	87.46428	1307190
716	512 656	26.75818	84.61678	1396648	766	586 756	27.67671	87.52143	1305483
717	514 089	26.77686	84.67585	1394700	767	588 289	27.69476	87.57854	1303781
718	515 524	26.79552	84.73488	1392758	768	589 824	27.71281	87.63561	1302083
719	516 961	26.81418	84.79387	1390821	769	591 361	27.73085	87.69265	1300390
720	518 400	26.83282	84.85281	1388889	770	592 900	27.74887	87.74964	1298701
721	519 841	26.85144	84.91172	1386963	771	594 441	27.76689	87.80661	1297017
722	521 284	26.87006	84.97058	1385042	772	595 984	27.78489	87.86353	1295337
723	522 729	26.88866	85.02941	1383126	773	597 529	27.80288	87.92042	1293661
724	524 176	26.90725	85.08819	1381215	774	599 076	27.82086	87.97727	1291990
725	525 625	26.92582	85.14693	1379310	775	600 625	27.83882	88.03408	1290323
726	527 076	26.94439	85.20563	1377410	776	602 176	27.85678	88.09085	1288660
727	528 529	26.96294	85.26429	1375516	777	603 729	27.87472	88.14760	1287001
728	529 984	26.98148	85.32292	1373626	778	605 284	27.89265	88.20431	1285347
729	531 441	27.00000	85.38150	1371742	779	606 841	27.91057	88.26098	1283697
730	532 900	27.01851	85.44004	1369863	780	608 400	27.92848	88.31761	1282051
731	534 361	27.03701	85.49854	1367989	781	609 961	27.94638	88.37420	1280410
732	535 824	27.05550	85.55700	1366120	782	611 524	27.96426	88.43076	1278772
733	537 289	27.07397	85.61542	1364256	783	613 089	27.98214	88.48729	1277139
734	538 756	27.09243	85.67380	1362398	784	614 656	28.00000	88.54377	1275510
735	540 225	27.11088	85.73214	1360544	785	616 225	28.01785	88.60023	1273885
736	541 696	27.12932	85.79044	1358696	786	617 796	28.03569	88.65664	1272265
737	543 169	27.14774	85.84870	1356852	787	619 369	28.05352	88.71302	1270648
738	544 644	27.16616	85.90693	1355014	788	620 944	28.07134	88.76936	1269036
739	546 121	27.18455	85.96511	1353180	789	622 521	28.08914	88.82567	1267427
740	547 600	27.20294	86.02325	1351351	790	624 100	28.10694	88.88194	1265823
741	549 081	27.22132	86.08136	1349528	791	625 681	28.12472	88.93818	1264223
742	550 564	27.23968	86.13942	1347709	792	627 264	28.14249	88.99438	1262626
743	552 049	27.25803	86.19745	1345895	793	628 849	28.16026	89.05055	1261034
744	553 536	27.27636	86.25543	1344086	794	630 436	28.17801	89.10668	1259446
745	555 025	27.29469	86.31338	1342282	795	632 025	28.19574	89.16277	1257862
746	556 516	27.31300	86.37129	1340483	796	633 616	28.21347	89.21883	1256281
747	558 009	27.33130	86.42916	1338688	797	635 209	28.23119	89.27486	1254705
748	559 504	27.34959	86.48699	1336898	798	636 804	28.24889	89.33085	1253133
749	561 001	27.36786	86.54479	1335113	799	638 401	28.26659	89.38680	1251564
750	562 500	27.38613	86.60254	1333333	800	640 000	28.28427	89.44272	1250000

續附錄表 X

N	N²	√N	√10N	1/N .00	N	N²	√N	√10N	1/N .00
800	640 000	28.28427	89.44272	1250000	850	722 500	29.15476	92.19544	1176471
801	641 601	28.30194	89.49860	1248439	851	724 201	29.17190	92.24966	1175088
802	643 204	28.31960	89.55445	1246883	852	725 904	29.18904	92.30385	1173709
803	644 809	28.33725	89.61027	1245330	853	727 609	29.20616	92.35800	1172333
804	646 416	28.35489	89.66605	1243781	854	729 316	29.22328	92.41212	1170960
805	648 025	28.37252	89.72179	1242236	855	731 025	29.24038	92.46621	1169591
806	649 636	28.39014	89.77750	1240695	856	732 736	29.25748	92.52027	1168224
807	651 249	28.40775	89.83318	1239157	857	734 449	29.27456	92.57429	1166861
808	652 864	28.42534	89.88882	1237624	858	736 164	29.29164	92.62829	1165501
809	654 481	28.44293	89.94443	1236094	859	737 881	29.30870	92.68225	1164144
810	656 100	28.46050	90.00000	1234568	860	739 600	29.32576	92.73618	1162791
811	657 721	28.47806	90.05554	1233046	861	741 321	29.34280	92.79009	1161440
812	659 344	28.49561	90.11104	1231527	862	743 044	29.35984	92.84396	1160093
813	660 969	28.51315	90.16651	1230012	863	744 769	29.37686	92.89779	1158749
814	662 596	28.53069	90.22195	1228501	864	746 496	29.39388	92.95160	1157407
815	664 225	28.54820	90.27735	1226994	865	748 225	29.41088	93.00538	1156069
816	665 856	28.56571	90.33272	1225490	866	749 956	29.42788	93.05912	1154734
817	667 489	28.58321	90.38805	1223990	867	751 689	29.44486	93.11283	1153403
818	669 124	28.60070	90.44335	1222494	868	753 424	29.46184	93.16652	1152074
819	670 761	28.61818	90.49862	1221001	869	755 161	29.47881	93.22017	1150748
820	672 400	28.63564	90.55385	1219512	870	756 900	29.49576	93.27379	1149425
821	674 041	28.65310	90.60905	1218027	871	758 641	29.51271	93.32738	1148106
822	675 684	28.67054	90.66422	1216545	872	760 384	29.52965	93.38094	1146789
823	677 329	28.68798	90.71935	1215067	873	762 129	29.54657	93.43447	1145475
824	678 976	28.70540	90.77445	1213592	874	763 876	29.56349	93.48797	1144165
825	680 625	28.72281	90.82951	1212121	875	765 625	29.59040	93.54143	1142857
826	682 276	28.74022	90.88454	1210654	876	767 376	29.59730	93.59487	1141553
827	683 929	28.75761	90.93954	1209190	877	769 129	29.61419	93.64828	1140251
828	685 584	28.77499	90.99451	1207729	878	770 884	29.63106	93.70165	1138952
829	687 241	28.79236	91.04944	1206273	879	772 641	29.64793	93.75500	1137656
830	688 900	28.80972	91.10434	1204819	880	774 400	29.66479	93.80832	1136364
831	690 561	28.82707	91.15920	1203369	881	776 161	29.68164	93.86160	1135074
832	692 224	28.84441	91.21403	1201923	882	777 924	29.69848	93.91486	1133787
833	693 889	28.86174	91.26883	1200480	883	779 689	29.71532	93.96808	1132503
834	695 556	28.87906	91.32360	1199041	884	781 456	29.73214	94.02127	1131222
835	697 225	28.89637	91.37833	1197605	885	783 225	29.74895	94.07444	1129944
836	698 896	28.91366	91.43304	1196172	886	784 996	29.76575	94.12757	1128668
837	700 569	28.93095	91.48770	1194743	887	786 769	29.78255	94.18068	1127396
838	702 244	28.94823	91.54234	1193317	888	788 544	29.79933	94.23375	1126126
839	703 921	28.96550	91.59694	1191895	889	790 321	29.81610	94.28680	1124859
840	705 600	28.98275	91.65151	1190476	890	792 100	29.83287	94.33981	1123596
841	707 281	29.00000	91.70605	1189061	891	793 881	29.84962	94.39280	1122334
842	708 964	29.01724	91.76056	1187648	892	795 664	29.86637	94.44575	1121076
843	710 649	29.03446	91.81503	1186240	893	797 449	29.88311	94.49868	1119821
844	712 336	29.05168	91.86947	1184834	894	799 236	29.89983	94.55157	1118568
845	714 025	29.06888	91.92388	1183432	895	801 025	29.91655	94.60444	1117318
846	715 716	29.08608	91.97826	1182033	896	802 816	29.93326	94.65728	1116071
847	717 409	29.10326	92.03260	1180638	897	804 609	29.94996	94.71008	1114827
848	719 104	29.12044	92.08692	1179245	898	806 404	29.96665	94.76286	1113586
849	720 801	29.13760	92.14120	1177856	899	808 201	29.98333	94.81561	1112347
850	722 500	29.15476	92.19544	1176471	900	810 000	30.00000	94.86833	1111111

續附錄表 X

N	N²	√N	√10N	1/N .00	N	N²	√N	√10N	1/N .00
900	810 000	30.00000	94.86833	1111111	950	902 500	30.82207	97.46794	1052632
901	811 801	30.01666	94.92102	1109878	951	904 401	30.83829	97.51923	1051525
902	813 604	30.03331	94.97368	1108647	952	906 304	30.85450	97.57049	1050420
903	815 409	30.04996	95.02631	1107420	953	908 209	30.87070	97.62172	1049318
904	817 216	30.06659	95.07891	1106195	954	910 116	30.88689	97.67292	1048218
905	819 025	30.08322	95.13149	1104972	955	912 025	30.90307	97.72410	1047120
906	820 836	30.09983	95.18403	1103753	956	913 936	30.91925	97.77525	1046025
907	822 649	30.11644	95.23655	1102536	957	915 849	30.93542	97.82638	1044932
908	824 464	30.13304	95.28903	1101323	958	917 764	30.95158	97.87747	1043841
909	826 281	30.14963	95.34149	1100110	959	919 681	30.96773	97.92855	1042753
910	828 100	30.16621	95.39392	1098901	960	921 600	30.98387	97.97959	1041667
911	829 921	30.18278	95.44632	1097695	961	923 521	31.00000	98.03061	1040583
912	831 744	30.19934	95.49869	1096491	962	925 444	31.01612	98.08160	1039501
913	833 569	30.21589	95.55103	1095290	963	927 369	31.03224	98.13256	1038422
914	835 396	30.23243	95.60335	1094092	964	929 296	31.04835	98.18350	1037344
915	837 225	30.24897	95.65563	1092896	965	931 225	31.06445	98.23441	1036269
916	839 056	30.26549	95.70789	1091703	966	933 156	31.08054	98.28530	1035197
917	840 889	30.28201	95.76012	1090513	967	935 089	31.09662	98.33616	1034126
918	842 724	30.29851	95.81232	1089325	968	937 024	31.11270	98.38699	1033058
919	844 561	30.31501	95.86449	1088139	969	938 961	31.12876	98.43780	1031992
920	846 400	30.33150	95.91663	1086957	970	940 900	31.14482	98.48858	1030928
921	848 241	30.34798	95.96874	1085776	971	942 841	31.16087	98.53933	1029866
922	850 084	30.36445	96.02083	1084599	972	944 784	31.17691	98.59006	1028807
923	851 929	30.38092	96.07289	1083424	973	946 729	31.19295	98.64076	1027749
924	853 776	30.39737	96.12492	1082251	974	948 676	31.20897	98.69144	1026694
925	855 625	30.41381	96.17692	1081081	975	950 625	31.22499	98.74209	1025641
926	857 476	30.43025	96.22889	1079914	976	952 576	31.24100	98.79271	1024590
927	859 329	30.44667	96.28084	1078749	977	954 529	31.25700	98.84331	1023541
928	861 184	30.46309	96.33276	1077586	978	956 484	31.27299	98.89388	1022495
929	863 041	30.47950	96.38465	1076426	979	958 441	31.28898	98.94443	1021450
930	864 900	30.49590	96.43651	1075269	980	960 400	31.30495	98.99495	1020408
931	866 761	30.51229	96.48834	1074114	981	962 361	31.32092	99.04544	1019368
932	868 624	30.52868	96.54015	1072961	982	964 324	31.33688	99.09591	1018330
933	870 489	30.54505	96.59193	1071811	983	966 289	31.35283	99.14636	1017294
934	872 356	30.56141	96.64368	1070664	984	968 256	31.36877	99.19677	1016260
935	874 225	30.57777	96.69540	1069519	985	970 225	31.38471	99.24717	1015223
936	876 096	30.59412	96.74709	1068376	986	972 196	31.40064	99.29753	1014199
937	877 969	30.61046	96.79876	1067236	987	974 169	31.41656	99.34787	1013171
938	879 844	30.62679	96.85040	1066098	988	976 144	31.43247	99.39819	1012146
939	881 721	30.64311	96.90201	1064963	989	978 121	31.44837	99.44848	1011122
940	883 600	30.65942	96.95360	1063830	990	980 100	31.46427	99.49874	1010101
941	885 481	30.67572	97.00515	1062699	991	982 081	31.48015	99.54898	1009082
942	887 364	30.69202	97.05668	1061571	992	984 064	31.49603	99.59920	1008065
943	889 249	30.70831	97.10819	1060445	993	986 049	31.51190	99.64939	1007049
944	891 136	30.72458	97.15966	1059322	994	988 036	31.52777	99.69955	1006036
945	893 025	30.74085	97.21111	1058201	995	990 025	31.54362	99.74969	1005025
946	894 916	30.75711	97.26253	1057082	996	992 016	31.55947	99.79980	1004016
947	896 809	30.77337	97.31393	1055966	997	994 009	31.57531	99.84989	1003009
948	898 704	30.78961	97.36529	1054852	998	996 004	31.59114	99.89995	1002004
949	900 601	30.80584	97.41663	1053741	999	998 001	31.60696	99.94999	1001001
950	902 500	30.82207	97.46794	1052632	1000	1 000 000	31.62278	100.00000	1000000

三民大專用書書目

國父遺教

國父思想	涂 子 麟	著	中 山 大 學
國父思想	周 世 輔	著	前政治大學
國父思想新論	周 世 輔	著	前政治大學
國父思想要義	周 世 輔	著	前政治大學

法　　律

中國憲法新論	薩 孟 武	著	前臺灣大學
中國憲法論	傅 肅 良	著	中 興 大 學
中華民國憲法論	管 歐	著	東 吳 大 學
中華民國憲法逐條釋義(一)～(四)	林 紀 東	著	臺 灣 大 學
比較憲法	鄒 文 海	著	前政治大學
比較憲法	曾 繁 康	著	臺 灣 大 學
美國憲法與憲政	荊 知 仁	著	政 治 大 學
國家賠償法	劉 春 堂	著	輔 仁 大 學
民法概要	鄭 玉 波	著	臺 灣 大 學
民法概要	董 世 芳	著	實 踐 學 院
民法總則	鄭 玉 波	著	臺 灣 大 學
判解民法總則	劉 春 堂	著	輔 仁 大 學
民法債編總論	鄭 玉 波	著	臺 灣 大 學
判解民法債篇通則	劉 春 堂	著	輔 仁 大 學
民法物權	鄭 玉 波	著	臺 灣 大 學
判解民法物權	劉 春 堂	著	輔 仁 大 學
民法親屬新論	黃 宗 樂	等著	臺 灣 大 學
民法繼承新論	黃 宗 樂	等著	臺 灣 大 學
商事法論	張 國 鍵	著	臺 灣 大 學
商事法要論	梁 宇 賢	著	中 興 大 學
公司法	鄭 玉 波	著	臺 灣 大 學
公司法論	柯 芳 枝	著	臺 灣 大

書名	著者		服務單位
強制執行法	陳榮宗	著	臺灣大學
法院組織法論	管歐	著	東吳大學

政治・外交

書名	著者		服務單位
政治學	薩孟武	著	前臺灣大學
政治學	鄒文海	著	前政治大學
政治學	曹伯森	著	陸軍官校
政治學	呂亞力	著	臺灣大學
政治學概要	張金鑑	著	政治大學
政治學方法論	呂亞力	著	臺灣大學
政治理論與研究方法	易君博	著	政治大學
公共政策概論	朱志宏	著	臺灣大學
公共政策	曹俊漢	著	臺灣大學
公共政策	朱志宏	著	臺灣大學
公共關係	王德馨	等著	交通大學
中國社會政治史(一)～(四)	薩孟武	著	前臺灣大學
中國政治思想史	薩孟武	著	前臺灣大學
中國政治思想史 (上)(中)(下)	張金鑑	著	政治大學
西洋政治思想史	張金鑑	著	政治大學
西洋政治思想史	薩孟武	著	前臺灣大學
中國政治制度史	張金鑑	著	政治大學
比較主義	張亞澐	著	政治大學
比較監察制度	陶百川	著	國策顧問
歐洲各國政府	張金鑑	著	政治大學
美國政府	張金鑑	著	政治大學
地方自治概要	管歐	著	東吳大學
國際關係——理論與實踐	朱張碧珠	著	臺灣大學
中美早期外交史	李定一	著	政治大學
現代西洋外交史	楊逢泰	著	政治大

行政・管理

書名	著者		服務單位
行政學（增訂版）	張潤書	著	政治大學
行政學	左潞生	著	中興大學
行政學新論	張金鑑	著	政治大

書名	著者	學校
行政管理學	傅肅良 著	中興大學
行政生態學	彭文賢 著	中興大學
各國人事制度	傅肅良 著	中興大學
考詮制度	傅肅良 著	中興大學
交通行政	劉承漢 著	成功大學
組織行爲管理	龔平邦 著	中興大學
行爲科學概論	龔平邦 著	中興大學
行爲科學與管理	徐木蘭 著	臺灣大學
組織行爲學	高尚仁 等著	香港中文大學
組織原理	彭文賢 著	中興大學
實用企業管理學	解宏賓 著	逢甲大學
企業管理	蔣靜一 著	臺灣大學
企業管理	陳定國 著	臺灣大學
國際企業論	李蘭甫 著	香港中文大學
企業政策	陳光華 著	交通大學
企業概論	陳定國 著	臺灣大學
管理新論	謝長宏 著	交通大學
管理概論	郭崑謨 著	中興大學
管理個案分析	郭崑謨 著	中興大學
企業組織與管理	郭崑謨 著	中興大學
企業組織與管理（工商管理）	盧宗漢 著	中興大學
現代企業管理	龔平邦 著	逢甲大學
現代管理學	龔平邦 著	逢甲大學
事務管理手冊	新聞局 編	
生產管理	劉漢容 著	成功大學
管理心理學	湯淑貞 著	成功大學
管理數學	謝志雄 著	成功大學
品質管理	戴久永 著	交通大學
可靠度導論	戴久永 著	交通大學
人事管理（修訂版）	傅肅良 著	中興大學
作業研究	林照雄 著	輔仁大學
作業研究	楊超一 著	臺灣大學
作業研究	劉一忠 著	舊金山州立大學

書名	著者	
系統分析	陳　進 著	前大
社　會		
社會學	蔡文輝 著	印第安那大學
社會學	龍冠海 著	臺灣大學
社會學	張華葆 主編	東海大學
社會學理論	蔡文輝 著	印第安那大學
社會學理論	陳秉璋 著	政治大學
社會心理學	劉安彥 著	傑克州立大學
社會心理學	張華葆 著	東海大學
社會心理學	趙淑賢 著	柏拉校
社會心理學理論	張華璋 著	東海大學
政治社會學	陳秉璋 等著	政治大學
醫療社會學	廖榮利 著	臺灣大學
組織社會學	張笠雲 著	臺灣大學
人口遷移	廖正宏 著	臺灣大學
社區原理	蔡宏進 著	臺灣大學
人口教育	孫得雄 編	臺灣大學
社會階層化與社會流動	許嘉猷 著	臺灣大學
社會階層	張華葆 著	東海大學
西洋社會思想史	張承漢 等著	臺灣大學
中國社會思想史（上）（下）	張承漢 著	臺灣大學
社會變遷	蔡文輝 著	印第安那大學
社會政策與社會行政	陳國鈞 著	中興大學
社會福利行政（修訂版）	白秀雄 著	臺灣大學
社會工作	白秀雄 著	臺灣大學
社會工作管理	廖榮利 著	臺灣大學
團體工作：理論與技術	林萬億 著	臺灣大學
都市社會學理論與應用	龍冠武 著	前臺大
社會科學概論	薩孟國 著	前中大
文化人類學	陳　　 著	

書名	著者		服務機構
勞工問題	孫鈞	著	中興大學
少年犯罪心理學	張華葆	著	東海大學
少年犯罪預防及矯治	張華葆	著	東海大學

教　育

書名	著者		服務機構
教育哲學	賈馥茗	著	師大教育學院
教育哲學	葉學志	著	彰化師大
普通教學法	方炳林	著	臺灣師大
各國教育制度	雷國鼎	著	臺灣師大
教育心理學	溫世頌	著	克州立大學
教育心理學	胡秉正	著	政治大學
教育社會學	陳奎憙	著	臺灣師大
教育行政學	林文達	著	政治大學
教育行政原理	黃昆輝	主譯	臺灣師大
教育經濟學	蓋浙生	著	臺灣師大
教育經濟學	林文達	著	政治大學
工業教育學	袁立錕	著	彰化師大
技術職業教育行政與視導	張天津	著	臺灣師大
技職教育測量與評鑑	李大偉	著	臺灣師大
高科技與技職教育	楊啟棟	著	臺灣師大
工業職業技術教育	陳昭雄	著	臺灣師大
技術職業教育教學法	陳昭雄	著	臺灣師大
技術職業教育辭典	楊朝祥	編	臺灣師大
技術職業教育理論與實務	楊朝祥	著	臺灣師大
工業安全衛生	羅文基	著	臺灣師大
人力發展理論與實施	彭台臨	著	臺灣師大
職業教育師資培育	周談輝	著	臺灣師大
家庭教育	張振宇	著	淡江大學
教育與人生	李建興	著	臺灣師大
當代教育思潮	徐南號	著	臺灣師大
比較國民教育	雷國鼎	著	政治大學
中等教育	司琦	著	政治大學
中國教育史	胡美琦	著	文化大學

書名	作者	學校
中國現代教育史	鄭世興 著	臺灣師範大學
中國大學教育發展史	伍振鷟 著	臺灣師範大學
中國職業教育發展史	周談輝 著	臺灣師範大學
社會教育新論	李建興 著	臺灣師範大學
中國社會教育發展史	李建興 著	臺灣師範大學
中國國民教育發展史	司琦 著	政治大學
中國體育發展史	吳文忠 著	臺灣大學
如何寫學術論文	宋楚瑜 著	臺灣大學
論文寫作研究	段家鋒 等著	政戰學校等

心理學

書名	作者	學校
心理學	劉安彥 著	傑克遜州立大學等
心理學	張春興 等著	臺灣師範大學
人事心理學	黃天中 著	淡江大學
人事心理學	傅肅良 著	中興大學

經濟・財政

書名	作者	學校
西洋經濟思想史	林鐘雄 著	臺灣大學
歐洲經濟發展史	林鐘雄 著	臺灣大學
比較經濟制度	孫殿柏 著	政治大學
經濟學原理（增訂新版）	歐陽勛 著	政治大學
經濟學導論	徐育珠 著	南康涅狄克州立大學
經濟學概要	歐陽勛 等著	政治大學
通俗經濟講話	邢慕寰 著	前香港大學
經濟學（增訂版）	陸民仁 著	政治大學
經濟學概論	陸民仁 著	政治大學
國際經濟學	白俊男 著	東吳大學
國際經濟學	黃智輝 著	東吳大學
個體經濟學	劉盛男 著	臺北商專
總體經濟分析	趙鳳培 著	政治大學
總體經濟學	鐘甦生 著	西雅圖銀行
總體經濟學	張慶輝 著	政治大學
總體經濟理論	孫震 著	臺灣大學

書名	著者		學校
數理經濟分析	林大侯	著	臺灣大學
計量經濟學導論	林華德	著	臺灣大學
計量經濟學	陳正澄	著	臺灣大學
經濟政策	湯俊湘	著	中興大學
合作經濟概論	尹樹生	著	中興大學
農業經濟學	尹樹生	著	中興大學
工程經濟	陳寬仁	著	中正理工學院
銀行法	金桐林	著	華南銀行
銀行法釋義	楊承厚	著	華南銀行
商業銀行實務	解宏賓	編著	銘傳管理學院
貨幣銀行學	何偉成	著	銘傳管理學院
貨幣銀行學	白俊男	著	東吳大學
貨幣銀行學	楊樹森	著	文化大學
貨幣銀行學	李穎吾	著	政治大學
貨幣銀行學	趙鳳培	著	政治大學
現代貨幣銀行學	柳復起	著	新南威爾斯大學
現代國際金融	柳復起	著	新南威爾斯大學
國際金融理論與制度（修訂版）	歐陽勛	等編著	政治大學
金融交換實務	李麗	著	中央銀行
財政學	李厚高	著	逢甲大學
財政學（修訂版）	林華德	著	臺灣大學
財政學原理	魏萼	著	臺灣大學
商用英文	張錦源	著	政治大學
商用英文	程振粵	著	輔仁大學
貿易契約理論與實務	張錦源	著	政治大學
貿易英文實務	張錦源	著	政治大學
信用狀理論與實務	蕭啟賢	著	政治大學
信用狀理論與實務	張錦源	著	政治大學
國際貿易	李穎吾	著	政治大學
國際貿易實務詳論	張錦源	著	政治大學
國際貿易實務	羅慶龍	著	逢甲大學